Le Routard
Limousin

Directeur de collection et auteur
Philippe GLOAGUEN

Cofondateurs
Philippe GLOAGUEN
et Michel DUVAL

Rédacteur en chef
Pierre JOSSE

Rédacteurs en chef adjoints
Amanda KERAVEL
et Benoît LUCCHINI

Directrice de la coordination
Florence CHARMETANT

Directrice administrative
Bénédicte GLOAGUEN

Direction éditoriale
Catherine JULHE

Rédaction
Isabelle AL SUBAIHI
Mathilde de BOISGROLLIER
Thierry BROUARD
Marie BURIN des ROZIERS
Véronique de CHARDON
Gavin's CLEMENTE-RUÏZ
Fiona DEBRABANDER
Anne-Caroline DUMAS
Géraldine LEMAUF-BEAUVOIS
Olivier PAGE
Alain PALLIER
Anne POINSOT
André PONCELET

Administration
Carole BORDES
Éléonore FRIESS

2015/2016

hachette

Remarque importante aux hôteliers et restaurateurs

Les enquêteurs du *Routard* travaillent dans le plus strict anonymat. Aucune réduction, aucun avantage quelconque, aucune rétribution n'est jamais demandé en contrepartie. Face aux aigrefins, la loi autorise les hôteliers et restaurateurs à porter plainte.

Avis aux lecteurs

Le Routard, ce n'est pas comme le bon vin, il vieillit mal. On ne veut pas pousser à la consommation, mais évitez de partir avec une édition ancienne. Les modifications sont souvent importantes.
Les réductions accordées à nos lecteurs ne sont jamais demandées par nos rédacteurs afin de préserver leur indépendance. Les hôteliers et restaurateurs sont sollicités par une société de mailing, totalement indépendante de la rédaction, qui reste donc libre de ses choix. De même pour les autocollants et plaques émaillées.

Avec routard.com choisissez, organisez, réservez et partagez vos voyages !

- ✓ Rejoignez la plus grande communauté francophone de voyageurs : plus de **2 millions** de visiteurs !
- ✓ Échangez avec les routarnautes : forums, photos, avis d'hôtels.
- ✓ Retrouvez aussi toutes les informations actualisées pour choisir et préparer vos voyages : plus de 200 fiches pays, une centaine de dossiers pratiques et un magazine en ligne pour découvrir tous les secrets de votre destination.
- ✓ Enfin, comparez les offres pour organiser et réserver votre voyage au meilleur prix.

Pictogrammes du *Routard*

Établissements

- Hôtel, auberge, chambres d'hôtes
- Camping
- Restaurant
- Boulangerie, sandwicherie
- Glacier
- Café, salon de thé
- Café, bar
- Bar musical
- Club, boîte de nuit
- Salle de spectacle
- Office de tourisme
- Poste
- Boutique, magasin, marché
- Accès internet
- Hôpital, urgences

Sites

- Plage
- Site de plongée
- Piste cyclable, parcours à vélo

Transports

- Aéroport
- Gare ferroviaire
- Gare routière, arrêt de bus
- Station de métro
- Station de tramway
- Parking
- Taxi
- Taxi collectif
- Bateau
- Bateau fluvial

Attraits et équipements

- Présente un intérêt touristique
- Recommandé pour les enfants
- Adapté aux personnes handicapées
- Ordinateur à disposition
- Connexion wifi
- Inscrit au Patrimoine mondial de l'Unesco

Le *Routard* est imprimé sur un papier issu de forêts gérées.

I.S.B.N. 978-2-01-245929-8

TABLE DES MATIÈRES

COMMENT Y ALLER ?

LIMOUSIN UTILE

HOMMES, CULTURE, ENVIRONNEMENT

LA HAUTE-VIENNE

LE PAYS DE SAINT-PARDOUX ET LES MONTS D'AMBAZAC

LA BASSE-MARCHE ET LES MONTS DE BLOND

DE SAINT-JUNIEN AU PAYS ARÉDIEN

DE LIMOGES À VASSIVIÈRE

LA CREUSE

GUÉRET ET LA VALLÉE DE LA CREUSE

LA CREUSE OCCIDENTALE

LE PAYS D'AUBUSSON

LE PARC NATUREL RÉGIONAL DE MILLEVACHES

ENTRE AUVERGNE ET BERRY : LE PAYS DE COMBRAILLE-EN-MARCHE

LA CORRÈZE

LE PAYS DE TULLE

LE PAYS DE BRIVE

LA VALLÉE DE LA VÉZÈRE, DE BRIVE À UZERCHE

LES MONÉDIÈRES ET LE PLATEAU DE MILLEVACHES

LA VALLÉE DE LA DORDOGNE

IMPORTANT : DERNIÈRE MINUTE

Sauf rare exception, le *Routard* bénéficie d'une parution annuelle à date fixe. Entre deux dates, des événements fortuits (formalités, taux de change, catastrophes naturelles, conditions d'accès aux sites, fermetures inopinées...) peuvent modifier vos projets de voyage. Pour éviter les déconvenues, nous vous recommandons de consulter la rubrique « Guide » par pays de notre site • *routard.com* • et plus particulièrement les dernières ***Actus voyageurs.***

Recommandations à ceux qui souhaitent profiter des réductions et avantages proposés dans le *Routard* par les hôteliers et les restaurateurs.

À l'hôtel, pensez à les demander au moment de la réservation ou si vous n'avez pas réservé **à l'arrivée.** Ils ne sont valables que pour les réservations en direct et non cumulables avec d'autres offres promotionnelles (notamment sur Internet). Au restaurant, parlez-en **au moment** de la commande et surtout **avant** que l'addition soit établie. Poser votre *Routard* sur la table ne suffit pas : le personnel de salle n'est pas toujours au courant et une fois le ticket de caisse imprimé, il est souvent difficile de modifier le total. En cas de doute, montrez la notice relative à l'établissement dans le *Routard* de l'année, bien sûr, et ne manquez pas de nous faire part de toute difficulté rencontrée.

NOS NOUVEAUTÉS

CANARIES (septembre 2014)

Un air de perpétuel printemps, du sable blond et des criques anthracite, quatre parcs nationaux somptueux... Voici à peine les hors-d'œuvre qu'offrent les sept îles des Canaries. Du soleil (même en hiver) et, bien plus encore, une riche palette de couleurs, d'odeurs et de paysages, née de l'activité volcanique. La nature se pare ici de tous les visages : aridité sauvage et dunes solaires de Fuerteventura, forêts humides alimentées par les alizés sur La Palma et La Gomera, majestueux sommet du Teide à Ténérife, côtes déchiquetées et profonds ravins à Gran Canaria, délires de couleurs sur El Hierro... La main de l'homme a parsemé le tout de multiples sentiers, de villes coloniales et d'églises baroques. Sans compter les étonnantes fantaisies architecturales de César Manrique à Lanzarote. Loin des clichés et si proche de nous, un univers à part entière, à la croisée de l'Europe et de l'Afrique, où le farniente se savoure entre randonnées et plongées.

MADÈRE (mai 2015)

Madère réunit, au milieu de l'océan, un climat à la douceur légendaire et une flore exubérante – bougainvillées, mimosas, amaryllis, oiseaux de paradis (symboles de l'île), flamboyants, jacarandas – qui lui vaut son surnom bien mérité d'« île aux fleurs ». Et aussi des montagnes volcaniques déchirées par l'érosion et de vertigineux à-pics. Le paradis des randonneurs, le long de l'ingénieux système d'irrigation des *levadas,* ces canaux récupérant les eaux de pluie. L'île de Madère est une citadelle entaillée de toutes parts, avec ses parcelles de vigne indomptables accrochées aux pentes et travaillées à la main. À Funchal, capitale anglophile, on se rue dans les églises et les musées, entre deux arrivées de paquebots venus goûter aux tropiques et aux barriques. Au-delà des vagues s'ancre le reste de l'archipel : la petite Porto Santo, réputée pour sa longue plage de sable clair. L'avènement du tourisme, puis l'entrée du Portugal dans l'Union européenne ont toutefois modifié bien des choses et, surtout, inversé la tendance à l'émigration. On vient désormais de toute l'Europe à la recherche d'une vie aussi douce que l'air.

LES COUPS DE CŒUR DU ROUTARD

Nous tenons à remercier tout particulièrement Loup-Maëlle Besançon, Thierry Bessou, Gérard Bouchu, François Chauvin, Grégory Dalex, Stéphanie Déro, Fabrice Doumergue, Cédric Fischer, Carole Fouque, Michelle Georget, David Giason, Claude Hervé-Bazin, Emmanuel Juste, Dimitri Lefèvre, Fabrice de Lestang, Romain Meynier, Éric Milet, Pierre Mitrano, Jean-Sébastien Petitdemange, Thomas Rivallain et Dominique Roland pour leur collaboration régulière.

Emmanuelle Bauquis
Mathilde Blanchard
Jean-Jacques Bordier-Chêne
Michèle Boucher
Mathilde Bouron
Sophie Cachard
Jeanne Cochin
Agnès Debiage
Jérôme Denoix
Joséphine Desfougères
Tovi et Ahmet Diler
Clélie Dudon
Sophie Duval
Alain Fisch
Bérénice Glanger
Adrien et Clément Gloaguen
Bernard Hilaire
Sébastien Jauffret
Blanche-Flore Laize
Virginie Leibel
Jacques Lemoine
Julien Léopold
Jacques Muller
Caroline Ollion
Martine Partrat
Odile Paugam et Didier Jehanno
Julia Pouyet
Émile Pujol
Anaïs Rougale
Prakit Saiporn
Jean-Luc et Antigone Schilling
Alicia Tawil
Caroline Vallano
Juliana Verdier

Direction : Nathalie Bloch-Pujo
Contrôle de gestion : Jérôme Boulingre et Virginie Laurent-Arnaud
Secrétariat : Catherine Maîtrepierre
Direction éditoriale : Catherine Julhe
Édition : Matthieu Devaux, Géraldine Péron, Olga Krokhina, Gia-Quy Tran, Julie Dupré, Pauline Fiot, Camille Loiseau, Béatrice Macé de Lépinay, Emmanuelle Michon, Martine Schmitt et Marion Sergent
Préparation-lecture : Estelle Gaudin
Cartographie : Frédéric Clémençon et Aurélie Huot
Fabrication : Nathalie Lautout et Audrey Detournay
Relations presse France : COM'PROD, Fred Papet. ☎ 01-70-69-04-69. • *info@comprod.fr* •
Illustration : Anne-Sophie de Précourt
Direction marketing : Adrien de Bizemont, Lydie Firmin et Laure Illand
Contacts partenariats : André Magniez (EMD). • *andremagniez@gmail.com* •
Édition des partenariats : Élise Ernest
Informatique éditoriale : Lionel Barth
Couverture : Clément Gloaguen et Seenk
Maquette intérieure : le-bureau-des-affaires-graphiques.com, Thibault Reumaux et npeg.fr
Relations presse : Martine Levens (Belgique) et Maureen Browne (Suisse)
Régie publicitaire : Florence Brunel-Jars

Remerciements

Pour ce guide, nous remercions tout particulièrement :

- Isabelle Stierlin et Eva Lemaire, du CRT Limousin ;
- Eliabel Moliton de la Maison du Limousin.

Pour la Corrèze

- Régine Chassagne, du CDT ;
- Stéphane Canarias et Clémentine Fréchinos de l'office de tourisme de Brive.

Pour la Creuse

- Béatrice Faury, du CDT, pour sa bonne humeur communicative, et ses collègues dévouées à la cause du tourisme.

Pour la Haute-Vienne

- Isabelle Robin du CDT ;
- et bien sûr, tous les offices de tourisme et musées qui, année après année, nous apportent leur aide précieuse. Impossible de tous les citer !

COMMENT Y ALLER ?

PAR LA ROUTE

➢ ***Par l'autoroute :*** pour l'axe nord-sud, l'A 20 reprend le tracé de la N 20 Paris-Orléans. Elle est gratuite de Vierzon à Brive via Limoges. Pour l'axe est-ouest (Clermont-Bordeaux), l'A 89 vient doubler la D 1089 (ou D 6089 vers Périgueux, ex-N 89) de Clermont-Ferrand à Brive.

➢ ***Par la nationale :*** la N 145 (route « Centre-Europe-Atlantique ») traverse le Limousin, au nord, d'est en ouest (Montluçon, Guéret, La Souterraine, Bellac). La N 141 et la D 941 constituent l'axe central est-ouest (La Rochelle-Limoges-Aubusson-Clermont).

Le covoiturage

Le principe est simple, économique et écologique. Il s'agit de mettre en relation un chauffeur et des passagers afin de partager le trajet et les frais des passagers. L'inscription est gratuite, mais le service de réservation en ligne payant (mais très abordable). • *blablacar.fr* •

EN TRAIN

Au départ de Paris-gare d'Austerlitz :

➢ ***Paris-Limoges :*** compter env 3h de trajet en train direct.

➢ ***Paris-Guéret :*** changement à Limoges ou à La Souterraine. Compter min 3h30 de trajet.

➢ ***Paris-Brive :*** compter min 4h de trajet en train direct.

Au départ des gares de province :

➢ Trains directs pour ***Limoges*** depuis Poitiers (en min 1h40), Bordeaux (en 2h30) et Toulouse (3h)...

➢ Trains pour Brive de Lille-Europe (6h).

▲ VOYAGES-SNCF.COM

– Infos et résas depuis la France : • voyages-sncf.com • et sur tablette et mobile avec les applis V. (trains) et V. Hôtel (hôtels).

– Réserver un vol, un hôtel, une voiture : ☎ 0899-500-500 (1,35 € l'appel puis 0,34 €/mn).

– Une question ? Rubrique Contact ou au ☎ 09-70-60-99-60 (nº non surtaxé).

Voyages-sncf.com, distributeur de voyages en ligne de SNCF, vous propose ses meilleurs prix de train, d'avion, d'hôtel et de location de voitures en France et en Europe. Accédez aussi à ses services exclusifs : Billets à domicile (en France), Alerte Résa, calendrier des prix, offres de dernière minute...

Le transport express régional Limousin (TER)

Ma carte Limousin loisirs est valable sur l'ensemble des trains et cars TER de la région. Elle permet de bénéficier de 25 % de réduction toute l'année ; les week-ends, jours de fête et tous les jours en juillet-août, le titulaire de la carte et les personnes qui l'accompagnent (jusqu'à 3) bénéficient de 50 % de réduction. Cette carte est valable 1 an et coûte 21 €.

Le TER Limousin met à disposition un bon réseau de trains et autocars quotidiens pour se déplacer dans la région ou vers les grandes villes ou régions voisines. La plupart des départs se font depuis Limoges

vers Uzerche, Brive, Tulle, Angoulême, Poitiers, Périgueux, La Souterraine, Guéret, Aubusson, Ussel, Eymoutiers...

Renseignements

– **Téléphone :** ☎ *0800-574-303 (appel gratuit depuis un poste fixe).*
– **Internet :** ● *ter-sncf.com/limousin* ●
– ***TER Mobile sur smartphone :*** *application gratuite disponible sur App Store, Play Store, BlackBerry App World.*

Pour préparer votre voyage

– ***Billet à domicile :*** commandez et payez votre billet par Internet ou par téléphone au ☎ *36-35 (0,34 € TTC/mn, hors surcoût éventuel de votre opérateur* : la SNCF vous l'envoie gratuitement à domicile, sous 48h en France.
– ***Service « Bagages à domicile » :*** la SNCF prend en charge vos bagages où vous le souhaitez, et vous les livre dès le lendemain. Service disponible en France continentale, en Allemagne, en Suisse (enlèvement et livraison uniquement en gare) et au Luxembourg.

Pour voyager au meilleur prix

La SNCF propose des tarifs adaptés à chacun de vos voyages.

➢ ***Prem's :*** des petits prix disponibles toute l'année. Billets non échangeables et non remboursables (offres soumises à conditions). Impossible de poser des options de réservation sur ces billets : il faut les payer immédiatement.
Réservez jusqu'à 90 jours avant votre départ, à partir de 25 € l'aller en 2de classe avec TGV, 15 € en 2de classe avec Intercités et 35 € en 2de classe en couchette avec Intercités de nuit (32 € sur Internet).
– ***TGV 100 % Prem's :*** des TGV où toutes les places sont à prix réduit, à partir de 25 € en 2de classe pour des départs sur les derniers TGV du vendredi et du dimanche soir et pendant les périodes de vacances scolaires sur une sélection de destinations.

➢ ***Les IDTGV :*** des prix mini, à saisir sur Internet uniquement.

➢ ***Les tarifs Loisir***
Pour ceux qui programment leurs voyages à l'avance, mais souhaitent des billets flexibles, la SNCF propose des tarifs Loisir. Pour bénéficier des meilleures réductions, réservez vos billets le plus tôt possible (les réservations sont ouvertes 90 j. avant le départ) ou voyagez en période de faible affluence.

➢ ***Les cartes de réduction***
Pour ceux qui voyagent régulièrement, la SNCF propose des cartes de réduction valables 1 an adaptées aux âges et profils des voyageurs. Payantes, mais vite rentables, elles garantissent un minimum de 25 % de réduction sur tous les trajets.
– ***Carte Enfant + :*** accessible pour tout enfant, jusqu'à la veille de ses 12 ans. Cette carte permet à l'enfant titulaire de la carte, ainsi qu'aux accompagnateurs (jusqu'à 4), de bénéficier de - 25 à - 50 % de réduction. Le détenteur de la carte voyage gratuitement s'il a moins de 4 ans. Tarif : 75 € pour 1 an.
– ***Carte Jeune :*** accessible de 12 à 27 ans pour des voyages jusqu'à la veille des 28 ans. La carte Jeune permet de bénéficier de - 25 à - 60 % de réduction sur les voyages (sauf ceux effectués au sein d'une même région), et même à la dernière minute. Tarif : 50 € pour 1 an.
– ***Carte Week-end :*** accessible sans condition d'âge, la carte Week-end permet au détenteur de la carte et à un accompagnateur de bénéficier de - 25 à - 50 % de réduction sur les voyages. Les réductions sont valables pour tout aller-retour de plus de 200 km : soit comprenant au moins la nuit du vendredi ou du samedi ou du dimanche sur place, soit effectué sur la journée du samedi ou du dimanche. Tarif : 75 € pour 1 an.
– ***Carte Senior + :*** dès 60 ans,

vous bénéficiez de - 25 à - 50 % de réduction et - 40 % au minimum en 1re classe, sur tous les trains, même au dernier moment. Tarif : 65 € pour 1 an.

Pour obtenir plus d'informations sur les conditions de réservation et d'achat de vos billets

– ***Internet :*** *• tgv.com • intercites.sncf.com • voyages-sncf.com •*
– ***Téléphone :*** *☎ 36-35 (0,34 €/mn hors surcoût éventuel de votre opérateur).*
– Également dans les gares, les boutiques SNCF et les agences de voyages agréées SNCF.

EN AVION

▲ **HOP !**
Rens et résas sur • hop.fr •, via les canaux de ventes Air France, dans ttes les agences de voyages et au centre d'appel ☎ 0825-30-22-22 (0,15 €/mn, tlj, 365 j./an).
➢ Depuis Brive, vols directs vers Paris-Orly-Ouest. Vols saisonniers vers Ajaccio. HOP ! propose des tarifs attractifs toute l'année. Possibilité de consulter les meilleurs tarifs du moment sur *• hop.fr •*
➢ Depuis Limoges, vols directs vers Lyon. Vols saisonniers vers Ajaccio. HOP ! propose des tarifs attractifs toute l'année. Possibilité de consulter les meilleurs tarifs du moment sur *• hop.fr •*

Les compagnies *low-cost*

Ce sont des compagnies dites « à bas prix ». Elles desservent les capitales européennes ainsi que de nombreuses villes de province. Plus vous réserverez vos billets à l'avance, plus vous aurez des chances d'avoir des tarifs avantageux mais il ne faut pas trop espérer trouver facilement des billets à prix plancher lors des périodes les plus fréquentées (vacances scolaires, week-ends...). N'hésitez pas à combiner les offres, d'autant plus que les compagnies *low-cost* permettent des vols simples. La résa se fait souvent par Internet et parfois par téléphone (pas d'agence, juste un numéro de réservation et un billet à imprimer soi-même). Des frais de dossier ainsi que des frais pour le paiement par carte bancaire peuvent vous être facturés. En outre, les pénalités en cas de changement d'horaires sont assez importantes. Afin de réduire les files d'attente dans les aéroports, certaines font même payer l'enregistrement aux comptoirs d'aéroport. Pour l'éviter, vous avez intérêt à vous enregistrer directement sur Internet où le service est gratuit. Il faut aussi rappeler que plusieurs compagnies facturent maintenant les bagages en soute ou limitent leurs poids. En cabine également, le nombre de bagages est strictement limité (attention, même le plus petit sac à main est compté comme un bagage à part entière). À bord, c'est service minimum et tous les services sont payants (boissons, journaux...). Ne pas oublier non plus d'ajouter le prix du bus pour se rendre à ces aéroports, souvent assez éloignés du centre-ville ou dans des aéroports secondaires quand il s'agit des capitales. Attention également, au moment de la résa par Internet, à décocher certaines options qui sont automatiquement cochées (assurances, etc.). Au final, même si les prix de base restent très attractifs, il convient de prendre en compte tous ces frais annexes pour calculer le plus justement son budget.

Les compagnies

– Chalair *• chalair.fr •*
– Ryanair *• ryanair.fr •*
– Cityjet *• cityjet.com •*
– Twinjet *• twinjet.fr •*

Les liaisons

De/vers Limoges

➢ Vols ***Paris-Orly-Limoges*** opérés par Twinjet.
➢ Il existe des vols ***Lyon-Limoges, Ajaccio-Limoges et Limoges-Avignon*** opérés par *Chalair.*
➢ Vols ***Limoges-Londres Stansted*** avec *Ryanair.*

De/vers Brive

➢ La compagnie *HOP !* assure 3 liaisons/j. en sem pour Brive au départ d'Orly-Ouest, pas de vol sam, et 1 seul dim.
➢ Vols ***Brive-London City*** avec *City Jet* et ***London Stansted*** avec *Ryanair.*

LIMOUSIN UTILE

▸ Pour la carte du Limousin, se reporter au cahier couleur.

ABC DU LIMOUSIN

▸ *Superficie :* 16 942 km².
▸ *Préfecture régionale :* Limoges (Haute-Vienne).
▸ *Sous-préfectures :* Tulle (Corrèze), Guéret (Creuse).
▸ *Autres villes principales :* Brive (Corrèze), La Souterraine (Creuse), Aubusson (Creuse).
▸ *Population :* 741 100 hab.
▸ *Spécialités industrielles :* bois et porcelaine.
▸ *Agriculture :* élevage bovin (1er producteur en France).
▸ *Quelques indices du bonheur régional :* un taux de chômage (9 % fin 2013) légèrement en dessous de la moyenne nationale (9,8 %), une faible densité (43 hab./km²), 2 parcs naturels régionaux, une vallée (vallée de la Dordogne) classée « Réserve mondiale de la biosphère » par l'Unesco, 6 des plus beaux villages de France (dont 5 en Corrèze !)...

AVANT LE DÉPART

Adresses et infos utiles

ℹ ***Comité régional du tourisme :*** *30, cours Gay-Lussac, 87003 Limoges Cedex 1. ☎ 05-55-11-05-90. • tourismelimousin.com •* Renseignements sur demande pour toute info d'hébergement ou de documentation.
– Le CRT et certains offices de tourisme mettent également à disposition, gratuitement, le ***Carnet du Routard Limousin.*** Ce n'est pas le *Routard* en version *light,* c'est un apéritif pour donner envie de déguster la suite ! Autour d'une carte de la région, découvrez à travers petits textes et aquarelles ce qui fait l'identité du Limousin : l'or bleu, l'or vert, des villages de charme, une nature sauvage, des lieux chargés d'histoire... et embrassez d'un coup d'œil les spécialités gastronomiques, les fêtes et manifestations à ne manquer sous aucun prétexte, ou encore les qualités de l'artisanat local. Bienvenue en Limousin !

ℹ ***Maison du Limousin :*** *30, rue Caumartin, 75009 Paris. ☎ 01-40-07-04-67. • maisondulimousin.com •* Ⓜ *Havre-Caumartin ou RER A : Auber. Lun-ven 9h-18h30, sam (sf juil-août) 14h-19h.* L'antenne parisienne du comité régional du tourisme. Renseignements complets sur la région. Nombreuses documentations dont un topoguide *Limousin à pied* (payant) ou un carnet des jardins (gratuit). Fait également les réservations des hébergements. Organise des expos, des animations et des rencontres thématiques. Elle possède également une librairie régionale et une boutique avec des produits du terroir, de la porcelaine, des émaux...

■ ***Gîtes de France :*** *pour commander des brochures, s'adresser au 56, rue Saint-Lazare, 75009 Paris. ☎ 01-49-70-75-85. • gites-de-france.fr • Fermé au public.* Les réservations se font auprès des relais départementaux des *Gîtes de France* (indiqués dans ce guide en introduction de chaque département).

■ ***Culture et Patrimoine en Limousin :*** *6, rue François-Chénieux, 87000 Limoges. ☎ 05-55-10-90-44. • cultureetpatrimoine.fr •* Comme son nom l'indique, cette association œuvre pour la connaissance et la mise en valeur du patrimoine régional. Édite notamment des livres d'art sur le patrimoine.

Carte internationale d'étudiant (carte ISIC)

Elle prouve le statut d'étudiant dans le monde entier et permet de bénéficier de tous les avantages, services et réductions dans les domaines du transport, de l'hébergement, de la culture, des loisirs, du shopping... C'est la clé de la mobilité étudiante !

La carte ISIC permet aussi d'accéder à des avantages exclusifs sur le voyage (billets d'avion spécial étudiants, hôtels et auberges de jeunesse, assurances, cartes SIM, locations de voitures...).

Pour l'obtenir en France

- ***Commandez-la en ligne :*** *• isic.fr •*
- ***Rendez-vous dans la boutique ISIC*** *(2, rue de Cicé, 75006 Paris ; ☎ 01-40-49-01-01)* muni de votre certificat de scolarité, d'une photo d'identité et de 13 € (12 € + 1 € de frais de traitement).
- Émission immédiate sur place ou envoi à domicile le jour même de la commande en ligne.

En Belgique

La carte coûte 12 € (+ 1 € de frais d'envoi) et s'obtient sur présentation de la carte d'identité et de la carte d'étudiant auprès de :

■ ***Connections :*** *rens au ☎ 070-23-33-13. • isic.be •*

En Suisse

La carte s'obtient dans toutes les agences ***STA Travel*** *(☎ 058-450-40-00 ou 49-49),* sur présentation de la carte d'étudiant, d'une photo et de 20 Fs. Commande de la carte en ligne : *• isic.ch • statravel.ch •*

Au Canada

La carte coûte 20 $Ca (+ 1,50 $Ca de frais d'envoi). Disponible dans les agences ***Travel Cuts/Voyages Campus,*** mais aussi dans les bureaux d'associations étudiantes. Pour plus d'infos : *• voyagescampus.com •*

Carte d'adhésion internationale aux auberges de jeunesse (carte FUAJ)

Cette carte vous ouvre les portes des 4 000 auberges de jeunesse du réseau HI-Hostelling International en France et à travers le monde. Vous pouvez ainsi parcourir 81 pays à des prix avantageux et bénéficier de tarifs préférentiels avec les partenaires des auberges de jeunesse HI. Enfin, vous intégrez une communauté mondiale de voyageurs partageant les mêmes valeurs : respect des différences, échange interculturel dans un esprit convivial et rencontre avec des voyageurs venus du monde entier. Il n'y a pas de limite d'âge pour séjourner en auberge de jeunesse. Il faut simplement être adhérent.

Pour l'obtenir en France

- ***En ligne,*** avec un paiement sécurisé, sur le site *• hifrance.org •*

– ***Dans toutes les auberges de jeunesse,*** points d'informations et de réservations en France. Liste des AJ sur • *hifrance.org* •

– ***Par correspondance*** auprès du service adhérent de la FUAJ *(27, rue Pajol, 75018 Paris ; ☎ 01-44-89-87-27).* Ajoutez 2 € pour les frais d'envoi. Vous recevrez votre carte sous 15 j.

Les tarifs de l'adhésion 2015

– ***Carte internationale individuelle FUAJ tarif réduit :*** 7 €. Pour les personnes de 16 à 25 ans (veille des 26 ans) – Français ou étrangers résidant en France depuis plus de 12 mois –, les étudiants français et les demandeurs d'emploi sur présentation d'un justificatif. Pour les mineurs, une autorisation parentale et la carte d'identité du parent tuteur sont nécessaires pour l'inscription.

– ***Carte internationale individuelle FUAJ + de 26 ans :*** 11 €.

– ***Carte internationale FUAJ Famille :*** 20 €. Pour les familles ayant un ou plusieurs enfants de moins de 16 ans. Les enfants de plus de 16 ans devront acquérir une carte individuelle FUAJ au tarif de 7 €.

– ***Carte internationale FUAJ partenaire :*** gratuite. Réservée aux personnes licenciées, aux adhérents d'une association ou fédération sportive partenaire de la FUAJ, sur présentation de leur licence.

Liste complète des associations et fédérations sportives sur • *hifrance.org* •, rubrique « Partenaires ».

En Belgique

Réservée aux personnes résidant en Belgique. La carte d'adhésion est obligatoire. Son prix varie selon l'âge : gratuite pour les moins de 3 ans ; entre 3 et 15 ans, 4 € ; entre 16 et 25 ans, 10 € ; après 25 ans, 16 €.

Votre carte de membre vous permet d'obtenir de 3 à 20 € de réduction sur votre première nuit dans les réseaux LAJ, VJH et CAJL (Luxembourg), ainsi que des réductions auprès de nombreux partenaires en Belgique.

Renseignements et inscriptions

■ ***À Bruxelles : LAJ,*** *rue de la Sablonnière, 28, 1000. ☎ 02-219-56-76.* • *laj.be* • *info@laj.be* •

En Suisse (SJH)

Réservée aux personnes résidant en Suisse. Le prix de la carte dépend de l'âge : 22 Fs pour les - de 18 ans, 33 Fs pour les adultes et 44 Fs pour une famille avec des enfants de - de 18 ans.

Renseignements et inscriptions

■ ***Schweizer Jugendherbergen (SJH) :*** *service des membres, Schaffhauserstr. 14, 8006 Zurich. ☎ 41-44-360-14-14.* • *youthhostel.ch* •

Au Canada

Elle coûte 35 $Ca pour une durée de 16 à 28 mois et 175 $Ca pour une carte valable à vie (tarifs hors taxes). Gratuit pour les enfants de - de 18 ans.

■ ***Auberges de jeunesse du Saint-Laurent / St Laurent Youth Hostels :*** *3514, av. Lacombe, Montréal (Québec) H3T 1M1. ☎ 514-731-10-15. N° gratuit (au Canada) : ☎ 1-800-663-5777.*

■ ***Canadian Hostelling Association :*** *30-20 James St, Ottawa (Ontario) K2P OT6. ☎ (613) 237-78-84.* • *hihostels.ca* •

Pour réserver votre séjour en auberge de jeunesse HI

– ***En France :*** • *hifrance.org* • Réservez vos séjours dans 120 auberges de jeunesse et accédez aux offres spéciales et dernières minutes.

– ***En France et dans le monde :*** • *hihostels.com* • Si vous prévoyez un séjour itinérant, vous pouvez réserver plusieurs auberges en une seule fois !

Cartes de paiement

ATTENTION, quelle que soit la carte que vous possédez, chaque banque gère elle-même le processus d'opposition et le numéro de téléphone correspondant ! Avant de partir, notez donc bien le numéro d'opposition propre à votre banque en France (il figure souvent au dos des tickets de retrait, sur votre contrat ou à côté des distributeurs de billets), ainsi que le numéro à 16 chiffres de votre carte. Bien entendu, conservez ces informations en lieu sûr et séparément de votre carte. L'assistance médicale se limite aux 90 premiers jours du voyage et l'assistance véhicule aux cartes haut de gamme (renseignez-vous auprès de votre banque).

N'oubliez pas aussi de VÉRIFIER LA DATE D'EXPIRATION DE VOTRE CARTE DE PAIEMENT avant votre départ !

– ***Carte MasterCard :*** *assistance médicale incluse. N° d'urgence : ☎ (00-33) 1-45-16-65-65. En cas de perte ou de vol, composez le numéro communiqué par votre banque pour faire opposition. • mastercardfrance.com •*

– ***Carte Visa :*** *assistance médicale incluse. N° d'urgence (Europ Assistance) : ☎ (00-33) 1-41-85-85-85. Pour faire opposition, contactez le numéro communiqué par votre banque. • visa.fr •*

– ***Carte American Express :*** *téléphonez en cas de pépin au ☎ (00-33) 1-47-77-72-00. N° accessible tlj 24h/24. PCV accepté en cas de perte ou de vol. • americanexpress.fr •*

– Pour toutes les cartes émises par ***La Banque postale,*** *composez le ☎ 0825-809-803 (0,15 €/mn) ; pour les DOM ou depuis l'étranger : ☎ (00-33) 5-55-42-51-96.*

– ***Petite mesure de précaution :*** si vous retirez de l'argent dans un distributeur, utilisez de préférence les distributeurs attenants à une agence bancaire. En cas de pépin avec votre carte (carte avalée, erreurs de numéro...), vous aurez un interlocuteur dans l'agence, pendant les heures ouvrables du moins.

BUDGET

Recommandations à ceux qui souhaitent profiter des réductions et avantages proposés dans le *Routard* par les hôteliers et les restaurateurs.

À l'hôtel, pensez à les demander au moment de la réservation ou si vous n'avez pas réservé **à l'arrivée.** Ils ne sont valables que pour les réservations en direct et non cumulables avec d'autres offres promotionnelles (notamment sur Internet). Au restaurant, parlez-en **au moment** de la commande et surtout **avant** que l'addition soit établie. Poser votre *Routard* sur la table ne suffit pas : le personnel de salle n'est pas toujours au courant et une fois le ticket de caisse imprimé, il est souvent difficile de modifier le total. En cas de doute, montrez la notice relative à l'établissement dans le *Routard* de l'année, bien sûr, et ne manquez pas de nous faire part de toute difficulté rencontrée.

Nous vous indiquons plus bas l'échelle des tarifs auxquels nous nous référons pour le classement de nos adresses en France.

Hébergement

D'une manière générale, nous indiquons des fourchettes de prix allant de la chambre double la moins chère en basse saison à celle la plus chère en haute saison. Ce qui implique parfois d'importantes fourchettes de prix, pas toujours en adéquation

avec la rubrique dans laquelle l'établissement est cité. Le classement retenu est donc celui du prix de la majorité des chambres et de leur rapport qualité-prix.
À noter que lorsque les lieux d'hébergement sont équipés d'un accès ***Internet*** et/ou ***wifi,*** nous le mentionnons sans autre précision.
Les tarifs des ***campings*** sont calculés sur la base d'un emplacement pour deux avec voiture et tente en haute saison. Ils sont classés en tête de rubrique « Où dormir ? ».
Les ***auberges de jeunesse*** et ***gîtes d'étape*** pratiquent en règle générale des tarifs « bon marché » pour une nuitée en dortoir (avec ou sans les draps). Le tarif indiqué est celui du lit en dortoir et/ou parfois de la chambre double, quand il y en a.
En ***chambres d'hôtes,*** les prix sont donnés sur la base d'une chambre double. Ils incluent le petit déjeuner. Les cartes de paiement sont rarement acceptées. Dans les cas contraires, nous indiquons « petit déj en sus » et « CB acceptées ».
Concernant les ***hôtels,*** la base reste celle d'une nuit en chambre double (sans petit déj), sauf exception, notamment pour les chambres familiales.

- ***Bon marché :*** jusqu'à 50 €.
- ***Prix moyens :*** de 50 à 70 €.
- ***Chic :*** de 70 à 100 €.
- ***Plus chic :*** de 100 à 150 €.
- ***Beaucoup plus chic :*** au-delà de 150 €.

Afin de répondre à la demande croissante de la clientèle et soutenir les professionnels de l'hébergement touristique soucieux de préserver l'environnement, le comité régional du tourisme du Limousin s'est engagé dans une démarche visant à encourager l'obtention de l'écolabel européen. Celui-ci est décerné aux établissements qui respectent l'environnement, notamment par l'utilisation d'énergies renouvelables, un usage économe de l'eau, la réduction des déchets et la sensibilisation du personnel aux questions environnementales.

Pour en connaître la liste : • *tourismelimousin.com* •

Restos

Au restaurant, notre critère de classement est le prix du premier menu servi le soir (hors boissons). Les notions de « Prix moyens » ou « Plus chic » n'engagent donc que les prix. Autrement dit, certains restos chic proposant parfois d'intéressantes formules, notamment au déjeuner, pourront malgré tout être classés dans la rubrique « Plus chic ».

- ***Très bon marché :*** moins de 12 €.
- ***Bon marché :*** de 12 à 20 €.
- ***Prix moyens :*** de 20 à 30 €.
- ***Chic :*** de 30 à 40 €.
- ***Plus chic :*** plus de 40 €.

FÊTES ET MANIFESTATIONS

- ***Ostensions limousines :*** *ts les 7 ans depuis 994 a lieu, de mars à fin juil, une des plus importantes fêtes du Limousin. Prochain rdv en... 2016 !* Célébrant la fin du « mal des ardents » (dû à une moisissure du seigle), ce rituel millénaire et populaire se déroule dans une quinzaine de villes de Haute-Vienne. Il s'agit d'honorer les saints limousins : Martial, dont les reliques sauvèrent la ville de Limoges, Aurélien, Loup et Valérie. Les beaux et précieux reliquaires sont exhibés et les processions défilent religieusement, rassemblant une bonne partie de la population ainsi que l'ensemble des confréries locales. Un temps fort de la culture locale.

– ***Coquelicontes :*** *pdt 15 j. en mai, la lecture est à l'honneur en Limousin. Vaste programme. Rens auprès de ALCOL – Centre régional du Livre en Limousin (13, bd Victor-Hugo, 87000 Limoges ; ☎ 05-55-77-49-99 ; • crl-limousin.org •).* La Région, ainsi que les écoles, centres culturels, cafés et même les prisons se mobilisent, dans une cinquantaine de villes, pour conter des histoires à tous les publics. À noter, le document bien utile ***Limousin à l'affiche,*** émis par la Région et remis gratuitement, sur demande, par les offices de tourisme, vraie bible des animations sur l'année.

– ***Train touristique à vapeur en Limousin :*** *juin-août. Prévoir la journée pour l'A/R. Programme et résas auprès des offices de tourisme de Limoges, ☎ 05-55-34-46-87 (train touristique à vapeur « Haute Vallée de la Vienne ») ou d'Eymoutiers (train touristique « les Gorges de la Vienne »), ☎ 05-55-69-27-81. • trainvapeur.com •* Une douzaine d'excursions est organisée entre Haute-Vienne et Corrèze (Pompadour) depuis la gare de Limoges pour un voyage d'un autre siècle. Une superbe loco de 1932 tracte des wagons de la même époque jusqu'aux portes du plateau de Millevaches et le long des gorges de la Vienne...

– ***Festival 1 001 notes en Limousin :*** *1 sem fin juil, à Limoges et dans d'autres villes de la région. Rens au ☎ 01-81-70-09-22. • festival1001notes.com •* Festival itinérant qui propose une nouvelle approche de la musique classique, en mariant les styles et en traversant les époques.

– ***Francophonies en Limousin :*** *fin sept-début oct, à Limoges, mais aussi dans d'autres villes de la région. Programme dans les offices de tourisme et rens au ☎ 05-55-10-90-10. • lesfrancophonies.com •* Ce festival rassemble troupes de théâtre, musiciens et conteurs du monde francophone. Guinée, Réunion, Suisse, Algérie, Canada ou Côte-d'Ivoire s'expriment ainsi au travers de divers spectacles.

LIVRES DE ROUTE

– ***Siegfried et le Limousin*** (1989), de Jean Giraudoux, éd. Grasset, coll. « Les Cahiers rouges ». Un des premiers romans de l'auteur, celui qui lui apporta un début de notoriété. Après sa rencontre avec Louis Jouvet, Giraudoux l'adaptera au théâtre dans *Siegfried,* avant de consacrer davantage sa plume à la scène.

– ***Les Chemins creux*** (1998), de Marcelle Delpastre, éd. Pocket. Un récit vivant et touchant, né sous la plume d'une grande poétesse, et qui remonte bien au-delà de la vie de l'auteur. L'auteur raconte le quotidien, le rude labeur, la vie ponctuée par les veillées, les cérémonies traditionnelles, les personnalités hautes en couleur du village, les histoires de voisinage, de sorcellerie... Du même auteur, *Le Tombeau des ancêtres, Cinq heures du soir* (nouvelles).

– ***Limousin, terre secrète*** (1999), de Georges-Emmanuel Clancier, éd. La Renaissance du Livre, coll. « Terres de mémoire ». Journaliste et écrivain, l'auteur explore ses terres de mémoire, Châlus et Saint-Yrieix, patries de ses parents. Mais c'est aussi à la découverte d'autres souvenirs d'enfance qu'il vous invite : des villages qu'il a traversés, des gens qu'il a rencontrés ou des auteurs locaux qu'il a dévorés (Giraudoux, Jouhandeau... par exemple).

– ***Balades nature dans le parc naturel régional Périgord-Limousin*** (2009), éd. Dakota. Gorges de la Creuse, monts d'Ambazac, pays de Vassivière, plateau de Millevaches, Périgord-Limousin, monts du Limousin, vallée de la Dordogne... Cette terre au relief tout en rondeur, essentiellement rurale, est le « pays de l'arbre et de l'eau ».

– ***Pays et Paysans du Limousin*** (2000), de Marie-France Houdart-Morizot, éd. MFH. Toute l'histoire de la région, depuis la Préhistoire jusqu'au XXe s. On y découvre différentes facettes de la vie rurale : la façon de se nourrir, les croyances, les fêtes et coutumes...

– ***Les Messieurs de Grandval*** (2007), de Christian Signol, éd. Le Livre de Poche. Une saga familiale qui débute au milieu du XIXe s dans un village de la vallée de l'Auvézère. Signol parvient à donner vie avec beaucoup d'humanité aux villageois dont l'existence est étroitement liée au travail de la forge et des champs, et à leurs propriétaires. Rapports humains, rêves, bouleversements issus de la révolution industrielle : la vie n'est pas un long fleuve tranquille !

– ***Soupe d'orties*** (2003), de Michel Peyramaure, éd. Le Livre de Poche. Par la voix de son narrateur, instituteur à la retraite, Michel Peyramaure fait revivre des histoires de ce pays de Corrèze, sur le plateau de Millevaches, où les acteurs, légendaires ou de chair et d'os, sont aussi attachants que hauts en couleur.
– ***Instruction civique*** (2010), de Pier Bert, éd. Écritures. Une trilogie exemplaire *(Au nom de Saint Antoine, Aux âmes les citoyens, Peur sur la ville),* qui vous fera découvrir le marché de Brive et toute la ville autrement, aux côtés d'hommes de loi humanistes et d'un tueur en série lui-même moraliste et plutôt attachant. Passionnant de bout en bout.

LOISIRS DE PLEIN AIR

Région de tourisme vert – vous l'aviez compris –, le Limousin est sillonné par un dense réseau de sentiers pédestres convenant parfaitement aux randonneurs du dimanche, mais aussi aux sportifs plus aguerris. C'est dans le centre de la région (montagne limousine) que les dénivelées peuvent s'accentuer. Tous ces parcours sont cartographiés et fort bien commentés dans les topoguides disponibles dans les offices de tourisme et dans les librairies spécialisées. Vous trouverez notamment une collection de guides de pays, bien faite et abordable, avec plein de petites randonnées pédestres ou à vélo : les guides *Pays côté chemin,* aux éditions Chamina.
Autres spécialités locales, le cyclotourisme et l'équitation, ainsi que les sports nautiques : le canoë-kayak se pratique en rivière (Gartempe, Dordogne) ou sur les plans d'eau, nombreux et parfois si vastes qu'on y voit filer les véliplanchistes, les voiliers... et les embarcations à pédales (lac de Vassivière, étang de Saint-Pardoux, lac de Neuvic). Enfin, amis pêcheurs, ne cherchez pas ailleurs votre paradis : sandres, brochets et truites vous attendent de pied ferme !
Toutes ces activités se retrouvent également dans le *parc naturel régional de Millevaches en Limousin* (voir texte dans la rubrique « Géographie » du chapitre « Hommes, culture, environnement »). Le comité régional du tourisme du Limousin met à disposition des brochures consacrées à la découverte de la région et aux loisirs, sur son site • *tourismelimousin.com* •

PERSONNES HANDICAPÉES

Le label Tourisme et Handicap

Ce label national, créé par le secrétariat d'État à la consommation et au tourisme en partenariat avec les professionnels du tourisme et les associations représentant les personnes handicapées, permet d'identifier les lieux de vacances (hôtels, campings, sites naturels, etc.), de loisirs (parcs d'attractions, etc.) ou de culture (musées, monuments, etc.) accessibles aux personnes handicapées. Il apporte aux touristes en situation de handicap une information fiable sur l'accessibilité des lieux. Cette accessibilité, visualisée par un pictogramme correspondant aux quatre types de handicap (moteur, visuel, auditif et mental), garantit un accueil et une utilisation des services proposés avec un maximum d'autonomie dans un environnement sécurisant.

Pour connaître la liste des sites labellisés : • *rendezvousenfrance.com* • (rubrique « Tourisme et Handicap »).

TOURISME & HANDICAP

Par ailleurs, dans notre guide, nous indiquons par le logo ♿ les établissements qui possèdent un accès ou des chambres pouvant accueillir des personnes handicapées. Certaines adresses sont parfaitement équipées selon les critères les plus modernes. D'autres, plus simples, plus anciennes aussi, sans répondre aux normes les plus récentes, favorisent leur accueil, facilitent l'accès aux chambres ou au restaurant. Évidemment, les handicaps étant très divers, des lieux accessibles à certaines personnes ne le seront pas pour d'autres. Appelez auparavant pour savoir si l'équipement de l'hôtel ou du restaurant est compatible avec votre niveau de mobilité. Malgré les combats menés par les nombreuses associations, l'intégration des personnes handicapées à la vie de tous les jours est encore balbutiante en France. Il tient à chacun de nous de faire changer les choses. Une prise de conscience est nécessaire, nous sommes tous concernés.

SITES INTERNET

• ***routard.com*** • Tout pour préparer votre périple, des fiches pratiques, des cartes, des infos météo et santé, la possibilité de réserver vos prestations en ligne. Sans oublier *Routard mag*, véritable magazine avec, entre autres, ses carnets de route et ses infos du monde pour mieux vous informer avant votre départ.
• ***region-limousin.fr*** • Toute l'actualité limousine par rubriques, de la dernière réunion politique au match de foot local en passant par les infos économiques des industries régionales...
• ***tourismelimousin.com*** • Le site officiel de la région, qui présente et informe sur les animations, sites et activités en Limousin.
• ***terra-aventura.fr*** • Le géocaching, made in Limousin. Découvrez à travers une chasse au trésor guidée par smartphone ou GPS des énigmes et indices à recueillir sur le terrain. Aventures organisées selon des thématiques à travers 30 lieux insolites en Limousin. Une expérience ludique et inédite à vivre surtout en famille !
• ***limousine.org*** • Le site de référence pour tout savoir sur la fameuse vache rouquine qui fait la fierté des éleveurs de la région. On peut découvrir toute l'histoire et les caractéristiques de la race !
• ***info-limousin.com*** • Tous les événements culturels au quotidien (activités, expos, sports...) dans toute la région.
• ***culture-en-limousin.fr*** • Référence à l'actualité culturelle dans la région.
• ***detours-en-limousin.com*** • Le site dédié à ceux qui veulent découvrir le vrai Limousin, sauvage et mystérieux. On nous propose de belles balades en forêt, la découverte des châteaux et églises de la belle campagne limousine... Il y a même des conseils pratiques pour préparer une randonnée en forêt.
• ***chanson-limousine.net*** • Pour tous ceux qui veulent s'immerger dans le folklore limousin (et danser la bourrée), ce site propose des chansons, des partitions, des fables... en occitan ! Évidemment, les textes sont toujours traduits...
• ***limousinenfamille.com*** • Un tas d'idées pour s'amuser, manger, dormir, s'amuser par beau temps ou jours de pluie... et tout ça en famille !
• ***produitenlimousin*** • Si vous êtes gourmand, ce site référence toutes les entreprises agréées « produit en limousin », gage de l'origine du produit mais aussi de sa qualité !

URGENCE MOBILE

En cas de perte ou de vol de votre téléphone portable

Suspendre aussitôt sa ligne permet d'éviter de douloureuses surprises au retour du voyage ! Voici les numéros des quatre opérateurs français, accessibles depuis la France et l'étranger :
– ***SFR :*** *depuis la France, ☎ 1023 ; depuis l'étranger, 📱 + 33-6-1000-1023.*

– **Bouygues Télécom :** *depuis la France comme depuis l'étranger, ☎ 0800-291-000 ; depuis l'étranger, ☎ + 33-1-46-10-86-86.*
– **Orange :** *depuis la France comme depuis l'étranger, 📱 + 33-6-07-62-64-64.*
– **Free :** *depuis la France, ☎ 3244 ; depuis l'étranger, ☎ + 33-1-78-56-95-60.*
Vous pouvez aussi demander la suspension depuis le site internet de votre opérateur.

HOMMES, CULTURE, ENVIRONNEMENT

Le Limousin ! Ces pâturages à rousses limousines, la porcelaine de Limoges, la dentelle de Tulle et les tapisseries d'Aubusson, les maçons creusois, le plateau de Millevaches... ça vous évoque quelque chose, non ?
Cette région, l'une des plus petites du pays, englobe trois départements : la Haute-Vienne (87) au nord-ouest, la Creuse (23) au nord-est et la Corrèze (19) au sud.
Plein sud, on est déjà à la porte du Midi (on y joue d'ailleurs au rugby, c'est un signe) avec Brive-la-Gaillarde et ses alentours, jusqu'à Beaulieu ou Saint-Privat. Au centre-ouest, Limoges, la « capitale », une paisible cité cependant plus dynamique qu'il n'y paraît. Elle n'est plus le « placard » des fameux militaires limogés de la Première Guerre mondiale, mais une cité étudiante bien vivante.
Au centre de la région, la nature, les paysages sauvages encadrent le lac de Vassivière ou marquent les limites du parc naturel régional de Millevaches. Puis au nord, plus plat, en Pays marchois, un morceau de Limousin sur les traces de George Sand ou de Claude Monet, aux allures de Berry, tandis que le Sud-Est aborde les premiers contreforts de l'Auvergne.
Des sites uniques et saisissants : le Limousin, c'est aussi Oradour-sur-Glane, tristement célèbre, Collonges-la-Rouge, au nom évocateur, Vassivière, berceau de nature, ou encore Aubusson, mondialement renommé pour ses tapisseries.
Côté climat, tous les goûts sont permis : des pluies régulières de la « montagne limousine » aux ciels doux de Charente, de la froidure hivernale du plateau de Millevaches (frôlant les 1 000 m) au gai soleil du « portail du Midi », surnom que porta longtemps Brive, qui joue désormais une carte plus « gaillarde ». Aux beaux jours (attention, il peut y faire très chaud et sec !), les jeux de lumière sur les campagnes avoisinantes sont uniques, des monts de Blond aux gorges de la Dordogne en passant par la forêt de Chabrières.
Et limousin n'est pas qui veut ! Nos descendants du peuple gaulois des Lemovices (d'où Limousin) aiment leur pays et ils ont su le travailler pour en tirer le meilleur : les viandes y sont fameuses, du mouton baronet à la vache limousine ou au cochon cul noir ; les pommes et châtaignes poussent à foison ; et le sandre comme la truite s'épanouissent dans les milliers de cours d'eau qui sillonnent le Limousin.
Vraie terre de repos et de découvertes, à moins de 3h de la capitale, de Toulouse ou de Lyon, ce Limousin nous a conquis.
Et si vous n'êtes pas convaincu, faites confiance aux gens du pays ! Eux en connaissent tous les recoins et secrets, et vous les feront partager si, bien sûr, vous savez prendre le temps de les écouter...

ARCHITECTURE

Du granit…

Au cours du Moyen Âge, de nombreuses fondations religieuses et lieux de pèlerinages voient le jour à proximité de tombeaux d'évangélisateurs ou d'ermites. Sur ces sites, l'Église, riche et puissante, érige aux XIe et XIIe s abbayes et prieurés, donnant naissance à des villes murées. Les moines bâtisseurs limousins utilisent alors la pierre du pays : le granit.
Certains éléments architecturaux sont proprement limousins : la forme particulière des clochers à gâbles – avec une flèche octogonale reliée aux étages carrés –, comme à Saint-Léonard-de-Noblat (87) et à Uzerche (19), ou encore le portail de style mozarabe, emprunté à l'art musulman.
Les sculptures sont assez rares, car le granit est un matériau difficile à travailler – Malraux ne tarissait pas d'éloges sur le tympan de l'église de Beaulieu-sur-Dordogne (19), qui fait figure d'exception.
Par ailleurs, l'insécurité qui régnait à cette époque est à l'origine des monastères et des églises fortifiés (avec tours crénelées, chemins de ronde et fossés), seuls refuges sûrs pour les villageois. Les plus remarquables sont les églises de Compreignac (87), Saint-Angel (19) et Glénic (23).
Les moines bâtisseurs ont laissé des œuvres majeures en architecture religieuse. On retrouve partout en Limousin d'importants édifices datant généralement du XIe s, période florissante de l'art roman dans la région.
L'abbatiale de Solignac (87) fut fondée bien avant par saint Éloi, ministre orfèvre du roi Dagobert au VIIe s. Elle marque une étape importante sur la route de Saint-Jacques-de-Compostelle et constitue un chef-d'œuvre de l'art roman aux influences de l'école périgourdine. Le clocher fut détruit en 1783 et remplacé par un clocher-mur typique de la région au XIXe s.
L'abbatiale de Chambon-sur-Voueize (23) est l'un des plus vastes édifices de l'art roman, avec 87 m de longueur totale. Sanctuaire de pèlerinage dédié à sainte Valérie (Ier s), dont les reliques reposaient auparavant dans l'abbaye Saint-Martial, à Limoges. Le trésor comprend le buste-reliquaire de sainte Valérie en argent doré, orné d'émaux limousins conçus au XVe s.
Située en plein cœur du vieux quartier de Limoges, la cathédrale Saint-Étienne est l'unique cathédrale de la région et l'un des rares monuments de style gothique au sud de la Loire. Son architecture simple et massive relève du gothique rayonnant. Initiée en 1273, sa construction ne s'acheva qu'en 1888, date à laquelle le clocher d'origine romane fut rattaché à la nef (d'où l'aspect étrange du clocher à trois étages). En outre, cette cathédrale renferme le tombeau de l'évêque Jean de Langeac sur lequel sont sculptées des scènes de l'Apocalypse, inspirées de Dürer. Toujours à Limoges, l'église Saint-Michel-des-Lions est elle aussi de style gothique, mais c'est également l'église où reposent les reliques de saint Martial et celles de saint Loup, les principaux saints des fameuses Ostensions limousines (lire plus haut la rubrique « Fêtes et manifestations dans « Limousin utile »).

… aux maçons creusois

Mais le Limousin – et particulièrement la Creuse – s'est surtout rendu célèbre pour ses maçons et ses tailleurs de pierre, qui ont inventé une technique appelée « limousinage ». Cette particularité est liée à l'exode massif des Creusois originaires de la Marche, qui investirent les villes du XVe s jusqu'au début du XXe s.
L'avarice des terres poussait les Limousins à se louer, de mars à novembre, comme maçons terrassiers ou scieurs. À la Révolution, ils sont presque 16 000 en Limousin. On estime à 35 000 le nombre de Creusois qui migrèrent vers la capitale au milieu du XIXe s. Ils représentaient alors la principale source de main-d'œuvre du bâtiment et ont participé aux grands travaux haussmanniens à Paris.

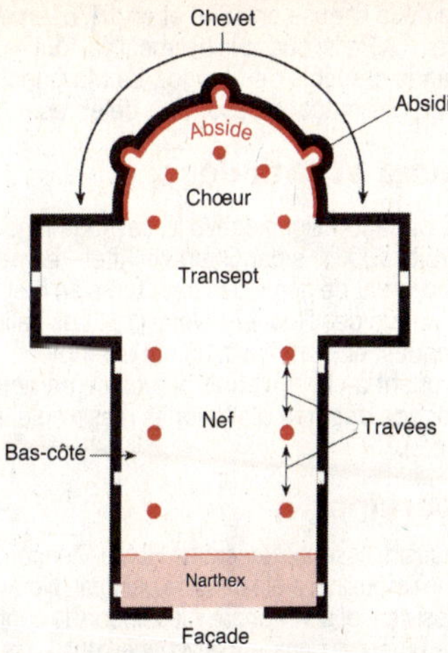

PLAN D'UNE ÉGLISE ROMANE

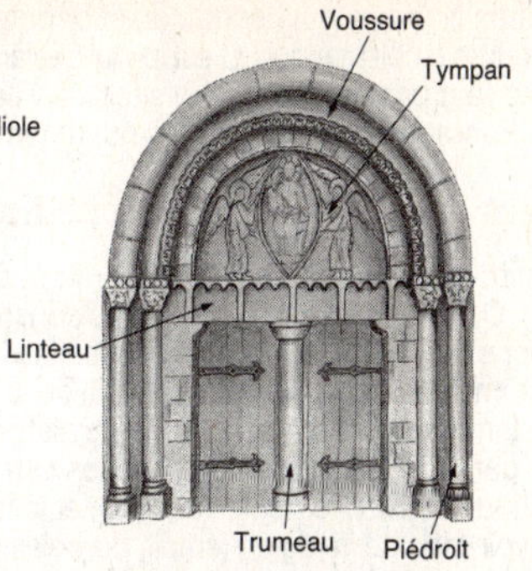

PORTAIL D'ÉGLISE ROMANE

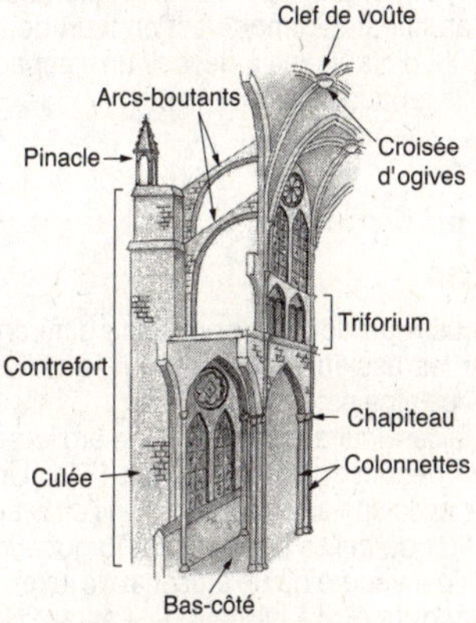

COUPE TRANSVERSALE D'UNE ÉGLISE GOTHIQUE

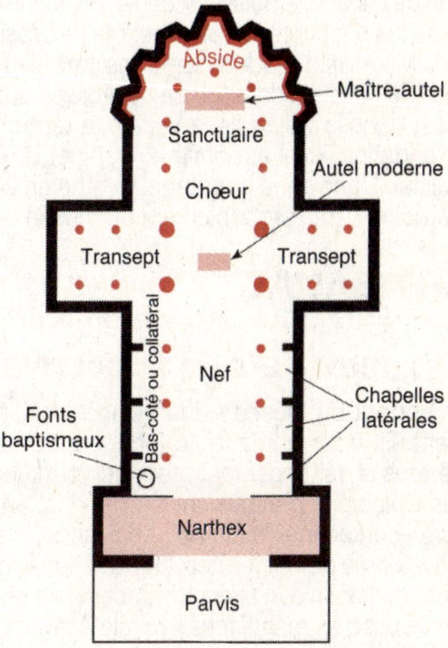

PLAN D'UNE ÉGLISE GOTHIQUE

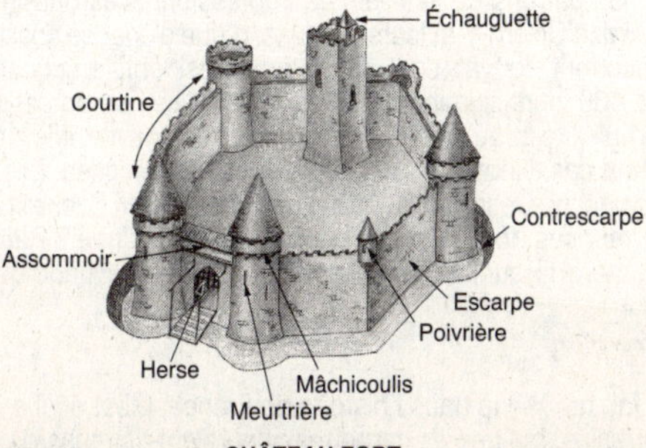

CHÂTEAU FORT

Martin Nadaud, ouvrier maçon et député de la Creuse en 1849 et en 1876, en est la figure emblématique. C'est lui qui déclara : « À Paris, quand le bâtiment va, tout va. » Il ne faut pas manquer de visiter les villages creusois de Masgot, La Martinèche ou Pontarion pour admirer les ouvrages de ces maçons désormais célèbres.

Des constructions métalliques et Arts déco...

Enfin, l'architecture métallique a marqué de façon significative le paysage limousin. On retrouve plusieurs viaducs construits au XIXe s par Gustave Eiffel – en personne – à Tardes (23) ou fortement influencés par ce génie des structures en métal, comme à Busseau-sur-Creuse (23) ou le viaduc des Rochers-Noirs (19). Les halles de Limoges, classées Monuments historiques, en sont aussi un bel exemple.
La gare des Bénédictins à Limoges est, quant à elle, un superbe édifice caractéristique du mouvement Arts déco, et la façade décorée d'allégories rassemble les savoir-faire de la région (émail, porcelaine...).

... à l'architecture contemporaine

L'art contemporain a su s'implanter en Limousin, essentiellement en Haute-Vienne. Le pôle de Lanaud, à Boisseuil, dédié à la vache limousine, a été dessiné par Jean Nouvel. Le centre d'art contemporain sur l'île de Vassivière et son « phare », ou encore le centre de la Mémoire d'Oradour-sur-Glane sont bien intégrés dans leur environnement. À noter aussi, le bâtiment de la faculté de droit, ou encore celui de la médiathèque de Limoges. C'est dans la vallée de la Vézère, à Uzerche, qu'un projet ambitieux soutenu par la fondation Total et confié au cabinet de l'architecte Wilmotte est en train de se réaliser. L'ancienne papeterie, fermée en 2006, est appelée à devenir un « espace mémoire », très probablement un musée de la fabrication du papier.

ARTISANAT

Les chevaliers de la porcelaine

En sortant du musée Adrien-Dubouché, vous regarderez la porcelaine différemment. Et vous aurez le tic local : retourner les assiettes pour vérifier la griffe... Hermès et Taittinger font fabriquer ici : la porcelaine est un art.
Les Chinois le pratiquaient dès le VIe s, en faisant cuire à 1 400 °C une argile très pure – le kaolin –, mais nul, en France, n'en découvrit le secret avant 1761. Une brave dame de Saint-Yrieix (87) lave son linge avec une argile blanche. On l'analyse : c'est du kaolin. Un faïencier limousin va en tirer de belles porcelaines. Turgot érige l'entreprise en manufacture royale. Mais ce n'est encore qu'un artisanat de luxe.
Pour l'ériger en industrie, la dynastie Haviland lui ouvre l'Amérique – autant dire le monde. Ces quakers, importateurs de faïence à New York, avaient préparé leur coup. Ils emménagent en 1842. En 1855, ils fabriquent et font décorer leurs produits. En 1870, ils sont les patrons de la ville. Les impressionnistes dessinent pour eux (Monet crée un service Giverny), et leurs produits, d'une élégance aussi extrême que ceux de leur concurrent Pouyat, sont offerts aux présidents américains. Au début du XXe s, plus de 130 fours illuminent Limoges. À réaliser, sa porcelaine est d'une inconcevable complexité (d'où le prix...). Mais pour la créativité, elle a de l'avance.
Aujourd'hui, en tout cas, l'industrie de la porcelaine est en crise. Les créations du couturier Castelbajac, de César ou du grand designer Martin Szekeli pourront-elles revigorer des entreprises dont le nombre a fortement diminué ? Parmi elles, Bernardaud va bien, merci ! Pour l'extase, rendez-vous chez Raynaud ou Haviland.

Du fil à retordre

Si le Limousin a fait tapisserie dans l'histoire de France, c'est qu'il est artiste en la matière ! Les Sarrasins, maîtres ès carpettes, y auraient-ils musardé ? Les Belges

évoquent l'épouse flamande d'un comte local. Une chose sûre : le Limousin regorgeait de moutons et les premiers ateliers connus remontent au XVe s. Limoges, Bellegarde, Felletin et, surtout, Aubusson vont concurrencer Paris et les Flandres.
Moins délicates, moins coûteuses aussi, leurs tapisseries (dites à « basse-lisse » – métier horizontal –, par opposition à la « haute-lisse » – métier vertical – des Gobelins) multiplient verdure et feuillage – Limousin oblige – et enchantent les nobles locaux : en voyage, ces derniers les roulent dans un coffre, comme les Chinois font des peintures sur soie.
Les « cartons » (dessins-patrons) s'inspirent de gravures pieuses, de l'histoire, des mythologies. Quand Colbert les promeut Manufactures royales, ces ateliers emploient alors 2 000 lissiers et exportent même en Europe de l'Est. Au XVIIIe s, ces « harpistes de la laine » se contentent de recopier des tableaux. Le XXe s les démode : pendant qu'Aubusson rabâche, l'art pictural s'envole. En 1939, Jean Lurçat – suivi par Picasso, Calder, Le Corbusier, Rouault, Matisse... – renoue le fil. Ses vastes compositions bariolées, son bestiaire à la Cocteau révisé Vatican II font sourire aujourd'hui. La greffe fit long feu.

Émaux

Limoges n'a pas attendu la porcelaine pour régner en maître sur les arts du feu. On ne sait si le « bon » saint Éloi, son évêque orfèvre, perça les secrets de l'émail ou si la technique provint des Arabes, mais, dès le XIIe s, toute une floraison d'émaux sur cuivre surgit près du tombeau de saint Martial. Presque toute l'émaillerie française fut longtemps limousine.
Une technique nouvelle, le champlevé, les extirpe assez vite des carcans du cloisonné : des creux sont ménagés dans la plaque de cuivre afin d'y recevoir l'émail. Les châsses de l'époque ressemblent à de touchants coloriages d'enfants, aux tonalités franches et douces. Ils représentent des saints, des scènes de martyres... À la Renaissance, des scènes mythologiques prennent le relais et les couleurs font souvent place au gris fumé. Après une longue éclipse, l'Art nouveau et les Arts déco vont rendre à l'émail ses lettres de noblesse, inaugurant une tradition nouvelle dont l'éclat perdure aujourd'hui.

Luth à outrance

Le XIIe s ignorant la TV, la vie de château était bien terne. Entre la chasse et la messe, les plus doués composaient des chansons. Chansons d'amour, cela va sans dire, et dans la langue du pays. Le Limousin comptant profusion de châteaux, il fut le berceau de ce noble sport. On y vit de mâles seigneurs, comme le vicomte de Turenne, poser leur épée pour taquiner le luth – avant de recevoir courtoise récompense...
Des noms ? Bernard de Ventadour, Gui d'Ussel, Bertrand de Born... Des citations ? « Il en va de notre amour comme de la branche d'aubépine qui, la nuit, tremble sur l'arbre de pluie et de gel... » Un haïku en langue d'oc.

Chabrettes et accordéons

Venant du fond des âges, la chabrette (ou cornemuse à miroirs) est un instrument à vent traditionnel dont l'origine remonterait au XVIe s ! La chabrette vient du limousin *chabreta,* qui signifie « petite chèvre », le soufflet de l'instrument étant en peau de chèvre. Implantée depuis des siècles dans le centre de la France (sous d'autres noms, mais avec des qualités presque semblables), la chabrette tomba dans l'oubli après la Première Guerre mondiale. Il a fallu que quelques chercheurs se penchent sur la cornemuse en Limousin pour que l'on redécouvre cet instrument qui a laissé son empreinte dans le patrimoine culturel limousin. Depuis 1987, le conservatoire de Limoges propose des leçons de chabrette. Avis aux amateurs !
Datant du début du XIXe s, le « piano du pauvre » n'est quant à lui pas limousin pour un sou (il est d'origine autrichienne). Mais rapidement, l'accordéon a su occuper le devant de la scène en Limousin, et plus particulièrement en Corrèze. De 1887

à 1960, l'usine Dedenis à Brive devient le berceau de l'accordéon en France. Mais dès 1920, les frères Maugein, installés à Tulle, l'éternelle rivale, font vaciller le monopole de l'usine briviste. Dès lors, les accordéons Maugein deviennent une référence en France et en Europe, notamment grâce à l'accordéoniste corrézien Jean Ségurel, qui l'arborait fièrement à chacun de ses concerts. Son côté simple et populaire connaît un franc succès dans les bals et conquiert toute une frange de la population. À partir des années 1950-1960, l'accordéon connaît un fort déclin avec l'arrivée du rock'n roll et de la guitare. Même si son usage paraît désuet, il reste fortement ancré dans la mémoire collective limousine. Il ne se passe pas une fête de village ou une bourrée (en sabots, s'il vous plaît !) sans que l'accordéon ne vienne enflammer la piste de danse par son jeu chaloupé et entraînant.
La vision du nouveau président de la République française esquissant un pas de danse, au soir du 6 mai 2012, au son de l'accordéon, a dû surprendre nombre de spectateurs du monde entier, suivant à la télévision le premier discours officiel en direct.

CHEMINS DE SAINT-JACQUES-DE-COMPOSTELLE

Les différents chemins de Compostelle convergent vers la côte galicienne espagnole et la cathédrale Saint-Jacques où sont conservées les reliques d'un des plus importants apôtres de Jésus, Jacques, mort en martyr vers l'an 35.
C'est en 800 qu'un ermite, guidé en songe par une étoile, retrouve le tombeau du saint. Le nom de Compostelle proviendrait d'ailleurs de *campus stellae* : champ d'étoiles... Dès le Xe s, des pèlerins en provenance de toute l'Europe viennent se recueillir sur ses reliques. Aujourd'hui encore, on assiste parfois à une certaine affluence sur les chemins en période de pèlerinages et pendant les vacances...
Au fil des ans, aux pèlerins se joignent amateurs d'art roman et férus de randonnée. Il faut dire que les chemins de Compostelle, cadre de ressourcement spirituel extraordinaire, sont aussi d'une beauté et d'un intérêt historique qui valent le détour : les échanges culturels et religieux et la nécessité d'héberger un grand nombre de pèlerins ont favorisé dès le Moyen Âge le développement des villes et des monuments-étapes sur le chemin.
Balisés en 1970 par la Fédération de randonnée pédestre, les quatre sentiers français commencent respectivement à Vézelay, au Puy-en-Velay, à Arles et à Tours (aujourd'hui à Paris). Depuis 1998, le parcours est classé au Patrimoine mondial de l'humanité.
Que vous partiez à pied, à cheval ou à VTT, que vous marchiez tout le long de la route ou sur les derniers kilomètres uniquement, ouvrez grand les yeux pour ne pas rater les beautés croisées sur le chemin : un aubergiste super accueillant, une église romane perdue dans la campagne, les champs à perte de vue, et souvent de bien belles rencontres... Dans le Limousin, le chemin de Compostelle passe par La Souterraine (23), Bénévent-l'Abbaye (23), Saint-Léonard-de-Noblat (87), Limoges (87) et Châlus (87). Autre chemin par la Voie de Rocamadour qui, depuis Bénévent-l'Abbaye (23), passe par Bourganeuf (23), Eymoutiers (87), Treignac (19), Tulle (19), Collonges (19) et file vers le Quercy.
Pour plus de renseignements : • *chemins-compostelle.com* •

CUISINE ET PRODUITS DU TERROIR

« En Limousin, on n'a pas de caviar, mais on a des châtaignes », disait Antoine Blondin. Les riches ne connaissent pas leur malheur... D'autres produits campagnards, comme la choucroute ou le foie gras, ont connu la gloire. Mais les châtaignes restent les châtaignes. Fétiches de frugalité et de courage, dignes des pauvres Limousins que Turgot appelait « mâcheraves ». Plus clément, Curnonsky qualifiait leur cuisine de « sans beurre et sans reproche ». En deux mots, saine et sainte. Sans doute parce qu'elle s'appuie sur des produits de base exceptionnels – viande de concours, lait crémeux, œufs lourds, pissenlits corsés, champignons à fricasser, aussi abondants que l'est la forêt – qui dopaient les gros bras du pays.

– ***Soupes :*** la soupe au chou, dite *bréjaude,* simple soupe de légumes agrémentée d'un chou vert frisé et parfois de lard, est un INCONTOURNABLE des tables paysannes. Une préparation toute simple qui demande toutefois 2 à 3h de mijotage. À consommer avec des croûtons de pain (c'est encore meilleur), midi et soir, été comme hiver... et à conclure par un chabrot !

– ***Châtaignes :*** en soupe (la garbure), rôties (les jaques), pétries en farce, bouillies dans du lait ou en pâtisserie, le « pain du pauvre » se met en quatre.

– ***Noix :*** on la retrouve principalement en Périgord (noix du Périgord AOC) et, en Limousin, au sud de la Corrèze, aux alentours de Brive. En terre limousine, on la propose concassée (cerneaux), broyée (gâteau aux noix), distillée (le « quinquinoix ») et pressée (huile de noix).

– ***Charcutailles :*** immolé en grande pompe à la « Saint-Cochon », le porc – meilleur dans la race locale, dite cul noir – se débite en jambons, boudins, saucisses, boudins aux châtaignes (fameux) ; tout y sert, du plus pauvre (le lard et le saindoux) au plus goûteux (les Limousins sont des as du petit salé). Limoges, où les bouchers ont eu leur rue, en pince pour les tripes, les pieds de porc, la tête de veau, les joues et langues de mouton fumées, et un boudin de veau et de mouton baptisé « giraud ». La Corrèze, elle, festoie à la périgourdine : foie gras, magret, confit...

– ***Champignons :*** le Limousin étant l'une des régions les plus boisées de France, il n'est pas rare d'en trouver au détour d'un sentier. Cèpes, girolles, trompettes-de-la-mort, pieds-de-mouton, oronges... on peut les déguster en fricassée, en omelette, au four (ah, les cèpes farcis !) ou même les faire sécher pour les incorporer dans une sauce.

– ***Mique et millassou :*** une sorte de boule de pain, que l'on fait bouillir dans un bouillon de légumes, accompagnée de petit salé et d'andouille. Inutile de préciser que le résultat s'avère... gargantuesque ! La mique se déguste de préférence le midi (le temps de faire la sieste l'après-midi), et, pour le soir, on la coupe en tranches, que l'on fait revenir à la poêle ensuite. Dans la même famille, goûter aussi au millassou (corrézien, car il en existe plusieurs sortes), galette de pommes de terre râpées, agrémentée de lard, de persil et d'ail.

– ***Pommes de terre et autres accompagnements :*** si la châtaigne est reine, la pomme de terre est princesse. Le fameux *pâté aux pommes de terre* est une tourte (briochée en Haut-Limousin, feuilletée dans la Marche), fourrée de lard, d'oignons et de poitrine fumée (ou d'ail et de persil) et parfois additionnée de crème fraîche. Une variante, dite *bombazine,* utilise des quartiers sautés aux lardons. Une autre, la *flognarde,* des lamelles de pommes de terre dans une pâte à crêpes. Chez l'habitant (et dans quelques restos traditionnels), goûtez les galettes de blé noir proches des galettes de sarrasin bretonnes, dites ici *tourtous, galétous...* Elles faisaient office de pain et se dégustent, de préférence, avec un bon plat en sauce.

– ***Pommes du Limousin :*** petite nouvelle dans la gastronomie limousine, la golden du Limousin – importée des États-Unis – n'est cultivée que depuis les années 1950. Cela n'empêche pas l'existence de la route de la Pomme, initiative qui permet de cheminer dans le terroir, entre visites des vergers et dégustation de cette fameuse pomme, laquelle décroche, en 2005, l'AOC tant convoitée (première pomme de France à obtenir l'AOC) et en 2007 le label européen AOP (Appellation d'origine protégée). Il faut dire qu'elle a trouvé ici, en altitude, un terroir de prédilection. Incroyablement croquante et juteuse, on est loin de la golden farineuse de supermarché. Bien rebondie, juteuse et croquante, elle en rosit de plaisir... Salée, sucrée, on vous la servira à toutes les sauces. Évidemment, la golden du Limousin mérite qu'on s'y attarde, mais les amateurs de pommes ne bouderont pas la Sainte-Germaine, le Museau de Lièvre ou la reinette grise, elles aussi bonnes... à croquer !

– ***Suivez le bœuf, courez après le lièvre :*** divinement rouge, discrètement persillé et d'une incomparable tendreté, le bœuf limousin est la star locale. Du coup, il éclipse l'agneau, autre gâté des prés limousins. Le magret de canard, lui, est un abonné de Brive et des tables du Sud corrézien, où il se colore d'une moutarde violette, à base de moût de raisin. Vous avez rêvé du lièvre à la royale ? Sachez que ce grand plat est limousin : si vous voyez sur une carte « lièvre en chabessal », courez !

– ***Une farce qui dure !*** *I love farcidure,* a-t-on pu lire le soir des élections présidentielles en fond d'écran. Un plat de campagne, au sens strict. Un ancien plat du pauvre qui pourrait désormais détrôner la tête de veau (plat préféré de Jacques Chirac, on se le rappelle) dans le cœur des Français. En fait, les boulettes de la *farcidure* creusoise mixent farine de sarrasin, herbes et hachis de petit salé et cuisent dans la soupe aux choux.

– ***Un pays où l'on vit d'eau pure et de pêche :*** truites, carpes, ombles chevaliers, perches et gardons grouillent dans ce pays d'eaux pures, où la piété prend un parfum de gourmandise.

– ***Fromages :*** caillade de lait de vache, cabécous du Brivois, *gouzon* marchois (le parent pauvre du camembert). À noter également, le *fondu creusois* : fromage de vache fondu avec eau, lait et œufs, servi avec des frites et accompagné d'une omelette nature. Il constitue un plat de résistance, mais on s'en serait douté !

– ***Desserts :*** myrtilles et mûres en forêt. Noix dans les vergers et noisettes sur les haies. Fraises à Beaulieu et framboises en Corrèze. La sophistication pointe avec le *creusois,* gâteau de noisettes et de blancs d'œufs battus, et sa cousine, la *galette corrézienne* (châtaignes et noix). Dans le registre rustique, le clafoutis aux cerises noires (un glorieux enfant du pays !), qui est rebaptisé « flognarde » quand il perd ses cerises pour d'autres fruits. À noter, l'arrivée d'un petit dernier dans le cercle (assez restreint) de la pâtisserie limousine : le *trépaïs* (« trois pays »). Né de l'imagination de plusieurs pâtissiers limousins, ce gâteau est composé de chocolat, noisettes et marrons, ingrédients symbolisant les trois départements du Limousin.

ÉCONOMIE

Certains jugent le Limousin un peu monotone, d'autres riche d'une diversité exemplaire. Tout comme il est difficile d'y découvrir quelque chose d'extraordinaire, il est difficile de ne pas être totalement charmé par cette nature préservée. Finalement, c'est peut-être l'écrivain et historien français Jules Michelet qui a trouvé les mots justes : le Limousin est « beau et pauvre ».

Les espaces verts abondent et constituent des ressources essentielles, mais nulle trace de fleuve ni de montagne. Pourtant, les cours d'eau et collines ne manquent pas et rendent cette région attractive et attachante. Grâce à cet écrin de verdure, la région a su parfaitement tirer son épingle du jeu et créer, avec le temps, un véritable dynamisme économique ; une économie à taille humaine, puisqu'elle est composée essentiellement de PME/PMI, avec un secteur artisanal très développé et quelques grands groupes exportateurs qui s'appuient sur le savoir-faire local (porcelaine, tapisserie, bois...).

Bien que modeste, l'activité industrielle et économique du Limousin est bien réelle et, fait peu commun, cette richesse provient essentiellement... d'une vache, la fameuse et non moins célèbre vache limousine. Merci, Marguerite ! Le poids de l'agriculture en Limousin est effectivement nettement supérieur à la moyenne nationale.

L'agriculture et l'agroalimentaire, piliers de l'économie locale

Dans le Limousin, où le monde agricole représente tout de même plus de 5,9 % des emplois (contre 2,9 % à l'échelle nationale métropolitaine), soit plus de deux fois la moyenne nationale, le secteur primaire joue un rôle déterminant. Tous les efforts des agriculteurs limousins se concentrent sur l'élevage extensif, qui représente près de 85 % des exploitations. Les méthodes durables et raisonnées privilégiées par les exploitants ont plusieurs avantages : elles ont façonné un paysage de bocage où les prairies sont prédominantes et ont permis à la filière de respecter différentes démarches de qualité et d'obtenir les labels nécessaires à sa notoriété. Non loin d'être la première race à viande de la planète, la « bête » est exportée dans plus de 70 pays, sous forme d'animaux, de semences, ou encore d'embryons. La région possède l'un des plus importants troupeaux de bovins à viande de l'Hexagone (plus de 10 % du troupeau français).
Ces élevages performants ont pour corollaire une industrie agroalimentaire florissante : un emploi sur six en Limousin en dépend. Le secteur de la viande (bovine, donc, mais également ovine ou porcine) regroupe à lui seul un large éventail d'activités, notamment dans le domaine de la transformation (salaisons, conserveries, ou encore le marché en plein essor des produits gastronomiques de luxe). Cette industrie agroalimentaire principalement composée de PME est néanmoins dominée par quelques grands groupes comme Charal (à Égletons en Corrèze) ou Madrange (à Feytiat, en Haute-Vienne).
Outre l'élevage, la culture des fruits et légumes constituent une part non négligeable de l'économie locale avec une nette prédilection pour les pommes et les fruits à coque (la noix principalement).

Un savoir-faire ancestral

Le Limousin, c'est aussi des productions ancestrales mises au goût du jour. La porcelaine de Limoges en est l'exemple le plus probant. Symbole de la production régionale, l'industrie porcelainière et celle de la céramique occupent encore près de 2 000 personnes. Concurrence des pays d'Asie et d'Europe de l'Est oblige, la porcelaine est en pleine conversion ; on fait désormais appel à de nouvelles technologies pour le coulage et le pressage. Le développement de céramiques, dites techniques, est aujourd'hui le nouveau cheval de bataille de la profession, qui a fait de Limoges le premier centre français de recherche en céramique industrielle. Le pôle de compétitivité PEC (Pôle européen de la céramique) a pour vocation d'innover à la fois sur les produits et les méthodes pour dynamiser l'ensemble de la filière et leur permettre de se diversifier, notamment dans l'impression 3D pour l'électronique, dans les traitements de surfaces destinés à l'automobile de compétition ou encore dans les énergies renouvelables.
Côté porcelaine, la société Legrand, premier employeur de la région, s'est spécialisée dans la fabrication d'appareillage électrique. À l'origine, elle vendait des interrupteurs en porcelaine, avant de multiplier ses activités de nouveaux matériaux et devenir aujourd'hui le numéro un mondial du secteur.
À côté de ça, les chaussures de luxe de la maison Weston, les célèbres tapisseries d'Aubusson, ainsi que la ganterie et la maroquinerie de luxe ne passent pas pour autant inaperçues, trop fières de pouvoir démontrer le savoir-faire ancestral des ouvriers limousins. Sans compter que l'artisanat, très présent dans l'économie régionale, est en forte croissance.

Un tissu industriel aux multiples coutures

Non content d'avoir sur son territoire la seule maison à posséder sa propre tannerie de cuir à semelle (Weston), le Limousin bénéficie de ressources naturelles exceptionnelles. La forêt occupe le tiers de la superficie de la région. C'est d'autant plus intéressant qu'il s'agit là d'une forêt jeune, au début de sa valorisation économique. Bocage, bois, eau pure constituent les remarquables atouts de demain. Les grandes retenues, comme le lac de Vassivière, attirent nombre de touristes. L'hydroélectricité permet de couvrir 80 % des besoins régionaux en électricité. Outre l'or, le sous-sol limousin a également permis, entre 1958 et 1990, l'extraction de plus du quart de l'uranium consommé par le nucléaire français. D'ailleurs, il semblerait que la qualité de l'eau (à Limoges notamment) ne soit pas irréprochable...

Enfin, certains secteurs moins traditionnels ne sont pas en reste. Par exemple, la filière concernant les composants et circuits électroniques emploie plus de 4 % des salariés en Limousin, notamment dans le pôle d'excellence constitué autour de Brive-la-Gaillarde (les principaux groupes comme Photonis, Anovo, ou Thalès Communication, sont chacun dans leur partie considérés comme les leaders européens, voire mondiaux). Autre spécificité, on assiste depuis 15 ans, dans la région, au développement des activités graphiques et du secteur de l'édition (la décalcomanie pour l'industrie porcelainière, par exemple), qui compte, avec celui de la pâte à papier et du carton ondulé, parmi les secteurs phares de l'économie limousine. La région dispose également de pôles d'innovation regroupant ingénieurs, étudiants, scientifiques et entreprises innovantes dans les secteurs de pointe (filières de la céramiques et de l'électroniques, mais aussi dans les biotechnologies et la mécanique).

ENVIRONNEMENT

On vit vieux en Limousin ! Ce n'est pas un slogan, c'est un constat. Rien à voir avec une quelconque fontaine de jouvence locale ou une recette miracle qu'on se chuchote de génération en génération, cette longévité est plus certainement à mettre en rapport avec la qualité privilégiée de l'environnement. Relativement peu peuplée, faiblement urbanisée, cette terre principalement agricole a échappé au traquenard de l'industrialisation à outrance. Il n'en reste pas moins que la pollution existe comme ailleurs, notamment concernant l'émission des gaz à effet de serre ou le rejet de polluants. C'est pourquoi le conseil régional a l'ambition de faire du Limousin une région pilote du développement durable, avec justement pour objectif de diviser par quatre l'ensemble de ces fâcheuses émissions de gaz à effet de serre d'ici à 2050.

Le broutard en cause

Le Limousin est rural : plus de 20 % des habitants vivent dans des communes isolées (contre 6 % à l'échelle nationale), et l'on considère que chaque individu dispose d'une superficie en espaces naturels quatre fois plus importante que celle des autres Français. Ce n'est donc pas l'espace qui manque, mais si le choix des activités agricoles non intensives a permis de façonner un paysage pittoresque, il est aussi à l'origine de l'abandon de parcelles jugées trop difficiles et d'une perte de biodiversité due à l'omniprésence des herbages (86 % des surfaces agricoles). Et puis, c'est sans compter sur l'impact du cheptel. Broutards (bovins destinés à l'engraissement en dehors de la région) et autres Marguerites sont responsables d'une quantité non négligeable de gaz à effet de serre ! Ouf, le Limousin peut compter sur sa forêt tentaculaire qui fait office de puits à carbone et sauve la réputation de la bonne vache.

Le bio à la peine

La moitié des surfaces cultivées ne reçoit ni traitement phytosanitaire, ni engrais minéraux, et relativement peu d'engrais azotés (un quart de moins que la moyenne nationale). Mais curieusement, le Limousin reste à la traîne en matière de conversion au bio. Malgré une nette augmentation ces dernières années, à peine 2,6 % des surfaces exploitées sont concernées, contre 5 à 6 % ailleurs...

Facteurs polluants ?

La dispersion de l'habitat a pour corollaire une augmentation du trafic automobile. Par ailleurs, la situation stratégique du Limousin, carrefour routier interrégional d'importance, occasionne des flux de marchandises plus élevés qu'ailleurs : 3 900 t/km/an/hab. transitent dans le secteur, contre 3 100 t sur le plan national. Parmi les réponses, l'aménagement de la LGV devrait avoir un impact non négligeable.

Et qu'en est-il des entreprises polluantes ? Là encore le Limousin s'en sort avec les honneurs, puisque son tissu industriel est principalement constitué de PME de tradition manufacturière dont l'impact sur l'environnement est faible. Mieux, les carrières désaffectées ont souvent été réaménagées en espaces verts, et les dégâts occasionnés par les anciennes mines d'or (vers Saint-Yrieix-la-Perche) ou d'uranium sont en cours de traitement ou déjà maîtrisés. Les principaux rejets aujourd'hui sont finalement liés à la fabrication de pâte à papier et à l'agroalimentaire.

Et la lumière fut

L'éolien est à la mode, mais en terre limousine, ce n'est pas dans le vent ! Avec pour seul équipement notable la ferme de Peyrelevade, la région est en retard. Ici, on préfère l'hydroélectrique (ses barrages sur la Dordogne fournissent plus de 3 % de la production nationale), et la production d'électricité issue de la biomasse. Comme ce n'est pas le bois qui manque (chaque année, l'accroissement de la forêt avoisine les 4,5 millions de mètres cubes, alors que les besoins tournent autour de 2,5 millions de mètres cubes), on l'utilise pour produire de l'énergie !

Le Limousin ne manque pas d'air

Attention à l'argument choc : l'émission de polluants atmosphériques dans la région est la plus faible de France ! Ici, peu d'entreprises sont assujetties à la taxe sur la pollution de l'air et on note une absence quasi totale de seuils réglementaires, sauf pour l'ozone. Conclusion, il fait vraiment bon vivre en Limousin !

GÉOGRAPHIE

Ce qui frappe avant toute chose dans le paysage limousin, c'est l'abondance de la verdure et le développement massif de la végétation, dès que l'on s'éloigne des villes. La Haute-Vienne, la Corrèze et la Creuse sont, en effet, recouvertes de forêts et d'eau.

Pays de rivières, de sources, de ruisseaux et de tourbières, le département de la Creuse compte à lui seul plusieurs milliers de kilomètres de cours d'eau, près de 3 000 étangs et une dizaine de grands lacs. Certains plans d'eau artificiels ont été créés au Moyen Âge par les communautés cisterciennes et les riches seigneurs de la région. Une vieille tradition attachée aux étangs survit encore dans la région : tous les 2 ou 3 ans, entre novembre et mars, a lieu la « vente sur chaussée », où les plans d'eau sont vidangés pour être nettoyés et aérés, et le poisson récupéré est alors vendu sur place.

Ce paysage de lacs et de rivières découle aussi du relief vallonné. Le Limousin se dessine comme un ensemble de plateaux peu élevés, parsemés de collines. On distingue les plateaux de Millevaches et d'Ambazac des monts de Blond, qui constituent les hautes terres. Le relief est formé d'encaissements, avec un contraste important entre des versants secs et des fonds humides mal drainés, qui forment la tourbière, paysage de lande marécageuse envahie par les joncs. La plus vaste de France, la tourbière de Longeyroux, est aujourd'hui une zone protégée très fertile, peuplée de loutres (qui démontrent la qualité de l'eau, sans laquelle elles ne peuvent se développer).

Feuillardiers

La région limousine est aussi une terre de forêts, qui porte comme emblème le châtaignier. Cet arbre des montagnes méditerranéennes s'est développé ici au Moyen Âge, pour subvenir aux besoins alimentaires des hommes et des animaux, dans un pays où l'exploitation de céréales panifiables restait faible. On trouve donc des châtaigneraies dans tout le Limousin, même si cet arbre a perdu aujourd'hui son importance nourricière avec le développement de la pomme de terre. Reste encore, côté Corrèze et sud Haute-Vienne, quelques feuillardiers – ouvriers spécialisés dans l'art de tailler ce bois – qui transmettent leur passion. En fait, le feuillard est une grande branche de châtaignier coupée en deux, qui était principalement utilisée pour confectionner des piquets de clôture et pour le cerclage des barriques. Très vite, les feuillardiers investirent les forêts et se logèrent dans des cabanes de taillis qu'ils fabriquaient eux-mêmes. Ce métier ancestral (qui remonterait au XVIe s) s'est raréfié à partir des années 1920-1930, à cause des rudes conditions de vie et de la concurrence grandissante des feuillards de fer.
Aujourd'hui, le paysage traditionnel des campagnes limousines subit fortement les conséquences de la désertification des campagnes. Le déclin de la population s'est accompagné des progrès massifs de l'arbre et des herbages, qui envahissent peu à peu les landes, le bocage, et recouvrent certains cours d'eau. L'inventaire forestier montre le progrès spectaculaire de la forêt sous forme de friches qui occupent jusqu'à 70 % du territoire boisé de certaines communes. Le Limousin, avec 4 % de la forêt française, est devenu une région nettement plus boisée que la moyenne nationale.

Le parc naturel régional de Millevaches en Limousin

Au cœur de la région, ce poumon vert de 3 150 km^2, réparti sur les trois départements, est une merveille sauvage pour qui veut découvrir et s'immerger dans la nature limousine. Forêts, points de vue, étangs, villages paisibles, sentiers de randonnée, petits chemins bucoliques... tout y est ! De Pontarion (23) au nord jusqu'à Corrèze (19) au sud et d'Eygurande (19) à l'est à Eymoutiers (87) à l'ouest, ce sont 113 communes qui se sont impliquées dans ce projet.
Dans cette zone verte et humide se mêlent landes, forêts de feuillus, tourbières, champignons, fruits sauvages, plantes humides et de drôles de fleurs (droséras ou narthécies). Côté faune, la loutre, symbole du territoire, y a élu domicile, ainsi que quelques beaux lézards et vipères. Le parc abrite également une riche faune aquatique (truite fario, chabot, lamproie de Planer...), ainsi que de nombreux oiseaux (chouette, busard, circaète jean-le-blanc, engoulevent...) qu'un œil averti saura repérer. Les points culminants de la région sont aussi au rendez-vous (dont le mont Bessou, en Corrèze, à 976 m). Plusieurs rivières majeures, dont la Vienne, la Creuse, la Vézère et la Corrèze y prennent leur source avant de partir alimenter le cours de la Loire ou celui de la Garonne.
Pour tt rens, contacter le parc naturel de Millevaches (☎ 05-55-67-67-90 ; • pnr-millevaches.fr •) ou le comité régional du tourisme (☎ 05-55-11-05-06 ; • tourismelimousin.com •).

Le parc naturel régional Périgord-Limousin

À l'ouest du Massif central et gagnant au sud de la douceur de l'Aquitaine, le parc naturel régional Périgord-Limousin couvre un territoire de 1 800 km^2

à cheval sur deux départements : la Dordogne et la Haute-Vienne et deux régions : l'Aquitaine et le Limousin.
Forêts de châtaigniers, rivières aux eaux vives, bocage limousin, vallées périgourdines, forêts de châtaigniers, plateaux calcaires parsemés d'orchidées au printemps, il offre une mosaïque de paysages surprenants, où se développent une faune et une flore variées, abondantes, dont 16 espèces d'oiseaux et des visons d'Europe. Côté balades, plus de 2 000 km de sentiers balisés de petite randonnée jalonnent le parc. Il est également traversé par plusieurs GR (GR 4, GR 48, GR 436) et par les chemins de Saint-Jacques-de-Compostelle. Un réseau de 21 sites naturels aménagés permet d'approfondir ses connaissances à travers une approche pédagogique et ludique (châtaigneraie, milieux aquatiques, géologie et flore). Tout au long de l'année, le parc organise des sorties thématiques gratuites, dont quelques randonnées accompagnées et balades sur des sentiers aménagés.
Pour plus de rens : ☎ 05-53-60-34-65. • parc-naturel-perigord-limousin.fr •

L'eau en Limousin

En Limousin, l'eau fait partie intégrante du paysage : 9 000 km de rivières (dont 1 173 km de rivières classées pour la protection des poissons migrateurs), 12 000 étangs, 7 500 ha de milieux humides, et de nombreuses rivières qui prennent leur source au plateau de Millevaches (ou « des mille sources »). Ce n'est pas pour rien que l'on appelle le Limousin le « pays de l'arbre et de l'eau » !
L'importance des précipitations (plus de 900 mm par an dans la région) et la relative imperméabilité des sols peuvent expliquer cette abondance. Jusqu'au début du XXe s, les paysans limousins tiraient partie de la force motrice des eaux en construisant des moulins, des carderies... Désormais, elle ne fait plus qu'irriguer généreusement les champs, les prairies (donnant de l'herbe grasse pour les vaches), confirmant son statut de destination privilégiée pour le tourisme « vert ». Les innombrables ruisseaux abritent ainsi une multitude d'espèces animales comme la loutre, l'écrevisse, la truite, la perche...
Le relief accidenté de la région et les eaux paisibles de la vallée de la Creuse ont largement inspiré les peintres impressionnistes tels que Monet et Sisley. À croire que la tranquillité des eaux limousines est reconnue depuis des siècles...

HABITAT

On retrouve dans l'habitat limousin les richesses et les matériaux régionaux tels que le granit, l'ardoise ou le bois de châtaignier.
Dans les régions isolées, comme le plateau de Millevaches ou la Xaintrie, on constate une utilisation récurrente du granit. Les façades et pignons sont ornés de pierres de taille issues des carrières de Peyrelevade ou de Pérols-sur-Vézère, et de nombreuses niches étaient percées directement dans les murs pour servir de rangement. Jusqu'au XIXe s, les toits étaient recouverts de chaume, remplacé par l'ardoise de Corrèze et d'Anjou. On retrouve dans chaque maison le *cantou,* une vaste cheminée qui comprend généralement un four. Les maisons de la Xaintrie sont recouvertes de toits de lauzes, à l'image des habitations du Cantal. Ces dalles de schiste taillées en écailles sont très lourdes, et les charpentes étaient construites en conséquence, très résistantes, avec une forte pente.
Un élément typique du Limousin est aussi l'*épi de faîtage,* placé au sommet des toitures. C'est une poterie en argile émaillée, en forme de cruche, qui marquait la richesse du propriétaire et était censée éloigner les mauvais esprits.
Le *clédier* désigne les séchoirs à châtaignes, sortes d'âtres rectangulaires ou ronds qui brûlaient pendant 3 semaines à l'air libre, et que l'on retrouve à Cussac, Chambinaud ou Vergnolas.

On aura compris, le châtaignier a fortement influencé la structure des habitations. Les toitures des clochers et des églises sont constituées de bardeaux de châtaignier, que l'on reconnaît à leur couleur argentée, patinée par le temps. La chapelle Saint-Aurélien, à Limoges, ou le clocher de Boussac en sont de beaux exemples. Évidemment, la porcelaine a pris une place importante dans la décoration des habitations limousines. On la retrouve dans les halles de Limoges – qui sont ornées d'une frise de 328 carreaux de porcelaine représentant les produits agricoles vendus au marché –, sur la fontaine de l'hôtel de ville ou sur les plaques funéraires des cimetières de la région, dont celui de Louyat à Limoges, le plus représentatif.

HISTOIRE

La terre rouge

Collonges-la-Rouge n'est pas la bourgade la plus politisée du département de la Corrèze, on le sait : elle doit sa couleur à tout autre chose que la politique, qui est ici au cœur de la vie quotidienne, et pas seulement dans les villes. Le Limousin est une région française traditionnellement administrée par la gauche. C'est la faute, comme dirait l'autre, aux francs-maçons (très implantés), mais surtout aux simples maçons : beaucoup apprirent leur catéchisme syndical et républicain sur les barricades de Paris. Les généraux cathos de 1914-1918 firent leur B.A. en envoyant les « rouges » au casse-pipe : pour preuve, les listes bondées des monuments aux morts (celui de Gentioux, où le conflit faucha trois hommes sur quatre, clame, c'est bien le moins : « Maudite soit la guerre ! »).

ON LIMOGE

Un mois après le début de la guerre, en septembre 1914, les Allemands étaient déjà sur la Marne. Autant dire aux portes de Paris ! Les généraux incapables furent montrés du doigt. Au plus vite, le nouveau généralissime, Joffre, les expédia (134 au total) dans un « placard » lointain. Ce fut Limoges... Le terme « limogeage », que Proust fit entrer en littérature, est resté dans notre langage. Aujourd'hui, la ville pâtit encore un peu de cet exode forcé.

Au XIXe s, cette région déchristianisée s'était trouvé des « saints » laïques : Siméon Bourzat, Martin Nadaud... Elle sera, après la Libération, le berceau des prêtres-ouvriers et donnera un ministre communiste à François Mitterrand, Marcel Rigout. Même les campagnes sont à gauche : le socialisme (SFIO, puis PCF) y est fils de la misère et de la geste maquisarde.

Si certaines ont, à un moment, basculé à droite, déçues par les « années roses », la Haute-Vienne a toujours résisté, menée par Limoges, la « Rome du socialisme ». Son petit peuple, épris de dignité, s'est organisé et instruit (dans les ateliers, les ouvriers payaient un enfant pour leur faire la lecture !) depuis 150 ans. En 1848, les ouvriers – et ouvrières ! – de la chaussure et de la porcelaine dressaient des barricades. En 1870, ils proclamaient une commune insurrectionnelle, comme à Paris. Est-ce un hasard si la CGT naquit là, en 1895 ? Et si la ville déchaîna, en 1905, la grève la plus violente du siècle naissant ?

La « Petite Russie »

1939-1945. Durant ces années noires, la Résistance en Limousin prit une forme toute particulière. Si l'influence communiste y était grande, on n'attendit pas la rupture du pacte germano-soviétique pour en découdre avec les Allemands. Même si Limoges fut, après Lyon, la deuxième ville de France en termes de nombre de résistants morts (de Gaulle l'appelait « la capitale du maquis »), le gros des

hostilités fut fourni par la guérilla rurale. D'innombrables stèles hérissent cette région sauvage, que les Allemands surnommaient la « Petite Russie ».
Ce fut l'une des Résistances les plus opiniâtres en France, et qui s'appuyait sur un héritage de lutte et de gauche ancrée dans les campagnes limousines. Le Parti communiste ne pouvait pas ne pas contrôler une résistance aussi enracinée localement, et les frictions se succédèrent avec le chef de celle-ci, le communiste ***Georges Guingouin.*** Ce dernier avait su fédérer les maquis et en faire une force redoutable. Au mont Gargan, ils se permirent de repousser, au cours d'une attaque frontale, plusieurs régiments de la Wehrmacht ! En fait, chacun s'y était mis. Ici, on sabotait les trains. Là, on kidnappait un spécialiste allemand de la lutte antiguérilla. La Creuse cacha 1 000 enfants juifs. Saint-Léonard-de-Noblat recueillit des « suspects » : Kahnweiler, Leiris, Queneau... et même Gainsbourg, adolescent. Précision importante : Guingouin (qui tenait du Che) fut le seul membre du PC à avoir été fait Compagnon de la Libération ! Pas étonnant que, par la suite, le Parti ait tout fait pour le déboulonner et y soit honteusement parvenu.
Jusqu'en 1942, la résistance locale se contentait surtout de quelques sabotages et distributions de tracts. La visite de Pétain en juillet 1942 à Tulle, Brive et Ussel fut vécue comme une provocation inqualifiable. Aussitôt, la résistance limousine devint l'une des plus actives et pugnaces de France.
En 1945, en tout cas, les résistants se firent tirer l'oreille pour rendre leurs armes. On raconte que pas mal de paysans fourrèrent leur fusil ou leur mitraillette dans un sac et l'enfouirent sous les chênes et les châtaigniers (pour le cas où !).
Cette tradition d'indépendance et de radicalisme perdura dans les campagnes, puisque le bastion n° 1 des rénovateurs, refondateurs et autres opposants à la ligne « stalino-moscoutaire » du Parti fut précisément... le Limousin.

La fin de la Chiraquie...

Il faudra un peu de temps pour se rendre compte de l'importance de ce 6 mai 2012, qui vit pour la seconde fois dans l'histoire de la Ve République un président de gauche être élu, un homme qui s'est forgé son destin tout au long de ces 30 années de vie politique passées en grande partie en Corrèze. ***François Hollande,*** le jeune homme à lunettes discret, apparu dans le sillage de François Mitterrand en 1981, s'était heurté, au fil des ans, à ***Jacques Chirac.*** Une figure mythique du pays, qui avait réussi à convertir la rouge Corrèze à ce qu'on appela ici le chiraquisme, en 1995, tendance confirmée en 2002 par la présidentielle. Même après son retrait de la vie politique, au tournant de la seconde décennie du nouveau siècle, Chirac demeurait un des hommes préférés des Français, et bien sûr des Corréziens. Une situation qui se poursuivit jusqu'au jour où le père sembla adouber ce drôle de fils que le destin lui avait mis dans les pattes, de foire en marché, de tribune en célébration plus ou moins officielle (voir plus loin le chapitre « La Corrèze »).

Quelques dates

- ***55 000 ans av. J.-C. :*** nain, prognathe... l'homme de La Chapelle-aux-Saints – un Neandertal – s'est vite éclipsé.
- ***800 av. J.-C. :*** les Gaulois arrivent. Ils s'appellent Lemovices (qui donnera Limousin) : les « guerriers de l'Orme ».
- ***Ier s :*** *Augustoritum Lemovicorum* – disons Limoges – grandit sur un damier à la romaine, avec jardins, aqueduc, plus un amphi de 20 000 places. Le Limousin appartient à la province d'Aquitaine.

– ***250 :*** un nommé Martial proclame la divinité d'un crucifié juif. Il sera premier évêque de Limoges.
– ***330 :*** naissance de Just, premier saint local. Aussi laid que pieux.
– ***507 :*** Clovis conquiert la Gaule. Le Limousin sera disputé par ses héritiers. Floraison de saints. Quand il ne remet pas à l'endroit la culotte du bon roi Dagobert, le grand saint Éloi, orfèvre de formation, gère le trésor royal. En 631, il fonde l'abbaye de Solignac.
– ***760 :*** le premier Carolingien, Pépin, prend l'Aquitaine.
– ***845-930 :*** « visites » des Normands.
– ***Xe-XIe s :*** la région s'émiette en fiefs-confettis. Même Limoges est partagée ! Alors, ces beaux seigneurs se battent souvent jusqu'au dernier paysan – lesquels assurent aussi la subsistance du clergé. Ce dernier promulgue donc, à Limoges, la « paix de Dieu ». Les forcenés de la baston n'ont qu'à aller en Palestine : en 1095, le pape a prêché la croisade à Limoges.
– ***1166 :*** épousant Aliénor d'Aquitaine, le comte d'Anjou, Henri Plantagenêt, devient duc à Limoges. Il possédera bientôt la couronne d'Angleterre et les deux tiers de la France. Pour chasser ses héritiers, il faudra 100 ans de guerre.
– ***XIIIe s :*** les villes affirment leur puissance. La cathédrale de Limoges sort de terre.
– ***XIVe s :*** exploits en Limousin ; le Prince Noir, venu châtier Limoges révoltée, y massacre 300 personnes, les femmes et les enfants d'abord !
– ***1331 :*** des tapissiers flamands colonisent Felletin.
– ***1342 :*** un Limousin est élu pape.
– ***XVIe s :*** les guerres de Religion ravagent la province.
– ***XVIIe s :*** les maçons creusois partent bâtir Versailles. Colbert stimule les tapisseries. Le comte de La Feuillade, fayot local, aménage à ses frais la place des Victoires, à Paris.
– ***1722 :*** le cardinal Dubois, un Limousin, administre le royaume.
– ***1736 :*** création de la fabrique de faïence de Limoges. Après quoi, Turgot administre – brillamment – la région, menacée par la misère : 16 000 saisonniers la quittent chaque année. En revanche, l'industrie s'épanouit. En 1768, on découvre du kaolin dans la Haute-Vienne, à Saint-Yrieix-la-Perche : création de la première manufacture de porcelaine.
– ***1790 :*** création des départements de la Corrèze, de la Creuse et de la Haute-Vienne.
– ***Révolution :*** assez douce. Turenne s'appelle désormais Mont-Franc, et Saint-Genès... Sans-Préjugés !
– ***1802 :*** découvertes du chimiste limousin Gay-Lussac (loi de la dilatation des gaz).
– ***1830-1852 :*** les usines de porcelaine doublent leur personnel.
– ***1836 :*** Bugeaud la Casquette conquiert l'Algérie.
– ***1845 :*** fondation d'un phalanstère et d'une imprimerie par le saint-simonien Pierre Leroux.
– ***1850-1870 :*** le protestantisme reparaît à Aubusson et à Guéret. Les campagnes virent au rouge. Arrivée du train à Limoges (1856), puis à Brive (1860).
– ***1889 :*** Bourganeuf est la première ville électrifiée de France.
– ***1895 :*** création de la CGT à Limoges.
– ***1905 :*** grèves et émeutes historiques à Limoges.
– ***1914 :*** la porcelaine emploie 10 000 ouvriers.
– ***1944 :*** enragée par les maquis, l'armée allemande pend à Tulle et extermine à Oradour-sur-Glane.
– ***1948 :*** un gisement d'uranium est découvert à La Crouzille.
– ***1964 :*** création de la région Limousin.
– ***1968 :*** ouverture de l'université de Limoges.

– ***1993 :*** le club de basket CSP Limoges devient champion d'Europe.
– ***1999 :*** création du centre de la Mémoire à Oradour-sur-Glane.
– ***2000 :*** ouverture du centre de découverte du Moyen Âge à Égletons.
– ***2001 :*** ouverture du musée du Président-Jacques-Chirac à Sarran.
– ***2004 :*** la Région inaugure son parc naturel régional de Millevaches en Limousin.
– ***2007 :*** inauguration à Limoges du Zénith, une salle pouvant accueillir 6 000 personnes et qui offre un large panel de spectacles.
– ***2009 :*** ouverture du Conservatoire des arts et techniques de la porcelaine de Limoges.
– ***2012 :*** le 6 mai, au soir du second tour des élections, c'est devant la cathédrale de Tulle que François Hollande, nouveau président de la République, s'adresse en direct aux Français, en hommage au pays où il passa une partie de ses 30 années de vie politique.

« LABEL » DU LIMOUSIN !

Au naturel, c'est une blonde vénitienne aux yeux doux, ourlés de blanc... Apprêtée, cette voluptueuse ne trahit pas un atome de graisse et se montre d'une incroyable tendreté. Si le plateau de Millevaches vous donne le tournis, sachez que les pâturages du Limousin – sans doute les meilleurs du monde, avec ceux d'Argentine et d'Auvergne – en comptent 600 fois plus, bœufs et taureaux compris ! Bien sûr, une appellation réglemente et protège la race, strictement hiérarchisée suivant l'origine, l'alimentation, l'abattage. Le label « Blason prestige » récompense la qualité : pour les jeunes (« Limousin junior »), les moins jeunes (« bœuf limousin ») et les tout jeunes (« veau fermier du Limousin »). La région est, en outre, l'une des dernières citadelles de l'élevage du « veau sous la mère », c'est-à-dire du veau de lait. Élaborée au XIXe s par des croisements sélectifs dus à un éleveur de La Jonchère, Charles de Léobardy, la race a formidablement proliféré : plus de 1 million de têtes en France, autant aux États-Unis, sans compter les croisements locaux. Un centre à Lanaud, au sud de Limoges, dont l'architecte Jean Nouvel a lui-même conçu l'architecture, lui est aujourd'hui dédié. Il regroupe les précieux services d'analyse et de surveillance, ainsi que l'amphithéâtre en bois où se déroulent les ventes aux enchères. Le record : 24 550 € pour un taureau corrézien. La moyenne par bête tourne aujourd'hui autour de 5 000-6 000 €.

MYSTÈRE BOVIN

Chez les bovidés, il naît à peu près autant de mâles que de femelles. Comme dans toutes les espèces. Alors pourquoi un troupeau de vaches ne possède qu'un ou deux taureaux ? Eh bien, la viande des mâles étant un peu ferme, elle est vite vendue à l'étranger. Dans des pays où l'on consomme de la viande bouillie.

LIMOUSINE, ETC.

Pourquoi parle-t-on de ***limousine*** pour désigner une longue voiture de luxe, dans laquelle le chauffeur est séparé des passagers par une vitre ? Avant de véhiculer les stars en les préservant des regards, la limousine, fruste manteau de laine, protégeait le berger des assauts du froid. Ainsi, ce serait par analogie que la pèlerine serait devenue carrosserie, à la manière de capote et capot. Cela dit, il se peut aussi que le mot soit né en hommage

à l'inventeur auquel on attribue cette nouvelle forme automobile, M. Jeantaud, originaire de Limoges.
La région et Limoges donnèrent d'autres noms comme le ***limogeage*** (voir plus haut « Histoire »), les ***limogiatures,*** de fins tissus précieux, mais aussi le ***limousinage,*** une technique de maçonnerie qui utilise des moellons et du mortier.

LE LUXE LIMOUSIN...

C'est pour le moins paradoxal, mais l'une des régions les plus rurales de France est à l'origine de la limousine : il ne s'agit pas là de la race bovine, mais bien de la voiture de luxe mondialement connue. Elle fut créée par un carrossier limougeaud du nom de Charles Jeantaud (1893-1906) : celui-ci serait à l'origine des carrosseries qui firent le premier luxe des voitures, permettant ainsi de se mettre à l'abri des intempéries.

PERSONNAGES

– ***Simone de Beauvoir*** *(1908-1986)* **:** la « jeune fille rangée » remporta le Goncourt 1954 avec *Les Mandarins.* Compagne de Sartre, elle avait ses racines en Corrèze (exactement à Saint-Ybard) où elle passait ses étés.
– ***Raymond Bussières*** *(1907-1982)* **:** « Bubu », le titi de *L'assassin habite au 21,* de *Casque d'or* et de *Belles de nuit,* était originaire de Corrèze.
– ***Iris Cambray*** *(née le 1er avril 1993)* **:** la jeune Meuzacoise vient d'être sacrée championne du monde de ski nautique (des moins de 21 ans). Attachée à sa terre d'origine, elle revient le plus souvent possible pour les compétitions de la ligue du Limousin.
– ***Sadi Carnot*** *(1837-1894)* **:** petit-fils d'un révolutionnaire énergique, Lazare Carnot, ce Limougeaud s'appelait, en fait, Marie François Sadi. Élu président de la République, la clarté et la concision furent ses meilleures alliées pour panser les plaies d'une France agitée par les scandales et le boulangisme. Un anarchiste, Caserio, l'assassina à Lyon.
– ***Claude Chabrol*** *(1930-2011)* **:** né à Paris, ce cinéaste gastronome avait ses racines en Creuse, à Sardent. En 1959, ce village fut d'ailleurs utilisé comme décor pour son premier film avec Jean-Claude Brialy, *Le Beau Serge,* qui deviendra un des films emblématiques de la Nouvelle Vague. Ses tableaux au vitriol de la bourgeoisie provinciale avaient donc quelque raison d'être...
– ***Françoise Chandernagor*** *(née en 1945)* **:** issue d'une famille de maçons creusois, elle partage sa vie entre Paris et le nord de la Creuse. Première femme sortie major de l'ENA (à 23 ans !), elle est également membre de l'académie Goncourt. Écrivain, elle est notamment l'auteur de *L'Allée du roi,* puis de *La Chambre,* deux succès populaires.
– ***Coco Chanel*** *(1883-1971)* **:** des sœurs qui tenaient l'orphelinat d'Aubazine, la pensionnaire Chanel apprit la beauté des tissus sobres, la commodité de l'uniforme et l'ivresse du blanc... Toute sa mode vient de là. Un film récent (2009), *Coco avant Chanel* d'Anne Fontaine, lui a d'ailleurs été consacré. Son personnage est interprété par Audrey Tautou.
– ***Jacques Chardonne*** *(1884-1968)* **:** descendant de la famille porcelainière Haviland, installée à Limoges. Auteur des *Destinées sentimentales,* qui retrace de façon très romancée la saga de cette famille. Le roman a été adapté à l'écran en 2000 par Olivier Assayas.
– ***Jacques Chirac*** *(né en 1932)* **:** qu'on ne présente plus (voir plus loin « De la Chiraquie... », en Corrèze).
– ***Colette*** *(1873-1954)* **:** avons-nous le droit, obscurs scribouillards bredouillants que nous sommes, d'écrire une ligne sur cette lumineuse plume ? Contentons-nous de dire qu'originaire de Bourgogne, Mlle Sidonie Gabrielle épousa Henri de Jouvenel et devint ainsi propriétaire de plusieurs châteaux en

Corrèze. Elle résida au château de Castel Novel, près de Brive, et laissa passer la guerre à Curemonte.

– ***Xavier Darcos*** *(né en 1947)* **:** né à Limoges. Longtemps conseiller à l'Éducation et à la Culture, il a été ministre du Travail jusqu'en mars 2010. Il est membre de l'Académie française depuis 2013.

– ***Jacques Delors*** *(né en 1925)* **:** issu d'une famille paysanne du Lonzac, au pied des Monédières, Jacques Delors, catholique de gauche, milite aux côtés de Chaban-Delmas avant d'entrer au PS en 1974. Ministre des Sous pendant l'état de grâce de 1981, il devient président de la Commission européenne de Bruxelles de 1986 à 1995. Il y négocie le traité de Maastricht, avant de se « suicider » politiquement en refusant – avec une certaine sagesse – de représenter les socialistes à l'élection présidentielle de 1995.

– ***Le cardinal Dubois*** *(1656-1723)* **:** on le disait vénal, libertin, intrigant... Ecclésiastique par opportunisme, cet habile Briviste fut le grand ministre du Régent : il sut apaiser à la fois le pape, le Parlement, et même l'Europe (sur les bases, rien que ça, d'une alliance franco-anglaise...).

– ***Guillaume Dupuytrin*** *(1777-1835)* **:** né en Haute-Vienne, cet anatomiste, célèbre en grande partie grâce à la découverte d'une maladie, portant aujourd'hui son nom. Celle-ci consiste en une rétractation indolore du doigt. Déjà reconnu en son temps, il est cité dans de nombreux ouvrages de Balzac comme *Béatrix.*

– ***Eugène Freyssinet*** *(1872-1962)* **:** virtuose du béton, ce Corrézien d'Objat fut l'un des plus célèbres ingénieurs du XXe s. On lui doit notamment la basilique souterraine de Lourdes.

– ***Louis Joseph Gay-Lussac*** *(1778-1850)* **:** cet enfant de Saint-Léonard-de-Noblat, célèbre chimiste et physicien, découvrit en 1802, entre autres, la loi de la dilatation des gaz.

– ***Jean Giraudoux*** *(1882-1944)* **:** natif de Bellac, l'auteur de *Siegfried et le Limousin* n'a pas oublié d'exalter sa province (voir *Printemps et Nostalgie*). Bien que son style inquiétant et précieux se soit un peu démodé, *La guerre de Troie n'aura pas lieu* reste une pièce fétiche du théâtre amateur, tout comme *La Folle de Chaillot.* Il était, avec Paul Claudel, l'un des dramaturges les plus en vue de l'entre-deux-guerres.

– ***François Hollande*** *(né en 1954)* **:** né à Rouen, l'ancien premier secrétaire du PS, ancien maire de Tulle, président du conseil général de Corrèze depuis 2008 est devenu, le 6 mai 2012, président de la République française.

– ***André Lajoinie*** *(né en 1929)* **:** encore un descendant de paysan corrézien en politique ! Originaire de Chasteaux, du côté de Brive, « Dédé » Lajoinie adhère au PC à 19 ans et y fait carrière. Candidat à la présidence en 1988 pour le même parti, il luttera contre les rénovateurs en incarnant une vision du communisme qui s'écroula au pied d'un mur, un jour de novembre 1989.

– ***Edmond Michelet*** *(1899-1970)* **:** célèbre pour avoir lancé, le 17 juin 1940, la veille de celui de Charles de Gaulle, un appel à la résistance. Revenu de déportation, il suivra cette fois le général, dont il sera plusieurs fois ministre, dans l'aventure de la Ve République (voir à « Brive-la-Gaillarde »).

– ***Laëtitia Milot*** *(née en 1980)* **:** actrice, mannequin, auteure, autant de facettes qui définissent la jeune femme originaire de Limoges. Elle émerge en 2004 dans la série *Plus belle la vie,* en campant le rôle de Mélanie, qu'elle incarne toujours aujourd'hui. Dix ans plus tard, elle illumine « son » public de son sourire et de son regard bleu piscine et se hisse en finale de l'émission « Danse avec les stars ». Alors, pas belle la vie ?

– ***Martin Nadaud*** *(1815-1898)* **:** figure des maçons creusois, il est l'auteur de l'aphorisme « Quand le bâtiment va, tout va ! ». Il avait aussi l'habitude de dire : « Vouloir, c'est pouvoir ! »

– ***Les papes limousins*** **:** Pierre Roger, originaire de Rosiers-d'Égletons, est élu pape sous le nom de Clément VI en 1342. « Je planterai dans l'Église de Dieu un tel rosier que dans 100 ans il aura encore des boutons et des racines », aurait-il déclaré, revendiquant par là même son origine et ses objectifs. En fait de boutons et de racines, ce sont surtout ses frères et ses cousins, ses oncles et ses neveux qui vont prendre du grade dans la hiérarchie cléricale. Quatre papes limousins se succédèrent en Avignon, plus soucieux de leur grandeur que de celle de Dieu. Quand le dernier meurt, les papes retournent à Rome sans que, sous cette népotique dynastie, beaucoup d'églises aient été construites.

– ***Raymond Poulidor*** *(né en 1936)* **:** coqueluche de la France entière, Poupou, « l'éternel second » du Tour de France, est né dans la Creuse, près de Bourganeuf, et vit aujourd'hui en Haute-Vienne, à Saint-Léonard-de-Noblat, où il est encore très actif dans l'organisation des courses cyclistes régionales.

– ***Henri Queuille*** *(1884-1970)* **:** le bon docteur Queuille, dont la maison se visite à Neuvic, ville dont il fut maire de 1912 à 1965, s'engagea dans la politique, puis dans la Résistance. Pilier du parti radical, il fut plusieurs fois ministre et même président du Conseil. Il fut déporté comme résistant.

– ***Auguste Renoir*** *(1841-1919)* **:** né à Limoges, il est mort à Cagnes-sur-Mer. Ce maître de l'opulence *(Les Baigneuses)* et de la lumière *(Le Moulin de la Galette)*, influencé par Ingres et Raphaël, a promené son chevalet partout, mais peu en Limousin.

– ***George Sand*** *(1804-1876)* **:** l'arrière-petite-fille du roi de Pologne, née à Paris, Amandine Aurore Lucile Dupin, habitait le Berry voisin. Elle en franchit souvent les frontières pour croquer la Marche creusoise. Écrivain *(Catherine, Simon, Jeanne...)*, elle côtoyait les plus grands de son époque (Chopin, Mérimée, Musset...), qu'elle faisait venir jusqu'en Limousin. Jules Sandeau, dont elle tira son nom d'auteur et qui l'orienta vers l'écriture, était, lui, né à Aubusson.

– ***Patrick Sébastien*** *(né en 1953 à Brive)* **:** destiné au ballon ovale dans ses jeunes années, il débarque à Paris en 1974 et fait la tournée des cabarets pour gagner sa vie. Rapidement, il accède au petit écran et se fait un nom grâce à ces imitations. Le présentateur, aujourd'hui très populaire, jongle entre vulgarité et divertissement, d'un ton toujours festif, « pourvu que ça dure ».

– ***Jean Ségurel*** *(1908-1978)* **:** figure de la poésie populaire corrézienne, Jean Ségurel chanta, en s'accompagnant à l'accordéon, le massif des Monédières qui l'avait vu naître en 1908. Ce « dernier des troubadours » abandonnait parfois son piano à bretelles pour une petite reine. Même si ses succès sont un peu oubliés, *Ma maison de Chaumeil* et *Bruyères corréziennes* résonnent encore dans les bals de la région.

– ***Suzanne Valadon*** *(1865-1938)* **:** la mère de Maurice Utrillo est aujourd'hui reconnue comme artiste à part entière. Née à Bessines-sur-Gartempe, elle vint à Paris poser pour de grands peintres (Renoir, Toulouse-Lautrec), qui éveillèrent chez elle un talent peu commun. Elle a campé Montmartre d'un trait sûr, dans des tons vifs, ainsi que de nombreux nus, natures mortes et paysages.

– ***Bernard de Ventadour*** *(vers 1150-vers 1200)* **:** l'un des plus grands troubadours de son époque, le XIIe s. Fils d'un domestique des seigneurs de Ventadour, ses vers qui chantent l'amour courtois lui valent les faveurs des dames et les rancœurs des époux. On préfère l'éloigner de Ventadour. Il s'attache à la cour d'Aliénor d'Aquitaine qu'il accompagne en Angleterre, avant de rentrer en France et de se retirer dans un monastère (voir le texte sur Égletons).

Le repos des actrices

Le Limousin fait partie des terres choisies par de nombreux acteurs, réalisateurs, scénaristes, hommes de théâtre et d'écriture, pour poser leur plume ou leur caméra. Une région qu'ils ont choisie pour y passer du temps, et du bon, dans l'incognito, et qu'on respecte. Citons juste *Anny Duperey (née en 1947)*, cette actrice belle et douée qui a joué tous les registres et a su traverser, avec une élégance empreinte de mystère, les personnages de ses rôles. Elle se consacre également à l'écriture et est l'auteur de best-sellers comme *Le Voile noir* et

Je vous écris, récits douloureux de son enfance. Elle séjourne régulièrement dans sa maison de la Creuse, près de Châtelus-Malvaleix. Quant à *Nathalie Baye (née en 1948),* normande et limousine d'adoption, elle aimait venir se reposer dans la Creuse, près d'Aubusson. Une des plus célèbres actrices de sa génération, qui a travaillé pour Truffaut, Chabrol, Pialat, Berri, Godard, Blier, Granier-Deferre, Sautet... Ses films les plus marquants : *Le Retour de Martin Guerre, La Balance, J'ai épousé une ombre, Détective, Vénus Beauté, Les Sentiments...* Moins médiatique, citons Katell Quillévéré, réalisatrice limousine connue notamment pour avoir cofondé le festival des Rencontres européennes du moyen-métrage de Brive. Son film *Suzanne* (décembre 2013) a été sélectionné dans cinq catégories, dont le meilleur scénario original, aux césars 2014.

SAINTS DU LIMOUSIN

Le Limousin n'en est plus à un paradoxe près. Cette région, qui passe pour la moins christianisée de France, est la plus ardente au culte des reliques. Les Guingouin, Martin Nadaud, Marcel Rigout et André Lajoinie seraient-ils les héritiers des personnages à auréole des premiers siècles ? Comme le député, le saint est tutélaire : on l'associe souvent à une guérison. Martial, premier évêque, terrassait le mal des ardents. Après que Junien eut guéri un enfant, un autre ermite, Léonard, délivra une femme en couches. Ajoutons-y Just, l'évêque Ferréol, le Limougeaud Yrieix, le Guérétois Pardoux, Loup, Éloi et bien d'autres dont le nom seul reste.
Les Limousins avaient-ils tant à se faire pardonner ? Ils s'y employèrent en enchâssant les saints ossements dans de vrais trésors d'art (tête ou buste en argent, bras en bronze, châsses émaillées...), qui servaient d'épouvantails à démons dans les situations critiques : guerres, épidémies... Au besoin, une simple cravate placée près du tombeau du saint servira de talisman.
Tous les 7 ans (la prochaine fois en 2016), on promène les reliques lors d'ostensions, dont les cérémonies s'étalent du 2e dimanche de janvier jusqu'à celui de la Trinité. Aux ostensions de 994, les reliques de saint Martial ont guéri 13 000 malades ! Les gouvernements et municipalités anticléricaux ont tenté d'interdire ces « superstitions ». En vain... De plus en plus suivis, ces cortèges forment aujourd'hui de véritables fêtes qui rassemblent jusqu'à 100 000 spectateurs. Est-ce que tous vont à la messe ?

Croyances

Au même titre qu'on a les remèdes de grands-mères, on trouve en France les fontaines à dévotion. Leur eau est réputée guérir certains maux, mais attention, pas n'importe lesquels. Elles sont répertoriées (entre autres dans l'Almanach) en fonction de leurs vertus thérapeutiques. Comme dans le Limousin l'eau coule à foison, il existe un grand nombre de sources sacrées, comme celle de Saint-Jean-de-Lubersac qui chasserait les maux de tête, ou celle de Saint-Clair pour les troubles de la vue. Elles ne sont pas l'apanage des gens pieux... eh oui, on y croit tous un petit peu...

VINS ET ALCOOLS

Vins

Anéantie par le phylloxéra, la vigne ne s'aventure plus guère au nord de Brive. Tâtez du rouge de Branceilles (gamay, merlot et cabernet franc), jadis médaillé et qui ressuscite entre les coteaux de chênes truffiers. Le petit vin paillé de Queyssac-les-Vignes est également en pleine renaissance, pas vraiment donné mais si doux avec le foie gras ou un bon dessert au chocolat...

Alcools

Grands ripailleurs, les gaillards de Brive activent leur transit avec l'eau-de-vie de prune et la liqueur de noix de chez Denoix. On retrouve autour de Limoges certains digestifs conçus par la *Distillerie du Centre,* avec des boissons liquoreuses comme le Fruitier, le Feuillardier... Enfin, en Corrèze, dans la région d'Égletons, on trouve des apéritifs à la gentiane, comme la Salers et la Diège.

LA HAUTE-VIENNE

ABC
DE LA HAUTE-VIENNE

- *Superficie :* 5 520 km².
- *Population :* 375 000 hab.
- *Têtes de bovins :* 370 000 !
- *Densité :* 67,2 hab./km² (la plus élevée de la région).
- *Altitude moyenne :* environ 300 m (point culminant : le mont Gargan, 731 m).
- *Préfecture :* Limoges (140 000 hab.).
- *Sous-préfectures :* Bellac (4 800 hab.), Rochechouart (3 900 hab.).
- *Activités économiques :* manufactures de porcelaine (Bernardaud, Haviland...), industries du cuir (Weston, ganteries de Saint-Junien), du papier (International Paper), agroalimentaire (Madrange, Arnaud...) et d'appareillage électronique (Legrand).

Tout en relief et lignes courbes, féminines comme les collines de Basse Marche au nord, couverte de forêts mystérieuses dans les monts de Blond et d'Ambazac, puis vaste contrée vallonnée, s'étirant jusqu'au sud-est du département, la Haute-Vienne est verdoyante, boisée, traversée d'est en ouest par de paisibles rivières et tantôt ponctuée d'étangs, de prairies, de landes et de tourbières. Les bourgades fleuries sont blotties autour de leur église – romane en général –, et de leur château fort médiéval. Au beau milieu, Limoges, la ville capitale dans tous les sens du terme, « ville à la campagne » par excellence, où réside près de la moitié de la population du département.
Car la Haute-Vienne est avant tout rurale, un univers d'eau et de forêt, de bocages et de tranquillité. On la connaît souvent assez mal, pour l'avoir peut-être traversée d'un trait sur la route du Périgord ou des Charentes. Elle a pourtant tant d'attraits entre ses anciennes abbayes, ses centres d'art contemporain, le site historique d'Oradour-sur-Glane, les parcs naturels régionaux du Périgord-Limousin et de Millevaches, ses tables de qualité et ses bons produits du terroir.
Discrète et profonde, douce et sauvage à la fois, la Haute-Vienne se cache derrière son authenticité. Point d'artifice, point de paillettes, mais quantité d'atouts face auxquels nous ne sommes pas restés indifférents. Alors, comme nous, laissez-vous glisser le long de ces petites routes à la découverte d'un patrimoine remarquable et bien conservé.

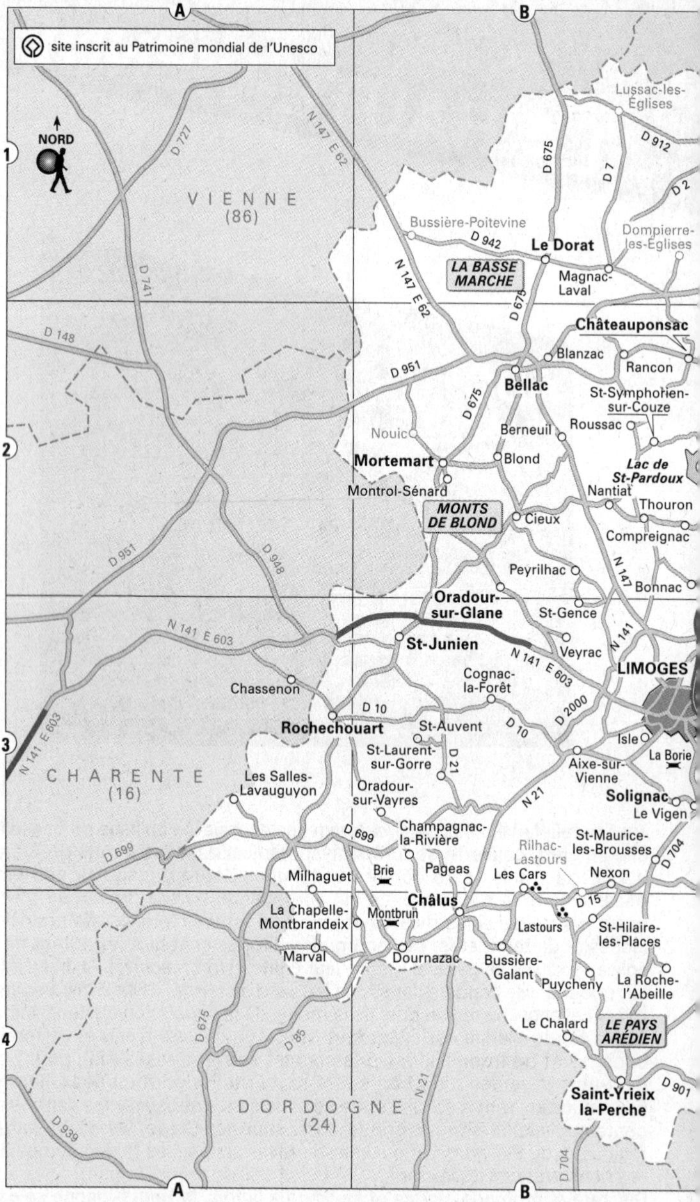
A
B
site inscrit au Patrimoine mondial de l'Unesco
NORD
1
2
3
4
VIENNE (86)
CHARENTE (16)
DORDOGNE (24)
LA BASSE MARCHE
MONTS DE BLOND
LE PAYS ARÉDIEN
Lac de St-Pardoux
D 727
N 147 E 62
D 675
D 7
D 912
D 2
D 741
D 942
D 148
D 951
D 948
N 141 E 603
N 147
N 141
D 2000
D 10
D 21
N 21
D 699
D 15
D 704
D 675
D 85
D 939
D 901
Lussac-les-Églises
Bussière-Poitevine
Le Dorat
Dompierre-les-Églises
Magnac-Laval
Châteauponsac
Blanzac
Rancon
Bellac
St-Symphorien-sur-Couze
Nouic
Berneuil
Roussac
Mortemart
Blond
Montrol-Sénard
Nantiat
Thouron
Cieux
Compreignac
Peyrilhac
Bonnac
Oradour-sur-Glane
St-Gence
St-Junien
Veyrac
LIMOGES
Chassenon
Cognac-la-Forêt
Rochechouart
St-Auvent
Isle
St-Laurent-sur-Gorre
La Borie
Aixe-sur-Vienne
Les Salles-Lavauguyon
Oradour-sur-Vayres
Solignac
Le Vigen
Champagnac-la-Rivière
St-Maurice-les-Brousses
Rilhac-Lastours
Brie
Pageas
Les Cars
Nexon
Milhaguet
Châlus
La Chapelle-Montbrandeix
Montbrun
Lastours
St-Hilaire-les-Places
Marval
Dournazac
Bussière-Galant
Puycheny
La Roche-l'Abeille
Le Chalard
Saint-Yrieix-la-Perche

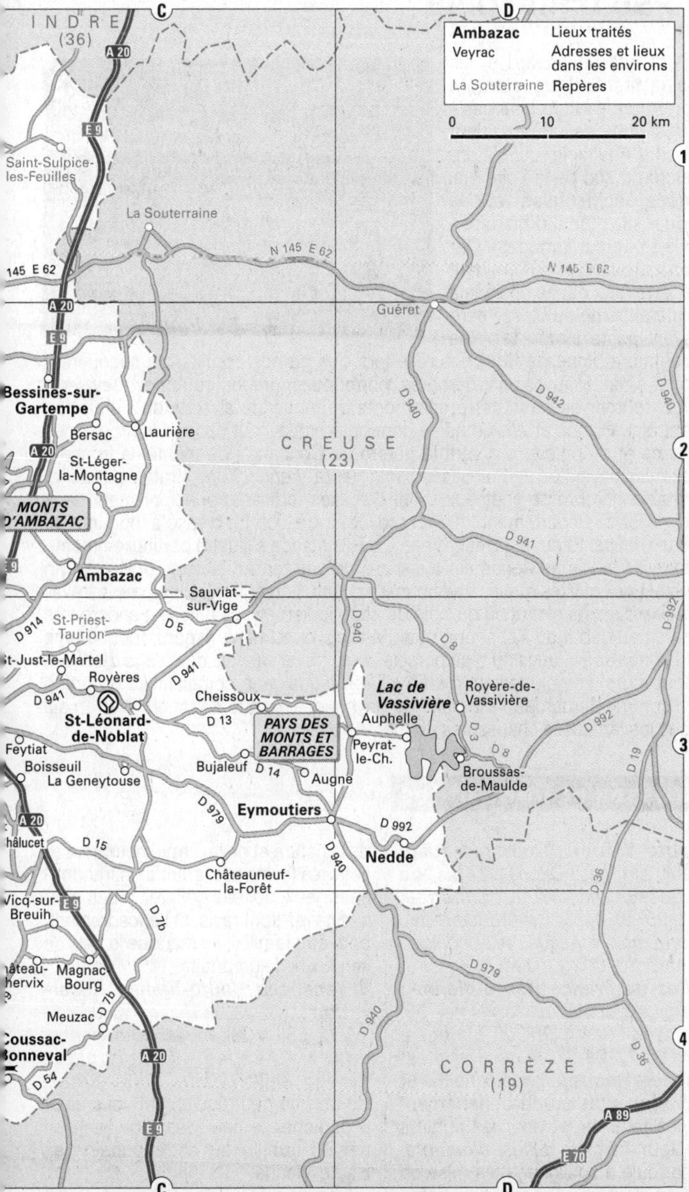

HAUTE-VIENNE

UN PEU D'HISTOIRE

Ce n'est pas un hasard si les Romains firent d'*Augustoritum Lemovicorum* – future Limoges – une des grandes cités de leur province d'Aquitaine, qui s'étendait alors du sud de la Loire aux Pyrénées occidentales (voir la rubrique « Un peu d'histoire » dans le texte sur Limoges). Car le trait marquant et déterminant du département est sa position à la pointe extrême du Massif central, avant-poste gardant la plaine occidentale et ligne de front naturelle lors des grands conflits qui secouèrent l'Europe. Ainsi les invasions, barbares, normandes, arabes ou autres, devaient-elles contourner ou se frotter à ces monts de moyenne altitude qu'il était bon de contrôler. Francs et Wisigoths se confrontèrent là, tout comme les royaumes de France et d'Angleterre durant la guerre de Cent ans ; de même, la frontière séparant les pays d'oc et d'oïl passe par la Haute-Vienne. Zone stratégique donc, on y trouve nombre de châteaux forts, d'églises fortifiées, principalement dans le sud-ouest du département, où Richard Cœur de Lion fut blessé à mort lors du siège de Châlus. Et où, plus récemment, la Résistance s'illustra particulièrement.

LA TRÊVE DE DIEU

En 989, au concile de Charroux (Poitou), les évêques interdirent la guerre, du mercredi soir au lundi matin et pendant les jours de fêtes (environ 80 par an !). Ce mouvement oublié sera, pendant trois siècles, bien plus efficace que l'ONU. Le bellicisme des seigneurs était, au Moyen Âge, catastrophique dans les campagnes.

L'histoire de la Haute-Vienne est aussi celle d'une terre d'élevage bovin et ovin prospère. Les activités rurales traditionnelles, autres qu'agricoles, comme le travail des feuillardiers (exploitation du bois de châtaignier) et des tuileries, encore très présentes au début du XXe s, ont, quant à elles, quasiment disparu, tout comme les industries spécifiques du type porcelaine ou travail du cuir, dont l'âge d'or (XIXe et début XXe s) semble révolu, même s'il reste quelques porcelainiers de grand renom comme Bernardaud, Haviland ou Raynaud, ainsi que le tanneur Weston qui fabrique les fameuses chaussures du même nom.

Adresses et infos utiles

Haute-Vienne Tourisme *(plan couleur Limoges, C2,* ***1****) : 17 bis, bd Georges-Perrin, 87000* ***Limoges.*** *☎ 05-55-79-04-04. • tourisme-hautevienne.mobi • Accueil téléphonique lun-ven 8h30-12h, 13h30-17h30.*

Gîtes de France Haute-Vienne : *Maison régionale du tourisme, 30, cours Gay-Lussac, 87000* ***Limoges.*** *☎ 05-55-77-09-57. • info87@gites-de-france-limousin.fr •* Accueille et réserve les gîtes sur le département pour les familles, et pour les enfants avec leur formule *Gîtes d'enfants.* Une formule à souligner, bien mise en avant en Haute-Vienne, qui a vu naître le 1er gîte du genre en France. Dans les gîtes d'enfants, les 6-12 ans sont hébergés par groupes d'une dizaine au sein de familles d'accueil. Découverte de la nature et de la ferme, nombreuses activités (baignade, équitation, randonnées, jeux, soirées guitare...). Les pensionnaires sont ravis, et l'encadrement, pour être familial, ne manque jamais de sérieux ni de garanties.

Vacances Haute-Vienne Réservation : *même adresse. ☎ 05-55-79-72-63. • vacanceshaute-vienne.com • Accueil téléphonique lun-ven 8h30-12h30, 13h30-17h30.* Ce service peut également vous aider à dénicher le lieu idéal pour séjourner en famille ou entre copains en Haute-Vienne.

– À noter que le département a mis en place un ***pass intersites « Visiter malin »,*** gratuit, qui permet des réductions et des entrées gratuites pour les enfants sur une quinzaine de sites

majeurs du département (dont plusieurs à Limoges et dans les environs). Dépliant dans les offices de tourisme et sur le site ● *visiter-malin.fr* ●
– La région est riche en centres équestres et se prête parfaitement aux grandes ***balades à cheval.*** Pour plus d'infos : ● *tourisme-hautevienne.mobi* ●
– Également quantité d'***activités de plein air*** à faire seul, en couple ou en famille (parcours accrobranche, VTT, kayak...). Pour tout renseignement, consulter le site ● *randonnee-hautevienne.com* ●, s'adresser au comité régional du tourisme (voir le chapitre « Limousin utile ») ou à Haute-Vienne Tourisme.
– Enfin, pour les amateurs de chasses au trésor, le Limousin propose une activité amusante de ***géocaching,*** qui consiste à découvrir, au moyen d'un GPS et après avoir résolu toutes sortes d'énigmes, des boîtes contenant des petits cadeaux ! Sympa. Infos et location du GPS dans les offices de tourisme ou téléchargement gratuit du logiciel sur son mobile, sur le site ● *terra-aventura.fr* ●

Manifestation

– ***La Culture au Grand Jour :*** *sur 15 j. début avr.* Le département se mobilise dans une trentaine de villes pour promouvoir la culture et les talents locaux : des dizaines de spectacles gratuits sont proposés autour de la musique, du chant, de la danse, du théâtre, de la peinture, du cinéma... Ça bouge dans le 87 !

LIMOGES

(87000) 140 000 hab. *Carte Haute-Vienne, B-C3*

Pour le plan de Limoges, se reporter au cahier couleur.

La porcelaine, le basket, se faire « limoger » (voir la rubrique « Histoire », l'encadré « On limoge » dans « Hommes, culture, environnement »)... Mais encore ? Cette ville, labellisée d'art et d'histoire, recèle 17 monuments classés, des ruelles médiévales pleines de charme, une halle superbe avec son marché typique. Voici sans doute la capitale régionale la plus méconnue de France. Du quartier du Château ou des Bouchers aux très belles maisons à colombages, dans les reposants jardins de l'évêché ou le long des promenades de la Vienne, on se laisse aller. Sans négliger les musées, remarquables par leur contenu et leur muséographie moderne, où il n'est pas question que de porcelaine, mais également de vestiges gallo-romains, de peinture, de fonds marins... Car la ville connaît une métamorphose depuis une quinzaine d'années avec la création d'espaces d'art contemporain, de nombreuses galeries d'art, un pôle universitaire important (plus de 19 000 étudiants), un Festival de la francophonie, un Opéra-théâtre, des caves et bars à concerts, de quoi faire du shopping et de nombreuses activités sportives.
Autre constat, là aussi trop méconnu : on mange très bien à Limoges ! Quant aux à priori climatiques, ils ont la vie dure. Pourtant, la ville bénéficie d'un climat océanique qui ne la rend pas si froide que ça en hiver, il n'y pleut pas plus que dans certaines villes bien appréciées des touristes, elle est belle en automne et souvent chaude en été. Bref, il fait bon vivre à Limoges, classée troisième ville la plus verte de France avec 52 m² d'espaces verts par habitant ! Seul petit bémol, sa topographie. Ça grimpe dur dans certains quartiers, mais cela fait aussi partie de son charme !

UN PEU D'HISTOIRE

C'est à l'âge du fer qu'apparaît la tribu celte des Lémovices dont une partie s'établit vraisemblablement sur le site de la future Limoges. Ils se rallient à Vercingétorix, puis se portent à son secours lors de la bataille d'Alésia, en 52 av. J.-C., menée par Sédulius et sa horde de 10 000 hommes. L'histoire ne retiendra que la... défaite. C'est donc dans une Gaule asservie que la première Limoges se formera vraiment. *Augustoritum,* puisque c'était son nom, possédait un amphithéâtre de 20 000 places, des temples, des thermes, un pont (Saint-Martial, reconstruit au XIIIe s mais qui a conservé sa base romaine), etc. La suite : chute de l'empire, invasions barbares, ville incendiée... À la fin du IIIe s, il restait peu de choses d'*Augustoritum* ; tout disparaîtra au XIXe s.

L'actuelle Limoges naquit en fait de cette tourmente, les habitants s'étant regroupés par sécurité sur le puy Saint-Étienne : la *Cité* était née. Une première cathédrale y est édifiée au IVe s. Parallèlement, saint Martial, grand évangélisateur d'Aquitaine, se fait inhumer dans les environs immédiats. Sa sépulture devient rapidement un haut lieu de pèlerinage. Adhémar de Chabannes, vassal d'Hugues Capet, exploite le créneau et fera officialiser l'affaire par le pape avant qu'elle ne soit démentie en... 1907. On y bâtit alors une abbaye, on y invente la musique polyphonique, on y constitue la deuxième plus importante bibliothèque de l'époque (après Cluny), et les auberges, échoppes et artisans s'y multiplient. Au Xe s, la petite agglomération fut à son tour fortifiée : le *Château* était né – qui s'élargira et dressera par la suite, au XIIIe s, de costauds remparts.

C'est ainsi que Limoges fut d'abord une ville bicéphale. Cité ecclésiastique d'un côté, dominant la Vienne, Château de l'autre, distant d'un trait d'arbalète. Rivales, les deux moitiés se livreront même des luttes fratricides dont pâtira surtout la Cité, comme celle, au XVe s, quand des Anglais « de passage » étaient venus s'installer là quelque temps. On retrouve aujourd'hui ces deux entités, ceintes de boulevards qui ont conservé le tracé des fossés et remparts disparus. Elles sont évidemment les centres historiques les plus intéressants, avec leur lot de vieilles pierres, maisons à colombages et édifices religieux remarquables.

Mais reprenons le fil de l'histoire et soyons brefs ! Guerre de Cent Ans : en 1370, les habitants de la Cité sont contraints par décision de leur seigneur l'évêque de rejoindre le camp français, le Prince Noir les massacre. La Cité ne s'en relèvera pas. Au XVIe s, durant les guerres de Religion, on remet ça. Et re-massacre ! Pauvre Cité ! Durant ce temps, le Château passera au travers des gouttes, profitant d'un statut de non-aligné, de franchisé, et les drapiers, tanneurs et émailleurs y prospéreront. Sous Louis XV, la production de porcelaine viendra accroître la richesse et la notoriété de la ville... et de quelques familles (Bernardaud, Haviland, Raynaud, Ardant... ancêtres de Fanny, l'actrice).

Ce n'est qu'à la Révolution que la dualité Cité-Château sera abolie, bien que la ville se retrouvât pendant quelque temps avec deux mairies ! Puis, avec l'essor du XIXe s, Limoges s'enrichira, jusqu'aux années 1930, de façades Belle Époque et de bâtiments Arts déco, véritables chefs-d'œuvre du genre. Industrieuse, ouvrière – on y vit les premières grèves et mutuelles dès les années 1830 –, la « Rome du socialisme », comme on l'appelle, connaîtra alors un fait marquant de son histoire suite à des combats syndicaux : la naissance, en 1895, de la CGT. On cherche en ville un lieu de rassemblement pour tous ces salariés libres désormais d'exercer leur droit syndical (merci Léon Blum). Une fois les accords Matignon votés, la Maison du peuple élit domicile rue Charles-Michels, et devient le symbole de la gauche en Haute-Vienne. Aujourd'hui, cette maison est à la disposition du monde associatif limougeaud et la CGT reste sa plus vieille locataire. Vous ne pourrez pas la manquer, les drapeaux syndicalistes flottent toujours au-dessus d'elle.

La ville, comme la région, est longtemps restée « rouge » et fidèle aux idéaux de gauche... jusqu'à ce que la droite reprenne les rennes de la ville aux dernières municipales, après 100 ans d'opposition ! Pendant les deux guerres mondiales, elle marque, pour la première, le « placard » des généraux incompétents, alors que, pour

la seconde, le général de Gaulle lui donna le titre de « capitale du maquis ». Après Lyon, elle fut la ville qui connut le plus grand nombre de fusillés par l'armée allemande et nazie. La population se mobilisa au travers de journaux clandestins, d'hommes comme Georges Guingouin, libérateur de la ville et futur maire, ou encore en plaçant un émetteur dans le campanile de la gare des Bénédictins, au nez des Allemands.
Aujourd'hui, les faubourgs, la banlieue et les ZAC débordent largement le cadre ancien, et Limoges vit moins de la porcelaine que de l'entreprise Legrand, premier employeur du département, à l'origine porcelainier et aujourd'hui leader mondial en appareillage électrique. Riche de son histoire, Limoges mise désormais sur les jeunes et sur son pôle universitaire, elle apparaît bien comme une ville sachant vivre avec son temps.

LES ARTS DU FEU

Il ne s'agit pas là d'artificiers ni de pyromanes amateurs. Mais le Limousin, et en particulier Limoges, est le fief de cet artisanat auquel on associe la porcelaine, l'émail et le vitrail qui nécessitent une cuisson à haute température. Pour ceux qui n'y connaissent pas grand-chose en matière de porcelaine, sachez que tout ce qui est à base d'argile fait partie de la famille des céramiques. Désormais, vous saurez que grès, porcelaine et faïence sont cousins.
La ***porcelaine*** doit sa couleur laiteuse au kaolin découvert en Chine au Moyen Âge. En France, c'est à Saint-Yrieix-la-Perche, au XVIIIe s, que l'on commence à prélever cette roche argileuse. Il faudra attendre la révolution industrielle pour que la porcelaine connaisse sa première heure de gloire puis devienne mondialement connue. Elle orne alors les plus prestigieuses tables de France et d'ailleurs, et se décline en toutes sortes d'objets d'art et de décoration (meubles, bijoux...).
L'***émail*** apparaît dans le Limousin dès le XIIe s. Ce riche mélange d'oxyde de plomb et de sable tient son éclat de sa cuisson à plus de 800 °C. Mais l'émail peint sur cuivre ne connaît pas le même succès que la porcelaine, même s'il est aujourd'hui très apprécié des artistes contemporains, qui redonnent un certain prestige à cette technique ancestrale.
L'art du ***vitrail*** ne se développe que vers le XIVe s mais de manière intéressante. On retiendra le nom de Francis Chigot qui a favorisé son expansion et dont les œuvres civiles, notamment à la gare des Bénédictins, à la cathédrale ou bien encore dans le pavillon du Verdurier, ont marqué durablement le patrimoine limougeaud. Aujourd'hui, l'Atelier du vitrail tente de maintenir cette activité.
Aux détours de petites rues limougeaudes et bien plus encore sur le boulevard Louis-Blanc, vous constaterez que ces arts du feu sont bien vivants et ne sont pas prêts de s'éteindre.

LA VILLE SOUTERRAINE

Difficile à imaginer, et pourtant : Limoges est un vrai gruyère ! De l'époque gallo-romaine au Moyen Âge, les souterrains se sont succédé, sur 20 à 30 km, parfois même sur plusieurs épaisseurs. On pourra assister en sous-sol à un concert, une expo, découvrir des cryptes ou visiter l'aquarium installé dans d'anciens réservoirs. On dit aussi que l'un d'entre eux rejoindrait le château de Châlucet, situé à une dizaine de kilomètres de là... Reste qu'aujourd'hui la plupart de ces souterrains, lorsqu'ils n'ont pas disparu lors de travaux de voirie, ont été murés. Peu, désormais, communiquent entre eux. L'office de tourisme propose la visite de l'un d'eux, dans les jardins de l'évêché.

EN TRAVERSANT LA VIENNE

Les claustrophobes choisiront plutôt les bords de la rivière et ses ponts, vraie mémoire de la Cité : le pont Saint-Étienne emprunté par les pèlerins de

Compostelle, le pont Saint-Martial datant des Romains, détruit en 1182 par Henri II Plantagenêt pour être reconstruit au XIIIe s, ou encore les ponts Neuf (1838) et de la Révolution, plus récents. Pendant longtemps, l'activité de la ville s'est organisée autour de ces accès, développant de jolis quartiers (l'Abbessaille, la rue Rajat, le port du Naveix...) attenants à la rivière au rôle économique si important. Leurs habitants portent même un nom : les « Ponticauds ». Aujourd'hui grandement mis en valeur, ces quartiers ont une vocation touristique, et s'y promener est un vrai plaisir.

Arriver – Quitter

En avion

✈ ***Aéroport de Limoges-Bellegarde*** *(hors plan couleur par A2)* **:** *☎ 05-55-43-30-30.* • *aeroportlimoges.com* • *À env 10 km au nord-ouest du centre-ville, direction Saint-Junien.* Vols quotidiens à destination de Paris (Orly), Lyon, Avignon, Nice, Southampton, Londres, Nottingham, Liverpool, Bristol... Pas de navette pour rejoindre le centre-ville mais le tarif en taxi est fixe (23 €).

En train

Gare SNCF des Bénédictins *(plan couleur D1)* **:** *☎ 36-35 (0,34 €/mn).* • *voyages-sncf.com* • Sur les lignes Paris-Toulouse et Bordeaux-Lyon. Nombreuses liaisons quotidiennes en Corail-Téoz (env 3h pour Paris-Limoges). Une quinzaine de liaisons régionales TER (Ussel, Poitiers, Brive, Périgueux, Châteauroux, Guéret...). Assure aussi la liaison par bus Limoges-Bourganeuf-Aubusson-Felletin.

– À noter que trains et bus apparaissent sur le même tableau de départ et d'arrivée dans le hall.

En bus

Gare routière CIEL *(Centre intermodal d'échange de Limoges ; plan couleur D1)* **:** *en contrebas de la gare SNCF, esplanade des bus. ☎ 05-55-10-31-00.* Ttes liaisons départementales (Saint-Yrieix, Saint-Junien, Châteauponsac, Châlus, Bellac...).

Adresses et infos utiles

Office de tourisme *(plan couleur C2,* ***2****)* **:** *12, bd de Fleurus. ☎ 05-55-34-46-87.* • *limoges-tourisme.com* • *De mi-juin à mi-sept, tlj 9h-19h (10h-17h dim) ; le reste de l'année, lun-sam 9h30 (9h de mai à mi-juin)-18h.* Dynamique, compétent et accueillant. Organise sur résa, toute l'année, des visites thématiques payantes très intéressantes (cathédrale, vieux quartiers, arts du feu, lumière, nature et jardins, etc.). L'office de tourisme est également le point de départ du petit train (voir plus loin « À voir. À faire »).

■ ***Location de voitures :*** ***ADA,*** *27, av. du Général-de-Gaulle, ☎ 05-55-79-61-12.* ***Avis,*** *gare de Limoges Bénédictins, ☎ 05-55-79-78-25.* ***Europcar,*** *gare de Limoges Bénédictins, ☎ 05-55-77-64-52.* ***Hertz,*** *4, av. Baudin (station-service Avia), ☎ 05-44-00-06-98.* Ces agences possèdent également un comptoir à l'aéroport.

– ***Marché de la place Marceau*** *(hors plan couleur par B1)* **:** *sam mat.* Marché unique avec de nombreux produits régionaux.

– ***Marché aux puces de la Cité :*** *2e dim du mois sf en août, dans le quartier de la Cité.* La plus importante manifestation du genre en Limousin.

Où dormir ?

Petite mise en garde à l'attention de nos lecteurs : Limoges bénéficie d'une infrastructure hôtelière bonne, mais toutefois pas suffisante compte tenu de l'important tourisme d'affaires. La ville étant très fréquentée en semaine, il est vivement conseillé de s'y prendre à l'avance pour réserver. Bien plus calme en général le week-end, les tarifs sont également revus à la baisse. Alors, quitte à choisir...

Prix moyens

Chambres d'hôtes Le Poudrier *(hors plan couleur par D2, **14**) : lieu-dit Le Poudrier. ☎ 05-55-10-18-00. • le-poudrier@orange.fr • le-poudrier.com • À 4 km du centre, direction Le Palais-sur-Vienne/Saint-Priest ; longer la Vienne par la D 29, puis un long mur et, au feu (avt les usines Renault), prendre une petite route qui descend à droite et aller jusqu'au bout en contournant les usines, qu'on oubliera très vite une fois sur place, promis ! Tte l'année. Nuitée 25 € en dortoir de 4 pers. Double 60 €. Cabane perchée dans un arbre 80 € pour 2 pers. Repas (sur résa) 20 €.* Isolé sur les bords de la Vienne, un beau domaine de 4 ha, avec son parc, ses tables de jardin, son moulin rose joliment restauré, son potager et son théâtre de verdure où sont présentés des spectacles l'été. On croisera également quelques poneys, poules et canards entre la fontaine et le kiosque. Cadre reposant si proche de la ville, d'autant que les chambres classiques se révèlent tout à fait convenables. Également quelques chambres communes de 4 lits et une nouvelle chambre dans une cabane perchée dans un arbre à 4 m du sol. Petit déj en cuisine comme chez grand-mère. Une bonne surprise ! À noter, c'est aussi le siège de *Sol Mi Fa*, association pour le développement des activités artistiques, culturelles et musicales au *Poudrier*.

Hôtel Familia – Nos rêves *(plan couleur C1, **16**) : 16-18, rue du Général-du-Bessol. ☎ 05-55-77-51-40 ou 41-43. • hotelfamilia@laposte.net • hotelfamilia.fr • Congés : fêtes de fin d'année. Double 67 €, suites familiales également. Parking privé gratuit.* À deux pas de la gare, dans une rue tranquille, ce petit hôtel intime organisé autour d'une cour intérieure a plus d'un atout : un accueil souriant et aux petits soins, une ambiance familiale, un calme rare proche du centre, que nos lecteurs apprécient. Les chambres, confortables et à la déco très tendance, dotées de jolies salles de bains contemporaines, offrent un bon rapport qualité-prix. Convient particulièrement aux familles pour ses tarifs attractifs et les installations (lit bébé...). Une gentille adresse.

Hôtel de Paris *(plan couleur C1, **17**) : 5, cours Vergniaud. ☎ 05-55-77-56-96. • hoteldeparis87@orange.fr • hoteldeparis-limoges.com • Congés : de mi-déc à début janv. Doubles 58-75 € selon confort. Parking gratuit en face.* Cet ancien hôtel particulier du XIXe s ne manque pas de caractère : hauteur sous plafond, moulures, lustres, grands miroirs... Les chambres, toutes différentes et de bon confort, ont été réaménagées dans un style classique en harmonie avec le bâtiment. Une bonne adresse, tenue par une équipe qui a le sens du service et de l'accueil.

Hôtel de la Paix *(plan couleur C2, **13**) : 25, pl. Jourdan. ☎ 05-55-34-36-00. • hoteldelapaix87@hotmail.fr • hoteldelapaix87.fr • Congés : fêtes de fin d'année. Doubles avec douches et w-c 66-75 €, sans w-c privés 50 €.* À mi-chemin du centre et de la gare, une adresse bien tenue, même si l'ensemble est vieillissant. Le hall et la salle du petit déj accueillent une collection de phonographes et de disques anciens. Presque un musée : surprenant ! Chambres de taille et de confort variables, qui mériteraient un rafraîchissement. Certaines sont dotées d'une cheminée, de meubles rétros, d'un petit balcon ou d'une grande salle de bains. D'autres, notamment les moins chères, sont quand même bien tristes, bien fanées. Malgré tout, une institution à Limoges, pour sa situation stratégique et son accueil très sympathique.

Chic

Art Hôtel Tendance *(hors plan couleur par C1, **12**) : 37, rue Armand-Barbès. ☎ 05-55-77-31-72. • arthoteltendance@orange.fr • arthoteltendance.com • À quelques encablures du* *centre-ville (et de la gare), dans un quartier calme et résidentiel. Doubles 75-82 € selon confort, des suites également. Surveiller les offres intéressantes pour le w-e sur leur site.* Un petit hôtel géré par une équipe qui ne manque pas de bonnes idées. La déco originale des parties communes annonce celle des chambres à thème (plus ou moins accessoirisées) : Bali, Luberon, Égypte, Afrique, Asie, Grèce, Mexique... à vous de choisir la destination ! Quel que soit votre choix, vous y trouverez un bon confort. Certaines chambres sont néanmoins peu spacieuses, vieille maison oblige ! Voilà qui change en tout cas de l'hôtellerie traditionnelle...

Résidence d'artistes Obia *(plan couleur D2,* ***15****) : 3, rue du Paradis. ☎ 05-55-10-18-95 ou 05-55-64-75-62. • residencedartistes@yahoo.fr • la-residence-dartistes-limoges.com • À proximité du centre-ville et de la gare, dans une ruelle calme derrière la cathédrale. Double 80 €.* Ce tranquille nid de verdure avec son jardin de sculptures et sa galerie d'art recèle des chambres thématiques spacieuses de bon confort. On aime bien la « chambre aux chapeaux » avec ses touches de couleurs vives et son style Arts déco. Une autre est décorée d'œuvres du propriétaire et artiste Pierre Digan.

Le Richelieu *(hors plan couleur par B3,* ***18****) : 40, av. Baudin. ☎ 05-55-34-22-82. • info@hotel-richelieu.com • hotel-richelieu.com • Du côté de l'hôtel de ville, route de Périgueux. Doubles 89-160 € selon période et confort. Surveiller les offres intéressantes sur leur site. Parking payant.* Un 3-étoiles à l'architecture moderne, où professionnalisme n'est pas un vain mot. Accueil, service, propreté et confort irréprochables. Toutes les chambres ont été rénovées avec soin dans un style contemporain élégant et très actuel. Préférer celles dans l'annexe à l'arrière. Salon-bibliothèque, *business corner* et salle de fitness à dispo. Malgré sa situation sur une avenue passante, une agréable adresse dans sa catégorie.

Inter Hôtel Atrium *(plan couleur D1,* ***19****) : 22, allée de Seto. ☎ 05-55-10-75-75. • ha8703@inter-hotel.com • interhotel-atrium.com • Au pied de la gare. Doubles env 70-140 € selon période (sem ou w-e) et confort. Parking payant.* Cet hôtel moderne a retenu notre attention tant pour sa situation, à deux pas de la gare et à peine plus du centre-ville, que pour l'originalité de son architecture et la qualité des chambres. De jolies boiseries façon paquebot de luxe, aux teintes chaleureuses, que l'on retrouve dans les chambres contemporaines, spacieuses et dotées évidemment de tout le confort. Celles qui donnent sur l'avant ont aussi une vue imprenable sur la gare classée de Limoges, et le va-et-vient des trains (pas de trafic la nuit). Une belle invitation au voyage... Petit déj copieux et brasserie sur place. Accueil pro et souriant.

Très chic et tendance

Castel Faugeras *(hors plan couleur par C1,* ***20****) : allée de Faugeras. ☎ 05-55-34-66-22. • contact@castelfaugeras.fr • castelfaugeras.fr • Accès par l'av. Aristide-Briand, qui longe la voie ferrée (D 142). Doubles 121-220 € selon période (sem ou w-e) et confort.* Au cœur d'un parc paisible, ce château du XVIIIᵉ s renferme une vingtaine de vastes chambres contemporaines dotées de tout le confort moderne (cela va de soi). Pour se détendre, direction le hammam, le jacuzzi, ou le cours de tennis. Mais l'originalité réside surtout dans la déco, qui s'inspire largement du savoir-faire local avec ses luminaires en porcelaine. Une belle adresse pour séjours d'exception ou d'affaires !

Où manger ?

Bon marché

Le Bistrot d'Olivier *(plan couleur A3,* ***23****) : halles centrales, pl. de la Motte. ☎ 05-55-33-73-85. Ouv le midi mar-sam. Formule et menu 12-18 €. Café offert sur présentation de ce guide.* Sous les halles, dans le cadre animé du marché, cette institution rassemble les gourmands autour de plats du jour solides et fleurant bon la tradition : pieds de veau, fraise de cochon gribiche, entrecôte limousine... Rien que du bon, à déguster au coude à coude dans une ambiance populaire haute en couleur.

Mamie Bigoude (plan couleur B3, **22**) : *6, rue Charles-Michels. ☎ 05-55-34-16-76. Tlj sf dim et lun, service jusqu'à 22h30 (23h ven-sam). Env 15-20 €.* Poussez la porte pour découvrir l'univers formidable de la bigouden joyeuse : les coussins douillets de la 1re salle, l'herbe synthétique du couloir, façon forêt enchantée, et la ribambelle d'objets de déco improbables (car détournés de leur fonction d'origine) de la 2e salle créent une atmosphère unique à la *Deschiens* où la fantaisie et la bonne humeur sont de mise. On en oublierait presque de manger les crêpes, galettes ou le fameux *Bigoude burger,* bons et copieux, servis par une équipe qui respecte le mot d'ordre : *be good !*

Tripes & Cie (plan couleur B3, **34**) : *15, rue Haute-Vienne. ☎ 05-55-34-31-99. Mar-sam 10h-19h. Congés : 1re sem de janv et 1 sem en août. Formules env 8,50 €. Café offert sur présentation de ce guide.* Ce charcutier-traiteur n'a pas les deux pieds dans le même plat ! Avec ses quelques tables à l'intérieur et sa terrasse sur rue piétonne, il fait fureur auprès des gourmands qui se régalent de brochettes, de salades ou de plats du jour du genre blanquette de veau, parmentier de bœuf... ou de tripes ! Le tout, servi en portions individuelles (y compris de bons desserts), peut également être emporté. Pratique, efficace et bon.

– Voir aussi plus loin la rubrique « Où manger une bonne pâtisserie ? Où boire un bon thé ? ».

De bon marché à prix moyens

Le Bistrot du Boucher (plan couleur B3, **30**) : *29 bis, bd Louis-Blanc. ☎ 05-55-10-20-00. • bistrot-boucher87@cegetel.net • ♿. Tlj ; service jusqu'à 22h (23h ven-sam). Le midi en sem, formule 13,90 €, sinon menus 20,50-30,50 €. Café offert sur présentation de ce guide.* Une véritable institution à Limoges. Déco de brasserie sympa, chaleureuse, à l'image d'une équipe tout sourire et efficace. Dans l'assiette, de très bonnes viandes, carpaccio ou tartare de bœuf limousin, à moins de se laisser tenter par les propositions du jour ou le poisson du moment. Garanti dans tous les cas sans mauvaise surprise ! Et c'est ouvert assez tard, même le dimanche et lundi, où les restos ouverts se font rares...

Le Churchill (plan couleur A2, **25**) : *13, pl. Winston-Churchill. ☎ 05-55-71-81-76. • info@le-churchill.fr • Fermé dim-lun. Congés : 1re sem de janv. Le midi en sem, formule 16 €, sinon plats 15-30 € à l'ardoise.* On connaît d'abord ce charmant bistrot rétro pour sa propriétaire, une figure locale généreuse et dynamique qui n'hésite pas à jouer du piano en soirée pour le plus grand plaisir des habitués. Mais c'est la partition jouée sur l'autre piano, en cuisine celui-là, qui pérennise la réputation de la maison : chaque jour, on y concocte de bons plats de saison élaborés avec les produits du marché (madame se fournit aux halles), du genre harengs pommes à l'huile, tartare au couteau, poisson du moment et frites maison. Quant aux soirs de fin de semaine, à l'occasion des concerts, l'atmosphère devient carrément festive avec en plus la carte des planchas et des tapas ! Olé !

Le Versailles (plan couleur A2, **28**) : *20, pl. d'Aine. ☎ 05-55-34-13-39. • contact@brasserie-le-versailles-limoges.com • Tte l'année, tlj sf 1er mai. Menus déj en sem 18,10-23,50 € ; autres menus 24,50-29,90 €.* Voici la plus ancienne brasserie de Limoges. Depuis 1932, elle régale les Limougeauds, et encore plus depuis que Cyril Boissier s'est installé dans les lieux. Cuisine classique du Limousin préparée avec soin, joliment présentée, et servie dans un cadre de brasserie cosy par une équipe sympathique.

Le Café République (plan couleur B2, **24**) : *17, pl. de la République. ☎ 05-55-49-42-91. Tlj. Plat du jour env 9 € le midi, sinon formules 12,50-16,30 €.* Vaste, sobre et design, c'est la grande brasserie contemporaine du centre-ville. On apprécie la situation stratégique de la belle terrasse, où l'on se régale de plats classiques de belle facture (tartare, filet de bœuf, ou poisson du jour) ou pour s'y relaxe à l'heure de l'apéro, un cocktail à la main... Très sympa, notamment à l'occasion d'un concert jazz certains soirs.

I●I ***Pomme Cannelle*** *(plan couleur B2,* ***33****)* **:** *18, pl. de la République. ☎ 05-55-79-95-45. Tlj le midi slt, plus le soir (sf dim-lun) de mi-juin à mi-sept. Plat du jour env 8,20 €, formule 12,40 €.* Petite brasserie à la déco de bistrot des années 1930, avec une agréable terrasse sur la place de la République. Grosses salades, tartines et bons petits plats gratinés à prix riquiqui. Accueil particulièrement enjoué et chaleureux. La bonne petite adresse que l'on se glisse au creux de l'oreille.

Prix moyens

I●I ***Les Petits Ventres*** *(plan couleur B3,* ***32****)* **:** *20, rue de la Boucherie. ☎ 05-55-34-22-90. • emavic-sarl@wanadoo.fr • Tlj sf dim-lun, service jusqu'à 21h30 (22h ven-sam). Formules déj en sem 16-18 €, puis menus 20-32 €. Apéritif maison offert sur présentation de ce guide.* Cette belle maison aux jolies poutres abrite l'une des meilleures adresses du quartier ancien. De fait, la rue, située à deux pas des halles, semblait prédestinée ! Aux *Petits Ventres,* la carte ne manque pas de choix, et on se remplit joyeusement la panse de spécialités locales, en oubliant son régime ! Tête de veau, ris de veau, variation autour du canard... Les amateurs prendront même l'assiette « Petits Ventres » : tête, langue, fraise... mariage copieux de veau, porc et bœuf ! Produits de grande qualité dans un cadre coquet et rustique. Très agréable terrasse en été.

I●I ***Un Autre Temps*** *(plan couleur B2,* ***27****)* **:** *39, bd Carnot. ☎ 05-55-79-96-69. Tlj sf dim-lun, mar soir et mer soir. Congés : 1 sem en fév et 2 sem mi-août. Formules déj en sem 13,50-17,50 €, compter env 22-30 € le soir.* Le set de table annonce la couleur : une cuisine authentique, à base de produits de saison de producteurs locaux, servie dans une ambiance chaleureuse. Que peut-on rêver de mieux ? Pari tenu pour cette toute nouvelle adresse, gérée en famille, avec le papa du patron aux fourneaux. Au choix, 2 entrées, 2 plats, 2 desserts, renouvelés chaque jour pour garantir la fraîcheur des bons produits. La carte est courte mais offre de belles surprises avec ses recettes anciennes et ses légumes oubliés. Au final, une adresse bien dans l'air du temps, pas nostalgique pour un sou.

I●I ***Chez Alphonse*** *(plan couleur A3,* ***29****)* **:** *5, pl. de la Motte (derrière les halles). ☎ 05-55-34-34-14. • bistrot.alphonse@wanadoo.fr • ♿ Tlj sf dim et j. fériés, service jusqu'à 22h30 (23h ven-sam). Résa conseillée. En sem, formule déj env 16 € ; à l'ardoise, plats env 14-25 €.* Avez-vous capté le jeu de mots ? Alphonse... fonce aux halles ! Eh oui, c'est que notre gaillard se fournit, en face, de bons produits frais qui viennent garnir votre assiette dans une cuisine 100 % made in Limousin. Ambiance bistrot à l'ancienne avec nappes à carreaux et vieilles pubs. Ici, y a d'la vie ! Y a d'la joie ! Et si on ne veut qu'un plat, le patron ne se froissera pas.

I●I ***Le Bœuf à la Mode*** *(hors plan couleur par A1,* ***31****)* **:** *60, rue François-Chénieux. ☎ 05-55-77-73-95. Tlj sf sam midi, dim et lun. Congés : août. Plats env 12-19 € le midi, 18-27 € le soir. Menus 28,50-38,50 €.* Rare : un resto dans une boucherie ! Ici, on revendique haut et fort le métier d'artisan boucher, et c'est vrai qu'on a affaire à des pros de la viande, qui savent choisir les morceaux, les sélectionner et vous les servir bien accommodés : dos d'aloyau au cidre, morceau du boucher, chateaubriand à la moelle. Côté resto, pas de panique, vous ne mangerez pas face au billot : le cadre est soigné et cosy, avec nappes blanches et belles photos de cette chère race bovine. On paie le prix, mais la bonne viande n'a jamais été bon marché, et on en a largement pour ses sous.

PLANS ET CARTES EN COULEURS

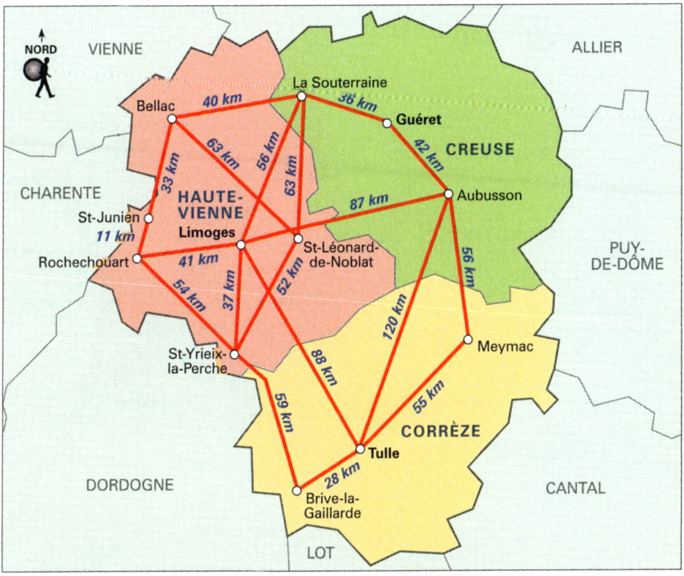

CARTE DES DISTANCES

SOMMAIRE

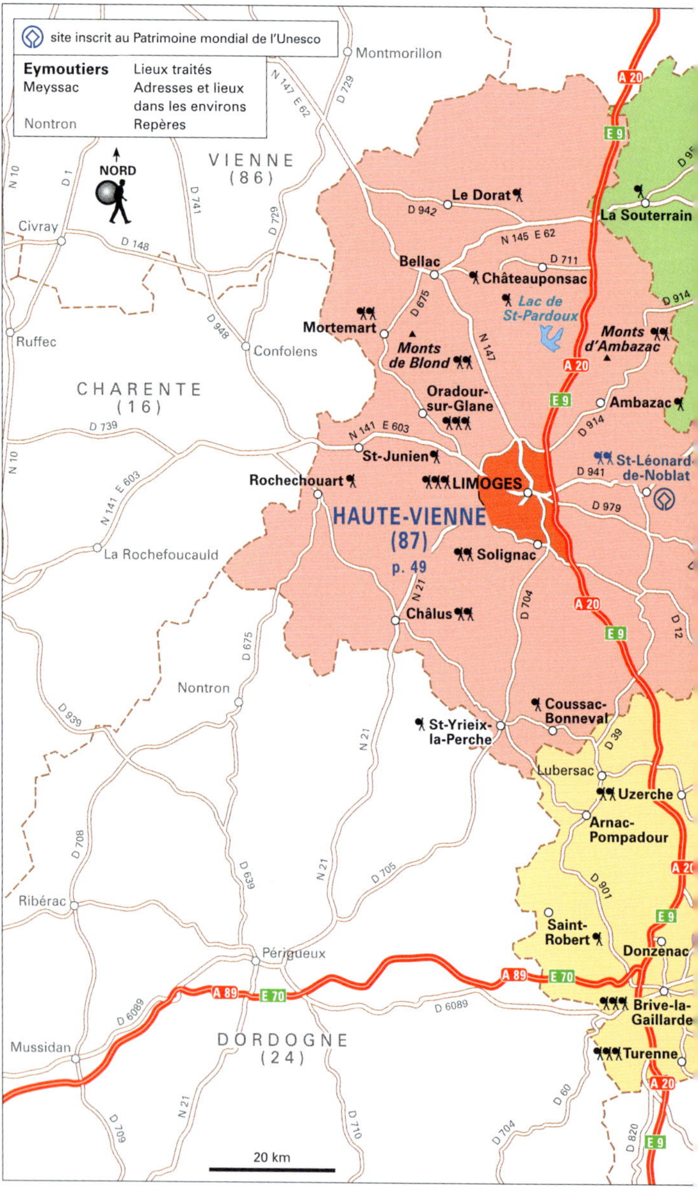
site inscrit au Patrimoine mondial de l'Unesco
Eymoutiers Lieux traités
Meyssac Adresses et lieux dans les environs
Nontron Repères
NORD
VIENNE (86)
CHARENTE (16)
HAUTE-VIENNE (87)
p. 49
DORDOGNE (24)
Montmorillon
Civray
Ruffec
Confolens
La Rochefoucauld
Nontron
Ribérac
Périgueux
Mussidan
Le Dorat
La Souterrain
Bellac
Châteauponsac
Lac de St-Pardoux
Mortemart
Monts de Blond
Monts d'Ambazac
Oradour-sur-Glane
Ambazac
St-Junien
St-Léonard-de-Noblat
Rochechouart
LIMOGES
Solignac
Châlus
Coussac-Bonneval
St-Yrieix-la-Perche
Lubersac
Uzerche
Arnac-Pompadour
Saint-Robert
Donzenac
Brive-la-Gaillarde
Turenne
A 20
E 9
A 89
E 70
N 147 E 62
N 145 E 62
N 141 E 603
N 10
N 21
D 729
D 741
D 1
D 148
D 942
D 711
D 914
D 675
D 948
D 739
D 941
D 979
D 704
D 12
D 939
D 39
D 708
D 639
D 705
D 901
D 6089
D 709
D 710
D 60
D 820
20 km

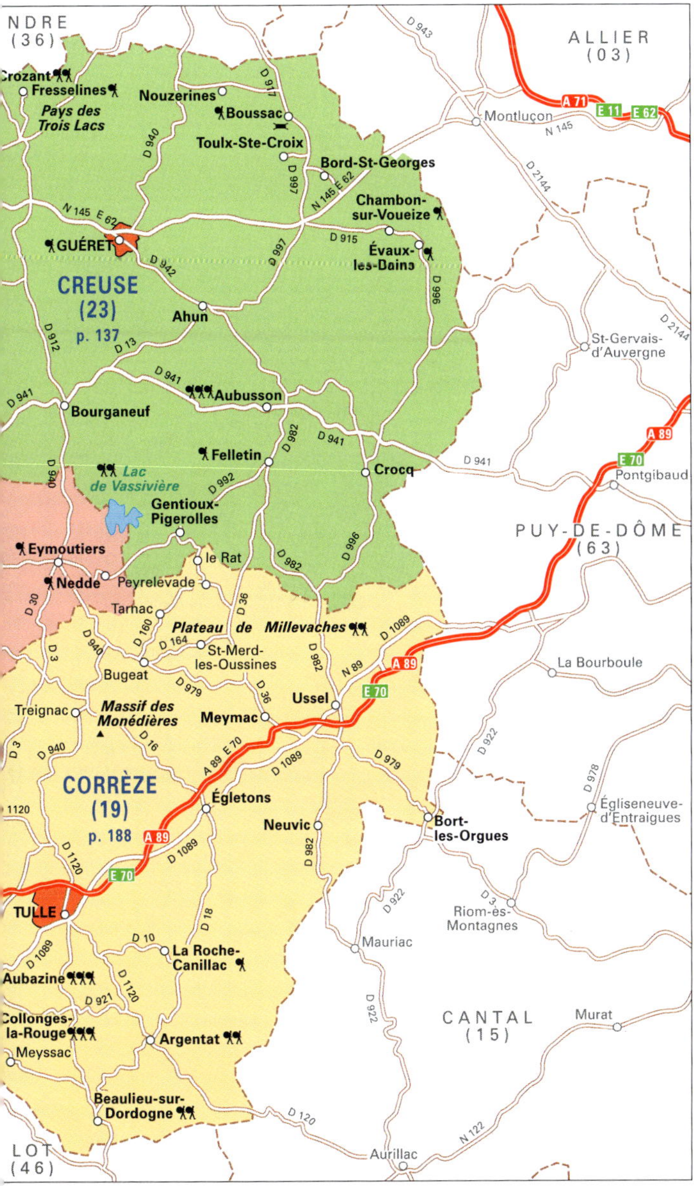
NDRE (36)
ALLIER (03)
Crozant
Fresselines
Pays des Trois Lacs
Nouzerines
Boussac
Toulx-Ste-Croix
Bord-St-Georges
Chambon-sur-Voueize
Évaux-les-Bains
GUÉRET
CREUSE (23)
p. 137
Ahun
Aubusson
Bourganeuf
Felletin
Crocq
Lac de Vassivière
Gentioux-Pigerolles
Eymoutiers
Nedde
le Rat
Peyrelevade
Tarnac
Plateau de Millevaches
St-Merd-les-Oussines
Bugeat
Treignac
Massif des Monédières
Meymac
Ussel
CORRÈZE (19)
p. 188
Égletons
Neuvic
Bort-les-Orgues
TULLE
La Roche-Canillac
Aubazine
Collonges-la-Rouge
Meyssac
Argentat
Beaulieu-sur-Dordogne
LOT (46)
Montluçon
St-Gervais-d'Auvergne
Pontgibaud
PUY-DE-DÔME (63)
La Bourboule
Égliseneuve-d'Entraigues
Riom-ès-Montagnes
Mauriac
CANTAL (15)
Murat
Aurillac
A 71
E 11
E 62
A 89
E 70
N 145
N 89
N 122
D 943
D 2144
D 917
D 940
D 997
D 915
D 942
D 996
D 912
D 13
D 941
D 982
D 992
D 36
D 30
D 160
D 164
D 1089
D 3
D 979
D 16
D 1120
D 922
D 978
D 18
D 10
D 921
D 120

LE LIMOUSIN

Frac 31
POITIERS, N 147 36
A
B
1
2
3
ROND-POINT MARGAINE
R. des Coopérateurs
Théâtre de l'Union
R. de la Fonderie
R. G. Nadaud
Rue Montmailler
Rue François Chénieux
Rue J. Noriac
Avenue
Cours
R. Ch. Baudelaire
R. de la Libération
R. du Gal Cérez
Rue des Vénitiens
35
PLACE DE LA PRÉFECTURE
40
Av.
Préfecture
Boulevard Carnot
PLACE DENIS DUSSOUBS
Musée national de la Porcelaine Adrien-Dubouché
R. des Lamazière
Rue de la Préfecture
PLACE DE STALINGRAD 27
Combes
Opéra Théâtre
33
24
Rue Fitz James
R. Louvrier de Lajolais
Rue Victor Hugo
Rue Adrien Dubouché
PLACE WINSTON CHURCHILL
PL. FONTAINES-DES-BARRES
PL. DE LA RÉPUBLIQUE
Crypte Saint-Martial
44
Turgot
PLACE DE L'ANCIENNE COMÉDIE
PLACE ST-MARTIAL
R. St Martial
ANGOULÊME, SAINTES, N 141
Rue
PL. DU PRESIDIAL
37
R. Raymond Couraud
25
Bd
28
R. de Gorre
R. du Clocher
Pavillon du Verdurier
PL. ST-PIERRE
Jardin d'Orsay
R. Monte à Regret
Rue Jean Fourié
R. Raffilhoux
R. du Temple
Palais de justice
PLACE D'AINE
Saint-Michel-des-Lions
COUR DU TEMPLE
QUARTIER DU CHÂTEAU
R. des Arènes
R. Ferrerie
38
R. du Consulat
PL. DE LA MOTTE
R. d'Aguesseau
23
Halles
R. Jeanty Sarre
Rue Jaurès
Maison Auguste Renoir
R. Jauvion
PL. DES BANCS
PL. DU POIDS PUBL.
R. Elie
Boulevard
29
R. Gondinet
R. de la Boucherie
42
32
45
48
22
47
R. des Argentiers
R. Haute Vienne
R. de la Loi
R. Grandes Pousses
R. C. Michels
26
R. Blanc Léger
34
Saint-Aurélien
R. Vigne de Fer
Beaupeyrat
Rue Pétiniaud
Gambetta
PL. HAUTE VIENNE
Rue
30
Aquarium
Av.
PL. LÉON BÉTOULLE
Baudin
Hôtel de ville
R. J.-J. Timbaud
Av. du Midi
Av.
0
100
200 m
Bibliothèque francophone multimédia 18 PÉRIGUEUX, N 21

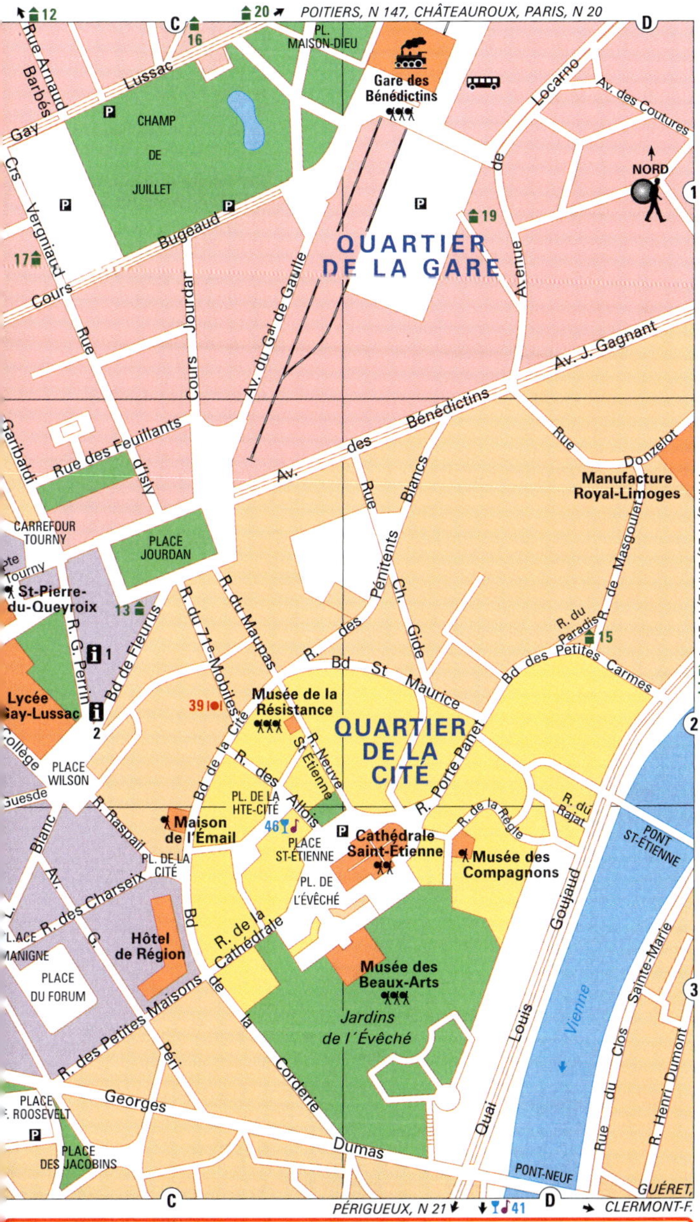
12
C
16
20
POITIERS, N 147, CHÂTEAUROUX, PARIS, N 20
D
PL. MAISON-DIEU
Gare des Bénédictins
Rue Arnaud Barbès
Lussac
Gay
CHAMP DE JUILLET
Locarno
Av. des Coutures
NORD
1
19
Crs
Vergniaud
Bugeaud
17
QUARTIER DE LA GARE
Avenue de
Cours
Jourdan
Cours
Av. du Gal de Gaulle
Av. J. Gagnant
Rue
Garibaldi
Rue des Feuillants
d'Isly
Av. des Bénédictins
Rue Donzelot
Manufacture Royal-Limoges
PARIS, N 20, BRIVE, N 20
14
CARREFOUR TOURNY
PLACE JOURDAN
Rue Blancs
Rue des Pénitents
Pte Tourny
St-Pierre-du-Queyroix
13
R. du Maupas
R. du 71e-Mobiles
R. G. Perrin
Bd de Fleurus
1
Ch. Gide
R. de Masgoulet
R. du Paradis
15
Bd des Petites Carmes
Bd St Maurice
Lycée Gay-Lussac
2
39
Musée de la Résistance
QUARTIER DE LA CITÉ
2
Collège
PLACE WILSON
Guesde
R. Neuve St-Étienne
R. Porte Panet
R. des Allois
Bd de la Cité
PL. DE LA HTE-CITÉ
R. du Rajat
PONT ST-ÉTIENNE
R. Raspail
Maison de l'Émail
46
R. de la Règle
Blanc
Av.
PL. DE LA CITÉ
PLACE ST-ÉTIENNE
Cathédrale Saint-Étienne
Musée des Compagnons
R. des Charseix
PL. DE L'ÉVÊCHÉ
Goujaud
PLACE MANIGNE
G.
Hôtel de Région
Bd
R. de la Cathédrale
PLACE DU FORUM
R. des Petites Maisons
de la Corderie
Musée des Beaux-Arts
Jardins de l'Évêché
Sainte-Marie
Vienne
3
Louis
Péri
Georges
PLACE F. ROOSEVELT
Quai
Rue du Clos
R. Henri Dumont
PLACE DES JACOBINS
Dumas
PONT-NEUF
GUÉRET,
C
D
PÉRIGUEUX, N 21
41
CLERMONT-F.

LIMOGES

Adresses utiles

1 Haute-Vienne Tourisme
2 Office de tourisme

Où dormir ?

12 Art Hôtel Tendance
13 Hôtel de la Paix
14 Chambres d'hôtes Le Poudrier
15 Résidence d'artistes Obia
16 Hôtel Familia – Nos rêves
17 Hôtel de Paris
18 Le Richelieu
19 Inter Hôtel Atrium
20 Castel Faugeras

Où manger ?

22 Mamie Bigoude
23 Le Bistrot d'Olivier
24 Le Café République
25 Le Churchill
26 Le 27
27 Un Autre Temps
28 Le Versailles
29 Chez Alphonse
30 Le Bistrot du Boucher
31 Le Bœuf à la Mode
32 Les Petits Ventres
33 Pomme Cannelle
34 Tripes & Cie
35 La Cuisine
36 La Maison des Saveurs
39 L'Escapade du Gourmet

Où manger une bonne pâtisserie ? Où boire un bon thé ?

37 La Nouvelle Louisiane
38 La Parenthèse

Où boire un verre ? Où sortir ?

40 Brasserie « Bières Michard »
41 La Fourmi
42 Le Duc Étienne
44 La Bibliothèque
45 L'Hydropathe
46 Au Bout du Monde et L'Irlandais
47 Le Barouf
48 Amicale des Parachutistes Belges

REPORTS DU PLAN DU LIMOGES

Adresse utile

Office de tourisme

Où dormir ?

10 Auberge de jeunesse
11 Hôtel L'Andréa
12 Hôtel Le Coq d'Or
13 Hôtel Le Collonges
14 Le Chapon Fin
15 Hôtel-restaurant La Truffe Noire
16 La Crémaillère
17 Chambres d'hôtes Le Domaine du Breuil
18 Le Logis des Pénitents Blancs
19 Hôtel Le Quercy

Où manger ?

15 Restaurant La Truffe Noire
16 La Crémaillère
17 Bistrot Brassens
20 La Pause Feuilleté
21 Le Bistrot du Brune
22 Le Grain de Sel
23 Le Bistrot Chambon
24 L'Instant Basque
25 La Toupine
26 Chez Francis
27 Amédélys
28 La Table d'Olivier
29 Chez les Frangins
30 L'Univers
31 Le 4
32 En Cuisine
33 Le Living

Où boire un bon café ?

34 Le Café Bogota

Où boire un verre ?

35 Le Majour
37 Café de Paris
39 Post' Café

Où acheter de bons produits ?

44 Chocolaterie Éric Lamy

REPORTS DU PLAN DU BRIVE-LA-GAILLARDE

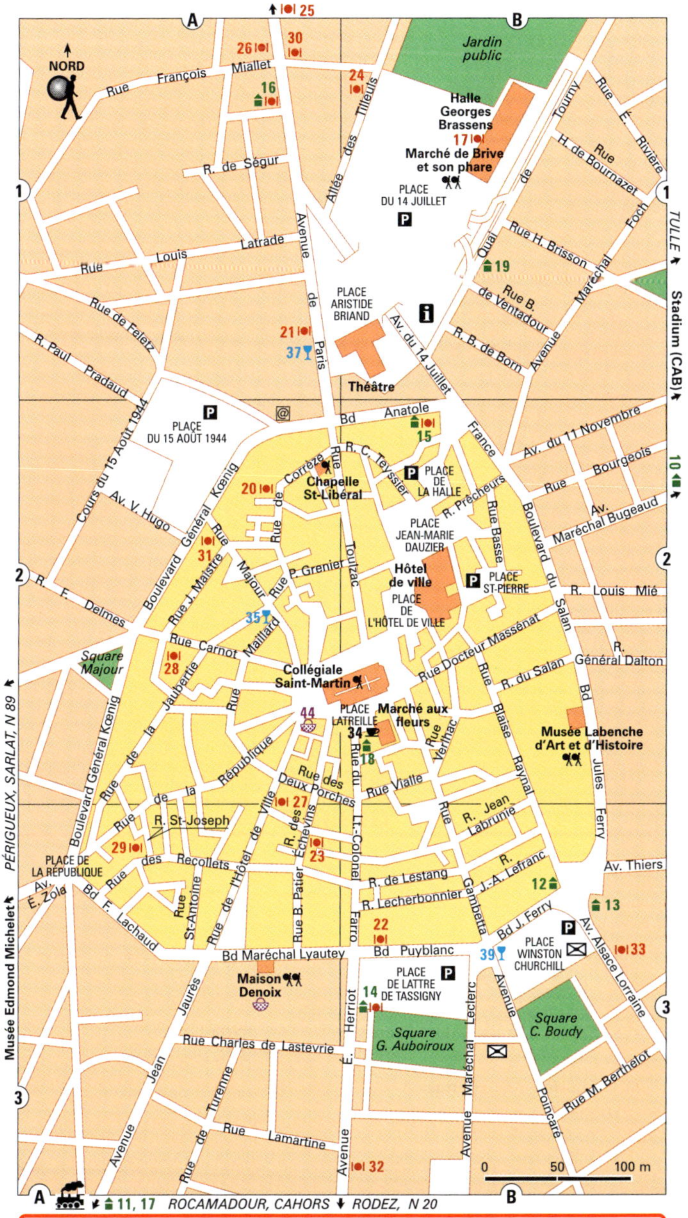

BRIVE-LA-GAILLARDE

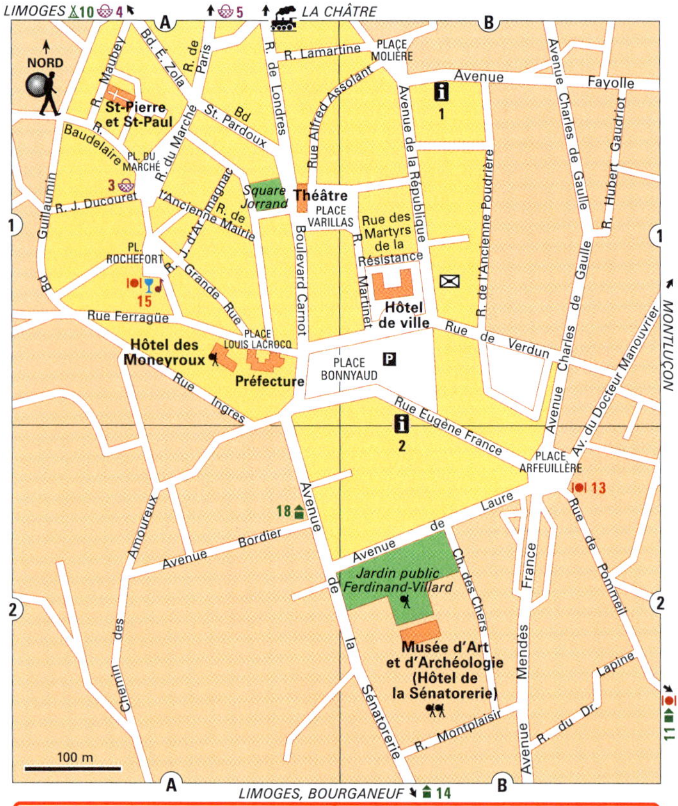

GUÉRET

■ **Adresses utiles**

@ Cybergame
1 Tourisme Creuse – Agence de développement et de réservation touristiques
2 Office de tourisme des Monts de Guéret

Où dormir ? Où manger ?

10 Camping de l'aire de loisirs de Courtille
11 Hôtel-restaurant de Pommeil
13 Le Coq en Pâte
14 Chambres d'hôtes de la Ferme de la Gorce
15 Le Pub Rochefort
18 Inter-Hôtel Auclair

Où boire un verre ? Où sortir ?

15 Le Pub Rochefort

Où acheter de bons produits ?

3 Marché
4 La Coop des Champs
5 Talents de Creuse

Chic

La Cuisine *(plan couleur A1, **35**) : 21, rue Montmailler. ☎ 05-55-10-28-29. • guy.queroix@wanadoo.fr • Près de la pl. Denis-Dussoubs et des cinémas. Tlj sf dim, lun et j. fériés. Congés : 2 sem en janv et 2 sem en août. Résa conseillée. Plat du jour 13 €, formules déj 19-24 €, menus-carte 31-53 € (43-65 € avec accords mets et vins). Café offert sur présentation de ce guide.* Ici, pas de carte détaillée, on choisit le nombre de plats du menu mystère et on fait confiance au chef. Comme il connaît ses classiques sur le bout des doigts, il sait transposer la tradition dans un registre contemporain. Une modernité qui sait éviter les modes. L'absence de repères, provoquée par le jeu des textures et des saveurs, s'estompe rapidement pour déclencher de belles surprises en bouche. La justesse des cuissons, la présentation soignée démontrent tout le sérieux de cette cuisine de saison qui sait divertir et séduire. Un vrai régal. Service très pro dans une salle de bistrot chic ou en terrasse.

Le 27 *(plan couleur B3, **26**) : 27, rue Haute-Vienne. ☎ 05-55-32-27-27. • contact@le27.com • Tlj sf dim. Formules et menus déj 14,10-16,80 €, menu 27 € le soir.* Un séduisant bistrot à la déco design, dont la belle salle haute de plafond et agrémentée de rayonnages pour les bouteilles est prolongée par une terrasse bien agréable. Gilles Dudognon y concocte une carte fréquemment renouvelée et mêlant produits du terroir et influences exotiques pour des plats de néobistrot soignés. Une bonne adresse, un brin jet set. Pour les amateurs de viandes grillées à la cheminée, le patron possède un autre restaurant, ***La Table du Couvent,*** derrière le palais de justice *(15, rue Neuve-des-Carmes).*

La Maison des Saveurs *(hors plan couleur par B1, **36**) : 74, av. Garibaldi. ☎ 05-55-79-30-74. Tlj sf lun, sam midi et dim soir. Congés : 2 sem fin juil-début août. Formule déj en sem 16 €, menus 28-44 € et menu découverte (avec vin) 60 €.* Alain Moreau est un chef discret, comme son resto d'ailleurs, qui se cache dans un quartier plutôt résidentiel. Comme si l'adage « pour vivre heureux, vivons cachés » prenait ici tout son sens. Car quel bonheur à table, face à un foie gras de canard fermier poêlé ou une belle pièce de bœuf limousine ! Pas sophistiquée pour deux sous, attachée à la qualité et à l'essence même du produit, la cuisine reste simple et savoureuse bien que toujours assaisonnée d'une pointe d'originalité, notamment dans les desserts. Tables joliment dressées, service délicat, mises en bouche, choix des pains, exceptionnel plateau de fromages et mignardises font de cette maison au cadre intimiste charmant un endroit rare.

L'Escapade du Gourmet *(plan couleur C2, **39**) : 5, rue du 71e-Mobiles. ☎ 05-55-32-40-26. • escapade.du.gourmet@gmail.com • Tlj sf lun, sam midi et dim soir. Menus 25,50-36,50 €.* Dans une rue discrète, une superbe salle typiquement Art nouveau avec boiseries tout en courbes, vitraux et coupole. Belle cuisine traditionnelle à base de produits nobles (bar sauvage, saint-jacques, foie gras...) revue au goût du jour. Les gourmets limougeauds en ont fait une de leurs escapades préférées, résa conseillée, donc...

Où dormir ? Où manger dans les environs ?

Campings

Camping municipal Les Grèves : *rue Jean-Claude-Papon, 87700 **Aixe-sur-Vienne.** ☎ 05-55-70-12-98. 📱 06-73-67-23-48. • camping@mairie-aixesurvienne.fr • mairie-aixesurvienne.fr • À 11 km au sud-ouest de Limoges par la D 20. Derrière la manufacture de porcelaine, le long de la Vienne. Ouv juin-sept. Forfait pour 2 pers env 12 €. Loc de mobile homes (env 200-400 €/sem).* Ce ravissant camping a bien des qualités : sa situation (à 5 mn à pied des commerces, le long de la Vienne et de ses activités nautiques en saison, point de départ également de randos), un cadre bucolique rare en centre-ville, un entretien impeccable (sanitaires compris), un terrain de jeux pour enfants, un bar avec TV et petite restauration, des tarifs attractifs et une équipe sympathique. On allait oublier : il est aussi très, très calme...

Camping de Leychoisier : *1, route de Leychoisier, 87270* ***Bonnac-la-Côte.*** *☎ 05-55-39-93-43. • contact@leychoisier.com • leychoisier.com • À 16 km au nord de Limoges (sortie n° 27 par l'A 20). Ouv de mi-avr à mi-sept. Forfait pour 2 pers 21-27 € selon saison. Cottage 4 pers 380-570 €/sem.* Camping haut de gamme dans le domaine privé d'un château médiéval qui vit le passage de Victor Hugo. Également des cottages, un lac de 4 ha, la possibilité de pratiquer la pêche ou l'équitation, un bar très sympa aménagé dans une dépendance et un restaurant dans l'ancienne orangerie. Un camping de bon confort, on s'en doute, avec de beaux emplacements bien verts, séparés par des haies. Piscine.

De prix moyens à chic

Chambres d'hôtes Clos Gigondas : *Clos Gigondas, 87170* ***Isle.*** *☎ 05-55-50-45-93. 06-81-68-54-15. • clos.gigondas@gmail.com • closgigondas.com • À 5 km au sud-ouest de Limoges par la route de Périgueux : dépasser Isle en direction d'Aixe, puis, au niveau de Trocadore, prendre à droite et remonter jusqu'au rond-point et suivre la direction de Mérignac pdt 200 m. Ensuite, fléchage à droite. Double 70 €. Table d'hôtes sur résa 18 € (végétarien)-24 €.* À deux pas de Limoges mais déjà en pleine nature, cette ancienne ferme du XVIIe s garantit un séjour des plus reposant. À l'étage, 4 belles chambres faites main avec profusion de bois et moult clins d'œil au Moyen Âge (fresques, lits à baldaquin...). 2 d'entre elles disposent de mezzanines accessibles par des échelles de meunier : impeccable pour les familles. Et comme Ariel ne manque pas de bonnes idées, il a créé 2 hébergements insolites dans le jardin : une chambre dans une vache (si, si !) et une cabane médiévale, toutes 2 équipées de toilettes sèches et de douches solaires. Pour les amateurs... Petite piscine hors sol, spa (payant), et barbecue à disposition. Accueil fort aimable.

Chambres d'hôtes chez Brigitte et Philippe Ziegler : *domaine de Moulinard, 87220* ***Boisseuil.*** *☎ 05-55-06-91-22. • ph.ziegler@laposte.net • gites-limoges.fr • À 10 km au sud-est de Limoges. Indiqué depuis l'axe qui traverse Boisseuil. Congés : 15 oct-15 avr. Double 50 €. En formule gîte (13 pers), 420-680 €/sem selon durée et saison.* Dans une belle maison de caractère du XIXe s, indépendante de la ferme des adorables propriétaires, 5 chambres spacieuses avec sanitaires, classiques et de bon confort. Pittoresques parties communes (dallage ancien, cheminée...) et cuisine équipée ouvrant sur un beau jardin ombragé privatif. Parc où prendre l'air ou piqueniquer. Une très bonne adresse.

Chambres d'hôtes Le Prieuré du Puy Marot : *allée du Puy-Marot, 87220* ***Feytiat.*** *☎ 05-55-48-33-97. • gerardchastagner@wanadoo.fr • À 6 km à l'est de Limoges par la route d'Eymoutiers : à la sortie de Feytiat, prendre à gauche la D 98A. Double 90 € en hte saison. Table d'hôtes sur résa 30 €.* Très belle adresse que cet ancien prieuré du XVIe s, dont les sympathiques propriétaires appartiennent à une famille de porcelainiers. Vous ferez donc d'une pierre deux coups : visiter les ateliers dans les dépendances, avant de profiter du confort des chambres très coquettes et pleines de charme aménagées dans les étages. Quant au petit déj, il est servi dans une salle d'apparat qui ne manque pas d'allure. Très chic !

Où manger une bonne pâtisserie ?
Où boire un bon thé ?

La Nouvelle Louisiane *(plan couleur B2,* ***37****) : 2, rue Dalesme. ☎ 05-55-34-10-34. En face du pavillon du Verdurier. Mar-sam*

9h30-18h30. Congés : de mi-juil à mi-août. Un salon de thé moderne et lumineux, dont la salle pimpante donne sur l'église voisine. Impeccable pour déguster de très bonnes pâtisseries, parmi les meilleures en ville. Bon choix de café en provenance du Guatemala, de Sumatra, de Papouasie, de Jamaïque, d'Éthiopie... Petite restauration le midi.

La Parenthèse *(plan couleur B2,* ***38****) : cours du Temple. ☎ 05-55-33-18-25. • info@restaurant-tearoom-parenthese-limoges.com • Lun 10h-15h, mar-ven 10h-18h30, sam 10h-19h. Fermé dim et j. fériés. Congés : 1 sem pour les vac scol de Noël et fév, 3 sem en août. Formules 15-17,80 €.* En plein centre, dans une adorable cour ancienne qui vaut le détour à elle toute seule. Un petit arrêt à la fraîche, en terrasse ou dans le salon, pour déguster un jus, un café, un chocolat à l'ancienne ou un des 50 thés proposés, accompagné d'un *scone*. Le midi, possibilité d'un repas un peu plus conséquent : salade, plat du jour... Café philo le 2e et le dernier mardi du mois, de 19h à 21h. Accueil jeune et motivé. Une adresse qui porte bien son nom.

Où boire un verre ? Où sortir ?

Ville estudiantine, Limoges présente des pubs et bars à tendances variées. Des concerts tournent d'un lieu à l'autre, plus fréquemment hors saison qu'en été. Pour être au courant de tout, se procurer les journaux gratuits disponibles dans les bars et les commerces. Mention spéciale pour le ***quartier de la Cité,*** où quelques établissements organisent en été, les mardi, mercredi et jeudi, des animations musicales en terrasse. Quant à la rue Charles-Michels, devenue piétonne et rebaptisée un peu pompeusement rue de la Soif, on y trouve également quelques adresses sympas...

Brasserie « Bières Michard » *(plan couleur A2,* ***40****) : 8, pl. Denis-Dussoubs. ☎ 05-55-79-37-98. Tlj sf dim-lun 16h-1h (2h l'été).* Une véritable brasserie où l'on peut voir, depuis le comptoir (on apprend en buvant !), les cuves de fermentation et de décantation où sont produites 4 variétés de bière artisanale : blonde, brune, ambrée et blanche de Limoges. Exquises ! Cette brasserie est la dernière à maintenir une tradition de bière limousine (non pasteurisée, ni filtrée, sans agent de CO_2) qui connut son heure de gloire au milieu du XXe s. Pour éponger d'éventuels excès, goûtez les *flammeküche* (maison, elles aussi), à déguster sur l'une des deux terrasses (avant ou arrière). Vente de bière à emporter. Accueil sympa, et atmosphère très festive en soirée.

La Fourmi *(hors plan couleur par D3,* ***41****) : 3, rue de la Font-Pinot. ☎ 05-55-34-54-13. • lafourmi87.net • Passer la Vienne, c'est entre les ponts Martial et Neuf, sur les quais. Jeu-sam (parfois plus si concert exceptionnel) 21h-5h. Prix de l'entrée selon concert.* Suivez le programme mensuel, ça part dans tous les styles, du blues au jungle en passant par le funk, et même du *dirty electro* ! Salle agréable avec mezzanine et fer forgé dans d'anciens entrepôts. Équipe sympa et restauration possible sur place.

Le Duc Étienne *(plan couleur B3,* ***42****) : 19, rue de la Boucherie. ☎ 05-55-32-39-70. Tlj 14h-1h (2h jeu-sam).* Petit bar rock, intimiste. Déco ancienne aux poutres apparentes, et terrasse géniale donnant sur la plus adorable placette de Limoges. L'endroit est vraiment sympa pour faire la causette, d'autant que le patron est fort accueillant.

Au Bout du Monde *(plan couleur C3,* ***46****) : 1, rue Haute-Cité. ☎ 05-55-05-04-56. • auboutdumonde.net • Tlj sf dim-lun hors saison. Ouv 16h-2h avr-oct, 18h-2h hors saison.* Niché sur une adorable placette du quartier de la Cité, ce petit bar cache une cave cosy spécialisée dans la dégustation de bières belges. Belle terrasse extérieure en journée. En face, le pub très classique ***L'Irlandais*** *(• lirlandais87.fr •)* est impeccable pour des soirées plus rock à l'occasion de ses concerts vraiment très sympas.

🍷 ***Le Barouf*** *(plan couleur B3,* ***47****) : 9, rue Charles-Michels. ☎ 05-55-34-14-72. Tlj sf dim-lun et j. fériés, jusqu'à 1h (2h ven-sam). Congés : 2 sem en janv.* Il porte bien son nom, celui-là, car les soirs de week-end, la musique se fait entendre de très loin. Un bar très populaire à Limoges. C'est ici que se retrouvent les étudiants et les jeunes salariés du coin. Du rock plein les oreilles, on déguste toutes sortes de cocktails et amuse-gueules préparés dans la cuisine ouverte sur le bar.

🍷 ***Amicale des Parachutistes Belges*** *(plan couleur B3,* ***48****) : 17, rue Charles-Michels. ☎ 05-55-10-12-39. Tlj sf dim-lun, 18h30-1h (2h ven-sam).* Ici, on boit de la bière belge (principalement) dans la bonne humeur, on écoute du rock et surtout du jazz manouche, perché sur de hauts tabourets. Un lieu décalé qui revendique sa belgitude, particulièrement festif le mercredi soir, jour de livraison des paniers bio.

🍷 ***La Bibliothèque*** *(plan couleur B2,* ***44****) : 7, rue Turgot. ☎ 05-55-11-00-47. Tlj 9h-1h (2h le w-e).* Dans l'ancienne bibliothèque municipale, un beau bâtiment de caractère, les rayonnages de livres et les écrans géants font bon ménage ! Un *sports bar* aussi inhabituel que chaleureux (la cuisine, en revanche, ne tient pas ses promesses).

🍷 ***L'Hydropathe*** *(plan couleur B3,* ***45****) : 42, rue Haute-Vienne. ☎ 05-55-32-97-83. Tlj sf lun, dim et j. fériés jusqu'à 20h.* L'hydropathe est celui à qui l'eau ne convient pas, comme le précise la carte ! Cette cave à vin propose de déguster quelques nectars dans son agréable coin salon ou sur sa terrasse dans la rue piétonne, aux beaux jours. Idéal pour se prélasser le temps d'un apéro... Accueil très cool.

Où acheter de bons produits ?

🧺 ***Marché des halles*** *(plan couleur A-B2-3) : ts les mat.* Un des plus beaux marchés en France ! L'occasion de rapporter (ou de déguster sur place) la fine fleur de la gastronomie limougeaude : langues de mouton fumées, *galetous, burgous...* On ne peut plus typique !

🧺 ***Le Pré Gourmand*** *(plan couleur A2) : 51, rue Adrien-Dubouché. ☎ 05-55-77-19-73. Mar-sam 9h30-12h15, 14h-19h.* Pour se procurer des produits du terroir sélectionnés et concoctés par des producteurs de la région. On trouvera tout autour du porc cul noir, de la châtaigne, des boissons aux myrtilles, gâteaux aux noix ou autres bonbons aux fruits.

🧺 ***Distillerie du Centre et son musée*** *(hors plan couleur par B-C1) : 54, rue de Belfort. ☎ 05-55-77-23-57. ♿ Rue donnant pl. Sadi-Carnot. Tlj sf lun, dim et j. fériés 9h-12h, 14h-18h pour le musée (dernière entrée 1h avt), lun-sam 9h-12h30, 15h-19h pour le magasin. Congés : 10 déc-10 janv.* Un magasin avec plus de 2 000 références de vins et liqueurs, mais surtout une gamme de produits maison allant du Fruitier ou Rascalou au Panazo (pastis limousin) et autres apéros à la châtaigne ou aux fruits des bois. Fier de son label « Entreprise du patrimoine vivant », il reçut en 2010 la médaille d'or au concours agricole de Paris pour son vin de Feste. Sur place également, un petit musée très intéressant qui sert de réserve. On y apprend que la *Distillerie du Centre* existe depuis 1789 et qu'elle est une des dernières dans le pays limougeaud, qui en comptait une cinquantaine en 1900. Conches de macération, quelques vieux alambics, formats de bouteilles anciennes (triple sec, arquebuse). Dégustation sur place. En face, en sortant au rond-point, jeter un œil aux belles halles Carnot en bois.

🧺 ***Chaussures J. M. Weston*** *(hors plan couleur par B-C1) : rue Nicolas-Appert. ☎ 05-55-04-74-00. Au nord de Limoges par la sortie nº 29 de l'A 20. Lun-ven 10h-18h.* Tout le monde connaît la marque, mais qui sait que c'est du 100 % limougeaud ? Pour un mariage en grande pompe ou juste un plaisir égoïste, des chaussures d'exception qu'on ne présente plus et que l'on peut acheter sur place, à la boutique.

Où voir fabriquer et où acheter de la porcelaine et des émaux ?

Limoges, capitale de la porcelaine ! Un arrêt s'impose pour observer la fabrication, acheter un petit service ou un cadeau. On pensera au boulevard Louis-Blanc, en centre-ville, rebaptisé le « boulev'Arts du Feu », mais aussi à ces quelques adresses où sont présentées des pièces déclassées pour cause d'infimes défauts qui les rendent abordables. *Infos sur ● routes-porcelaine-limoges-hautevienne.fr ●*

Lachaniette *(plan couleur B-C3)* **:** *27, bd Louis-Blanc. ☎ 05-55-34-44-15. ● lachaniette.com ● Lun-sam 10h-12h, 14h-19h.* Un magasin de porcelaine à prix cassés en plein centre-ville, voilà qui est bien pratique ! Toutes marques confondues (y compris la leur, *Lachaniette* étant célèbre comme décorateur), on y trouve des piles et rayonnages entiers de second choix et fins de série. De bonnes affaires assurément. Dans la même rue, au n° 2 bis, une autre boutique propose les porcelaines griffées premier choix de la dernière saison. Évidemment, les prix ne sont pas les mêmes !

Maison de l'Émail *(plan couleur C2-3)* **:** *18-20, bd de la Cité. ☎ 05-55-34-37-68. Mar-sam 10h-12h, 14h-19h.* Lieu entièrement consacré à l'émail, une autre grande spécialité limougeaude (lire plus loin la rubrique « À voir. À faire »).

Manufacture Bernardaud *(hors plan couleur par A2)* **:** *27, av. Albert-Thomas. ☎ 05-55-10-55-91. ● bernardaud.fr ● Magasin ouv lun-sam 9h30-18h30. Musée ouv juin-sept, 9h45-11h15, 13h30-16h15 (visite guidée slt, de 1h) ; le reste de l'année, sur rdv. Entrée : 4,50 € ; gratuit moins de 12 ans.* La très célèbre maison Bernardaud dispose d'un magasin d'usine où il n'est pas difficile de faire de bonnes affaires, ainsi que d'un intéressant musée. Installé dans les anciens ateliers de la manufacture, le circuit explique les différentes étapes de sa fabrication. Il nous conduit notamment dans le séchoir, qui fut le premier à fonctionner au gaz de Lacq. À noter, par la même occasion, une impressionnante galerie de porcelaines avant cuisson, également face au « four-tunnel ». Origine du kaolin, déroulement de la fabrication, stockage, etc., vous serez incollable sur le sujet... et même mieux, vous pourrez mettre la main à la pâte grâce aux ateliers émaillage (durant le parcours). La visite se termine par la présentation des pièces réalisées par des artistes tels que Tinguely ou César et commandées par de grands restaurateurs. Côté magasin d'usine, vases, sucriers, théières, soupières, saucières, assiettes n'attendent que vous... De première catégorie, ils présentent des prix défiant toute concurrence. Ces pièces ont, en fait, des défauts d'aspect, qui pour beaucoup restent pratiquement invisibles. Alors, on ouvre l'œil, et le bon, car il y a de bonnes affaires à réaliser. Dans la cour, une belle terrasse, idéale pour la période estivale, ainsi que la boutique officielle proposant les articles premier choix... à des tarifs en rapport.

Également un magasin d'usine, dans le même secteur, chez ***Raynaud*** *(hors plan couleur par A2) : 14, ancienne route d'Aixe. ☎ 05-55-01-77-65. Lun-sam 9h-12h, 14h-18h (en été 9h30-18h30).* Le magasin de l'une des plus anciennes fabriques de Limoges (fondée en 1849). Sinon, les habitués de la ***maison Deshoulières,*** connue depuis 1826, ne manqueront pas son magasin d'usine situé au n° 77 bis, rue Armand-Dutreix *(hors plan couleur par A2),* qui organise 1 à 2 fois par an des braderies très avantageuses : *☎ 05-55-50-33-43. Lun-sam 9h30-12h30, 13h30-18h30.*

Manufacture Royal-Limoges *(plan couleur D2)* **:** *28, rue Donzelot. ☎ 05-55-33-27-30. ● royal-limoges.fr ● Sur les berges de la Vienne, face au port du Naveix. Magasin d'usine ouv lun-sam 10h-18h. Visite des ateliers lun-ven sur résa. Tarif : 6 € ; réduc.* À nouveau une manufacture à visiter, mais celle-ci, la plus ancienne de Limoges (1798), est encore familiale et la dernière à fabriquer en ville. Mémoire du métier, on suit les ateliers conservés en l'état depuis plus de 200 ans, ainsi que l'évolution des machines, des fours et des techniques. Cuisson, séchage, polissage, émaillage, on assiste à toutes les étapes. Attention à la poussière ! Et sachez qu'aujourd'hui le kaolin ne provient plus du Limousin, mais de Bretagne, gros fournisseur. Le four peut aussi se visiter seul (lire plus loin la rubrique « À voir. À faire »).

Pavillon de la Porcelaine – Musée Haviland *(hors plan couleur par D3) :* *Z.I. Magré, av. du Président-Kennedy.* ☎ *05-55-30-21-86.* • *haviland.fr* • *Près du golf. Sept-juin, lun-sam 10h-13h, 14h-18h30 ; juil-août, tlj 10h-18h30. Entrée libre.* La prestigieuse maison, première société américaine à s'implanter en France, possède sa boutique et un petit musée gratuit retraçant l'épopée de la famille en terre limousine. Agréable scénographie avec de nombreux services anciens présentés, dont un imposant Tulipier, l'assiette de l'indépendance des États-Unis, l'habit de maître porcelainier, ainsi que des séries conçues par d'illustres artistes (Cocteau, Dalí, Kandinsky...) pour de tout aussi illustres clients, dont les présidents des États-Unis... Même Hillary (Clinton) a eu son assiette ! Au *pavillon de la Porcelaine,* second choix et prix d'usine.

Médard de Noblat *(hors plan couleur par D1) :* *Z.I. de Boisseuil, 87110* ***Le Vigen.*** ☎ *05-55-06-93-51. Accès par l'A 20 (sortie n° 37). Lun-sam 10h-12h30, 14h30-19h (tlj en continu juil-août et déc). Entrée libre.* Bel espace consacré aux grès, faïences, porcelaines et aux arts de la table en général. À la boutique, premier et second choix à prix d'usine. La marque, reprise récemment par des Néerlandais, existe depuis 1836. Un musée, largement consacré à la création contemporaine, propose de découvrir une vingtaine de designers : des pièces uniques, monumentales, et des objets de décoration mettant en valeur l'originalité et l'innovation de la porcelaine. Également une projection sur les étapes de fabrication de la porcelaine.

Maison de la Porcelaine *(hors plan couleur par D3) :* *14, av. du Président-Wilson, 87700* ***Aixe-sur-Vienne.*** ☎ *05-55-70-14-68.* • *maisonporcelaine.com* • *À 11 km de Limoges, route de Châlus-Périgueux. Lun-sam 10h-13h, 14h-19h (en continu juil-août) ; avr-sept et déc, également dim 10h-13h, 15h-19h.* Un autre magasin d'usine avec visite gratuite toute l'année de la manufacture (sauf le week-end) : 1 000 m², 100 000 articles en stock, la « mecque » dans le domaine.

Ali Babeth et les 40 Couleurs *(plan couleur B3) :* *18, rue de la Boucherie.* ☎ *05-55-11-98-80.* • *alibabeth.com* • *Mar-sam 10h-12h30, 14h-19h.* Une jolie boutique en centre-ville, témoin du dynamisme en matière de création porcelainière. Des coffrets naissance, ensembles déjeuner, services de vaisselle et divers coffrets-cadeau peints selon des motifs originaux, pour certains très poétiques, ou des reproductions (le thème Bécassine est adorable). Décors personnalisés sur demande. Également des modèles de bijoux modulables faits main : une bague se transforme en pendentif.

À voir. À faire

Dans le quartier de la Cité

La cathédrale Saint-Étienne *(plan couleur C-D3) :* *lun-sam 9h-18h (17h nov-mars), dim 14h-18h.*

Long et haut vaisseau de granit ciselé, la cathédrale Saint-Étienne compte parmi les chefs-d'œuvre de l'art gothique. Élevée sur de précédents édifices, une basilique primitive sans doute, puis une cathédrale romane dont il ne subsiste que quelques éléments (les étages inférieurs du clocher, malheureusement enveloppés par la suite d'une maçonnerie massive, et une crypte non ouverte au public), elle fut bâtie de 1273 à 1888, en quatre campagnes bien distinctes. Elle présente

cependant une étonnante unité de style, une harmonie que rien ne gâche et qu'on peut attribuer au génie d'un certain Jean Deschamps, initiateur de la première campagne et qui introduisit le gothique au sud de la Loire, s'inspirant des cathédrales d'Amiens, de Chartres ou de Saint-Denis.
De style flamboyant, le portail Saint-Jean se dresse magnifiquement, svelte et d'une grande richesse décorative. À l'intérieur, passé le porche et le vaste narthex, on découvre une nef étroite, élancée, lumineuse. Soutenue par de sobres faisceaux de colonnettes, la voûte paraît toucher le ciel, pour de bon ! On se retourne pour observer le jubé Renaissance extrêmement travaillé : colonnes et pilastres ornés de nymphes, de satyres et de dieux païens, soubassement présentant les travaux d'Hercule. Pas très catholique, tout ça. Dans le chœur, au long du déambulatoire rythmé de chapelles rayonnantes, tombeaux de Raynaud de La Porte et de Bernard Brun, gisant entre les anges, les saints, la Vierge couronnée et le Christ en Croix, soit en bonne compagnie.
À noter, à gauche du chœur, sous une arcade de l'abside, le tombeau de Jean de Langeac, ambassadeur de France auprès de divers pays d'Europe, plus riche prélat du début du XVIe s et missionné par le roi pour accompagner Madeleine de France (fille de François Ier) jusqu'en Écosse pour son mariage avec Jacques V. Il est à l'origine de l'édification du jubé actuel et fit construire un palais épiscopal en 1537 à Limoges, qui fut détruit en 1766. Rome aurait pu être à Limoges...
Enfin, ne pas manquer la chapelle de la Vierge, à gauche du chœur, décorée en 1859 de panneaux à meneaux figurés et de vitraux du maître verrier Thévenot, elle héberge une Vierge contemporaine en émail noir, *Notre-Dame de la pleine Lumière,* réalisée par l'artiste émailleuse Léa Sham's en 2009.

🍴 ***Les souterrains de l'abbaye de la Règle :*** *visites guidées limitées à 19 pers, sur résa auprès de l'office de tourisme, tlj en juil-août (voir le calendrier des visites pour le reste de l'année). Compter 30 mn de visite. Tarif : 3-5 €.* Rasée en 1966 pour faire place à des locaux préfabriqués (ce monde est fou !), il ne reste rien de la prestigieuse abbaye de la Règle bâtie aux XIIIe et XIVe s. Non, il n'en reste rien sauf les souterrains, dont nous vous recommandons la visite. On y découvre une Limoges insoupçonnée, souterraine donc, et mystérieuse. On dit même que le fantôme de Valérie, celle qui fut décapitée par son mari le duc Étienne (voir leurs tombeaux dans la crypte Saint-Martial), errerait dans les couloirs. On ne l'a pas vu...

Le musée des Beaux-Arts de Limoges – Palais de l'Évêché *(plan couleur C-D3) : 1, pl. de l'Évêché. ☎ 05-55-45-98-10. • museebal.fr • ♿ Avr-sept, tlj sf mar 10h-18h ; oct-mars, tlj sf mar et dim mat 10h-12h, 14h-17h. Fermé 1er janv, 1er mai, 1er et 11 nov, et 25 déc. Accès gratuit aux collections permanentes. Expos temporaires et activités culturelles : visites commentées, ateliers pour enfants. Se renseigner.*
Un incontournable. Car le musée des Beaux-Arts de Limoges (ou BAL pour les intimes !) a acquis une nouvelle stature depuis la restructuration totale du site. L'ancien palais épiscopal du XVIIIe s est désormais accessible par une galerie souterraine contemporaine et profite d'une muséographie moderne qui met en valeur ses riches collections. La plus fascinante, et de loin la plus renommée, est consacrée à l'***émail.*** Elle rassemble plus de 600 pièces allant des émaux champlevés limousins du XIIe s aux œuvres contemporaines de tous pays. Si les célèbres émaux peints de la Renaissance représentent l'une des plus riches collections au monde, on s'attarde avec plaisir devant les créations Art nouveau et Art déco, hautes en couleur. Superbe ! Mais ce vaste musée réparti sur trois niveaux traite d'autres sujets dignes d'intérêt :
– les ***beaux-arts,*** où l'on peut admirer des œuvres de la Renaissance jusqu'au XXe s (dont les *Béatitudes,* étonnante série de Maurice Denis), et plus particulièrement celles d'artistes limougeauds ou attachés à la région (Renoir, Guillaumin, Valadon, Berthe Morisot...) ;

– les ***antiquités égyptiennes,*** avec notamment un sarcophage, des vases canopes, et une rare série de modèles du Moyen Empire (des figurines reproduisant différentes actions supposées servir le défunt dans l'au-delà) ;
– la section ***archéologie*** et ***histoire*** de Limoges retrace, de manière pédagogique et vivante, 2 000 ans d'histoire de la ville depuis la naissance d'Augustoritum jusqu'à l'essor de la cité porcelainière, à travers des maquettes, des vestiges archéologiques, des mosaïques, des collections lapidaires, etc.

Le musée de la Résistance *(plan couleur C2)* **:** *7, rue Neuve-Saint-Étienne. ☎ 05-55-45-84-44. De mi-juin au 15 sept, tlj sf mar 10h-18h ; le reste de l'année, tlj sf mar 9h30 (13h30 dim)-17h. Fermé 1er janv, 1er mai et vac scol de Noël. GRATUIT. Audioguide : 2 €. Visite guidée (5 €) en principe à 15h.*
La capitale du maquis ne pouvait se contenter d'un musée de second ordre. Avec une superficie de 1 400 m² et une muséographie sobre, moderne et interactive, digne mais pas austère, ce lieu de mémoire émouvant rend hommage, avec la manière, aux héros de la Résistance.
La première partie s'intéresse comme de juste au contexte historique, présente les protagonistes en insistant plus spécifiquement sur la montée du nazisme, et s'attarde sur l'entrée en guerre de la France et sa défaite qui provoque un afflux de réfugiés en terre limousine. Parallèlement à la mise en place de l'État vichyste, on assiste aux balbutiements de la Résistance en Haute-Vienne : photos, documents et toutes sortes d'objets témoignent de la fragilité des réseaux à cette période (faux tampons pour faux papiers, imprimeries clandestines, etc.). À partir de novembre 1942 et l'occupation de la zone libre par les troupes allemandes, les exactions s'intensifient à l'encontre de la population (la Haute-Vienne compte 74 Justes, titre décerné par le mémorial de Yad Vashem à ceux qui ont sauvé des Juifs pendant la guerre) et la Résistance accroît son action.
Dans les différentes sections du 2e étage, collections d'équipements parachutés par les Alliés, matériel de sabotage, armes (dont l'incontournable *Sten* du maquisard !), et même un avion italien des plus rare (le *Reggiane 2002*), ou une maquette de la fameuse bataille du mont Gargan livrée en juillet 1944. Honneur par conséquent à Georges Guingouin, combattant de la première heure et qui finit sa carrière comme colonel à la tête d'une armée de plus de 7 000 hommes, en juillet 1944, avant de devenir maire de Limoges. Parmi ses camarades, le fameux Raymond Nard, « roi des saboteurs » ; photos de ses exploits : ponts et trains explosés, du travail bien fait. Honneur aussi aux femmes, très actives dans les mouvements de résistance limousine. On termine par la libération de Limoges, sans effusion de sang, avant d'aborder rapidement mais sans équivoque le douloureux chapitre de la Déportation. Un témoignage poignant d'une période qu'il ne faut pas oublier. Également des expos temporaires au sous-sol (payantes).

PETITS ARRANGEMENTS HISTORIQUES SUR GRAND ÉCRAN

Le célèbre pistolet mitrailleur anglais Sten *avait les faveurs de la Résistance en raison de sa simplicité de maniement. Mais, n'en déplaise au cinéma qui véhicule largement cette image pittoresque, les combattants ne le tenaient pas par le chargeur latéral... sous peine d'enrayer l'arme !*

Les jardins de l'Évêché *(plan couleur C-D3)* **:** surplombant la Vienne et joliment aménagé en terrasses, le jardin botanique offre une détente agréable entre essences japonaises, bégonias et roses trémières, fontaine et belvédère. Derrière le palais épiscopal, autre jardin le prolongeant, à la française celui-là. En saison, magnifiques expositions temporaires et visite en compagnie d'un guide de l'office de tourisme. Très agréable.

La cité des Métiers et des Arts, musée des Compagnons et des Meilleurs Ouvriers de France *(plan couleur D3) :* *5, rue de la Règle. ☎ 05-55-32-57-84 ou 05-55-33-86-86. • cma-limoges.com • ♿ Entrée par la partie basse des jardins de l'Évêché. De mai à mi-juin, mer, w-e et j. fériés 15h-19h ; de mi-juin à mi-sept, tlj 15h-19h30 ; 2de quinzaine de sept, w-e 15h-19h. Sur résa le reste de l'année (au ☎ 05-55-33-86-86). Entrée : 4 € ; réduc ; gratuit moins de 12 ans.*
La Maison des Compagnons de Limoges est l'une des plus importantes de France. C'est pourquoi ils ont créé ce petit musée, installé dans l'ancien réfectoire du séminaire diocésain (XIXe s), site de l'abbaye de la Règle. Bien sûr, les importants travaux de réfection ont été menés par les compagnons eux-mêmes. Le musée est donc à lui seul la vitrine d'un savoir-faire impressionnant. Plus de 75 chefs-d'œuvre y sont exposés, certains à demeure, d'autres par roulement. Démonstration d'une technique maîtrisée, ils sont souvent splendides, et toujours hallucinants, comme cette réplique « à l'identique » (échelle 1/7) du clocher à flèche torse de l'église de Rochechouart. Tout aussi prodigieux, le « Delga », un incroyable clocher de charpente, datant de 1893, ou encore cet improbable support contemporain de globe terrestre, qui ne nécessita pas moins de 1 800 h de travail ! À l'étage, vous pourrez suivre le parcours classique d'un apprenti tout au long de son Tour de France, jusqu'à ce qu'il soit reçu comme compagnon avec tous les attributs de sa nouvelle fonction. Pour les enfants, un itinéraire ludique leur permet de découvrir le musée grâce à l'usage de leurs cinq sens.
Cet endroit est aussi un outil de promotion qui sensibilisera le grand public à un niveau de qualité rare de nos jours et, pourquoi pas, fera naître quelques vocations. Également des ateliers pour enfants, expos temporaires et conférences dans les belles salles voûtées du sous-sol.

La Maison de l'émail *(plan couleur C3) :* *18-20, bd de la Cité. ☎ 05-55-34-37-68. Mar-sam 10h-12h, 14h-19h. GRATUIT.* Cet espace de présentation et de promotion très dynamique regroupe une belle galerie (expo-vente d'artistes principalement locaux), une petite section informative bien conçue (quelques panneaux et un film détaillent les techniques de l'émail, un savoir-faire unique qui va du champlevé au cloisonné), ainsi qu'un atelier ouvert à tous à partir de 7 ans pour des stages de découverte et d'initiation. Très intéressant.

➢ De la Cité aux rives de la Vienne, belle ***balade dans le quartier de l'Abbessaille*** *(plan couleur D2-3),* où l'on remarque quelques maisons à colombages en forme de croix de Saint-André, typiquement limougeaudes.
Halte au 6, rue du Pont-Saint-Étienne, pour découvrir la maison natale de Jean-Baptiste Jourdan, maréchal de France et vainqueur de la bataille de Fleurus (1794). En bas de cette rue, la mignonne *rue Rajat* d'un côté et de l'autre, l'entrée du *pont Saint-Étienne,* du XIIIe s, sur le chemin de Compostelle. De là, on peut longer la Vienne, sur ses deux rives, par une agréable promenade aménagée de verdure et de saules pleureurs. On croisera des « Ponticauds », nom donné aux habitants des bords de Vienne, avant de rejoindre le *pont Saint-Martial,* le plus ancien de la ville, en aval. Là, on a bien mérité de se reposer sur un banc ou sur la pelouse.

Dans le quartier du Château

Le musée de la Porcelaine Adrien-Dubouché, Cité de la céramique *(plan couleur A2) :* *pl. Winston-Churchill. ☎ 05-55-33-08-50. • musee-adriendubouche.fr • ♿ Tlj sf mar 10h-12h30, 14h-17h45. Fermé 1er janv et 25 déc. Compter env 1h30 de visite avec la vidéo sur la fabrication (que nous recommandons vivement). Entrée : 4,50 € ; réduc ; gratuit moins de 26 ans et pour ts chaque 1er dim du mois. Jeu de piste pour les juniors, adapté à chaque âge (avec gains à la sortie !). Le musée organise également des expos temporaires et des stages* *de peinture sur porcelaine pour adultes et pour jeunes. Programme des activités disponible à l'accueil.*

La grande cité porcelainière s'est dotée d'un musée à la mesure de sa longue et riche histoire. De longs travaux ont permis de doubler la surface d'exposition, en construisant une nouvelle aile contemporaine pour relier le bâtiment d'origine, une élégante bâtisse 1900, à l'ancienne école des arts décoratifs voisine. Le résultat est impressionnant, et les nouveaux aménagements permettent à ce beau musée – du nom de son principal fondateur, directeur et mécène – de présenter les quatre familles de céramiques : poterie, faïence, grès et porcelaine, dont le point commun est l'argile, de qualité variable, parfois émaillée, vitrifiée ou mêlée à certains minéraux, et cuite à différentes températures, ces paramètres définissant les quatre familles. Quelle alchimie ! L'intérêt du support, la céramique, travaillée de tout temps et sur tous les continents, est d'offrir un large point de vue sur les arts plastiques, les formes, motifs et styles variant selon l'époque et la provenance.

Elle est ici présentée depuis les poteries grecque, étrusque ou péruvienne (VIIe s av. J.-C.) jusqu'aux porcelaines contemporaines, dont celle en grain de riz « Pouyat », présentée en 1878 à l'Exposition universelle. Porcelaines chinoises du XIVe s, faïences de la Renaissance italienne ou kabyle, rustiques figulines aux coloris vifs de Bernard Palissy, statuettes rococo de Meissen (Saxe) ou coupelles Arts déco... La revue est complète (environ 16 000 pièces) et l'aménagement des galeries, spacieuses et claires, ajoute à l'agrément de la visite. Une visite incontournable pour qui aime l'histoire de cet art du feu.

DE L'EMPIRE DU MILIEU AU CENTRE DE LA FRANCE...

La grande famille des céramiques regroupe la terre cuite, la faïence, le grès et la porcelaine. Celle-ci fut ramenée de Chine par Marco Polo... Fine et translucide, la technique en était inconnue en Occident et on l'importait à grands frais. Il fallut attendre 1709 et la découverte en Saxe du premier gisement de kaolin pour que soit percé le secret de la porcelaine... et 1765, date de la découverte d'un gisement à Saint-Yrieix, pour que naisse la porcelaine de Limoges...

L'église Saint-Michel-des-Lions *(plan couleur A-B2)* **:** bâtie du XIVe au XVIe s, de style gothique. Monumentale et typique avec son haut clocher limousin culminant à 68 m et surmonté d'une curieuse boule de cuivre ajourée. On remarquera ses fines colonnes curieusement inclinées (on se demande comment ça tient) et sa Vierge à l'Enfant sur le portail nord (XVe s). À voir : les magnifiques verrières du XVe s, ainsi que le buste et la châsse-reliquaire de sainte Valérie et saint Martial, dont les reliques étaient conservées jusqu'en 1791 en l'abbaye Saint-Martial (voir plus bas le texte sur la crypte Saint-Martial), et qui vécurent au VIIe s une belle histoire d'amour, amour platonique s'entend. Voici l'affaire : initiée aux mystères divins par Martial, Valérie, fiancée contre son gré au duc Étienne, païen féroce, refusa d'abjurer sa foi et son vœu de virginité. Étienne, comme de juste, la fit décapiter. Pas déboussolée pour si peu, Valérie ramassa sa tête, la prit sous son bras et alla trouver Martial pour la lui offrir avant de rendre l'âme. C'est ce qu'on appelle une céphalophorie ambulante (phénomène rarement observé mais vraiment phénoménal !). Vivement impressionné, et on le comprend, Étienne se convertit sur-le-champ. Ainsi dit la légende.

La place de la République *(plan couleur B2)* **:** pendant près de 1 000 ans, elle abrita une grande abbaye de près de 100 m de long (Saint-Martial, en l'honneur du premier évêque de Limoges qui vécut ici au IIIe s) à laquelle étaient adossées deux églises (Saint-Sauveur et Saint-Pierre-Saint-Benoît). L'abbatiale dépendait directement de Cluny et connaissait une vie spirituelle intense par sa position sur le chemin de Saint-Jacques-de-Compostelle, depuis Vézelay. C'est ce qui est représenté au sol, tout près de l'entrée de la crypte Saint-Martial, sur une mosaïque. Florissante jusqu'au XIIe s, il n'en reste plus rien aujourd'hui, à l'exception de la crypte (voir plus bas). En déclin, l'ensemble abbatial servit de carrière de pierre, puis fut totalement rasé après la Révolution. Au XIXe s, la place subit de nombreuses transformations, jusqu'au milieu du XXe s. Des magasins, des auberges, un théâtre, un cinéma constituaient un bel ensemble culturel et en faisaient un lieu de sortie des Limougeauds. Reste que si la place a aujourd'hui perdu de son cachet, elle demeure le témoin essentiel des mutations architecturales liées à l'explosion industrielle (chaussure, textile, porcelaine) et démographique. Dans les années 1960, il fallut construire vite et moderne.

La crypte Saint-Martial *(plan couleur B2)* **:** *pl. de la République. Accès par un petit escalier peu engageant (mais allez-y, l'exploration vaut le détour !). Visite guidée slt, tte l'année pdt les vac scol, sur résa auprès de l'office de tourisme (env 1h et 5 € ; réduc).*
Redécouverte en 1956, lors de la construction du parking souterrain, la crypte renferme dans une première salle les grands sarcophages (2,80 m de long) où reposeraient Martial, saint de la ville, et deux de ses compagnons. Notons que Martial a son sarcophage perso tandis que ses amis, saint Alpinien et saint Austriclinien, doivent se partager l'autre ; plus loin, troisième sarcophage plus énorme encore et de granit brut, dit de Tève-le-Duc, gouverneur romain, du IVe s. À gauche en entrant, on peut voir le sarcophage supposé de Valérie, celle qui fut décapitée par son époux le duc Étienne (voir l'imposant tombeau à côté) pour avoir renoncé à sa vie d'épouse et épousé, dans le sens spirituel du terme, entendons-nous, la cause religieuse de saint Martial.
Mais ce n'est pas tout : en poursuivant les fouilles, qui durèrent 10 ans, on découvrit une autre salle, attenante et vaste, soubassement des églises disparues Saint-Pierre et Saint-Benoît, dont on reconnaît distinctement les chœurs. Bâties sur des ruines gallo-romaines et à l'emplacement d'un cimetière paléochrétien, on y voit maintenant de nombreuses sépultures : simples dalles sans âge et sarcophages mérovingiens et médiévaux. Voisinant avec ces deux églises, l'église Saint-Sauveur (IXe-XIe s) était proprement gigantesque (102 m de long), mais il n'en reste absolument rien. Rappelons qu'elle fut à l'origine de la création du Château, du développement artisanal et commercial de Limoges, de la musique polyphonique, et qu'elle possédait la deuxième plus importante bibliothèque du royaume, après Cluny. De nombreux pèlerinages s'y déroulaient.

La chapelle Saint-Aurélien *(plan couleur B3)* **:** mignonnette chapelle vieille de cinq siècles, au clocher en bois de châtaignier, dédiée au saint patron des bouchers et seule église de corporation en France. Elle appartient à la confrérie des bouchers de Limoges, ce qui lui évita d'être pillée à la Révolution. À droite de l'entrée, à l'extérieur, étrange et haute croix monolithique du XIVe s, et à l'intérieur, la Vierge avec sa mère et le « petit » dévorant des rognons, symbole de force... et d'indépendance. Curieux vitrail zénithal, flopée d'ex-voto et myriade de cierges, atmosphère envoûtante. La chapelle accueille tous les ans, mi-octobre, les dames bouchères et la frairie des « Petits Ventres », nom qui désigne une spécialité tripière de la rue, mais aussi les madones du quartier. Cela ramène du monde : ambiance garantie, avec victuailles !

La Maison de la boucherie *(plan couleur B3)* **:** *36, rue de la Boucherie. Juil-sept, tlj 10h-13h, 14h30-19h. GRATUIT (visite commentée de 1h).* L'occasion de traverser cette rue ancienne aux belles maisons médiévales à colombages et d'en visiter une. Boutique avec étal, doubles crocs et dents-de-loup extérieurs pour accrocher la viande, vieux billot en hêtre pour la trancher et arrière-boutique où étaient menés et abattus les bestiaux. Rigole où s'écoulait le sang. Dans les étages, pièces à vivre et grenier à claire-voie pour le séchage des peaux. Intéressant. On en apprend aussi sur l'opulente corporation des bouchers limougeauds, composée en fait de cinq ou six familles, où l'on se mariait entre soi, l'argent appelant l'argent... ou la viande la viande, comme on voudra.

Les halles centrales *(plan couleur A-B2-3)* **:** construites en 1888 et récemment restaurées. Bel exemple de halles façon Baltard et d'inspiration Eiffel, à la structure métallique et aux verrières vastes, quotidiennement animées par le marché qui s'y tient. Admirez la frise en porcelaine (328 panneaux !), représentant les produits régionaux du marché, et le travail de ferronnerie. Et s'il vous plaît, une fois à l'intérieur, allez goûter les *galetous* de Mme Jeandard, ces grosses crêpes épaisses au sarrasin, cuites à la braise, qu'on mange salées. Des halles avec une âme !

L'église Saint-Pierre-du-Queyroix *(plan couleur B-C2)* **:** remarquable clocher limousin, type (XIIIe s) et dimensions peu communs, voûte très large, piliers herculéens. À voir aussi, l'expressif christ en bois du XIVe s. Beau retable orné de peintures, collection de reliquaires et ensemble de vitraux du XVIe s ; le vitrail du chœur a été réalisé au XIXe s d'après un carton de Gustave Doré.

Le pavillon du Verdurier *(plan couleur B2)* **:** *pl. Saint-Pierre. Ouv slt pour les expos temporaires (fréquentes). GRATUIT.* Encore un bel édifice, et unique au monde puisqu'il s'agit d'un énorme frigo, mais le plus beau qui soit, de style Arts déco. Comme la gare des Bénédictins, d'ailleurs dessinée par le même architecte, Roger Gonthier. Conçu à la fin de la Première Guerre mondiale pour conserver de la viande congelée (l'approvisionnement étant devenu difficile) et servir de marché, il est aujourd'hui ouvert au public. Expos temporaires et, au sous-sol, vitraux début XXe s, de Francis Chigot, artiste limougeaud de renom, qui réalisa, entre autres, les vitraux de la cathédrale de Montréal ainsi que d'autres aux États-Unis et à Haïti. Les détracteurs de cette architecture lui donnèrent longtemps le surnom de « bonnet du Tibet ».

L'hôtel de ville *(plan couleur B3)* **:** *pl. Léon-Bétoulle.* Inaugurée en 1883, cette petite copie de son aîné parisien avait pour vocation, dans sa réalisation, de mettre en avant des artistes limougeauds. Au bout du compte, seul le sculpteur Thabard répondait à ce critère, les autres étant originaires de Paris. On se rattrapa en plaçant quatre personnalités de la ville en façade : l'émailleur Limosin, le chancelier d'Aguesseau, le révolutionnaire Vergniaud et le maréchal Jourdan.

D'autres curiosités attendent le promeneur égaré dans le quartier du Château. Des halles, on pourra emprunter la pittoresque ***rue de la Boucherie*** *(plan couleur B3)*, où l'on comptait au XIIIe s jusqu'à 50 étals de bouchers (et quelques bourreaux, les uns et les autres vivant du sang de leurs victimes !), aujourd'hui truffée de restos, et déambuler dans les ruelles environnantes, ***rue Jauvion, rue Chaignaud,*** tortueuses et étroites, à antiques maisons à colombages, ou encore ***place de la Barreyrette,*** avec sa borne qui délimitait la zone de pouvoir de l'abbaye Saint-Martial. Les ***places des Bancs*** *(plan couleur B3)*, ***du Présidial*** et ***Fontaine-des-Barres*** *(plan couleur A-B2)* ont conservé leur cachet d'antan. Le secteur de la ***rue Jean-Jaurès*** *(plan couleur B2-3)*, artère commerçante centrale, ainsi que les ***boulevards Victor-Hugo*** et ***Gambetta*** *(plan couleur A-B2-3)*, où naquit Renoir (au no 71), offrent de belles façades datant du XVIIIe s aux années 1930.
La partie est, avec le quartier de la République, présente moins d'intérêt. On s'arrêtera toutefois sur la ***façade du lycée Gay-Lussac*** *(plan couleur B-C2)*, rue du Collège, et son portail sculpté. N'oublions pas l'harmonieuse ***place Denis-Dussoubs*** *(plan couleur A2)*, circulaire et homogène avec ses immeubles bourgeois du XVIIIe s, comme dans la ***rue du Temple*** *(plan couleur B2)* avec l'hôtel Muret (au no 11) et sa discrète et superbe cour à l'ensemble d'immeubles élevés sur trois niveaux, avec colombages et colonage. Tenez, la ***rue des Combes*** y aboutit, et vous serez content d'apprendre que le jeune Gainsbourg y séjourna durant l'Occupation.

Et encore...

➢ **Le petit train :** *☎ 05-55-34-46-87. Départs avr-nov (de l'office de tourisme) : en été, tlj à 11h30, 14h30, 16h et 17h30, avec une nocturne à 22h jeu-sam ;*

juin et sept, tlj à 15h et 16h30 ; hors saison, se renseigner. Se présenter au moins 15 mn avt le départ. Tarif : 5,70 € ; réduc. Sans doute l'un des meilleurs moyens pour découvrir la ville plaisamment. Car le petit train ici n'est pas barbant. Il file et vous emporte aux quatre coins de la ville, avec ses intéressants commentaires et ses anecdotes divertissantes.

☆☆☆ ***La gare des Bénédictins*** *(plan couleur D1)* **:** à juste titre l'un des monuments les plus célèbres de Limoges et dont les habitants sont le plus fiers. Construite dans les années 1920 par l'architecte Roger Gonthier, décriée à l'époque, elle est un modèle d'Art déco fort original, avec son grand dôme de cuivre classé et son campanile dressé, tel un minaret (on le compare à celui de la gare d'Oran), à la gloire du progrès. On lui trouve même quelque ressemblance avec *Sainte-Sophie* à Istanbul, bien que rien ne prouve que l'architecte s'en soit inspiré. À l'intérieur, abstraction faite de son look de gare SNCF, on appréciera les verrières et les sculptures. Levez les yeux et détaillez notamment les statues ornant la salle des pas perdus, avec ses jolies filles nues, de face, de profil et même de dos (allégories du Limousin, de la Gascogne, de la Bretagne et de la Touraine). Elle a été restaurée à l'identique à la suite du grand incendie de 1998 qui l'avait fort endommagée.

☆ ***Le cimetière Louyat*** *(hors plan couleur par A-B1)* **:** Patrice Chéreau l'a longuement filmé dans son film *Ceux qui m'aiment prendront le train* et il a pour surnom le « cimetière de porcelaine ». Effectivement, unique en Europe, un art funéraire autour des plaques de porcelaine s'est développé ici, ce qui lui donne un certain cachet et rend le lieu moins triste. Allez Louyat ! Autre particularité, on y trouve un cimetière allemand, datant des deux guerres mondiales.

☆☆ ***Le musée du Four à porcelaine des Casseaux*** *(hors plan couleur par D2)* **:** *28, rue Donzelot, sur les berges de la Vienne. ☎ 05-55-33-28-74. • museedescasseaux.com • Sur le site porcelainier de Royal-Limoges (voir un peu plus loin). Accès par la rue du port du Naveix. Tlj sf dim et j. fériés 10h-17h30. Entrée : 4 € (visite libre du four) ; gratuit moins de 12 ans. Visite guidée possible du four mai-sept mer, ven et sam à 15h : 6 €. Sinon, sur résa, visite guidée de l'usine : 6 €.* Pour les passionnés de porcelaine, cette visite s'impose en complément de tout le reste. C'est la plus ancienne manufacture de Limoges, connue notamment pour ses barbots (motifs de bleuets) et ses pièces de style Art déco. On découvre, après avoir visionné une petite vidéo de présentation, un impressionnant four rond de 20 m de haut, classé Monument historique en 1987, qui pouvait cuire jusqu'à 10 000 pièces à la fois à deux températures différentes, et ce jusqu'en 1960. Au début du XXe s, 135 fours de ce type fonctionnaient à Limoges. À voir également, une presse de coulage du début du XXe s, une « bête à corne » (une presse lithographique), ou encore la façade des fours à moufles de la maison Pastaud, remontée à l'identique. Pour ceux qui ont le temps, la visite assez technique des ateliers de fabrication vaut le coup, car elle permet de bien comprendre la vie des ouvriers porcelainiers et les différentes étapes de fabrication (moulage, émaillage...) : voir plus haut « Où voir fabriquer et où acheter de la porcelaine et des émaux ? Manufacture Royal-Limoges ».

☆☆ ***L'aquarium*** *(plan couleur B3)* **:** *2, bd Gambetta (en face de l'hôtel de ville). ☎ 05-55-33-42-11. • aquariumdulimousin.com • Tlj 10h30-18h30 (fermeture de la caisse à 18h). Congés : 1er janv et 25 déc. Un conseil : faire la visite à l'heure de nourrissage (généralement autour de 15h30) qui est suivi d'un atelier tactile (oui, oui, on peut caresser les poissons !). Une visite des coulisses est proposée à 16h pour 2 € de plus. Entrée : 8,50 € ; 5 € pour les 3-12 ans ; sur présentation de ce guide, adulte 6,50 €. À noter : 1h de parking remboursée (valable pour ts les parkings Vinci de la ville).* Situé dans les anciens réservoirs d'eau de la ville, cet aquarium de taille relativement modeste, mais très intéressant et joliment réagencé récemment, se découvre par continents. Plusieurs espèces rares, piranhas, axolotl, poissons aveugles, silures glanes, tortues... et de magnifiques rascasses

LIMOGES ET SES ENVIRONS

volantes, ainsi qu'une impressionnante murène léopard, à saluer de notre part. Voyez encore le voluptueux ballet des méduses, la ronde des requins à pointe noire, les poissons électriques allumant des spots par un ingénieux système de captage de courant, ou assistez au saut des carpes koï. Plus inattendu encore : le petit bassin encastré dans le sol qui permet d'observer les turbots au plus près ! 300 espèces en tout, soit 2 500 spécimens d'Europe et d'ailleurs, d'eau douce ou de récifs coralliens. Dirigé par une équipe passionnée bien sympathique.

La BFM, Bibliothèque francophone multimédia *(hors plan couleur par B3)* **:** *2, pl. Aimé-Césaire. ☎ 05-55-45-96-00. • bm-limoges.fr • ♿ Lun 14h-18h (slt retour documents et consultation périodiques), mar et jeu-ven 13h-19h, mer 10h-19h, sam 10h-18h. GRATUIT.*
La BFM est l'un des espaces culturels les plus en vogue à Limoges. Créée en 1998 par l'architecte Pierre Riboulet, elle se cache derrière une imposante verrière. L'entrée se fait par un vaste espace d'accueil qui sert temporairement de hall d'expos. Au rez-de-chaussée de la salle de lecture, ne pas manquer la tapisserie d'Aubusson, or et bleu, créée sur commande par Rachid Koraïchi, représentant une encyclopédie de signes et de symboles. Du même endroit, mais en contrebas, dans l'atrium, admirer la grande mosaïque d'époque romaine (l'ancien forum) découverte lors des travaux, témoin du passé antique de la ville, et sur laquelle fut édifiée la bibliothèque. L'accès aux périodiques, dans l'ancien bâtiment hospitalier, se fait par le jardin d'hiver où l'on peut venir lire à l'ombre d'un palmier.
Cette bibliothèque dotée d'un important fonds de périodiques et documents sonores peu commun vaut le détour tant pour son emplacement que pour ce qu'elle offre à découvrir. C'est aussi l'une des rares de France à être totalement gratuite. Les Limougeauds vous le diront, elle fait partie des incontournables.

Le FRAC Limousin *(Fonds régional d'art contemporain ; hors plan couleur par A1)* **:** *impasse des Charentes. ☎ 05-55-77-08-98. • fraclimousin.fr • ♿ Tlj sf lun, dim et j. fériés 14h-18h, visite commentée sur rdv. Entrée : 1,50 € ; réduc.*
Installé dans un entrepôt du XIXe s, le FRAC dispose d'un grand espace aux murs aveugles, galerie longue de 76 m à l'architecture insolite, 10 voûtes égales se succédant d'un bout à l'autre du bâtiment et formant un couloir. Entre chacune, de part et d'autre, des « alvéoles » où sont exposées principalement des sculptures, des peintures, des vidéos ou des photographies aussi variées et déroutantes que peut l'être l'art contemporain international. Expos temporaires uniquement (Wegman, Molinero, Ernest T...). Une visite qui s'impose pour qui s'intéresse à l'actualité artistique.

Les quais et la promenade des bords de Vienne *(plan couleur D3)* **:** depuis le pont Saint-Martial, il est possible de remonter à pied le long de la Vienne par une promenade verdoyante et joliment aménagée jusqu'au pont Saint-Étienne et le port du Naveix, et même au-delà. Nombreuses haltes, jolis points de vue. Agréables ruelles aux extrémités de ces deux ponts pour une promenade bucolique. La nuit, noter le bel éclairage de la cathédrale.

Manifestations à Limoges et dans les environs

– **Lire à Limoges :** *pdt 3 j. fin mars-début avr. Sous un chapiteau installé au Champ-de-Juillet.* La cinquième plus importante foire du livre en France réunit chaque année plus de 250 auteurs.
– **Les Ostensions limousines :** *ts les 7 ans. Prochaine édition en 2016, de mi-avr à fin juin.* Depuis 994 se déroule l'une des plus importantes fêtes du Limousin. Célébrant la fin du « mal des ardents » (de nos jours l'ergotisme gangreneux), ce rituel millénaire et populaire se déroule à Limoges et dans une dizaine de villes de Haute-Vienne. On

honore les saints limousins et on sort les précieux reliquaires à travers les quartiers de la ville (voir, dans « Limousin utile », la rubrique « Fêtes et manifestations »). Les confréries locales défilent religieusement, rassemblant une bonne part de la population.

– ***Urbaka, festival de l'Autrement :*** *pdt 4 j. fin juin-début juil. Infos : association Cristi, ☎ 05-55-32-08-42.* • *urbaka.com* • Spectacles et théâtre de rue sont organisés par des compagnies françaises et internationales. Gratuit et de grande qualité.

– ***Musique au musée :*** *pdt 15 j. mi-août.* Concerts de musiciens de renommée internationale ou régionaux dans le quartier de la cathédrale et au musée des Beaux-Arts. Programmation très éclectique d'une vingtaine de concerts gratuits.

– ***Les Francophonies en Limousin :*** *fin sept-début oct, pdt env 10 j., à Limoges et dans une dizaine de villes de la région. Programme dans les offices de tourisme et infos au ☎ 05-55-10-90-10.* • *lesfrancophonies.fr* • Ce festival a près de 30 ans et une renommée mondiale. Ce serait le deuxième plus important festival de France après Avignon. Troupes de théâtre, danse, cirque, musiciens et conteurs, toutes les formes d'art expressif sont représentées tant qu'elles s'expriment en français. De La Réunion en passant par la Suisse, l'Algérie, le Canada ou la Côte-d'Ivoire, toute la francophonie s'y retrouve.

– ***Salon international du dessin de presse et d'humour :*** *pdt env 10 j. fin sept-début oct, à **Saint-Just-le-Martel** (87530). ☎ 05-55-09-26-70. À env 10 km à l'est de Limoges.* Gros succès pour ce festival qui accueille les Cabu, Wolinski, Plantu ou Wiaz. Un véritable événement dans le genre, d'autant plus que le gagnant se voit offrir... une vache !

– ***La Frairie des Petits Ventres :*** *3ᵉ ven d'oct.* Une trentaine de stands occupent la rue de la Boucherie pour la plus grande bouffe de l'année. Par milliers, les gourmands se pressent, dégustent ou s'empiffrent de tripes, saucisses, jambons et boudins, et boivent aussi à la santé de chacun. Chaude ambiance et beaucoup de monde. Les « Petits Ventres » désignent à la fois une spécialité de tripes de la rue de la Boucherie et le surnom populaire donné à l'une des madones du quartier, honorée chaque année en octobre. Petite procession d'enfants le jour même, déguisés en bouchers du début du XXᵉ s.

– ***Festival Éclat d'Émail Jazz Édition :*** *pdt 10 j. mi-nov. ☎ 05-55-77-98-46.* • *eclatsdemail.com* • Le rendez-vous de l'automne devenu incontournable, qui s'inscrit déjà dans le calendrier musical national. Nombreux concerts dans les cafés et les bars de la ville et quelques pointures sur la scène de l'Opéra-théâtre, du théâtre de l'Union ou à l'auditorium de la BFM.

SOLIGNAC (87110) 1 450 hab. *Carte Haute-Vienne, B3*

À une dizaine de kilomètres au sud de Limoges, en pleine campagne, le village de Solignac, *Solemniacum* du temps des Romains, est célèbre pour son église abbatiale du XIIᵉ s et son abbaye du XVIIIᵉ s. On a plaisir à se promener dans ce bourg aux environs agréables, entre le parc animalier du Reynou, le jardin de La Borie et le site médiéval de Châlucet.

Adresse utile

Office de tourisme : *pl. Georges-Dubreuil (à côté de l'abbaye). ☎ 05-55-00-42-31.* • *tourisme-solignac.com* • *Ouv tte l'année (sf mer ap-m, jeu et ven mat en été), horaires très fluctuants : se renseigner.* Propose de nombreuses brochures sur le pays et plusieurs circuits pédestres autour du village. Accueil adorable et très efficace.

Où dormir ? Où manger à Solignac et dans les environs ?

Hôtel-restaurant Le Saint-Éloi : *66, av. Saint-Éloi. ☎ 05-55-00-44-52. • lesaint.eloi@wanadoo.fr • lesainteloi.fr • Resto tlj sf sam midi, dim midi (plus dim soir hors saison) et lun midi. Congés : 3 sem en janv, 1 sem en juin et 2 sem en sept. Doubles 69-99 € selon confort et saison. Formules et menus 14,50-18 € (le midi en sem), puis 25-48 €. Réduc de 10 % sur le prix de la chambre (oct-mars) et apéritif offert sur présentation de ce guide.* Face à l'abbaye, cet agréable établissement tenu par un couple d'Anglais propose des chambres confortables, décorées dans un style provençal chaleureux et coloré. Quelques-unes avec terrasse et salle de bains balnéo. À table, servie dans une belle salle avec vitraux, cheminée et tables proprement dressées, on goûte une cuisine du type « limougeaude actuelle » (bœuf du Limousin et sa crème brûlée au foie gras...) de bonne tenue. Une bonne étape.

Auberge La Gratade : *La Gratade, 87110* **Le Vigen.** *☎ 05-55-00-55-42. • info@lagratade.com • lagratade.com • À 3 km du Vigen sur la route de Limoges. Fermé dim soir (en basse saison) et lun midi. Résa indispensable le w-e. Doubles 60-75 € selon confort et vue. Formule et menu le midi (sf dim) 12-18,50 €, puis menus 26-40 €.* Une auberge de pays charmante qui fait le plein tous les week-ends, voire plus, avec son cadre rustique chaleureux, sa jolie véranda et sa cuisine régionale joliment réalisée. Sur place, 5 belles chambres climatisées, aménagées dans un style champêtre cosy, avec vue sur la campagne ou sur le manège de la pension de chevaux voisine. Piscine.

Où acheter de bonnes madeleines ?

Christophe Brouillet : *rue des Lauriers, 87800* **Saint-Maurice-les-Brousses.** *☎ 05-55-58-21-33. Ouv mar-sam 7h (9h sam)-12h, 14h-19h. Dans la Z.I., à l'entrée du village, en arrivant de Limoges.* Christophe Brouillet fabrique, de façon artisanale, les fameuses « madeleines bébés » (miniatures) natures, parfumées au chocolat (blanc, lait, Grand Marnier) ou aux fruits (mirabelle alcoolisée, mûre, cerise...). Un régal à déguster sur place ou à emporter et... à consommer rapidement, car la maison ne connaît pas les conservateurs. Parmi les plus moelleuses et savoureuses qu'on ait goûtées.

À voir

L'église abbatiale et l'abbaye de Solignac : *dans le bourg. Visite libre de l'église abbatiale tlj 9h-18h30, sf pdt les offices ; juil-août, visite commentée gratuite dim ap-m à 15h30. L'abbaye ne se visite pas.*

C'est en 632, sur une terre donnée par le bon roi Dagobert, que saint Éloi fit construire ici le monastère dont il rêvait, et qu'il le plaça sous la protection de saint Pierre et de saint Paul. Pour en désigner l'emplacement, on dit qu'il lança depuis le versant nord de la vallée son marteau d'orfèvre de son bras puissant, le point de chute marquant celui de la première pierre. L'église monumentale fut édifiée au XIIe s, en granit ocre et style roman. Elle n'a guère subi de modifications depuis – sauf le clocher-tour, qui s'effondra en 1783 et qui fut remplacé au XIXe s par le clocher-mur actuel. Accolée aux bâtiments abbatiaux (qui ne se visitent pas, sauf exception), elle impressionne par l'équilibre de ses volumes, sa grande luminosité et ses cinq coupoles, ainsi que par ses dimensions (70 m de long) et son architecture, vaisseau massif et harmonieux. Superbe chevet, avec ses

trois absidioles rayonnantes adossées au chœur polygonal ; sur le flanc nord, bel ensemble sculpté avec, au centre, le Christ en majesté.
Passé le porche, on descend une volée de 12 marches pour se trouver dans la nef, vaste et sans bas-côtés. Arcatures, chapiteaux ornés de monstres grimaçants ou de décor végétal, hautes et larges fenêtres romanes, tout cela reste sobre et dégage puissance et sérénité. Beau mobilier du XVe s : statue de sainte Catherine d'Alexandrie aux longs cheveux et doux traits, grande peinture murale du XVe s de saint Christophe, où l'on distingue le château de Saint-Priest-Ligoure (à 15 km de Solignac), et stalles aux appuie-main et miséricordes sculptés de bestiaires, anges déchus ou, plus étonnant, un homme montrant ses fesses ! C'est l'une des six églises en France construites à « file de coupoles » (les coupoles se suivent). L'abbatiale est marquée, à son chevet, de la frise caractéristique des églises situées sur le chemin de Saint-Jacques-de-Compostelle. Et si vous passez par là le vendredi ou samedi précédant Noël, essayez d'assister au concert : plus de 1 000 chandelles éclairent l'église !

Le village : vraiment charmant quand on descend pour rejoindre la Briance, affluent de la Vienne, et son pont roman. Construit tout autour du domaine de l'abbaye, il abrite quelques belles maisons anciennes, bien restaurées. Des panneaux explicatifs (avec photos anciennes), disposés tout au long de la promenade, content l'histoire et les anecdotes du village. Bonne initiative de l'association *Renaissance de Solignac-Le Vigen* ! Plan (gratuit) à l'office de tourisme. Le soir, bel éclairage de l'abbatiale.

DANS LES ENVIRONS DE SOLIGNAC

Le château de Châlucet : *à 6 km de Solignac, sur la droite, le long de la D 32 entre Le Vigen et Saint-Hilaire-Bonneval ; bien indiqué. ☎ 05-55-00-96-55. Visite libre et gratuite du site. Maison d'accueil ouv avr-sept, tlj 10h30-12h30, 13h30-18h30 (en continu juil-août), avec reconstitution et présentation du site en 3D (2 €). En saison, animations et spectacles, ainsi que des visites guidées sur inscription préalable (compter 1h30, dernier départ à 16h30) : 5 € ; réduc ; gratuit moins de 12 ans.* Bienvenue à Châlucet et son château romantique, haut perché sur un promontoire escarpé. Attention, ça grimpe ! Pittoresque à souhait, sur le confluent de la Briance et de la Ligoure, voici les vestiges de ce qui fut l'une des plus impressionnantes forteresses de la région du XIIe au XVIe s. Tours (dont la tour Jeannette, avec une vue magnifique sur les environs), créneaux, chantier de fouilles, restes d'un palais fortifié démantelé au XVIe s. L'endroit plaît aux Limougeauds et est idéal pour une petite promenade à la fraîche. Panneaux explicatifs sur les fouilles entreprises et sur l'histoire du site. On vous recommande vivement la visite guidée (d'autant plus que certaines sont contées). Un site vraiment inattendu, qui plaira aux jeunes et aux moins jeunes.

Les jardins et le château de La Borie : *à 3 km au nord du bourg. ☎ 05-55-31-84-84. • fondationlaborie.com • Ouv de mi-avr à juin et sept-oct, mer et w-e 10h-18h ; juil-août, lun-jeu 14h-23h, ven-sam 10h-23h, dim 10h-20h. Visite des jardins : 5 € (8-19 € pour les concerts) ; réduc ; gratuit moins de 6 ans.* Dans un très bel ensemble (adorable manoir du XVIIe s et communs) de style limousin sont installés la fondation La Borie-en-Limousin et la résidence de l'Ensemble baroque de Limoges. Un lieu musical où se côtoient des professionnels internationaux de musique et du son, issus de tous les répertoires, soucieux de confronter leur expérience et surtout de la partager avec le public. Programme des concerts, formations, résidences, disques... sur demande auprès du centre culturel de rencontre La Borie-en-Limousin. Également, pour une promenade insolite, un parcours fascinant visant à faire découvrir le paysage par l'écoute. Sur plus de 7 ha, l'itinéraire emprunte d'abord les entrelacs d'un labyrinthe végétal, avant de dégringoler le long des jardins en terrasses avec le son comme fil conducteur. Au gré des différents espaces traversés, le visiteur est confronté à toutes sortes d'environnements (bambouseraies, roselière, potager, étang, cascades...) auxquels font écho des bruits et musiques obtenus de façon naturelle (on marche sur des copeaux de bois qui craquent) ou par des instruments en porcelaine spécialement conçus par des artistes. Bref, ce ne sont pas les surprises qui manquent, qu'il s'agisse du stéthoscope du Dr Laennec ou de la conque posée sur l'étang. L'effet est aussi saisissant que poétique !

Le parc zoologique et paysager du Reynou : *87110* ***Le Vigen.*** *☎ 05-55-00-40-00. • parczooreynou.com • (zoo slt). Accès par l'A 20, sortie nº 37 (Boisseuil). Avr-fin oct, tlj 10h-19h30 ; le reste de l'année, rens à l'accueil. Attention, fermeture des caisses 1h30 avt fermeture du parc. Entrée : 14 € ; enfant 3-12 ans 10 € ; gratuit moins de 3 ans ; tarif réduit sur présentation de ce guide. Compter min 3h de visite.* Dans ce beau domaine, ancienne propriété de la famille du porcelainier Haviland, un vaste parc paysager et zoologique de 55 ha intelligemment agencé. On admirera plus de 130 espèces, soit plus de 600 animaux en semi-liberté, dont les incontournables tigres, lions et autres guépards, avant de s'attarder devant le harfang des neiges ou le hibou grand duc. On circule par continent, de l'île aux singes à la plaine africaine de 6 ha où résident girafes, gnous, rhinocéros... en passant par la forêt aux loups à crinière d'Amérique du Sud. Magnifique cadre impressionniste, constitué par le paysagiste André Laurent en 1877, avec arbres centenaires, dont des cèdres, séquoias, tulipiers, végétaux rares, et aussi rocailles, étangs et rivière anglaise... Un parc bien entretenu pour les amoureux de la nature en tout genre. Et, s'il vous plaît, on ne donne pas à manger aux animaux !

LE PAYS DE SAINT-PARDOUX ET LES MONTS D'AMBAZAC

Plus élevé et accidenté que son voisin des monts de Blond, boisé de forêt dense et primitive, aéré aussi de lande sèche, le massif des monts d'Ambazac forme un espace naturel encore sauvage et rude, adossé au plateau creusois. Quelques gîtes d'étape permettent d'y randonner plusieurs jours et de s'isoler loin de toute civilisation, à contempler les vues qui s'offrent à vous. Bordé au nord par la Gartempe, nous avons décidé d'y rattacher Châteauponsac, qui domine les monts et la rivière.

CHÂTEAUPONSAC

(87290) 2 340 hab. *Carte Haute-Vienne, B2*

Lové dans un méandre de la Gartempe, Châteauponsac, ville de nature et d'histoire, conserve un pittoresque quartier ancien en promontoire sur la rivière : maisonnettes basses et fleuries, étroites voies pavées, remarquable panorama sur le bourg à flanc de falaise et la vallée toute feuillue. En bas, les petits canoës filent sur l'onde claire. Comme c'est joli ! Très belle église et sympathique musée.

Adresse utile

Office de tourisme de la Gartempe – Saint-Pardoux : *pl. Mazurier. ☎ 05-55-76-57-57. • tourisme-gartempesaintpardoux.com • En été, mar-sam 9h30-12h30 ; 13h30-18h, dim 9h30-12h30. En basse et moyenne saisons, mar-sam.*

Où dormir ? Où manger ?

Camping

⛺ ***Camping La Gartempe :*** *av. de Ventenat. ☎ 05-55-76-55-33. • aquadis1@orange.fr • aquadis-loisirs.com • ♿ À 1 km du village, route de Roussac. Ouv avr-fin oct. Forfait 2 pers env 11,80-15,70 € selon saison. Mobile homes et gîtes 2-6 pers env 224-499 €/sem.* Petit camping calme et agréable, aux emplacements bien verts. Pas mal d'activités sur place : aire de jeux pour les enfants, pêche, VTT, tir à l'arc et canoë-kayak. Piscine en contrebas du site et bar-resto (avec billard) profitant d'une jolie vue sur la vallée et la rivière.

De bon marché à prix moyens

🏠 IOI ***Chambres d'hôtes Clos Dentelle :*** *chez Marianne et Albert Moes, au lieu-dit Dent. ☎ 05-55-76-06-88. • reservation@closdentelle.com • closdentelle.com • À 1 km du centre-ville en direction de Bellac. Après l'Intermarché, prendre le chemin à gauche et suivre le fléchage. Congés : janv-fév. Doubles 55-70 € selon confort. Table d'hôtes sur résa 22 €, vin compris.* 📶 En pleine campagne, belle maison bourgeoise avec jardin de curé fleuri et grande piscine surplombant un vaste champ où broutent paisiblement des limousines. À l'étage, 2 chambres récentes, l'une avec lit à baldaquin, murs au motif de Jouy chinois, grande salle de bains laquée (douche et bains à jets) et une autre, plus petite mais cosy, de style plus contemporain aussi, avec douche hydrojet (là encore). Une bonne petite adresse au calme, tenue par un couple de Néerlandais très accueillant.

IOI ***Le Bistrot :*** *pl. Mazurier. ☎ 05-55-76-50-19. • lebistrot87@orange.fr • Ouv le midi lun-ven, plus ven soir. Menu déj 12,80 €, le soir 20-25 € à la carte.* Au cœur du bourg, une petite adresse réjouissante tenue par deux Anglaises. Une déco pimpante et colorée, aux teintes jaunes et vert franc, sert de cadre à une cuisine de tous les jours, très simple, de bonne facture, et à base de produits locaux. Et pour changer, le vendredi soir les pizzas s'invitent à la carte ! Un endroit chaleureux et sympa, à l'image de ses hôtesses.

Où manger dans les environs ?

IOI ***La Fontaine Saint-Martial :*** *12, rue de la Fontaine, 87140* ***Roussac.*** *☎ 05-55-60-27-42. ♿ Tlj sf lun soir et mer soir. Résa obligatoire le soir. Menus 12,50 € (avec quart de vin et café)-21 €. CB refusées.* Un bar-tabac-restaurant-épicerie tenu par Marc Foussat, sympathique patron cuistot qui se défend rudement bien. Dans la petite salle proprette jouxtant le bar ou en terrasse, il vous sert une cuisine conviviale à des prix plus qu'honnêtes. Alors, pour un plat familial tout simple, un civet de daguet au vin blanc ou une mousse de carpe à l'oseille, on n'hésite pas ! Jusqu'aux pâtisseries maison, tout est bon. Petite sélection de vins. Par ailleurs, notre chef est fan de foot. De fait, ça chauffe rudement les soirs de match ou lors des parties acharnées de baby-foot. Une adresse qui fait plaisir et redonne vie à nos campagnes !

IOI ♩ ***Ferme-auberge de Quinsac – La Grange aux Chansons :*** *chez Jean-Claude Ribano, au lieu-dit Quinsac, 87140* ***Roussac.*** *☎ 05-55-60-28-49. 📱 06-80-74-64-77. • ribanojc.over-blog.com • À 7 km de Châteauponsac sur la route de Roussac, prendre la D 103 à gauche en direction de Saint-Pardoux, la ferme est à droite à l'entrée du hameau. Ouv, slt sur résa, env 1 w-e sur 2 juin-fin oct (vérifier les dates sur le blog). Menu-spectacle 30 €.* Dans un hameau perdu, une adresse décalée comme on les aime. Jean-Claude Ribano, artiste chanteur, connu pour ses interprétations du répertoire de Brel et Brassens, organise régulièrement, dans sa grange transformée en salle de resto-spectacle, des repas à base de produits de sa ferme, suivis d'un concert dédié à la chanson française. Grosse ambiance et gros bruit dans la région pour chaque soirée, réunissant de 40 à 80 personnes ! D'autres artistes s'y produisent également (suivre les infos sur le blog).

À voir

Le musée René-Bauberot *(arts et traditions populaires)* **:** *à côté de l'église Saint-Thyrse. ☎ 05-87-59-51-18. • museechateauponsac.fr • Ouv 14h-18h : tlj pdt les vac scol ; slt mer et w-e le reste de l'année. Congés : Noël-début des vac scol fév. Entrée : 5 € ; réduc. Expos temporaires (Pâques-oct) à la « Maison du terroir » (annexe du musée ; prévoir 1 € en sus). Fiches descriptives à disposition dans chaque salle.* Belle surprise que ce musée d'archéologie et d'ethnographie bien agencé qui ne compte pas moins de 18 salles ! Du nom de son fondateur qui le créa en 1944, c'est même aujourd'hui le premier musée ethnologique du Limousin. Installé dans l'ancien prieuré bénédictin, belle bâtisse du XIVe s. Y sont présentés, au moyen de belles reconstitutions avec mannequins en costumes d'époque ou de vitrines bien fournies, toutes sortes d'objets ayant trait à la culture locale : outils et métiers (sections sur le cordonnier, le charpentier, le vannier, le bûcheron...), habitat, mobilier et vêtements, du XIXe s ou du début du XXe s, toutes choses aujourd'hui disparues et qu'on oublierait s'il n'existait des passionnés pour les réunir et les exposer – au passage, merci aux nombreux donateurs. Intéressantes pièces d'archéologie et de minéralogie également. Enfin, on ne manquera pas de s'attarder devant la collection de bustes-reliquaires provenant de l'église. Une visite qu'on ne regrette pas et qui permet de comprendre encore mieux le Limousin.

L'église Saint-Thyrse : *ne se visite pas, en rénovation pour une durée non déterminée.* Mi-romane, mi-gothique – chœur et transept du XIe s ou du XIIe s, nef et façade occidentale du XVe s –, Saint-Thyrse présente une architecture inhabituelle en Limousin puisque assez ramassée, dotée d'un large transept et d'une croisée massive et surélevée. De style bénédictin, l'église s'inspire d'exemples berrichons.

De l'église Saint-Thyrse, accès au ***quartier médiéval le Faubourg de Sous-le-Moustier,*** où l'on rejoint un promontoire dominant la Gartempe et offrant un panorama superbe. Une plaisante atmosphère de vieilles pierres le temps d'une petite promenade.

Le point de vue sur la ville : à 3 km du centre-ville, suivre la route de Saint-Pardoux ; descendre jusqu'à la rivière, passer le pont dit « romain » (reconstruit en 1609), puis remonter pendant 2 km jusqu'à la première à droite, où l'on trouvera un excellent point de vue (indiqué) sur la vallée et l'ensemble de la ville. Une photo s'impose ! Pour l'anecdote, ce panorama a été choisi comme générique par les producteurs de la série *Un village français.*

DANS LES ENVIRONS DE CHÂTEAUPONSAC

Rancon *(87290)* **:** *à env 10 km en aval de Châteauponsac.* Village fleuri et très typique des petites cités des environs : place du marché, vieille église fortifiée dont on pourra faire le tour par un passage si étroit qu'il n'y a pas la place pour deux, et lanterne des morts que l'on trouve dans un square en contrebas de l'église. Plus bas, vue plongeante sur la Gartempe et cadre enchanteur.

– Plus surprenant, à quelques kilomètres par la route du Dorat, au hameau des Bosnages, on découvre sur la droite, en pleine campagne, le ***temple bouddhique Tong Lam*** et sa pagode colorée. Une communauté a restauré le village pour y installer un lieu de culte et de méditation. Un morceau de Tibet en plein Limousin !

BESSINES-SUR-GARTEMPE

(87250) 2 800 hab. *Carte Haute-Vienne, C2*

« Village-étape » sur l'A 20, Bessines s'est enjolivé d'un petit centre propret, avec fontaine et bacs à fleurs, terrasses de cafés et commerces divers. Quelques très belles maisons anciennes, un effort de restauration, et en se promenant, on pourra découvrir la maison natale de la célèbre peintre et modèle Suzanne Valadon, mère de Maurice Utrillo (maison bourgeoise assez simple, sur la droite, par la rue principale qui part vers Limoges). Pour les amateurs, le musée Urêka, installé en 2013 au sein du complexe d'Arcva, est une invitation à la découverte de l'uranium. Enfin, l'étang de Sagnat, à 2 km du centre-ville en direction de Saint-Pardoux, est bien appréciable en été pour faire une petite trempette rafraîchissante ou une balade sur son sentier d'interprétation arboricole.

Adresse utile

i ***Office de tourisme :*** *6, av. du 11-Novembre. ☎ 05-55-76-09-28. • ot.bessines@wanadoo.fr • tourisme-bessines87.fr • De mi-juin à mi-sept, lun-sam 9h30-12h30, 14h30-18h30, plus dim et j. fériés 10h-12h de mi-juil à mi-août ; fermé jeu et horaires réduits le reste de l'année.* Bonne documentation. Demander le dépliant du circuit pédestre du centre-ville. Mérite également une halte pour son petit espace dédié à Suzanne Valadon situé à l'étage (reconstitution d'un atelier de peintre et évocation de sa vie, son œuvre).

Où dormir ? Où manger ?

Hôtel de France : *12, rue du 8-Mai-1945. ☎ 05-55-76-03-04. • hdf.bessines@inter-hotel.com • hotel-de-france.net • Dans la rue principale. Fermé sam soir hors saison. Congés : vac scol de fév et 1 sem en oct. Doubles 59-80 € selon confort et saison. Menus 18,50-36 €.* Agréable petit hôtel-resto de campagne, idéal pour rayonner dans la région et un bon pied-à-terre pour profiter des activités du lac de Saint-Pardoux, à une dizaine de kilomètres. Côté resto, salle à manger accueillante, un brin à l'ancienne, ou terrasse ombragée, pour goûter à une cuisine traditionnelle simple et généreusement servie, avec de la très bonne viande limousine dès les premiers menus. À l'arrière, dans une annexe toute neuve, une quinzaine de chambres spacieuses et climatisées, très confortables, avec douche à l'Italienne ou bains, certaines avec balcon. Pour les budgets plus serrés, une dizaine d'autres sont proposées, à prix d'ami, au-dessus du resto. Si la déco n'est pas aussi moderne, elles restent de bon confort et sont très bien entretenues.

À voir

Le musée Urêka : *1, av. du Brugeaud. ☎ 05-55-76-03-04 ou 05-32-09-05-60. • ureka.fr • À la sortie nord de la ville, vers l'embranchement de l'autoroute A 20 (sortie n° 24). De mi-juil à fin août, tlj 10h-19h ; sept, mar-sam 14h-18h ; oct-11 nov et de mi-avr à mi-juil, w-e et j. fériés slt 14h-18h, plus tlj pdt les vac scol. Fermé du 12 nov à mi-avr. Entrée : 7 € ; réduc.* Un site inédit dans son genre. Un musée à l'architecture futuriste, récemment ouvert à l'entrée du complexe Areva. Il retrace l'histoire de la découverte, de l'exploitation et de l'utilisation de l'uranium dans un espace muséographique des plus moderne, avec effets spéciaux. La visite commence par la projection d'un film de 15 mn en 3D, vaste panorama historique allant du big-bang à l'utilisation des rayons X en médecine. Les moins concentrés s'y perdront un peu. Puis, le visiteur badgé commence le parcours-spectacle (fort bruyant !), avec en vrac, effets sensoriels de la descente à la mine, apparition de mineurs en hologrammes, écrans multimédias interactifs pour approfondir ses connaissances et passage dans une (fausse !) salle de contrôle de centrale nucléaire. En fin de parcours, les plus studieux pourront tester leur don d'assimilation sur des écrans tactiles, avant de faire un tour dans le parc des machines, à l'extérieur, pour une simulation de forage minier à ciel ouvert. Si la visite est plutôt instructive sur l'exploitation (toujours en cours dans la région), l'utilisation énergétique ou à des fins médicales du redouté uranium, on regrette qu'aucune mention ne soit faite sur sa dangerosité radioactive et les catastrophes écologiques qu'il peut engendrer.

Manifestations

– ***Festival Graines de Rue :*** *w-e de Pentecôte, au stade des Châtaigniers. Rens : ☎ 05-55-76-38-28. • grainesderue.fr* • Un spectacle sur 3 jours où se mêlent humour et poésie. Au programme : cirque, théâtre, concerts, danse, vidéo, expositions et contes.

– ***Festival des Bandafolie's :*** *sur 3-4 j., autour du 14 juil. Rens : 06-67-98-35-07. • bandafolies.com* • Festival international de bandas, qui rassemble une douzaine de sociétés musicales. Bodega, spectacles, feu d'artifice, parades, brocante, repas « bœuf Limousin ».

LE LAC DE SAINT-PARDOUX

(87640) 2 340 hab. *Carte Haute-Vienne, B-C2*

Dans la dépression séparant les monts de Blond et d'Ambazac se trouve le superbe lac de Saint-Pardoux, avec ses 330 ha, ses 28 km de berges verdoyantes et son statut de deuxième plan d'eau du département après Vassivière. Trois pôles importants sont aménagés : le site de Santrop, porte d'entrée du lac, qui offre une multitude d'activités (parc acrobatique en forêt avec une tyrolienne qui traverse le lac, jeux sur la plage, structures gonflables, parcours santé, terrain de beach-volley, location d'embarcations à pédales, canoës et barques...), celui de Chabannes et sa base de pleine nature pour la pratique des sports nautiques, notamment de la voile, et du VTT, du tir à l'arc, un mur d'escalade, un *bike park*... Enfin, le site de Fréaudour, zone résidentielle du lac avec son hameau de gîtes et son camping.

Le secteur de Saint-Pardoux est aussi célèbre pour son haut taux de radioactivité. L'explication est simple. Comme beaucoup de sites de la région, le lac est posé sur une épaisse couche de granit, naturellement radioactif. Il est sûr que certaines activités polluantes (comme celles d'Areva, ex-Cogema) n'avaient également rien pour rassurer. Mais pour mettre fin à la polémique, le Département a entièrement vidangé le lac, le débarrassant de toutes ses boues radioactives. Il fait de nouveau bon vivre au bord du lac de Saint-Pardoux... Quant au village de Saint-Pardoux, il est à croquer avec son étang et son vieux lavoir.

Adresse utile

■ ***Station touristique du lac de Saint-Pardoux :*** *Maison du lac de Saint-Pardoux, site de Santrop, 87640* ***Razés.*** *☎ 05-55-71-04-40 (brochure sur demande). • lacsaintpardoux.fr • Juil-août, tlj 9h30-19h30 ; Pâques-juin et sept-Toussaint, lun-ven 9h-12h30, 14h-17h30, w-e et j. fériés 13h30-17h30 ; fermé le reste de l'année.* À cheval sur 4 communes (Saint-Pardoux, Razès, Saint-Symphorien-sur-Couze et Compreignac), la station est gérée par un organisme qui propose des infrastructures de qualité : 3 plages de sable surveillées en été (la baignade y est néanmoins interdite hors saison), des zones de pêche, de ski nautique, de voile, des centres équestres, des sentiers de rando balisés, de la location de kayaks, embarcations à pédales et VTT, un accrobranche 100 % sécurisé (6 parcours dès 3 ans, avec pas mal d'épreuves insolites), sans oublier toutes sortes d'activités pour les enfants. Des liaisons par bus sont possibles avec Limoges.

Où dormir ? Où manger dans les environs ?

Camping

⛺ ***Camping La Fréaudour :*** *au bord du lac, 87250* ***Saint-Pardoux.*** *☎ 05-55-76-57-22. • camping.freaudour@orange.fr • aquadis-loisirs.com • ♿ À 2 km du village, à côté de la base de ski nautique. Ouv de mi-mars à début nov. Forfait 2 pers env 16,90-18,80 € selon saison. Mobile homes et chalets env 168-590 €/sem pour 2-6 pers.* 📶 Installé sur une sorte de presqu'île, petit camping calme et agréable avec une centaine d'emplacements bien ombragés au bord de l'eau. Les hébergements locatifs posés sur les hauteurs font bon ménage avec les campeurs ; quant aux chalets, ils sont en dehors du camping même. Snack-bar en saison et pas mal d'activités sur place : parcours santé et aire de jeux pour les enfants sur la plage surveillée en été, pêche, ski nautique avec bouée tractée... Mais pas d'animation, pour le bon repos des familles. Piscine.

De bon marché à prix moyens

🏠 🍴 ***Chambres d'hôtes Chasseneuil :*** *chez Keith et Josette Richardson, Chasseneuil, 87140* ***Saint-Symphorien-sur-Couze.*** *☎ 05-55-53-59-01. • keith.richardson@wanadoo.fr • chambresdhoteslimousin.com • À 3 km au nord-ouest du lac de Saint-Pardoux. De la sortie de Saint-Symphorien, suivre le panneau Bessines-Chasseneuil ; bien indiqué. Tte l'année. Double 57 €. Table d'hôtes sur résa 20 €, vin compris.* 📶 *Apéritif, café et digestif offerts à la table d'hôtes sur présentation de ce guide.* Superbe corps de ferme du XIXe s abritant 5 chambres confortables, chacune décorée de façon thématique. Mais ce qui fait surtout la qualité de *Chasseneuil,* c'est l'accueil des patrons, chaleureux, endiablé les soirs de karaoké dans leur pub privé (installé à l'étage de la grange, avec un vrai comptoir, des affiches, et des instruments de musique !) ou studieux pour qui veut apprendre l'anglais (stages)... ou comment allier l'utile à l'agréable. Un endroit qui se prête particulièrement aux familles en raison du vaste jardin gazonné et des animaux qui y vivent : oies, brebis, cochons, cygnes, chèvres... Il y a même un perroquet qui chante Bob Dylan accompagné par Keith à la guitare ! À table, spécialité d'oie à la broche dans la cheminée et petit déj anglais. Bonne ambiance.

🏠 ***Chambres d'hôtes Le Moulin de Chabannes :*** *moulin de Chabannes, 87140* ***Compreignac.*** *☎ 05-55-71-27-51. • computus@wanadoo.fr • moulindechabannes.com • À env 5 km au nord de Compreignac par la D 60A, juste après la base de Chabannes en* *direction de Saintrop et Razès, sur la gauche. Double 55 €.* Perdu au bout d'une petite route terminant sa course dans un hameau, cet ancien moulin de caractère est impeccable pour se ressourcer : c'est calme (on s'en doute !), les chambres sont coquettes et tout confort, le salon commun bien agréable, et la petite terrasse, en surplomb du bief, idéale pour le petit déj en compagnie des canards. À deux pas du lac, c'est un bon point de chute tenu par des Anglais très sympas.

La Pomme de Pin : *étang Tricherie, 87140* ***Thouron.*** *☎ 05-55-53-43-43. • la-pomme-de-pin-87.com • À 18 km au nord de Limoges ; prendre direction Bellac, puis Thouron par la D 7, ou sur l'A 20, sortie nº 26 en direction de Compeignac sur la D 96. Tlj sf lun et mar midi. Congés : 3 sem fin janv-début fév et 3 sem en sept. Doubles 59-79 € selon saison et confort. Menu déj 19 € en sem, puis menus 20-31 € (avec quelques suppléments).* Séduisante auberge de pays aménagée dans un ancien moulin, isolé au bord d'un vaste étang perdu en pleine nature. Chambres classiques, confortables et bien propres, avec douche et w-c ou bains et vue sur la rivière. Charme d'une cuisine de terroir attractive, élaborée avec de bons produits locaux et servie en terrasse ou dans de belles salles rustiques (poutres, pierres apparentes et cheminées qui ronronnent...). Accueil très aimable.

LES MONTS D'AMBAZAC

Carte Haute-Vienne, C2

À découvrir à pied, à vélo (ça grimpe !), à cheval ou même en deltaplane, les monts d'Ambazac, plus accentués que les monts de Blond, plus vastes aussi, raviront les amateurs de nature brute et de villages authentiques et isolés. Et on ne peut parler des monts d'Ambazac sans évoquer les Bonshommes. Les quoi ?

UN PEU D'HISTOIRE

Sacrés bonshommes ! Il était une fois, en 1070, un saint ermite, Étienne, qui, recherchant la solitude, l'humilité et le dépouillement absolu, s'était retiré dans le bois de Muret, près d'Ambazac, alors « plus fréquenté des bêtes sauvages que des hommes ». Dans sa cabane, se nourrissant de pain, de fruits et d'eau, dormant sur une planche et vêtu seulement d'un cilice de mailles de fer, le sage attira bientôt quelques disciples, puis d'autres, qui, à son exemple, menèrent une vie pieuse et austère en communautés appelées « celles » et composées d'une dizaine de moines.

Bientôt, le rayonnement spirituel d'Étienne fut tel que les grands de ce monde vinrent le consulter, dont Mathilde, impératrice du Saint Empire germanique, qui lui fit don d'une fameuse dalmatique aujourd'hui exposée en l'église d'Ambazac, et des princes de l'Église, évêques et futurs papes. Après la mort d'Étienne en 1124, ses compagnons durent quitter Muret sous la pression de bénédictins, jaloux sans doute d'un prestige croissant.

Les religieux s'installèrent alors un peu plus loin, à Grandmont, et l'ordre grandmontain y fut fondé et approuvé par le pape en personne en 1159. Dès lors, rien n'arrêta l'ordre, qui ne fit que croître et essaimer au point de compter jusqu'à 160 celles, non seulement en France, mais aussi en Angleterre, en Espagne... Pour exemple, le fameux chêne sous lequel Saint Louis rendait justice à Vincennes se trouvait sur une celle grandmontaine ! L'ordre rayonna jusqu'à la Renaissance, puis peu à peu déclina. En 1769, le roi prononça sa dissolution et, dans la foulée,

tout ce petit monde fut chassé par les villageois, l'abbaye rasée et le trésor (châsses et reliquaires) dispersé.
Aujourd'hui, à Grandmont, une modeste chapelle édifiée en 1825, rappelle l'importance de l'ordre. Y sont exposés quelques éléments retraçant son histoire ainsi qu'un reliquaire et le plan de l'abbaye détruite.
Mais l'œuvre la plus durable des Grandmontains est ailleurs, dans la multitude d'étangs du paysage haut-viennois. Car les moines avaient les premiers mis en eau ces « pêcheries » et réalisé un formidable réseau d'irrigation agricole. Curieux destin que celui d'Étienne et de cet ordre qui fut prestigieux presque autant que celui de Cluny et qui est, aujourd'hui, tombé dans l'oubli.

Où dormir ? Où manger ?

Camping et gîte d'étape

Camping du Pont-à-l'Âge : *étang du Pont-à-l'Âge, 87370* ***Laurière.*** *☎ 05-55-71-42-62. 06-14-19-33-79. • dominique.debousset@orange.fr • À 3 km du village de Laurière ; indiqué depuis la pl. de l'église. Ouv avr-oct. Forfait 2 pers env 15 €. Chalets 2-4 pers, 25-40 €/nuit et 80-280 €/sem.* Idéalement situé dans une vallée à l'environnement très boisé, donc ombragé, en surplomb d'un joli lac avec une plage. Emplacements en paliers dans la forêt. Un endroit sympa comme tout (aire de jeux pour les enfants, snack-bar...).

Gîte d'étape : *chez M. et Mme Forgeron, ferme Galachoux, 87370* ***Bersac-sur-Rivalier.*** *☎ 05-55-71-44-16. À 1 km en sortie de Bersac direction Laurière ; à droite avt de passer le pont (indiqué). Env 15 €/pers (20 € l'hiver, chauffage compris).* Ambiance rustique dans ce gîte impeccable niché dans une adorable maison de caractère perdue en pleine campagne. Au rez-de-chaussée, elle comprend un salon avec 3 lits dans une alcôve, une cuisine équipée, 2 douches et 1 w-c, tandis que l'étage accueille 7 lits supplémentaires. Un bon rapport qualité-prix, d'autant que l'accueil est gentil comme tout.

Prix moyens

Chambres d'hôtes Le Domaine du Noyer : *chez Anna et Jean Masdoumier, 87370* ***Bersac-sur-Rivalier.*** *06-68-88-70-78. • noyer.prats@gmail.com • De Bersac, direction Laurière, et à gauche juste après le pont de chemin de fer ; suivre la direction des Folles puis des Noyers. Congés : nov-fév. Double env 47 €. Gîte 10 pers env 330-550 €/sem. Table d'hôtes 20 €, sur résa.* Dans cette belle demeure du XVIe s, on accède aux 4 chambres, sobres et confortables, par un bel escalier de granit (les origines de la maison sont templières !). Espaces de séjour à disposition et grande salle à manger avec poutres et cheminée. À la table d'hôtes, Jean sait concocter de bons dîners avec patience, amour et délicatesse, à l'image de son accueil. Car ici, « hôtes » n'est pas un vain mot ; il s'agit vraiment de s'ouvrir, d'accueillir et d'arriver à ces moments magiques de convivialité. Ça discute, rigole, chante même parfois, et tout cela à l'écart du monde, en un site superbe. Piscine couverte, et pour les amateurs, un étang de pêche de 1 ha. Également un gîte spacieux et bien équipé. Excellent rapport qualité-prix-convivialité.

Chambres d'hôtes de Lasgorceix : *Lasgorceix, 87340* ***Saint-Léger-la-Montagne.*** *☎ 05-55-39-89-38. 06-79-32-50-87. • contact@lasgorceix.com • gite-de-lasgorceix.com • À env 1,5 km de Saint-Léger en direction de Saint-Sylvestre. Doubles 50-55 €. Table d'hôtes 20 € (sur résa). En formule gîte, env 385-780 €/sem selon saison.* Perdue dans un hameau de charme, cette belle bâtisse de caractère restaurée avec soin est la halte idéale pour qui souhaite se mettre au vert. En journée, on part en rando (au besoin accompagné par Pascal, le propriétaire, également guide de moyenne montagne) ou on lézarde dans le vaste jardin en surveillant les poneys, et le soir, on profite du confort du salon TV ou de la salle à manger rustique (cuisine à dispo, c'est bien pratique), avant de rejoindre des chambres agréables rénovées de façon moderne. Parfait, comme l'accueil des sympathiques propriétaires.

Les monts d'Ambazac à pied ou à VTT

Châtaigniers, hêtres et chênes accompagnent le randonneur sur près de 350 km en boucle sur ces reliefs quasi montagneux. Le balisage, jaune et rouge du GRP de pays des monts d'Ambazac, jaune pour les PR, guide vos pas sur les sentiers moussus et granitiques.

– Comme toujours, anorak et chaussures montantes sont recommandés, ainsi qu'un ravitaillement de secours dans le sac (les épiceries sont rares).

– Référence : les très bonnes fiches *Circuits de promenades et de randonnées* par communes disponible à l'office de tourisme d'Ambazac. *Le Livret de la rando zen,* boucle intercommunale de 93 km traversant les sept communes des monts d'Ambazac et du val du Taurion, est également en vente à l'office de tourisme.

– À noter que les amateurs trouveront de quoi entretenir leur VTT et trouver des infos aux bases principales de la communauté de communes, à Ambazac (Jonas) et à Jabreilles-les-Bordes (Les Bordes). Pour ***louer un VTT,*** se rendre au *Restaurant de la Grange* du *Domaine des Murets* à la sortie d'Ambazac, sur la route de Limoges *(compter env 20 €/j.).*

Possibilité de dormir en gîte d'étape sur ce circuit (voir « Où dormir ? Où manger ? » plus haut).

Le GRP de pays des monts d'Ambazac

L'itinéraire en boucle du tour des monts d'Ambazac, environ 140 km, passe notamment par Ambazac, Compreignac, Vauguenige, Saint-Léger-la-Montagne, Bersac-sur-Rivalier, Les Billanges. Pour les durs à cuire, possibilité d'allonger le parcours jusqu'à 170 km, grâce à deux variantes sympas.

Ça sent bon les Romains en pays d'Ambazac, et le randonneur retrouve leurs traces sur les voies pavées de Saint-Goussaud, de La Jonchère, sur le pont romain de Saint-Léger-la-Montagne et à la belle église rustique de Jabreilles où veille la stèle d'Épona, protectrice des étables. Parler d'étables, c'est normal pour cette belle rousse aux yeux noirs qu'est la vache limousine. À draguer le long des champs. On la retrouve en fonte sur les amusantes figures industrielles de l'ingénieur Mignon (église de Saint-Léger-la-Montagne).

Encore des pierres à légendes : la roche tremblante du Temple, près du moulin des Templiers, entre Sauvagnac et Saint-Léger, ou encore les 19 figures sculptées énigmatiques sur la façade de la maison des Têtes à La Jonchère-Saint-Maurice.

Les arbres remarquables sont courants en Haute-Vienne (voir l'arboretum de La Jonchère), mais, en sortant de la gare de Saint-Sulpice-Laurière, ne manquez pas les ginkgos bilobas, aux délicates feuilles en forme d'éventail. Ils furent offerts par le prince du Japon lors de la construction du chemin de fer, en 1864.

Enfin, le fantôme du Prince Noir, grand décimeur des religieux grandmontains durant la guerre de Cent Ans, vous fera frissonner entre Saint-Léger-la-Montagne et La Jonchère. Sur ce « chemin de la Trahison », les chevaux silencieux des Anglais, les pattes enrobées de chiffons, permirent la victoire aux troupes ennemies sur les indications d'un traître.

Plus reposante, la visite du site protégé et classé « Réserve naturelle » de la ***tourbière des Dauges,*** à Sauvagnac (près de Saint-Léger-la-Montagne), qui permet de marcher au milieu de la bruyère cendrée, de l'arnica des montagnes, des sphaignes – sorte d'éponge végétale qui s'imbibe 40 fois de son poids sec avec l'humidité – et de découvrir des champs de linaigrettes (jolie petite fleur blanche) et la droséra, plante carnivore. On y croise aussi la dolomède, cette araignée qui chasse à la surface de l'eau. Prévoir des bottes *(infos à la **Maison de la réserve naturelle de la tourbière des Dauges** : ☎ 05-55-39-80-20 ; • rndauges@conservatoirelimousin.com • ; ouv juil-août, tlj 10h-18h ; sur résa le reste de l'année).* Demander l'ordinateur de poche, « Gpto » (mis gratuitement à disposition sur présentation d'une pièce d'identité), un GPS rando qui complète la découverte des richesses et spécificités de la tourbière. Ce « guide » pédagogique, avec écran, attire l'attention sur tel outil agricole, la végétation, ou encore certaines espèces animales (possibilité d'entendre leur chant). La balade est agrémentée de légendes, anecdotes et contes qui donnent un caractère résolument ludique à cet outil. Un dernier conseil : allez planter une épingle sur le bœuf en bois de Saint-Goussaud (on passe alors en Creuse) pour voir exaucer votre vœu de vous marier dans l'année. Sinon, suivez le pèlerinage bien connu de Sauvagnac le dimanche proche du 8 septembre. Richard Cœur de Lion y est venu avant vous.

AMBAZAC

(87240) 5 500 hab. *Carte Haute-Vienne, C2*

Bourg-étape situé au sud et au pied des monts du même nom, Ambazac vaut surtout le détour pour son église où l'on trouve la belle châsse-reliquaire et la dalmatique de saint Étienne de Muret. À voir aussi dans les environs, l'excellent arboretum à La Jonchère-Saint-Maurice, avec ses 10 ha et plus de 50 variétés de conifères et feuillus rares.

Adresse utile

ℹ ***Office de tourisme intercommunal des monts d'Ambazac et du val du Taurion :*** *3, av. du Général-de-Gaulle. ☎ 05-55-56-70-70. • tourisme-ambazac.fr • Face à l'église. Juil-août, tlj sf dim ap-m ; mai-juin et sept, mar-sam ; le reste de l'année, fermé dim-lun et l'ap-m jeu et sam.* Accueil irréprochable. Bonne documentation, petites expos et nombreuses infos sur les randos thématiques aux alentours. Location du GPS géocaching. Produits gastronomiques et artisanat local en vente. Visites estivales organisées de mi-juillet à mi-août.

Où dormir ? Où manger ?

⛺ ***Camping L'Écrin Nature :*** *au bord de l'étang de Jonas. ☎ 05-55-56-60-25. • contact@campinglecrinature.com • campinglecrinature.com • À 2 km du centre-ville vers La Jonchères-Saint-Maurice par la D 914. Ouv de mi-avr à fin oct. Forfait 2 pers env 12,50-14,50 € selon saison. Mobile homes 4-6 pers env 190-270 €/sem et camp'Étoile 25-30 € pour 2 pers.* 📶 En bordure du plan d'eau, sur un terrain vallonné bien arboré, de bons emplacements herbeux pour les campeurs, quelques mobile homes et d'originaux camp'Étoile, des tentes suspendues avec toit ouvert pour dormir à la belle étoile (prévoir un sac de couchage). En prime, une piscine chauffée (en saison), baignade possible au plan d'eau, base VTT à l'entrée du camping et départ de rando du GRP. Un camping très nature, donc !

🏠 🍽 ***Hôtel-restaurant des Voyageurs :*** *27, av. du Général-de-Gaulle. ☎ 05-55-56-60-31. • traviafreres@orange.fr • hotel-ambazac.fr • Tlj sf dim soir et lun. Congés : vac de la Toussaint et de fév (zone B). Doubles 46-48 €. En sem, formule déj 12 € ; menus bistrot 15,50-19,80 € (tlj, midi et soir), puis menus gastro 29,80-53 €. Parking* *gratuit.* Impeccable pour une étape, cet établissement à l'ancienne (surtout côté chambres, propres, mais très simples) recèle de bonnes surprises côté restaurant. Les frères Travia, Ludovic au service et Joseph en cuisine, s'accordent à merveille, et proposent aux habitués des spécialités traditionnelles parfois revisitées, mais toujours goûteuses et bien présentées. À déguster en salle, dans la véranda ou en terrasse à l'arrière, face au parc.

À voir

La châsse-reliquaire et la dalmatique de saint Étienne de Muret : dans l'église, assez ordinaire d'extérieur. Deux reliques valant le coup d'œil. La châsse, de dimensions importantes, est un véritable joyau. Pierreries, émaux champlevés, cuivre ciselé ornent ce coffre sacré réalisé en 1189. Quant à la dalmatique, de soie cousue d'or et à motifs arabisants, elle est absolument rarissime en tant qu'étoffe et pièce d'art du XIIe s. Si l'église est fermée, se renseigner à l'office de tourisme, en face, qui a la clé.

Le musée de Minéralogie et de Pétrographie et l'espace Izis : *5, av. de la Libération. ☎ 05-55-56-59-14. • musee.ambazac.free.fr • Juil-août, mar-ven 10h-12h, 14h-18h et w-e 15h-18h ; le reste de l'année, mar-sam 14h-17h. Entrée : 5 € ; 4 € sur présentation de ce guide ; gratuit moins de 6 ans. Brochure à disposition. Compter 1h de visite.* Le pays des monts d'Ambazac offre une géologie riche et variée, et son histoire demeure fortement liée à celle des mineurs. C'est pourquoi plus de 5 000 échantillons d'ici et d'ailleurs sont exposés sur trois niveaux, au moyen d'une muséographie sobre et efficace divisée en sections thématiques : pétrographie et paléontologie, puis les minéraux et les uranifères, avant la collection de Jean Ventenat, un ancien prospecteur qui a rassemblé d'étonnants minéraux alluvionnaires. Et si pegmatite à béryl, blende, pyrite ou calcédoine, ça ne vous parle pas, sachez qu'en sortant tout cela n'aura plus aucun secret pour vous ! Changement de registre au 2e étage, où l'***espace Izis*** est consacré à ce grand photographe d'origine lituanienne, réfugié à Ambazac pendant la Seconde Guerre mondiale. Ses clichés ont fait le tour du monde, notamment ceux consacrés à la Résistance alors qu'il avait rejoint le maquis. La donation faite à la Ville permet au musée d'en exposer un certain nombre, ainsi qu'une reconstitution de son labo photo aménagé avec son propre matériel. Une vidéo constituée de témoignages dévoile par ailleurs quelques traits de la personnalité d'Israëlis Bidermanas, alias Izis. Avec ce musée plein de surprises, Ambazac mérite le détour.

Manifestations

– ***Les Gendarmes et les Voleurs de temps :*** *w-e de la Pentecôte. Infos : ☎ 05-87-21-31-86. • gendarmes-et-voleurs.com •* Vous avez des gendarmes à vos trousses... c'est normal, voici un rassemblement des gens de loi, mais ouvert à tous, qui regroupe tous les ans plus de 5 000 participants pour ces parcours longs de 32 et 65 km. Également course de 10 km, rando et course pour enfants.
– ***Broc'Amb :*** *1er dim de juin.* La plus grosse brocante de la région ! Pas moins de 10 000 visiteurs, venus de la France entière. Des étals sur 2,5 km en plein centre-ville, difficile de ne pas trouver un truc sympa à dénicher...

LA BASSE-MARCHE ET LES MONTS DE BLOND

Pays de transition aux frontières mal définies, la Basse-Marche s'étend au nord de la Gartempe, plus ou moins entre Marche, Berry et Poitou, soit sur tout le nord du département, et se distingue par son élevage ovin (le fameux

baronet), une topologie et des paysages moins accentués et pittoresques que dans le reste de la Haute-Vienne. Elle a Le Dorat pour capitale.
Concernant les monts de Blond, ultime avancée du Massif central et bordant cette Basse-Marche en son sud-ouest, ils forment une région à part entière, microrégion sans doute, mais typée, sauvage et isolée, boisée de chênes et de hêtres, et chargée de mystères, de « pierres à légendes », menhirs ou curieux mégalithes.
Vivant depuis toujours comme à l'écart du monde, on observe qu'aucun village ne répond au nom d'un saint ! Cela s'explique par une christianisation tardive et par le fait que les Celtes y ont plus longtemps qu'ailleurs conservé leurs rites et coutumes.

LE DORAT

(87210) 2 100 hab. *Carte Haute-Vienne, B1*

Capitale historique de la Basse-Marche, Le Dorat possède une des plus belles et imposantes collégiales du Limousin. Quelques maisons Renaissance subsistent dans la vieille ville, ainsi qu'une partie des fortifications médiévales avec notamment la porte Bergère, unique porte fortifiée du département. Pour une agréable pause promenade.

Adresse et info utiles

Office de tourisme : *17, pl. de la Collégiale. ☎ 05-55-60-76-81. • otledorat.boonzai.com • Lun-sam 10h-12h, 14h-17h30 ; fermé dim et jeu oct-avr.* Propose des visites guidées de la collégiale et de sa crypte, mais aussi de la vieille ville. Également des visites en juillet-août du souterrain refuge (sur résa). Location du GPS géocaching.

– Sympathique marché de producteurs locaux tous les 15 jours en été, le jeudi de 17h jusqu'à tard le soir. On pourra consommer sur place de bons produits sur de grandes tablées autour de la collégiale.

Où dormir ? Où manger au Dorat et dans les environs ?

Chambres d'hôtes L'Ancien Presbytère : *dans le hameau de* ***Voulons.*** *☎ 05-55-68-04-45. • falkon.jones@talk21.com • the-ancient-presbytery.com • À env 3 km du Dorat par la D 942 direction Bussière, puis à gauche. Doubles 65-85 € selon confort ; une suite également 90-130 €.* Portes épaisses, vieilles pierres, escalier plus que patiné, pas de doute, la maison a du caractère ! Et quitte à rester dans l'esprit médiéval, le proprio, un Anglais fan de fauconnerie, n'hésite pas à présenter ses rapaces. Quant aux chambres, elles se révèlent de bonne taille, confortables et bien arrangées. L'une d'entre elles profite même d'un large balcon surplombant le grand jardin. Très sympa.

Le Hameau de Gîtes : *Les Pouyades, 87190* ***Magnac-Laval.*** *☎ 05-55-60-73-45. 06-85-21-96-02. • limousinsejoursvacances.com • À 1 bon km après Magnac-Laval, par la D 942 direction Châteauponsac. Congés : début janv-début fév. Différentes formules de loc : du w-e (1 nuit) à la sem ou mini-sem (4 nuits) pour 4-8 pers, côté jardin ou étang ; à partir de 72 €/nuit et 273 €/sem pour 4 pers.* Situé sur un emplacement bucolique à souhait, ce hameau bien ordonné et très fleuri comprend une douzaine de gîtes pimpants de très bon confort : 2 ou

3 chambres fonctionnelles selon la taille du gîte, une pièce à vivre avec TV écran plat, une cuisine tout équipée et des sanitaires neufs. Au bord d'un étang, certains sont dotés d'une terrasse pieds dans l'eau et d'un accès ponton sur l'étang pour une partie de pêche en solitaire. Gîtes suffisamment espacés les uns des autres pour préserver l'intimité des familles. Un jardin entièrement clôturé, un espace jeux pour (jeunes) enfants et une piscine achèvent la description de cette agréable structure conçue façon « village-vacances » avec prestations hôtelières. Accueil souriant et dynamique.

La Marmite : *29, av. de la Gare. ☎ 05-55-60-66-94. • romain.jallet@orange.fr • En contrebas de la vieille ville, au rond-point pour Bellac. Fermé mar-mer. Congés : 2 sem fin sept-début oct. Formules (sf j. fériés) 13,50-16 €, menus 19-37,50 €.* De l'extérieur, on ne soupçonne pas la coquetterie des jolies salles à la déco champêtre. Alors poussez donc la porte, vous ne serez pas déçu par l'accueil tout sourire et dynamique, et par la cuisine fraîche et ludique du jeune chef. Pour les pressés, les grandes assiettes composées (avec entrée, plat et dessert disposés en même temps) sont d'un rapport qualité-prix indéniable. Et pour les gourmets, les menus fleurant bon le terroir et élaborés avec des produits locaux garantissent un bon moment, avec des plats savoureux présentés avec soin. Une adresse réjouissante.

À voir

La collégiale Saint-Pierre : *tlj 8h-19h (17h en hiver).* Datant des XIe et XIIIe s et impressionnante par sa taille et son architecture, elle en impose avec ses 77 m de long et sa flèche élancée portant au ciel un ange doré, rareté du XIIIe s (prévoyez les jumelles !). Toute de granit gris, austère de ligne et d'ornements, impression accentuée par sa fortification du XVe s, la collégiale reste harmonieuse malgré ce caractère massif. Beau clocher à étages polygonaux percés de fenêtres à voussures ou décorés d'arcatures trilobées, et gracieux portail monumental (le portail Saint-Pierre). Intérieur sobre et sombre, propice au silence et au recueillement, où l'on s'enfonce par une impressionnante volée de 12 marches – élevant d'autant la hauteur des voûtes. Par le bras droit du transept, on accède à la crypte (accessible dans le cadre des visites organisées par l'office de tourisme), partie la plus ancienne de l'église puisque du XIe s et sanctuaire dédié à sainte Anne. De nouveau, profond sentiment de quiétude. Ici, au milieu des colonnes archaïques, dorment les siècles et peut-être bien des tonnes de sagesse, allez savoir…

BELLAC

(87300) 4 800 hab. *Carte Haute-Vienne, B2*

Cette sous-préfecture de Haute-Vienne mérite une petite halte pour découvrir son centre ancien, situé sur un éperon rocheux dominant la rivière. L'hôtel de ville, ancien castel du XVIe s, témoigne du passé prestigieux de la ville, et quelques ruelles pittoresques mènent à l'église (où vous irez admirer son ancienne châsse émaillée). Tout au bout, vous aboutissez à la vallée du Vincou, symphonie de verdure que domine le vieux bourg. Bellac est aussi la patrie de Jean Giraudoux. Un petit musée lui est consacré dans sa maison natale, ainsi qu'un festival artistique.

Adresse utile

Office de tourisme du Haut-Limousin *(plan B1) : rue des Doctrinaires. ☎ 05-55-68-12-79. • tourisme-haut-limousin.com • Juil-août, lun-sam 10h-19h et dim et j. fériés le mat ; le reste de l'année,*

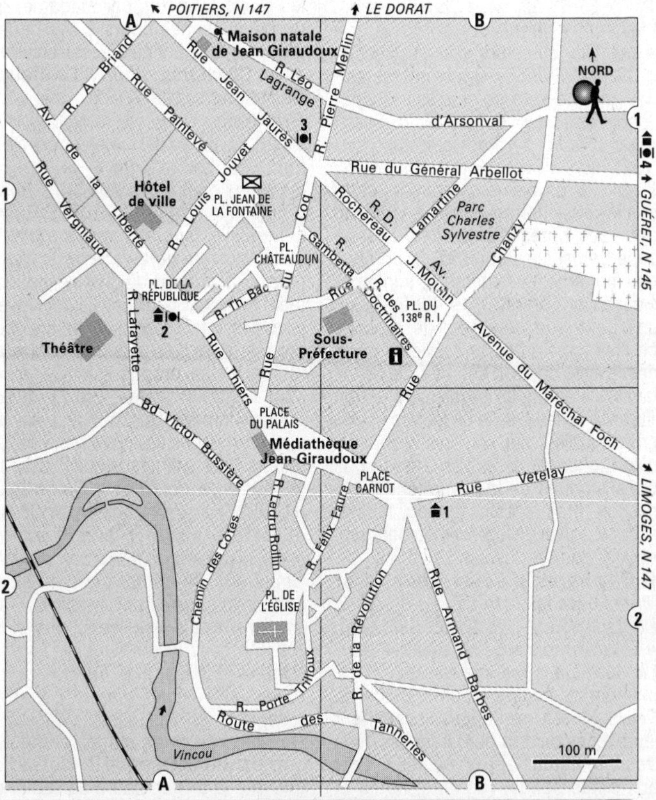

BELLAC

■ **Adresse utile** ℹ Office de tourisme du Haut-Limousin **Où dormir ? Où manger ?** 1 Chambres d'hôtes chez M. et Mme Fontanel	2 Chambres d'hôtes La Maison Bellachonne 3 Auberge du Cheval Blanc 4 Ferme-auberge de Rouffignac

lun-ven 10h-12h, 14h30-17h et sam 10h-12h. Nombreuses infos et suggestions de promenades aux alentours. Propose des visites de la ville et des villages des monts de Blond (sur rendez-vous) pour des groupes à partir de 10 personnes. Location du GPS géocaching. Demander le dépliant du *circuit des mégalithes.*

Où dormir ? Où manger ?

Ferme-auberge de Rouffignac *(hors plan par B1,* ***4****) : chez M. et Mme Kubiak-Le Quéré, 3, Rouffignac, au lieu-dit* ***Blanzac.***

☎ 05-55-68-02-14. • catkubiak@hotmail.com • ferme-de-rouffignac.fr • À env 2 km du centre-ville en direction de Guéret (N 145), prendre la 1re à gauche après le rond-point et suivre le fléchage. Double 54 €, familiale 76 € pour 4 pers. Table d'hôtes (ouv aux non-résidents sur résa) 19 € (apéritif et vin inclus). En pleine campagne, cette chaleureuse ferme-auberge dispose pour ses hôtes d'une vaste grange superbement restaurée dans un style très moderne. Les chambres sont spacieuses et confortables, toutes avec une belle vue dégagée, de grosses poutres apparentes, une salle de bains neuve avec des w-c séparés. De belles familiales en duplex, également. Salon TV, salle de jeux, salle de lecture et une grande tablée, bien sûr, pour le copieux dîner concocté avec soin à partir des bons produits de la ferme (charcuterie, foie gras, confit, agneau, lapin... accompagnés de légumes du potager). Accueil doux et dévoué.

Chambres d'hôtes chez M. et Mme Fontanel *(plan B2, **1**)* **:** *8, rue du Docteur-Vételay. ☎ 05-55-68-11-86. • bellac@free.fr • bellac.free.fr • Double 50 €.* Dans une maison du XVIIe s, pas loin de l'église et de la place du Palais, M. et Mme Fontanel accueillent leurs hôtes dans la pure tradition. Tous deux, extrêmement chaleureux, sont aux petits soins avec leurs hôtes et n'ont d'autre but que de leur faire passer un bon séjour en Haut-Limousin. Chambres très coquettes et décorées avec amour (noter d'ailleurs toutes les œuvres peintes par madame, qui donne aussi des cours à ses heures perdues). Une bonne adresse en ville.

Chambres d'hôtes La Maison Bellachonne *(plan A1, **2**)* **:** *chez M. et Mme Gash, 11, pl. de la République. ☎ 05-55-68-47-61. • eleonore@maisonbellachonne.com • maisonbellachonne.com • Double 70 €. Table d'hôtes (sur résa) 20 €.* En plein centre-ville, face à la superbe mairie, cette demeure de caractère du XVIIe s recèle 5 chambres de charme, entièrement refaites. Spacieuses, lumineuses, elles possèdent toutes une petite déco soignée à l'anglaise, pays d'origine de la charmante propriétaire. Certaines sont communicantes, bien pratique pour les familles. Sur l'arrière, belle vue sur la campagne environnante. Petit déj et repas aussi généreux que l'accueil.

Auberge du Cheval Blanc *(plan A1, **3**)* **:** *2, av. Jean-Jaurès. ☎ 05-55-68-84-88. • myriamlafont@orange.fr • À proximité de la maison de Jean Giraudoux. Tlj sf mar-mer ; hors saison, fermé également le soir lun, jeu et dim. Résa conseillée le w-e et en été. Congés : 3 sem en janv, 1 sem à Pâques et 2 sem à la Toussaint. Formules 11-13 € (sf dim et j. fériés) ; menus 19-22 € et carte. Café offert sur présentation de ce guide.* C'est la bonne petite adresse de Bellac, où l'on trouve à la fois un cadre agréable, un service prévenant et une cuisine de tradition simple, mais savoureuse. Parfait pour un bon repas en famille un midi et pour marquer une pause.

À voir. À faire

La maison natale de Jean Giraudoux *(plan A1)* **:** *4, av. Jean-Jaurès. ☎ 05-55-68-10-61. Ouv en juil-août, tlj sf mar et dim l'ap-m, ainsi qu'à l'occasion des expos temporaires. GRATUIT.* Quelques costumes de scène, des photos et affiches de théâtre, une salle des horloges et une reconstitution de la chambre du grand poète et dramaturge bellachon, dans le cadre même où il est né, mais où il ne vécut que très peu de temps. En fait, pas grand-chose à voir, car sa bibliothèque personnelle (3 000 titres) a été transférée à la nouvelle ***médiathèque Jean-Giraudoux*** *(plan A2)* pour une consultation sur rendez-vous *(pl. de la République, tlj sf dim-lun et jeu ap-m).*

L'église Notre-Dame *(plan A2)* **:** à l'origine chapelle d'un château disparu, bâtie au XIIe s, remaniée au XIVe s, l'église abrite un retable baroque intéressant. S'y trouve la plus ancienne châsse du Limousin (XIIe s), en cuivre décoré d'émaux et de cabochons. Superbe. De l'extérieur, joli panorama sur la campagne avoisinante.

➢ ***Balade dans la vieille ville :*** *rue du Coq* (à l'angle de la place du Palais), amusante plaque de rue annonçant « Défense de trotter en ville », afin que les chevaux de l'armée ralentissent en croisant les charrettes des paysans. Au 29, rue Thiers, en 1663, l'*Hostellerie de la Pyramide* hébergea un certain Jean de La Fontaine, qui y écrivit *Le Coche et la Mouche.* Il ne reste rien de ce bâtiment, mais une plaque commémorative signale l'endroit. Puis, empruntant la *rue La Fayette,* face à la mairie, gentilhommière du XVIe s, on arrive en surplomb du Vincou : beau panorama, avec à droite le viaduc, le cours serpentant et les berges aménagées du Vincou qu'on gagne par une longue « rampe », escalier médiéval à larges marches. Dans les *jardins du Vincou,* jeux pour enfants, aire de pique-nique. Beau pont du XIIIe s et, en aval, vers les anciennes tanneries, curieux séchoir à peaux du XVe s, le dernier encore existant.

Manifestation

– ***Festival national de Bellac :*** *1 sem début juil. Rens :* ☎ *05-55-60-87-61.* • *theatre-du-cloitre.fr* • Se déroule dans le théâtre du cloître principalement, scène conventionnée de Bellac mêlant théâtre, musique et cinéma, ainsi que dans le reste de la ville. L'un des plus vieux festivals de France (1953), initié par Louis Jouvet autour de l'œuvre de Jean Giraudoux. Des expos de peinture et photo, des concerts, du théâtre de rue, de la chanson française...

LES MONTS DE BLOND

Carte Haute-Vienne, B2

Le massif des monts de Blond, long et large de 8 km, s'étend entre Mortemart à l'ouest, Blond au nord, petit village on ne peut plus « France rurale en voie de disparition » avec ses troquets-restaurants et sa charmante église romane fortifiée, Vaulry à l'est et Cieux au sud, sentinelle endormie tournée vers Limoges. Les promenades et beaux points de vue y sont légion et il n'est pas rare de croiser quelques chevreuils, mégalithes ou autres pierres de légendes !

Où dormir ? Où manger dans le coin ?

De bon marché à prix moyens

🏠 |●| ***Chambres d'hôtes Chabatz d'Entrar :*** *10, Panissac, 87300* ***Berneuil.*** ☎ *05-55-60-25-38.* 📱 *06-60-86-07-38.* • *chabentrar@orange.fr* • *À env 2 km au nord de Berneuil en direction de Bellac, une petite route sur la gauche pour Panissac. Double 50 €. Table d'hôtes sur résa 18 €.* 📶 Bienvenue chez les Vassort, un couple charmant qui a soigneusement aménagé une belle et vaste maison de maître du XIXe s, plantée au milieu d'un grand jardin. Calme et cosy, à l'image de ses jolies chambres tout confort, et de sa salle à manger chaleureuse où l'on sert des repas préparés au maximum avec les produits du potager ou locaux. Une adresse placée sous le signe de la sérénité et de la convivialité.

🏠 ***Chambres d'hôtes du domaine des Leszes :*** *chez Emmanuel Veyriras, Les Leszes, 87140* ***Nantiat.*** ☎ *05-55-53-59-31.* • *veyriras@aol.com* • *Quitter Nantiat par la D 5 en direction de Thouron, le hameau des Leszes est indiqué un peu plus loin sur la droite. Congés : nov-mars. Double 50 €.* Une belle propriété perdue au milieu d'une nature presque vierge. Au 1er étage du petit château, en haut d'un splendide escalier, quelques chambres à la décoration parfois minimaliste, dotées d'un bon confort. Belle vue sur la campagne, le grand bassin ou la magnifique chapelle. Calme, repos et bon air assurés. Merveilleuses balades à pied ou à bicyclette dans les environs. Pêche aussi. Grande salle pour le petit déj. Accueil discret mais sympathique. Également possibilité de louer 2 gîtes (préférence pour celui du mignon petit pigeonnier, pour 3 personnes). Très belle piscine.

Chambres d'hôtes La Flambée : *Thoveyrat, 87300* ***Blond.*** *☎ 05-55-68-86-86. • chambrehote@freesurf.fr • laflambee.info • À env 6 km de Blond par la D 3 en direction de Bellac. Double 45 €. Table d'hôtes sur résa 18 €. Également un gîte 265-450 €/sem pour 6 pers.* Myriam ne fait pas les choses à moitié : ses 4 chambres et son gîte sont de très bon confort et décorés avec soin, avec beaucoup de couleurs, de jolis bibelots, et des salles de bains pimpantes, parfois très tendance. Du beau travail ! Et comme elle adore recevoir, elle prend place avec son mari parmi ses hôtes, pour partager de bons repas familiaux préparés avec les produits du jardin et ses volailles. Une excellente adresse, jeune et dynamique.

Auberge La Source : *1, av. du Lac, 87520* ***Cieux.*** *☎ 05-55-03-33-23. • jpwaldbauer@wanadoo.fr • lasource87.onlc.fr • Fermé lun, mar midi et dim soir. Congés : de mi-janv à mi-fév. Doubles 66-74 € selon confort et vue. Formule et menus 13-17 € (le midi en sem), puis 30-38 €.* Un ancien relais de poste à l'entrée du village. Des patrons charmants qui vous accueillent et sont aux petits soins pour vous faire passer un bon moment. À table, dans la grande salle lumineuse ou sur la belle terrasse, on sert une cuisine de tradition sûre et soignée, réalisée avec des produits ultra-frais. Côté chambres, à la déco classique, de l'espace, du calme, un bon entretien, et surtout une très belle vue pour celles sur l'arrière.

Café-restaurant de la Poste, Chez Boulette : *1, pl. de l'Église, 87300* ***Blond.*** *☎ 05-55-68-83-82. Face à l'église. Tlj, midi slt. Congés : 15-30 sept. Menus tt compris 12-14 € en sem, 16 € sam et 18 € dim. Kir maison ou café offert sur présentation de ce guide.* *Chez Boulette,* c'est un petit café de pays rustique et sans chichis, une institution locale indéboulonnable depuis des lustres. On y vient pour prendre un canon, et surtout pour se taper le menu dit « ouvrier », mais campagnard serait plus juste. Cuisine sans fioritures et portions de cheval : charcuterie maison, hachis Parmentier conséquent, langues en sauce, cassoulet, fromages qui décoiffent, dessert genre boules de glace, café et kil de rouge. Le tout servi à la bonne franquette, avec le plateau de fromages qui reste sur la table tant qu'on en redemande, comme à la maison. Du concret, quoi !

Les monts de Blond à pied

Marcher en forêt, au bord des étangs, au pied des menhirs et des dolmens à légendes, c'est la rando dans les monts de Blond. Elle demande un certain goût pour le mystère.

- Vêtements chauds, anorak et bonnes chaussures montantes sont nécessaires sur ces chemins souvent boueux.
- Référence : les topofiches de randonnées éditées par le conseil général, et disponibles à l'office de tourisme de Bellac, ou téléchargeables sur le site *• tourisme-haut-limousin.com •*

➢ ***Le GRP des monts de Blond :*** balisé en rouge. Ce sentier de grande randonnée de pays (GRP) se fait à pied sur près de 110 km en boucle.

➢ ***Des circuits en boucle,*** ou promenades et randonnées (PR), balisés en jaune, se font à partir des villages du secteur, comme Mortemart (sentier des Moines),

Montrol-Sénard (sur les traces d'Henri IV), où l'on suivra le parcours « Nostalgie rurale » (voir plus loin « Dans les environs de Mortemart »), Cieux (circuit des mégalithes), ou encore de Bussière-Buffy (circuit de la Mandragore, créature diabolique, mi-bouc, mi-serpent et griffu avec ça, qui dévorait tous les mois une jeune fille, vierge bien entendu, sur les landes de Frochet...).

Le GRP de pays des monts de Blond

Une belle aventure pédestre qui permet notamment de découvrir Mortemart, les maisons anciennes de Peyrelade, bourg pittoresque et fleuri, les curieux rochers de la Pierre-Branlante, le village de Vaulry (jetez un œil à la table d'orientation, la vue et la chapelle, perdue sur sa colline boisée), ou encore Cieux (abri de la Roche-aux-Fées) et son étang, Arnac et sa pierre à cupules (vous êtes en plein cœur du pays des mégalithes)... La huppe fasciée et la sittelle torchepot font entendre leurs chants. Le potamot à feuilles de renouée, l'ancolie pâle et le rossolis à feuilles rondes se cachent dans les fonds humides. Sur le chemin, de superbes points de vue sur la région. Au nord, sur la D 204, la chapelle du Bois-du-Rat mérite un détour. Elle est le site d'un étrange pèlerinage, à la période de Noël. Faites le tour de sa croix plantée devant le porche, mettez quelques poils ou plumes de votre animal favori malade dans la poche de pierre taillée sur le mur de droite et il sera, en principe, guéri.

MORTEMART (87330) 125 hab. *Carte Haute-Vienne, B2*

Un de nos villages préférés en Limousin, appartenant au cercle des « Plus Beaux Villages de France ». Le site est classé et protégé depuis plus de 30 ans, tandis que le village tire son nom de l'illustre famille qui le fonda vers l'an 1000 et dont Mme de Montespan, favorite du Roi-Soleil, est issue. Mortemart donc n'est que paix, harmonie et douceur de vivre. Maisons anciennes, château des Ducs et couvent des Carmes s'accordent en un tableau de granit clair et fleuri. On se balade au bord des douves où cancanent les canards et trompettent les cygnes... Eh oui, car le cygne trompette quand il n'est pas muet. On va s'asseoir à l'ombre de la vieille halle, on se promène sur le bucolique sentier des Moines. On respire.

Adresse utile

Antenne de l'office de tourisme du Haut-Limousin : *au château des Ducs. ☎ 05-55-68-12-79. Juil-août, tlj sf lun 14h30-19h.* Petit kiosque d'info ouvert en été seulement, s'adresser à l'office de tourisme de Bellac le reste de l'année.

Où dormir ? Où manger ? Où boire un verre à Mortemart et dans les environs ?

Le Relais de Mortemart : *au centre du village. ☎ 05-55-68-12-09. • lerelaismortemart@orange.fr • Tte l'année. Resto fermé dim soir oct-avr. Doubles 49-57 € selon confort. Menu déj en sem 13 € (vin inclus), puis 22 € (sf dim)-47 €.* Voici une hostellerie coquette et très agréable, à l'image du village. Quelques petites chambres classiques et mignonnes (avec w-c sur le palier pour les moins chères), mais c'est surtout la cuisine qui nous intéresse ici. La patronne met à l'honneur les produits du terroir qu'elle cuisine avec créativité, faisant des associations surprenantes. Un festival de saveurs ! Service attentionné et décontracté dans une jolie salle en pierres apparentes, à la déco raffinée. Côté halles, autre salle et belle terrasse face au château pour une formule économique convaincante : formule du jour, copieuses salades gourmandes et de bonnes glaces à toute heure. Plaisir assuré.

Chambres d'hôtes de l'Ancien Couvent des Carmes : *2, rue des Carmes. ☎ 05-55-60-20-23. • raymond.thomas5@orange.fr • carmes.eu • Congés : nov-fév. Double 58 €. Repas 20 €.* Une grande demeure qui, comme son nom l'indique, se situe dans l'ancien couvent de Mortemart, datant, excusez du peu, des XIe et XIIe s. Un cadre de rêve pour qui souhaite passer la nuit dans ce ravissant village. Les chambres, on ne peut plus spacieuses, sont meublées à l'ancienne dans un style très classique et offrent un bon confort. Et pour lézarder entre deux balades, direction le charmant jardin clos qui précède la maison. Accueil timide mais charmant.

La Belle Équipe : *16, route de la Coulée-Verte, 87330* ***Montrol-Sénard.*** *☎ 05-55-60-44-01. • labellequipe demontrol@worldpress.com • À env 2 km au sud de Mortemart, au centre du village, juste après l'église (ne pas confondre avec celui qui est situé en contrebas de la place). De juin à mi-oct, tlj sf mer. Hors saison, le midi slt (sf mer), plus ven-sam soir. Congés : de mi-déc à fév. Formule 15 €, assiette du jour 9 € en été.* Plus qu'un resto, ce minuscule bistrot prolongé par quelques tables dans la rue et dans la grange en face est avant tout un lieu de vie : on y organise des expos, des concerts, éventuellement des spectacles, et, plus que tout, on s'y rencontre entre voisins, entre copains, autour de petits plats du jour bien goûteux. Car la (belle) équipe aux commandes ne transige pas avec la qualité ! Chaque jour, l'ardoise se résume à 2 entrées, 2 plats et 2 desserts, préparés en fonction du marché et des saisons. Simple et bon. Et aux beaux jours, on file au jardin pour boire un verre.

À voir

L'église des Augustins : bâtie au XIVe s et ancienne chapelle du couvent mitoyen. On y trouve de superbes stalles sculptées du XVe s. Comme souvent, elles disposent de petits rabats, appelés miséricordes, qui permettaient aux moines de s'asseoir tout en donnant l'impression de se tenir debout. Curieux clocher à bulbe.

Le château des Ducs : *ouv juil-août. GRATUIT.* Beau et massif corps principal, assez rustique, et bel escalier de granit à vis (XVe s). Expos estivales de peintures. Possibilité de pique-niquer au bord des douves.

Les halles : du XVIIe s et jolies comme tout. En juillet-août, chaque dimanche matin s'y tient un marché campagnard de produits locaux où l'association *Les Agricultrices de Basse-Marche et des monts de Blond* propose ses terrines, légumes et fromages. Que du bon !

DANS LES ENVIRONS DE MORTEMART

Le parcours « Nostalgie rurale » : *début mai-fin nov. À* ***Montrol-Sénard*** *(87330). Rens : ☎ 05-55-68-12-79. Plan de visite disponible dans les sites ou les commerces. Possibilité de visites guidées avec l'office de tourisme.* Montrol-Sénard, adorable village un temps oublié, a littéralement ressuscité grâce à l'initiative géniale d'un passionné. Il s'est efforcé de mettre en valeur le patrimoine bâti en reconstituant différents univers, afin d'évoquer la vie rurale au début du

XXe s. Peu à peu, les voisins se sont pris au jeu, et c'est l'ensemble du village qui a retrouvé ses charmes d'antan. Étonnant ! Au hasard de la promenade, on verra (en saison uniquement, se renseigner à l'office de tourisme de Bellac) une maison limousine « Chabatz d'entrar » (belle reconstitution d'un intérieur paysan avec son étable et son cellier), le fournil, le lavoir (avec le matériel des laveuses et de nombreux panneaux pédagogiques), le poulailler et le toit à cochon, le four à pain, l'atelier du sabotier et du cordonnier, le vieux café et, bien évidemment, l'école communaleavec ses pupitres et le tableau noir en bonne place. Sans oublier une exposition de photographies et de documents sur le thème de la ruralité (le sujet change chaque année).

ORADOUR-SUR-GLANE

(87520) 2 300 hab. *Carte Haute-Vienne, B2*

Le site le plus visité de Haute-Vienne (la visite des ruines est libre et gratuite aux mêmes horaires que le centre de la Mémoire par lequel on y accède). Ce village martyr inspire une tristesse immense et prend aux tripes, comme on dit. À l'entrée, on lit « Souviens-toi ». Tout est dit.

Rappelons les faits : le samedi 10 juin 1944, jour de distribution du tabac, tout est calme jusqu'à l'arrivée du détachement de la division allemande *Das Reich.* Composée essentiellement de jeunes soldats (207 SS, dont une dizaine d'Alsaciens), elle fait irruption dans le village à 14h. À 21h, Oradour n'existe plus et les 642 habitants présents ce jour fatidique ont été massacrés (dont près de 400 femmes et enfants, rassemblés dans l'église, brûlés vifs). Contrairement à ce qui a longtemps été raconté, cet acte de terreur avait été planifié 2 jours plus tôt, et le processus d'encerclement du village bien organisé. Un seul objectif (sans prendre trop de risques, le village était inoffensif) : semer la terreur dans un secteur où la Résistance était très active.

UN PROCÈS CONSTERNANT

En 1953 s'ouvrit le procès d'Oradour-sur-Glane avec 21 soldats accusés sur 61 identifiés. Parmi eux, 14 Alsaciens qui combattirent sous l'uniforme allemand (les « Malgré Nous »). Aucun officier n'était présent. Certains Allemands seront condamnés à la prison, tandis que les Alsaciens furent relâchés. On frôla l'insurrection.

Pour comprendre (peut-on vraiment ?) l'état psychique des nazis, il faut s'arrêter sur la date du massacre : 4 jours après le débarquement américain. La division allemande avait ordre de remonter au plus vite sur la Normandie. La Résistance, en bloquant les routes et en détruisant les ponts, s'acharnait à les retarder. Les maquis kidnappèrent même un officier SS (qui réussit à s'échapper). Les Allemands sentaient arriver la défaite mais, fanatisés, ils se souvinrent de ce que leur idéologie terrible leur avait enseigné : « S'il faut mourir, nous ne mourrons pas seuls »...

Le village, qui a pour vocation première d'être un lieu de mémoire, a volontairement été conservé en l'état : brûlé, ravagé, ruiné. Ce n'était pas un tout petit village, mais plutôt un bourg. On y trouvait une modeste gare, plusieurs places, une grand-rue commerçante et d'autres adjacentes. Des plaques rappellent les noms des occupants de telle maison, telle boutique. Qu'ici était une grange où tant d'hommes furent regroupés, puis fusillés sans raison. Là, une autre. Quelques carcasses rouillées de voitures, de radiateurs ou de machines à coudre apparaissent dans les décombres. La descente de la grand-rue est poignante et n'en finit pas. Au bout, la fameuse église, celle où femmes et enfants furent exterminés.

Seuls les murs subsistent. Difficile, en entrant, de s'empêcher d'imaginer l'abominable scène. Et puis il y a aussi le cimetière et le mémorial, tout aussi poignants... On ressort bouleversé de cette « visite ». Il n'y a rien à ajouter, sinon qu'il faut y aller, car ça a existé, ça existe encore, et Oradour-sur-Glane en témoigne infiniment plus que n'importe quel livre d'histoire, n'importe quel film ou documentaire. Oradour nous rappelle que le nazisme n'a engendré qu'horreurs, drames et larmes, interdisant toute complaisance, toute compromission avec l'Histoire, révisionnisme et négationnisme n'étant jamais très loin... On peut aussi voir ou revoir le film de Robert Enrico, *Le Vieux Fusil* (avec Philippe Noiret et Romy Schneider), qui s'inspire de façon bouleversante de cet épisode noir de la région d'Oradour.

Adresse utile

Office de tourisme : *pl. du Champ-de-Foire. ☎ 05-55-03-13-73. • oradour-sur-glane.fr • Sur la route de Confolens. Ouv mars-oct, mar-sam 14h-18h ; nov-fév, mar-sam 13h-17h.* Organise des visites guidées de la ville nouvelle et de la maison d'Oradour (voir plus loin).

Où manger dans les environs ?

Le Moulin de Chevillou : *87510* ***Saint-Gence.*** *☎ 05-55-75-86-13. À env 10 km à l'est d'Oradour ; bien indiqué, à gauche avt l'entrée du village par la D 28. Juin-sept, tlj sf lun et dim soir (plus mar juin et sept) ; hors saison, slt sam, dim midi et le soir des j. fériés. Congés : janv-fév. Résa vivement conseillée, surtout aux beaux jours en terrasse, car l'adresse est de celles que tt le monde connaît. Menus 19 € (sf dim), puis 26-40 € ; formule enfants 10 €. Apéritif maison offert sur présentation de ce guide.* Au creux de son vallon et au bord de la Glane, c'est d'abord un adorable parc peuplé de gentils animaux (ânes, biquettes, poneys, faisans...). Les gamins raffolent d'autant plus de l'endroit qu'un espace de jeux (avec balançoire et toboggan) leur est réservé, tandis que les plus grands peuvent se promener le long du cours d'eau. À table, on déguste une de ces viandes de qualité que propose la maison, mais également des spécialités de truite, de cochonnaille, des filets de canard... On déjeune au rythme de la roue du moulin qui bat l'eau et au goûter, on attaque les crêpes ! Service charmant. Un vrai coin de paradis que ce *Moulin de Chevillou.*

Ferme de La Chassagne : *4, rue de La Chassagne, 87510* ***Saint-Gence.*** *☎ 05-55-75-68-46. À env 10 km à l'est d'Oradour. De l'église de Saint-Gence, prendre direction Limoges, puis, devant le cimetière, prendre la route de droite (petit panneau lieu-dit « La Chassagne ») ; suivre ensuite le fléchage. Ouv le midi lun-ven, et sur résa sam et dim midi. Formules et menus le midi 9,50-22 € ; le w-e menus 24-32 €. La Chassagne,* c'est une entreprise agricole, une boucherie et un resto, le tout géré par la même famille. Autant dire que la carte de visite dit vrai en précisant que la viande passe « de l'étable, à l'étal... à la table » ! Bœuf, agneau, veau et produits fermiers sont du cru et préparés suivant l'humeur du chef. Formules simples, bonnes et copieuses, à déguster en terrasse ou dans une petite salle rustique bien agréable. Accueil jeune, enjoué et extrêmement sympathique.

À voir

Le centre de la Mémoire : *☎ 05-55-43-04-30. • oradour.org • ♿ De mi-mai à mi-sept, tlj 9h-19h ; de mars à mi-mai et de mi-sept à fin oct, tlj 9h-18h ; nov-fév, tlj 9h-17h ; dernière entrée 1h avt. Fermé de mi-déc à fin janv (mais accès ouv au village martyr). Entrée : 7,80 € ; réduc ; gratuit moins de 10 ans. Audioguide : 2 €. Attention, certains films peuvent choquer les plus jeunes.*

Tout le monde connaît l'histoire d'Oradour-sur-Glane (voir plus haut). Un village tranquille. Les SS qui déboulent. Des fusillades, des cris, des pleurs, l'église, les femmes et les enfants. Des êtres humains qui crèvent d'inhumanité, et les frontières de l'horreur repoussées encore une fois. Cela dit, il faut bien admettre que peu d'entre nous connaissent précisément les faits. Qui ? Pourquoi ? Comment ? Questions futiles pour certains, curiosité malsaine pour d'autres. Pas du tout. Il est bien naturel de s'interroger devant une telle barbarie, même si comprendre paraît bien improbable. C'est à ce moment précis que le Centre de la mémoire, ouvert en 1999, prend toute sa dimension.
Cinq salles chronologiques, à la scénographie chargée mais claire, meublées d'archives, de photos, de cartes, de films courts et d'organigrammes. Cinq espaces pour rappeler la montée du nazisme et l'embrigadement des plus jeunes, la France de Vichy, pour présenter le « village tranquille » d'Oradour avant le massacre, et enfin le parcours de la division *Das Reich*. Ensuite un film de 12 mn, vivement recommandé, tourné dans les ruines en 1998, avec en voix off la lecture de nombreux témoignages. Puis arrive le temps des procès, mais aussi celui de la reconstruction, avec les survivants qui s'organisent pour créer un nouveau village, une nouvelle vie. Et enfin, un espace de réflexion (conçu par Yves Devraine, à l'origine du mémorial de Caen), une salle pour réfléchir, une salle pour se reposer, se recueillir ou pleurer un coup, c'est selon. Également d'intéressantes expos temporaires et une librairie bien fournie.

La Maison d'Oradour : *9, rue du Champ-du-Bois (derrière l'office de tourisme). Visite guidée sur résa auprès de l'office de tourisme. Entrée : 2 €.* Visite d'une maison rescapée du drame où vécurent quelques survivants avant la construction de la ville nouvelle. Un petit musée commémoratif est en projet.

DANS LES ENVIRONS D'ORADOUR-SUR-GLANE

Féeriland : *87520* ***Veyrac.*** *☎ 05-55-03-16-71. • feeriland.com • À 6 km d'Oradour, par la D 9 direction Limoges ; bien indiqué. Pâques-juin, tlj 14h-18h ; juil-août, tlj 10h30-19h ; fin sept-oct, slt le w-e et pdt les vac scol 14h-17h30. Fermé 3 sem en sept et de nov à mi-avr. Entrée : 7,60 € ; enfant 5,50 €.* Mme et M. Jourdy sont des passionnés et ont investi plus de 10 ans de leur vie et leur argent pour donner naissance à ce lieu atypique et non moins intéressant. Amateurs de maquettes, tenez-vous bien ! Vous plongerez en un clin d'œil dans leur univers miniature et enchanteur : un village gaulois, un site médiéval et son château, une scène du Far West, de carnaval, le château d'Azay-le-Rideau (en boîtes de camembert) et... Fourmiville ! Le détail est impressionnant (tout, ou presque, est fait maison, des figurines en plomb aux vêtements cousus main !), les animations réussies, tout comme l'éclairage et la sonorisation. Un brin naïf, mais créatif et tout simplement féerique ! On a même pensé aux tabourets pour les plus petits qui, fascinés, ont du mal à quitter les lieux. C'est aussi un petit parc extérieur avec jardin botanique aquatique, structures gonflables, aire de jeux familiaux (avec notamment différents jeux de kermesse). Juillet et août, animation « Pirates », restauration rapide. Animations anniversaires sur réservations. Tables de pique-nique à l'extérieur.

Le pont-colombier de Veyrac *(87520) :* édifice remarquable, car très rare. Construit au XVIIe s et classé Monument historique, cet insolite pont couvert est surmonté d'un colombier. Mérite vraiment le coup d'œil !

DE SAINT-JUNIEN AU PAYS ARÉDIEN

De Saint-Junien à Coussac-Bonneval, soit le quart sud-ouest du département, églises et châteaux se succèdent en un itinéraire musardant de village en bourgade, et par une campagne toute vallonnée, à travers bois, bocages, pommiers, forêts de chênes et de châtaigniers.

Une route touristique, dite Richard-Cœur-de-Lion, bien signalée, emprunte de charmantes départementales, traverse de coquets villages et nous fait découvrir de magnifiques châteaux médiévaux, dont les murailles épaisses transpirent l'histoire, en ce beau Pays arédien aux airs de Périgord. Le parc naturel régional Périgord-Limousin y est aussi certainement pour beaucoup. À cheval sur le département de la Dordogne, ce parc n'est que composition de verdure, forêts et trésors historiques. Alors, bonne route !

– Infos sur le parc (en Dordogne) : ☎ 05-53-55-36-00. • parc-naturel-perigord-limousin.fr •

– Pour plus d'infos sur la route Richard-Cœur-de-Lion : • routerichardcoeurdelion.com •

SAINT-JUNIEN (87200) 11 900 hab. *Carte Haute-Vienne, B3*

Deuxième ville du département avec près de 12 000 habitants, Saint-Junien doit cette relative importance à une longue tradition toujours active de mégisserie et de fabrication de vêtements de cuir, spécialement de gants de luxe (trois ganteries de haute couture encore présentes), mais aussi d'émaux et de porcelaine. L'antique *Comodoliac* gallo-romaine, qui donne son nom à la forêt celte sur laquelle a été construite la ville, présente un centre ancien assez animé (surtout le samedi, jour de marché) et intéressant. Surprenant (enfin, pas tant que ça en Haute-Vienne), on y trouve une place... Lénine juste en face de la collégiale du XIIe s ! On remarquera aussi quelques maisons Renaissance, dont celle des Consuls, belle comme tout avec ses fenêtres surlignées d'arcatures et ses mignons modillons.

Comme partout en Haute-Vienne, campagne environnante charmante, sur les bords de Vienne et de la Glane. Ces lieux ont d'ailleurs inspiré Corot, et aujourd'hui Jean Piat, qui a élu domicile dans les environs.

La ville a eu la bonne idée de placer des panneaux explicatifs (même traduits en langue d'oc !) devant ses principaux sites. Ne pas manquer l'impressionnante collégiale et la curieuse façade de la salle des fêtes. Une étape bien agréable. Et en quittant Saint-Junien vers Angoulême, au niveau de Saillat, ne soyez pas effrayé à la vue de l'énorme usine installée sur les bords de la Vienne, vous êtes face à la plus grande papeterie d'Europe.

Adresse et infos utiles

ℹ ***Office de tourisme*** *(plan B1)* ***:*** *pl. du Champ-de-Foire. ☎ 05-55-02-17-93. • tourismesaint-junien@gmail.com • saint-junien-tourisme.fr • Tlj juin-sept ; fermé dim hors saison.* Super efficace et dynamique. Nombreuses documentations, dont des topos de randos et de parcours VTT autour de la commune. Propose des visites de la ville (collégiale, site Corot, ganteries, mégisserie...) et un parcours sur les bords de Glane « Sur les pas de Corot », du printemps à l'automne.

*– **Marché :** sam mat, aux halles (le plus important ayant lieu sam).*

*– **Foire :** 3e sam du mois, pl. du Champ-de-Foire et à travers tte la ville.*

Où dormir ? Où manger ? Où boire un verre ?

Camping

Camping municipal de la Glane *(hors plan par B1,* ***10****)* ***:*** *allée des Pommiers. ☎ 05-55-02-34-86. 📱 06-74-09-85-88. • camping@saint-junien.fr • camping-saint-junien.fr • ♿ Près du centre municipal sportif.*

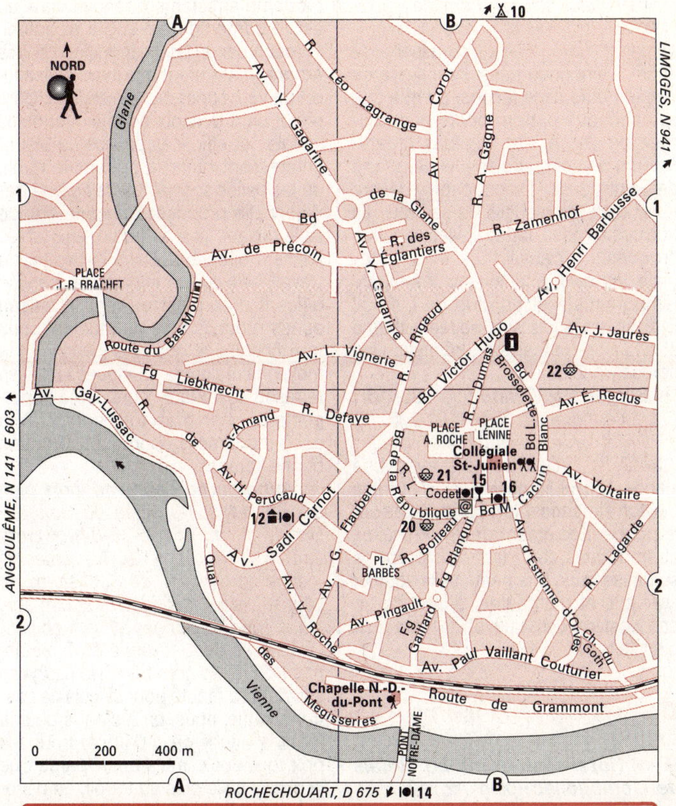

SAINT-JUNIEN

■ **Adresse utile**

- Office de tourisme

Où dormir ? Où manger ? Où boire un verre ?

- **10** Camping municipal de la Glane
- **12** Hôtel-restaurant Le Relais de Comodoliac
- **14** Auberge du Lauryvan
- **15** La Paillotte
- **16** Burger sur Vienne

Ganteries

- **20** Agnelle
- **21** Ganterie de Saint-Junien
- **22** Morand

Ouv de mi-mai à mi-sept (tte l'année pour les loc). Forfait 2 pers env 11 € en hte saison. Chalets 4-5 pers env 230-350 €/sem selon saison. Un camping paisible et bien équipé (salle TV, aire de jeux pour les enfants, prêt de barbecue et de matériel de sport), disposant de 6 jolis chalets en bois avec terrasse et de larges emplacements dans un site bucolique : magnifique parc ombragé et vallonné, allées parfaitement entretenues... Un bon point de chute pour rayonner dans la région.

Très bon marché

La Paillotte (plan B2, **15**) : *10, rue Charretière.* ☎ *05-55-02-13-06.* ● *lapaillotte@sfr.fr* ● *Lun-sam 7h-19h,* *soirée à thème jeu soir. Formule 9,50 €. Café offert pour une formule sur présentation de ce guide.* « Brasserie de l'écrit », annonce aussi l'enseigne de ce petit café sans façons, dont le très sympathique patron, poète et amoureux du verbe, est l'un des organisateurs du concours annuel de poésie de Saint-Junien. Du coup, on y dévore aussi bien les recueils de ses œuvres que des salades, tartes salées et autres croques ! Terrasse face à la collégiale, ou salle accueillant des expos temporaires... et un club de billard ! Et tous les jeudis soir, soirée à thème et chanson française à l'honneur. Une adresse insolite.

Burger sur Vienne *(plan B2, **16**) : 2, rue Vermorel. ☎ 05-87-19-92-00. Tlj sf dim et lun midi. Burgers et salades 4,50-9,10 €.* Des burgers avec une viande 100 % limousine, pain et frites maison ! Impeccable pour un repas sur le pouce. Également des milk-shakes et smoothies aux fruits de saison. ça se passe dans une petite salle voûtée, agréable et bien aérée, à la déco un brin western. Les Américains n'ont qu'à bien se tenir !

De prix moyens à chic

Hôtel-restaurant Le Relais de Comodoliac *(plan A2, **12**) : 22, av. Sadi-Carnot. ☎ 05-55-02-27-26. • comodoliac@wanadoo.fr • comodoliac.fr • ♿ Doubles 72-85 € selon confort. Formule « bistrot » au déj en sem 13 € ; menus 17 € (sf w-e) puis 29-39 € et carte.* Un bâtiment moderne entièrement rénové dans un esprit contemporain sobre et actuel. Précédé par un beau jardin fleuri et très arboré, c'est une halte bien plaisante si l'on veut flâner dans le secteur. Côté resto, on a le choix entre les formules simples et efficaces servies au bistrot (intéressant buffet d'entrées le midi), ou les belles spécialités de cuisine traditionnelle proposées dans la grande salle faisant face au jardin, aux tables joliment décorées. Dans l'assiette, du travail bien fait, à l'image du service diligent. Les plats suivent la saison ou les produits frais du moment : prix raisonnables et qualité supérieure à la moyenne régionale. Quelques tables en terrasse aux beaux jours. Côté hébergement, chambres tout confort à la déco moderne de bon goût. Une très bonne adresse.

Auberge du Lauryvan *(hors plan par B2, **14**) : 200, allée du Bois-au-Bœuf. ☎ 05-55-02-26-04. • laury van@wanadoo.fr • ♿ Traverser la Vienne en direction de Rochechouart, puis suivre le fléchage. Tlj sf dim soir, lun et j. fériés. Congés : 1 sem en janv. Le midi en sem, formule 15 € ; sinon, menu 27 €, vin compris.* Si le *Lauryvan* est d'abord réputé pour sa cuisine gastronomique, nous, on a craqué pour la formule « auberge ». D'abord pour ses prix tout doux, mais aussi parce que le chef y colle plus au terroir. Le décor est presque le même (classique), le service aussi (irréprochable). La cuisine est plus simple, plus rustique, mais cela n'empêche en rien un certain raffinement. À déguster sur la terrasse en pleine verdure.

À voir

La collégiale Saint-Junien *(plan B2) : tlj (sf pdt les offices) 9h-12h, 14h-18h. Visite guidée possible sur résa via l'office de tourisme.* Témoignant par ses dimensions de l'importance du grand ensemble épiscopal que fut Saint-Junien, la collégiale, d'un style roman sobre et massif – peu d'ornements sur sa façade extérieure fraîchement restaurée –, se visite surtout pour son remarquable tombeau de saint Junien (XIIe s), de calcaire finement ciselé figurant les 24 vieillards de l'Apocalypse. Notez aussi les petites statues polychromes des XVe-XVIIe s, les fresques, tant dans la nef que dans la chapelle Saint-Martial, d'une qualité exceptionnelle.

Le site Corot *(hors plan par A1) : accès possible à pied par le village (demander le plan de la ville à l'office de tourisme) ou en voiture, direction Angoulême, indiqué* *à droite à la sortie de la ville.* Ici, l'artiste en villégiature aimait poser son chevalet. Parfait pour une petite promenade (circuit piéton balisé de 1h30) où l'on cherchera le médaillon du peintre gravé dans un rocher dominant la rivière. En s'y rendant, on trouvera le pont Sainte-Élisabeth, du XIIIe s, constitué de trois arches en arc brisé et long de 44 m, une rareté ! Sur une butte, voir également le chalet où aimait se reposer Corot, reconstruit récemment à l'identique, il sert de cadre, et, le week-end en saison, à de petites expos temporaires (et de bureau d'info de l'office de tourisme).

La chapelle Notre-Dame-du-Pont *(plan B2) : juste avt de franchir la Vienne, direction Rochechouart. Ouv slt w-e et j. fériés en été, sinon se renseigner auprès de l'office de tourisme pour une visite.* Élevée au XVe s et de style flamboyant. On y vénère la Vierge en majesté, statue du XIIIe s apparue miraculeusement non loin de là un beau matin. Bien sûr, on porta la statue en un lieu consacré : la collégiale était tout indiquée. Mais le lendemain, elle n'y était plus, elle avait regagné le lieu de son apparition. Re-miracle ! En attendant, la chapelle aurait bien besoin d'un coup de Ripolin. Jetez également un œil au pont ancien, juste à côté.

Les ganteries : *visite guidée possible par le biais de l'office de tourisme (sf en août), sur rdv.* On comptait près d'une centaine de ganteries au début du XXe s, elles ne sont plus que trois aujourd'hui, travaillant essentiellement pour la haute couture. Vous trouverez leurs propres modèles, vendus à prix d'usine. Imbattable ! Dans tous les cas, vous y serez reçu avec une extrême gentillesse par des ouvrières fières de leur maison et de leur savoir-faire.

Agnelle *(plan B2, **20**) : 30, bd de la République. ☎ 05-55-02-13-53. • agnelle.com • Lun-sam 9h-12h, 14h-18h. Congés : août.* Le meilleur rapport qualité-prix. Il y en a pour tous les goûts. N'en espérez pas plus car les collections griffées sont uniquement réservées au circuit du luxe. Autre bon plan de la maison, les accessoires de maroquinerie (portefeuilles, sacs) réalisés avec les chutes de cuir. Là encore, prix bradés.

Ganterie de Saint-Junien *(plan B2, **21**) : 18, rue Louis-Codet. ☎ 05-55-02-26-64. • ganterie-saintjunien.fr • Lun-jeu 8h-12h, 13h30-17h30 ; ven 8h-11h. Congés : 1 sem vac scol de printemps, dernière sem de juil, 1re quinzaine d'août et fêtes de fin d'année.* Cette manufacture a été rachetée par la prestigieuse maison Hermès, c'est dire la qualité. Mais vous ne trouverez que des modèles basiques, portant la marque de la manufacture. Modèles très classiques, d'une incroyable finesse et réalisés dans les règles de l'art chez des ouvrières à domicile. Difficile de trouver mieux dans le genre.

Morand *(plan B1, **22**) : impasse Jean-Jaurès. ☎ 05-55-02-77-77. • georges-morand.fr • Lun-sam 10h-12h, 14h-18h. Congés : août.* Incontestablement le plus original et le plus créatif. Certaines pièces, de véritables bijoux, dépassent les 250 €... Compter au moins le double en boutique !

Manifestations

– ***Camion-cross :*** *dernier w-e d'août.* L'un des plus importants rassemblements du genre en France. Vacarme des moteurs, odeurs d'essence et nuage de poussière garantis. Défilé de camions décorés le samedi en fin de journée.
– ***Légend'Air :*** *1er w-e de sept, sur l'aérodrome de Saint-Junien. Infos sur • legendairenlimousin.blogspot.com •* Démonstrations aériennes et expo de vieux coucous. Occasion également aux collectionneurs de vieilles voitures de sortir leurs rutilants engins.
– ***Rencontres des Vignerons et des Gourmands :*** *w-e de la Toussaint.* Rencontres et, bien entendu, dégustation de produits du terroir.

ROCHECHOUART (87600) 3 900 hab. *Carte Haute-Vienne, A3*

Rochechouart, son château et son musée d'Art contemporain, son église, son homogénéité architecturale faite de vieille pierre et de placettes bichonnées, et un cratère unique au monde qui fait de cette cité et de ses environs le « pays de la Météorite ». Effectivement, il y a 214 millions d'années, un corps céleste d'une envergure de 1,5 km vint s'écraser à 4 km de l'emplacement où naîtra, bien plus tard, la ville. L'impact de la météorite n'est aujourd'hui plus visible, mais il a marqué géologiquement le sol de la région. Enfin, sa position perchée, porte nord du parc naturel régional Périgord-Limousin, offre à cette petite sous-préfecture une vue imprenable sur la vallée de la Graine et de la Vayres. Halte et visite vivement recommandées.

Adresse et info utiles

Office de tourisme du pays de la Météorite : *6, rue Victor-Hugo. ☎ 05-55-03-72-73. • tourisme-meteorite.com • Dans les anciennes halles, à côté de l'église. En saison, ouv lun-sam 10h-12h30, 14h30-18h (17h avr-juin). Hors saison, ouv lun-ven. Également une antenne place du château, ouv en juil-août tlj 10h-12h30, 14h30-18h.* Propose, en été et sur réservation, une visite guidée de la ville (comprenant l'église et l'extérieur du château). Organise également des visites en langue des signes et en anglais sur demande. Pensez au *chéquier pass,* qui offre des tarifs réduits sur les sites du pays de la Météorite et des lacs de haute Charente. Demander le guide très complet du parc Périgord-Limousin.

Où dormir ? Où manger ?

Camping

Camping de la Météorite : *à Bois-Chenu. ☎ 05-55-03-65-96. • campingdelameteorite@orange.fr • campingmeteorite.fr • ♿ En contrebas du château, direction La Rochefoucault au lac de Bois-Chenu. Ouv avr-sept (mars-oct pour les loc). Forfait 2 pers env 18 € en hte saison. Chalets (sans sanitaires privés) 163-288 €/sem et mobile homes 329-525 €/sem.* Superbe situation pour ce camping à taille humaine, dont les emplacements verdoyants surplombent la Vienne. Charmant, tranquille, mais également bien équipé : piscine chauffée, aire de jeux pour les enfants, terrains de basket et de volley, et un resto sympa au cadre moderne. Impeccable.

De bon marché à prix moyens

La Météorite : *1, pl. Octave-Marquet. ☎ 05-55-02-86-80.. • lameteorite@orange.fr • hotel-lameteorite.fr • ♿ Double 56 €. Formule déj en sem 13 €, menu 23 €.* À l'orée du village, ce petit hôtel rétro propose une poignée de chambres confortables, à la déco champêtre simple, fraîche, et chaleureuse. Pour le petit déj ou un bon petit repas simple, direction la jolie terrasse, à moins de préférer s'installer au bar fréquenté par une ribambelle d'habitués. Ambiance sympa, garantie par l'accueil dynamique du jeune patron.

Hôtel de France : *7, pl. Octave-Marquet. ☎ 05-55-03-77-40. • contact@hoteldefrance-roche*

DE SAINT-JUNIEN AU PAYS ARÉDIEN

chouart.fr • hoteldefrance-rochechouart.fr • ♿ Resto fermé dim soir. Congés : 1 sem début janv et en oct. Double 50 €. Formules déj en sem 13-15 €, menus 17 € (sf w-e), puis 22-45 €. Situé en plein centre, un petit hôtel-resto on ne peut plus traditionnel, aux chambres modernes et fonctionnelles d'un bon rapport qualité-prix. Restaurant de bonne tenue, avec de grands classiques à la carte. Repas en salle ou en terrasse en été. Excellent accueil.

Le Roc du Bœuf : *Le Moulin-de-la-Côte, route de Babaudus. ☎ 05-55-03-61-75. À la sortie de la ville vers La Rochefoucauld, une petite route à droite. Fermé lun, mer et dim soir. Congés : 1 sem fin fév, mi-mai, fin août et fin oct. Menu midi 19 €, puis 29,50-39 €.* Une adresse pleine de charme et de fantaisie florale. Car ici, l'accueil comme la cuisine se conjuguant au féminin, on ne reste pas insensible à la déco soignée de l'adorable salle rustique, ou à la présentation élaborée et ludique des plats de saison. Les bonnes spécialités aux influences d'ici et d'ailleurs sont toujours agrémentées de quelques fleurs provenant du jardin. Original et très romantique.

Parque Pai : *au lieu-dit Les Ajaux. ☎ 05-55-71-48-55. • pai@orange.fr • À 4 km du centre-ville, prendre à droite du lac de Bois-Chenu en direction de La Rochefoucauld (D 10), le resto est à gauche sur le plateau. ♿ Tlj sf lun-mar et dim soir. Congés : Noël-fév. Service 12h-13h30 et 19h-20h30. Résa conseillée. Menus 28-52 €, plats 14-27 €.* Une table haute en saveur, nichée en bord de route dans la campagne, dans un coin un peu perdu, pourquoi pas (*parque pai* en langue d'oc) ? Gilles Leobon, le chef bien nommé, revendique avec humilité une cuisine tout en simplicité. Mais ses plats sont, au contraire, d'une créativité folle, en harmonie subtile et délicate ! Pour ne pas dérouter sa clientèle, il part d'un classique qu'il décline tel un équilibriste, jouant sur les saveurs complémentaires, les couleurs et les textures. Et dès l'amuse-bouche, il en met plein les papilles ! Petit choix à la carte, mais que du bon, du remarquable même... avec des légumes du potager. Pour les petits budgets, sachez que l'une des entrées chaudes, à grogner de plaisir, peut servir de plat de résistance, à faire suivre d'un dessert (à ne pas manquer), la patronne ne s'en offusquera pas. Service décontracté dans un cadre très contemporain, avec cheminée à double foyer au centre de la salle pour les premiers frimas. Pourquoi rater ça ?

Où dormir ? Où manger dans les environs ?

Hostellerie La Bergerie : *chemin de la Côte, 87150* ***Oradour-sur-Vayres****. ☎ 05-55-78-29-91. • info@domainedeschapelles.com • domainedeschapelles.com • ♿ Resto pour les résidents slt, ouv le soir mar-sam. Congés : janv et nov. Doubles 71-155 € selon confort et saison. Menu 29 €.* Une des adresses magiques que recèle le Limousin. Cette ancienne bergerie, tout en pierre et en longueur, a été réhabilitée par un couple de Néerlandais. Ils en ont fait un hôtel de charme, à leur image, discret et gracieux. Le contemporain côtoie l'ancien sans heurts, à l'image de la salle à manger où le mobilier design s'accommode de la cheminée monumentale. Les chambres offrent un confort hors normes pour le prix : couette douillette, minibar, TV, chaîne hi-fi, terrasse privée donnant sur le jardin, et même un jacuzzi et un sauna pour les plus chères. Le resto s'avère une autre bonne surprise avec un chef privilégiant la simplicité et les bons produits locaux. Une adresse au milieu de nulle part, où l'on se sent décidément très bien, en toute simplicité et convivialité. Sur place, piscine chauffée, tennis, location de VTT. Pour couronner le tout, massages sur résa.

Ferme-auberge de Bayerie : *87310* ***Saint-Laurent-sur-Gorre****. ☎ 05-55-00-07-96. ♿ Du bourg, suivre la direction d'Oradour ; après la gendarmerie, tourner à gauche et suivre le fléchage. Ouv sur résa dim midi. Congés : janv. Menus 24-32 €. Apéritif maison offert sur présentation* *de ce guide.* La ferme, spécialisée dans l'élevage d'agneaux, de porcs et de volailles, élabore de solides menus et spécialités du terroir. Cuisine de saison, en fonction des produits disponibles : charcuteries maison, marbré de lapereau, selle d'agneau farcie, chevreau ou chapon rôti, etc. Accueil sympathique. Visite de la ferme sur demande.

À voir

Le château et le musée départemental d'Art contemporain : *☎ 05-55-03-77-77. • musee-rochechouart.com •* La noble dynastie des Rochechouart ne date pas d'hier, puisque son nom est attaché à la cité dès avant l'an 1000. La partie la plus ancienne de l'actuel château date du XIIIe s, elle est représentée par le donjon flanquant le châtelet d'entrée. L'architecture du XVe s donne à ce château son allure imposante, dans le genre château fort, avec son pont-levis, ses énormes tours d'angle et ses mâchicoulis, ainsi que sa cour intérieure avec sa galerie de colonnes torsadées tout à fait du style Renaissance. Il renferme les salles d'Hercule et des Chasses, décorées de peintures murales colorées du XVIe s, représentant diverses scènes de la famille des vicomtes de Rochechouart. À ce propos, avez-vous trouvé la représentation du Sarrazin ?
– Depuis 1985, le château abrite le ***musée départemental d'Art contemporain :*** *tlj sf mar 10h-12h30, 13h30-18h (10h-12h30, 14h-17h d'oct à mi-déc). Fermé de mi-déc à fin fév. Entrée : 4,60 € ; réduc ; gratuit jusqu'à 18 ans et pour ts le 1er dim du mois, sf juil-août. Compter 1h de visite.* Le musée a été restructuré par l'architecte Jean-François Bodin (également rénovateur du Centre Pompidou, à Paris). Il accueille notamment le fonds Raoul-Hausmann, artiste dadaïste réfugié en Limousin pendant la guerre et ayant vécu à Limoges. La collection d'art contemporain comporte des œuvres d'artistes internationaux des années 1960 à nos jours. À noter, celles de l'Arte Povera, de Christian Boltanski, de Tony Cragg, et les installations vidéo. Plusieurs expositions chaque année permettent de découvrir l'art de notre époque.

L'église : beau et curieux clocher tors (en spirale) et fresques contemporaines naïves originales, comme celle d'Adam et Ève mis en garde ou réprimandés par le Créateur, réalisées par Nicolaï Greschny, un artiste d'origine russe.

L'espace Météorite Paul-Pellas : *16, rue Jean-Parvy. ☎ 05-55-03-02-70. • espacemeteorite.com • Juil-août, lun-ven 10h-12h30, 13h30-18h, w-e et j. fériés 14h-18h ; avr-juin et sept, lun-ven 10h-12h, 14h-18h et dim 14h-18h ; le reste de l'année, lun-ven 10h-12h, 14h-17h. Entrée : 4 € ; gratuit moins de 15 ans. Visite découverte géologique de la ville et de ses environs proches (5 €) mar en juil et en août à 16h.* Petite expo associative montrant impactites, météorites, maquettes, photos et topos relatifs à la météorite de Rochechouart et à son impact. Elle bénéficie d'une muséographie efficace, avec vidéo et panneaux explicatifs. L'évolution, de la naissance du système solaire à nos jours, y est racontée de façon claire et lisible. Un bel exemple de vulgarisation scientifique.
La masse dudit caillou tombé il y a fort longtemps (voir plus haut) est évaluée à 6 milliards de tonnes et son énergie libérée au moment de l'impact à 14 millions de fois celle de la bombe d'Hiroshima ! Résultat, toute vie fut rayée de la carte à 500 km à la ronde. Autre conséquence, la présence d'« impactites » ou « brèches d'impact », mélange de roches dû à un remaniement du socle originel par vaporisation, fusion ou fragmentation, et que l'on retrouve dans les édifices voisins (thermes de Chassenon, église et château de Rochechouart, etc.).

Manifestation

– ***Le Labyrinthe de la Voix :*** *1 sem fin juil, début août. Rens auprès de l'office de tourisme.* Concerts de différents styles (jazz, rock, etc.).

DANS LES ENVIRONS DE ROCHECHOUART

Le parc archéologique de Cassinomagus : *16150* **Chassenon.** *☎ 05-45-89-32-21. • cassinomagus.fr • ♿ Site ouv de mi-fév à début oct. De mi-fév à mi-avr et de mi-sept à début oct, tlj 14h-17h45 ; de mi-avr à mi-sept, tlj 10h-18h30 (juil-août jusqu'à 19h). Fermé le reste de l'année. Visite libre (avec ou sans audioguide) ou guidée env 1h (4 départs/j. en moyenne et hte saison, 11h, 14h, 15h30, 17h et 2 départs en basse saison, 15h15 et 16h30). Tél avt pour se faire confirmer le départ. Entrée : 6-8 € selon l'option choisie ; réduc. Attention, les thermes resteront fermés pour travaux jusqu'en 2017.*

Cassinomagus (Chassenon en v.f.) est devenu l'un des sites majeurs de Charente. Juste retour des choses, puisque après tout, c'était déjà le cas à l'époque gallo-romaine ! Aux Ier et IIe s apr. J.-C., Cassinomagus était en effet un important sanctuaire stratégiquement situé au carrefour des voies romaines allant de Saintes à Lyon et de Périgueux à Poitiers. Dévolu au culte, c'était un lieu où l'on venait s'amuser, comme en témoignent les traces du théâtre-amphithéâtre, mais aussi se faire soigner dans les thermes majestueux. Longtemps cachés sous plusieurs tonnes de gravats, ces thermes ont échappé aux pillages et sont aujourd'hui considérés comme les mieux préservés d'Europe. Certains murs atteignent encore plusieurs mètres de hauteur ! C'est dire l'importance du site. D'ailleurs, les archéologues ont obtenu la déviation de la route pour poursuivre les fouilles, toujours en cours.

UNE PIERRE VENUE DE L'ESPACE...

Cassinomagus est définitivement un site unique ! La région a été heurtée par une gigantesque météorite il y a environ 200 millions d'années. Le projectile, d'un diamètre de 1,5 km et évalué à 6 milliards de tonnes, fit un impact de 20 km de profondeur. La chaleur était telle que tous les matériaux (terrestres et extraterrestres) ont fusionné, créant une nouvelle roche... utilisée pour la construction du site.

La visite consiste en une présentation vidéo du site dans le beau bâtiment d'accueil à l'architecture contemporaine aérienne (qui abrite également des expos temporaires et des vitrines exposant des objets exhumés lors des fouilles). Par ailleurs, un sentier jalonné de panneaux thématiques et de kiosques permet d'obtenir une vue d'ensemble du site, d'approcher le podium du temple (qui n'est pas visible car encore sous terre) et de traverser un jardin planté d'essences connues à l'époque.

Les thermes sont provisoirement fermés pour des travaux de rénovation de toiture, mais il n'est pas impossible que des visites de chantier soient organisées... En attendant, sachez que les thermes de Chassenon se distinguent des établissements classiques par leur structure originale : tout avait été prévu en double pour satisfaire à la fois les curistes malades et ceux venus simplement pour une remise en forme. C'est par conséquent la taille inaccoutumée de l'édifice qui surprend d'abord le visiteur. Les galeries de service souterraines conduisent aux salles de chauffe, d'où rayonne un incroyable réseau de conduits servant à alimenter les piscines. À l'étage, les bains au dallage d'époque encadrent la salle des consultations, prolongée par les palestres où l'on pratiquait différents exercices physiques. Des conférences, apéros-philo, concerts, et de nombreuses animations originales (galas de lutte gréco-romaine, théâtre, ateliers archéo-mômes, nuits archéo...) restituent l'esprit de Cassinomagus : car c'était avant tout un lieu de vie et d'échange ! Comme aujourd'hui.

***L'église Saint-Eutrope des Salles-Lavauguyon** (87440) : à 15 km au sud-ouest de Rochechouart par la D 10 jusqu'à Saint-Gervais, puis à gauche la D 10A.*

• lessalleslavauguyon.fr • Église tlj. Prieuré ouv de mi-juin aux Journées du patrimoine : juil-août, tlj 14h30-18h30 (14h30-17h juin et sept). Visite guidée en été avec Les Amis de Saint-Eutrope : ☎ 05-55-00-30-68 (mairie). Église romane de la fin des XIe et XIIe s, à peu près intacte. Depuis le portail jusqu'au chœur, une imperceptible élévation du sol accentue la perspective – d'où l'effet de profondeur accru. Hautes voûtes et pureté des lignes, une belle église vraiment ! Mais le plus intéressant ne fut découvert qu'au hasard d'un nettoyage de printemps, en 1986. On décapait la bête quand, surprise ! on vit apparaître, sous la crasse et l'enduit, de merveilleuses fresques du XIIe s. La Création, la Nativité, le Martyre de saint Eutrope, et on en passe. C'est l'un des plus importants et des plus beaux ensembles de peinture médiévale en France. Le prieuré a été restauré ; on peut y voir des expos de mi-juin à mi-septembre (patrimoine, artisanat, etc.).

Le jardin de Liliane : *87310* **Saint-Laurent-sur-Gorre.** *☎ 05-55-48-14-29. • jardindeliliane.com • À 12 km au sud-est de Rochechouart par la D 41. Juil-août, tlj 14h30-18h ; sept, slt dim. Entrée : 6 € ; gratuit jusqu'à 16 ans. Visite guidée tte l'année sur rdv à partir de 4 pers (7,50 €). Fête des Plantes les 4e w-e de mai et de sept.* Joli parc paysager blotti dans un vallon, au pied du château, où le vert et le violine dominent en toute saison. À la fois sauvage et domestiqué, ce jardin qui privilégie depuis toujours la biodiversité est simplement élégant. Il a reçu le prestigieux label « Jardin remarquable ». Liliane propose également des stages de jardinage, de bouquets, mais aussi de peinture et photo.

À noter, en ville, le dynamique ***office de tourisme de la vallée de la Gorre*** : *pl. des Allumettes. ☎ 05-55-00-06-55. • tourisme-valleedelagorre.com • Tlj sf dim-lun (plus l'ap-m mer et sam hors saison).* Nombreuses expos, notamment autour de la nature, et nombreuses infos sur les balades à faire dans les environs.

« Au fiau dau temps », espace Patrimoine : *87310* **Cognac-la-Forêt.** *☎ 05-55-03-90-88. • patrimoinecognac87.com • Au cœur du village, face à l'église. Juil-août, tlj 14h30-17h30. Entrée : 1 €.* Cet espace évoque le passé gantier de cette petite commune, centre important de fabrication de gants, notamment à domicile. Cette activité s'explique par la proximité de Saint-Junien, cité des gants et en particulier des gants de luxe. Les nombreuses étapes de confection de gants sont mises en scène à travers une présentation d'outils, machines et accessoires utilisés par les artisans ; il met ainsi en lumière la minutie de ce savoir-faire. Dans une autre salle, on peut découvrir en détail l'histoire du chanvre (plante textile) et ses très nombreuses applications actuelles (matériau d'isolation, tissu, papier, cosmétique, alimentation). La culture de cette plante ancestrale, abandonnée pendant plus d'un siècle par les agriculteurs limousins, suscite de nouveau un regain d'intérêt. Tant mieux.

Saint-Auvent *(87310)* **:** *à 11 km de Rochechouart.* Un village discret et plein de charme avec ses rues étroites, ses maisons anciennes, son château, son église des XIIe et XIVe s, ses voies romaines et ses sentiers qui ceinturent cet ancien oppidum celte, dont celui qui mène au Domaine marial (lieu de pèlerinage depuis 1947) et aux gorges de la Gorre.
– Également dans le village, **La Lemosina** *(1, rue Porte-des-Remparts ; ☎ 05-55-00-01-30)*, une « maison de *païs* » gérée par un passionné, M. Ducourtieux, et dédiée à la langue d'oc, qui vient jusqu'ici. À disposition, des infos touristiques dans la langue locale (mais aussi en français !), des photos anciennes, des documents sur la langue d'oc, le village...

Office de tourisme du pays de Feuillardiers *(87150)* **:** *5, av. du 8-Mai-1945, 87150* ***Oradour-sur-Vayres.*** *☎ 05-55-78-22-21. • ot-feuillardiers-perigordlimousin.com • Juil-août lun-sam 9h30-12h30, 14h-18h. Mai-juin, mêmes horaires mais fermé l'ap-m lun et sam). Sept-avr, horaires réduites et fermé w-e.* Pour plus d'infos sur les environs. Bien fourni en documentation (notamment des fiches de randonnée), sympa et présentant quelques expositions. Animations en été.

CHÂLUS

(87230) 1 700 hab. *Carte Haute-Vienne, B4*

Châlus est une terre d'histoire, où passa le grand Richard Cœur de Lion qui y fut blessé avant de décéder 11 jours plus tard. Dernier témoin de cette époque, le château qui domine la ville. Dans les environs, d'autres demeures seigneuriales de toute beauté (Montbrun, Brie, Lastours, Les Cars...) qui ont réussi à passer les siècles tant bien que mal. La ville en soi est vite visitée, mais, comme on est en pays feuillardier, on ne manquera pas de s'informer sur le sujet et d'aller emprunter ensuite les circuits et sentiers voisins à la rencontre des châtaigneraies et douces collines verdoyantes. Autre personnalité, d'un autre genre, roi de l'humour, Pierre Desproges passa son enfance à Châlus, où l'on trouve aujourd'hui une école qui porte son nom.

LA ROUTE RICHARD CŒUR-DE-LION

Cette route, qui s'égare quelque peu en Corrèze, témoigne des luttes incessantes qui sévirent au Moyen Âge entre ducs d'Aquitaine (accessoirement rois d'Angleterre !) et rois de France... Le Limousin, pris entre deux feux, était l'objet de toutes les convoitises, chacune des deux parties essayant de le gagner à sa cause... ce qui explique la forte concentration de châteaux forts dans cette région. Cette route rend hommage à Richard Cœur de Lion, qui trouva la mort au siège du château de Châlus en 1199.

Adresses et infos utiles à Châlus et dans les environs

Office de tourisme des monts de Châlus : *28, av. François-Mitterrand. ☎ 09-60-07-30-07. • tourismemontschalus.fr • De mi-juin à mi-sept, lun-sam (également dim de mi-juil à mi-août) ; le reste de l'année, lun-ven.* Un office très sympathique, dynamique et compétent. Beaucoup de documentation, notamment sur le parc naturel régional et la route Richard-Cœur-de-Lion, ainsi que des fiches de randos à faire en châtaigneraie limousine. Location du GPS géocaching.

Magasin d'usine Broussaud : *aux* ***Cars****, à env 9 km au nord-est de Châlus, à la sortie du bourg vers Nexon. ☎ 05-55-36-90-90. • broussaud.com • Fermé Noël-Jour de l'an. Mar-sam 9h30-12h, 13h-17h.* Chez Broussaud, depuis 3 générations, la chaussette est pensée comme un accessoire de mode, elle se doit d'être haut de gamme et branchée. Fini de les cacher, maintenant on les montre ! L'usine en fabrique près de 1 million de paires par an. Le chanteur belge Stromae, à lui seul, a passé commande de 5 000 paires, *designées* par ses soins. De quoi être *chaussetté*, d'après nos calculs, pour 13 ans (sans jamais remettre les mêmes), voire plus s'il les garde 2 jours ! À moins qu'il ne vende le surplus à ses concerts ou en boutique chic... Et il le fait ! L'entreprise réalise également des collants et des sous-vêtements. Vous en voulez combien ?

Où dormir ? Où manger dans les environs ?

De bon marché à prix moyens

Chambres d'hôtes Le Jardin des Oiseaux : *chez Bernard et Évelyne Guérin, lieu-dit Lartimache, 87440* ***La Chapelle-Montbrandeix.*** *☎ 05-55-78-75-65. • lartimache@orange.fr • lartimache.com • À 14 km à l'ouest de Châlus. Passer La Chapelle, direction Marval, puis indiqué sur la* *droite à 2 km. Congés : janv-fév. Double 58 €. Table d'hôtes sur résa 16 € (dîner slt). Également des formules w-e en ½ pens ou à la sem. 1 repas offert dans un resto gastro pour un séjour de 5 j. en ½ pens sur présentation de ce guide.* Déco simple et colorée pour ces 4 chambres confortables (dont une suite familiale), aménagées avec un petit salon TV dans le grenier d'une ferme ancienne, avec poutres apparentes et senteurs boisées, en plein pays feuillardier. Calme assuré et balades à vélo ou parties de pêche (étang dans le vaste parc et matériel prêté), on respire ! Bonne table d'hôtes servie en salle ou dehors en été. Sinon, possibilité d'utiliser la cuisine moyennant une petite participation. Charmant accueil. Et demandez à jeter un œil au *clédier*, cet ancien séchoir à châtaignes typique du coin.

Chambres d'hôtes Le Mas du Loup : *chez Laurence et Philippe Chaplain. Au lieu-dit du Mas-du-Loup, 87230* ***Dournazac.*** *05-55-78-11-59. • lemasduloup@wanadoo.fr • masduloup.monsite-orange.fr • À env 2,5 km de Châlus, fléché à gauche sur la D 6 bis en direction de Dournazac. Congés : de mi-nov à fév. Double 55 €, familiale 80 € pour 4-5 pers. Table d'hôtes sur résa 20 € (vin compris).* Belle ferme fortifiée du XVIIe s dans un parc de 2 ha avec piscine, jeux pour enfants, séquoia bicentenaire et châtaigneraie. À l'étage de la gentilhommière, réservé aux hôtes, 3 chambres de caractère, de bon volume, confortables et paisibles. Un salon de détente avec billard, cheminée, bibliothèque et TV est à disposition, à moins que vous ne préfériez partir sur les chemins de rando du parc national. La table d'hôtes met à l'honneur les produits locaux et les légumes du jardin. Accueil des plus chaleureux pour couronner le tout.

Chez Jules : *87440* ***La Chapelle-Montbrandeix*** *(face à l'église). 05-55-78-77-21. • chezjules87440@gmail.fr • Fermé lun. Ouv ts les midis sf mer, le soir sur résa mar, ven-sam. Menu midi 12 €, puis menus 23,50-28,50 €. Apéritif maison offert sur présentation de ce guide.* Voilà la petite adresse pas compliquée, accueillante et économique, avec le bar des habitués d'un côté et la salle de resto rustique de l'autre. Vrai poumon de ce mignon village, elle propose une cuisine de terroir aussi simple que généreuse... et, pour corser le tout, des soirées à thème très conviviales certains vendredis. Bon choix de bières, pas courant au fin fond du Limousin.

Chic

Chambres d'hôtes Les Drouilles Bleues : *chez Maïthé et Paul de Bettignies, La Drouille, 87800* ***Saint-Hilaire-les-Places.*** *05-55-58-21-26. • drouillesbleues@free.fr • drouillesbleues.free.fr • Doubles 70-93 € selon chambre. Repas 26 €.* Maïthé et Paul ont pris une retraite active dans leur belle longère perchée sur un éperon granitique qui domine le Pays arédien. 3 chambres, une dans le « logis » et 2 dans la « chaumière », toutes conçues en duplex. L'une d'elles peut même accueillir jusqu'à 5 personnes. Un gain de place et, surtout, une notion d'espace qui fait souvent défaut en maison d'hôtes. De l'espace, il y en a aussi tout autour, dans le jardin et les prés environnants ; dans la campagne aussi, où Pierre et Maïthé se feront un plaisir de vous indiquer les chemins de randonnée. Car nos hôtes sont passionnés de balades, culture et autres richesses locales, qu'ils vous feront partager à table, notamment, autour d'un repas conçu à base de produits naturels (ceux du jardin et de fermes voisines principalement). L'ambiance y est familiale et chaleureuse. Autant dire qu'on aurait bien posé là nos valises pour un bout de temps...

Les Chaumières : *route de Ladignac, domaine des Landes, 87800* ***Nexon.*** *05-55-58-25-26. • resa@les-chaumieres.com • À 1,5 km après la sortie de Nexon, direction Saint-Hilaire-les-Places. Fermé lun-mar. Congés : 2 sem en janv. Service 12h-13h30, 20h-21h. Menu 43 €.* Cet informaticien a exaucé son rêve d'enfant, devenir cuisinier. Après avoir régalé ses proches pendant des années, il a ouvert son propre restaurant dans la belle propriété familiale, au cœur d'un joli petit parc arboré. Aussi habile au piano qu'au clavier, il exécute avec précision une cuisine inventive en accord avec la région et les saisons, servie sur des tables joliment dressées dans un cadre élégant. Très belle cave pour accompagner. Enfin, son épouse vous accueille avec le plus grand soin pour faire de cet instant un moment privilégié. Une des meilleures adresses de la région.

À voir. À faire

Le château de Châlus-Chabrol : *juin-août, mar-dim 10h30-12h, 14h30-18h. Entrée : 3 €. Visite commentée mar, jeu et sam à 15h : 5 €.* Repérable de loin à son donjon planté au point culminant du pays et dominant la vallée de la Tardoire. Le château se compose des vestiges d'une église du XIe s, d'un donjon du début du XIIIe s (haut de 25 m), d'un corps de logis du XIIIe s et d'une aile du XVIIe s. Il s'agit, répétons-le, du site même où Richard Cœur de Lion fut blessé à l'épaule d'un carreau d'arbalète. Soigné selon la chronique « avec du vin et du lard », il expira 11 jours plus tard dans les bras de sa mère Aliénor d'Aquitaine, le 6 avril 1199. C'est pourquoi le château est « mondialement célèbre » ! En tout cas, il se dit que les entrailles de Richard sommeillent quelque part dans les vestiges de l'église. Car sa dépouille fut découpée en trois : le cœur se trouve à Rouen et le corps à Fontevrault... Vous suivez ? Richard aurait même déclaré sur son lit d'agonie : « Quant à mes entrailles, qu'elles restent à Châlus. » Personnage épique, ce roi savait également se faire poète et ne causait guère que la langue d'oc et le latin... étonnant pour un roi d'Angleterre ! La visite, riche en anecdotes, permet de se balader dans le parc du château avant d'aller découvrir la grande salle du corps de logis, les salles basses, et les vestiges de la chapelle.

L'ARBALÈTE, ARME IMMORALE

Quand on inventa cette arme au Moyen Âge, la chevalerie française fut scandalisée. N'importe quel soldat à pied (souvent un manant ou un mercenaire) pouvait transpercer l'armure d'un chevalier. Le roi Richard Cœur de Lion sera tué par l'arbalète d'un inconnu. Autrefois, l'aristocratie acceptait de mourir, à condition que l'ennemi soit de sang bleu. En 1139, le pape excommuniera les arbalétriers. Sans succès, l'arme étant trop efficace.

➢ ***Sur la voie verte des Hauts de Tardoire de Châlus à Oradour-sur-Vayres :*** *SIVU « les Hauts de Tardoire » (mairie), 87230* ***Champsac.*** *06-26-18-99-23. • voieverte-enlimousin.com • Tte l'année, sur résa (avec livraison possible), loc de vélos en tout genre : VTT, VTC, vélos électriques, tricycles couchés, tandems, quattrocycles 2-4 pers, vélos enfants, vélos pousseurs, vélos adaptés à tt type de handicap...* Aménagée sur une ancienne voie ferrée, la voie verte, d'une longueur de 13 km, chemine dans une nature préservée où randonneurs pédestres, cyclistes, rollers et personnes à mobilité réduite peuvent se promener sur un site sécurisé. Les parkings se situent aux différentes gares de chaque commune (Châlus, Champsac, Champagnac-la-Rivière et Oradour-sur-Vayres). Des tables de pique-nique sont mises à disposition des promeneurs.

DANS LES ENVIRONS DE CHÂLUS

Le château de Montbrun : *Montbrun, 87230* ***Dournazac.*** *☎ 05-55-05-01-44. • montbrun.com • À 8 km de Châlus. Rejoindre Dournazac ; indiqué par la route de La Chapelle-Montbrandeix. Juin-août, tlj 14h-18h (visite à chaque heure) ; Pâques-mai, w-e slt 14h-17h ; sept, se renseigner. Départ de la visite guidée de la Taverne, face au château. Entrée : 10 € ; réduc.* L'une des plus belles

forteresses de la route Richard-Cœur-de-Lion. Restaurée à merveille, avec ce charme architectural qui rappelle les plus beaux châteaux écossais. Tour du XVe s, tours d'angle monumentales, créneaux, meurtrières, douves, il ne manque rien, nous voilà bien au Moyen Âge. Un détour qui vaut largement le coup d'œil. En revanche, la visite, obligatoirement guidée, s'avère assez décevante. L'aménagement intérieur, de style néo-pseudo-gothique, peut même faire grincer quelques dents... Pour info, le château est en vente, Brad Pitt et Angelina Jolie étaient sur le coup mais ont finalement renoncé à faire cette emplette. Si vous êtes tenté...
– À noter que Dournazac organise tous les ans, le dernier week-end d'octobre, la ***fête de la Châtaigne...*** sans castagne ! *Infos au ☎ 05-55-78-58-33 (comité des fêtes).*

Le château de Brie : *87150* ***Champagnac-la-Rivière.*** *☎ 05-55-78-17-52. • chateaudebrie.fr • À 8 km de Châlus par la D 42, direction Lageyrat (indiqué). Visites guidées avr-oct dim et j. fériés à 14h et 19h. Entrée : 6 € (château + musée).*
Imposante maison forte, bâtie en 1484 par un certain Jean de Brie. Le château passa au XVIIIe s entre les mains de Mme de Mirabeau, mère du célèbre révolutionnaire. La visite permet de découvrir plusieurs salles de cette belle demeure toujours habitée, en commençant par un magnifique escalier à vis en granit, se terminant par une remarquable voûte en palmier. Dans les étages, on verra successivement la chambre dite « des Amours » (car la plus haute, et par conséquent réservée aux jeunes filles !), puis différentes chambres, la salle à manger et les salons, dont un exceptionnel salon Seconde Restauration en stuc, réalisé par des artistes italiens. Le mobilier vaut également la peine : pièces Renaissance, Louis XV, Empire...
– Petit ***musée de l'Automate*** dans les dépendances du château, avec une soixantaine de marionnettes jouant de petites scènes (en musique) sur le thème du voyage *(mêmes horaires ; entrée : adulte 2,50 €, enfant 2 €).*

Le château des Cars *(87230)* **:** *à 8 km à l'est de Châlus par la D 15. Tte l'année. Visites guidées (payantes) sur résa auprès de l'office de tourisme de Châlus. ☎ 09-60-07-30-07.*
Quelques vestiges seulement, c'est tout ce qui reste du château des Cars, du nom d'une illustre lignée dont nous connaissons tous au moins l'un des membres : l'écrivain Guy des Cars, auteur de *La Dame du cirque* (1942) et de *La Brute* (1959). On se demande donc, de prime abord, ce qu'on vient faire ici, dans ces ruines ; puis on découvre un site de recherche passionnant.
D'abord, une petite expo bien agencée présente l'historique du château, bâti au XVe s et dont les heures de gloire durèrent jusqu'à la Révolution, où il fut pillé et détruit. Maquettes, éléments de fouilles apparemment quelconques, salle lapidaire et topos explicatifs vous ouvrent aux mystères de l'archéologie – et les portes du château. La visite commentée ensuite, entre aire de fouilles et ruines éparses. Une tour d'angle ici, la base du donjon là et, dans le bourg, des bâtiments rescapés comme les écuries (où l'on peut admirer des fresques équestres) et un plan d'eau qui firent partie du château. Un ouvrage d'architecture militaire à la Vauban bien avant l'heure, avec « boulevards » permettant le déplacement de troupes et d'artillerie sur les remparts, ceint de dépendances et souvent remanié, modifié selon l'époque, fortifié quand ça chauffait, agrémenté de jardins et bassins aux périodes plus calmes. Une visite enrichissante et bien menée, valant largement le détour.
– Et puisque vous êtes dans le village, profitez-en pour aller voir la ***croix-reliquaire*** limousine du XIIIe s, dans l'église des Cars, en argent doré, sertie de pierres précieuses.

Le château de Lastours : *☎ 05-55-58-38-47. • chateau-de-lastours.fr • En poursuivant après Les Cars, à 5 km. Visite guidée sur résa.*
Quasiment aussi ruiné que son voisin des Cars, il en subsiste la base du donjon féodal (XIIe s), du logis et des tours. Bien restaurées, ces ruines forment un cadre idéal pour ces visites animées qui ravissent grandement les visiteurs.

Autour, trois mottes féodales, dont celle où repose la mignonne église du village.
– Par ailleurs, l'association *ASPEL (Les Amis de Lastours)* met en place diverses animations qui combleront tous les chevaliers vaillants et autres princesses... quel que soit leur âge. En juillet et août, certains soirs, « Images, torches et lumières », une visite nocturne, animée et commentée *(compter 5 € ; réduc).* En août, pendant un week-end, grand spectacle « La Médiévale de Lastours », avec banquet, maniement d'armes, ménestrels, etc. *(tarif : env 6 € ; réduc).* L'événement est de taille et unique en Haute-Vienne. À ne pas manquer si vous êtes dans la région, d'autant que le site, château et village perdus en forêt, s'y prête à merveille. Également des « embrasements du château » et des campements médiévaux à date fixe tout au long de l'été. La 1re quinzaine d'août dans le château, visite ludique « Mystères, jeux et énigmes dans le vieux château » *(3 € tarif unique)* et chantier de bénévoles. Demande du programme et des dates auprès des *Amis de Lastours* : *• aspel-lastours@wanadoo.fr •*

***La tuilerie de Puycheny, atelier-musée de la Terre :** Puycheny, 87800 **Saint-Hilaire-les-Places.** ☎ 05-55-58-35-19. • musee-tuileries-puycheny.boonzai.com • À quelques km au sud de Saint-Hilaire, sur la droite de la D 15A. Juil-août, visites guidées mar-sam à 11h, 14h et 16h, dim à 15h slt. Visite de la lande l'été sur résa (prévoir bottes ou chaussures de randonnée !). Entrée : 4 € ; réduc ; gratuit moins de 6 ans..*
Tout d'abord, le vieux Saint-Hilaire-les-Places est un village hyper fleuri ; on n'a jamais vu ça ! Il paraît qu'il a raflé tous les prix en France et en Europe ! C'est à qui aura le plus de fleurs à ses fenêtres, son perron, et même sur son toit !
Ensuite, on y trouve une tuilerie restaurée telle qu'elle était au début du XXe s, où l'on peut voir toutes les étapes menant de l'argile à la tuile. Matériel et outils anciens, ateliers-halles à toiture basse (gare à ne pas vous cogner), four à ciel ouvert, etc.
Reconstitution également d'une cabane de feuillardiers, évocation de leur travail. Ces artisans saisonniers s'occupaient l'hiver à « riper » (tailler) des feuillards, longues lamelles souples, dans le bois de châtaignier. Ils en faisaient des cercles de fûts, des paniers, etc., et, avec le gros bois, fabriquaient des haies. Pourquoi le châtaignier ? Parce qu'il est imputrescible, pardi ! Aujourd'hui, il ne reste que très peu de feuillardiers et il ne reste que deux tuileries à Puycheny, contre douze au début du XXe s ! D'ailleurs, si cela vous intéresse de voir les tuiliers au travail et de comparer les techniques d'aujourd'hui avec celles d'hier, l'une d'entre elles se visite (sur résa).
Enfin, le site a également mis en valeur sa « lande à serpentine » ; un espace naturel protégé où les traces de l'homme restent partiellement visibles... et pour cause ! Il s'agit d'anciennes carrières d'argile. Les tuiliers venaient y extraire leur stock d'argile pour la fabrication des tuiles. Aujourd'hui, la nature a repris ses droits, développant un paysage atypique, avec une faune et une flore représentatives des spécificités du sous-sol... Une balade animée où les sciences naturelles se mêlent aux légendes et histoires locales. Ateliers de sculpture d'argile en été, sur résa.

***Le Sirque, pôle national des Arts du cirque de Nexon :** au château de **Nexon** (87800). ☎ 05-55-58-34-71. • cirquenexon.com • À 13 km au sud de Solignac par la D 704.*
Nexon voit son « premier » chapiteau implanté dans le parc du château pour les stages internationaux des arts du cirque avec l'École nationale du cirque Annie-Fratellini. Voilà donc quelques années que Nexon est promu capitale du cirque en Limousin. Aujourd'hui, l'école est partie, mais la relève est assurée. Un chapiteau de 400 places est installé de façon permanente dans le parc du château et permet d'accueillir des spectacles tout au long de l'année, même si l'événement phare reste la *route du Cirque,* en août. Depuis sa création, le projet a évolué. Aujourd'hui, l'activité du *Sirque* s'est recentrée sur l'accueil en résidence de création de compagnies de cirque, proposant toute l'année des représentations de cirque contemporain. Également, tout un programme d'actions culturelles et d'éducation artistique.

Le château du XVIIe s, remanié au XIXe s, et les anciennes écuries du haras peuvent être visités *(juil-août, sur rdv auprès de l'office de tourisme : ☎ 05-55-58-28-44 ; • tourisme-pays-de-nexon.com •).* À noter que, le château accueillant la mairie, la visite vaut pour les salles, et non pour le mobilier ! Enfin, sachez que Nexon fut réputé pour son élevage de chevaux dès 1550, et plus particulièrement pour la célèbre race anglo-arabe, en collaboration avec Pompadour, situé non loin en Corrèze. À découvrir également dans le parc du château, le *jardin des Sens (GRATUIT),* un lieu où l'on pourra toucher, sentir, goûter, observer, écouter (si, si, les bambous, avec le vent !) toutes sortes de variétés botaniques mises en avant pour éveiller nos sens.

BUSSIÈRE-GALANT

Bussière-Galant, LA ville aux activités en plein air de la Haute-Vienne, qui comblera tous les amateurs de sorties sportives et en manque d'adrénaline, tout comme les curieux moins musclés des biceps. Le parc multiactivités comprend : vélorail et accrobranche (lire plus bas) mais aussi minigolf, petit train pour les enfants, terrains de tennis, de paint-ball ou de BMX, plan d'eau pour la pêche et la baignade...

LES FONTAINES MIRACULEUSES

Les fontaines réputées miraculeuses se reconnaissent facilement. Isolées dans la nature et entourées d'offrandes (vêtements, linge, pièces de monnaie, chaussures), elles font l'objet d'un culte. Cette pratique serait d'origine celtique et antérieure au christianisme. Sur les 2 000 fontaines à dévotion françaises, 200 se trouvent en Haute-Vienne. Les deux fontaines de Saint-Martin, à Bussière-Galant, sont supposées guérir les rhumatismes, maux de tête, maladies des yeux, de la gorge et des oreilles... et donnent le tiercé dans l'ordre.

Maison d'accueil, espace Hermeline : *au plan d'eau. ☎ 05-55-78-86-12. • espace-hermeline.com • À 7 km de Châlus, direction Saint-Yrieix. Juil-août, tlj 9h-19h. Avr-juin et sept, 13h30-19h et dim, j. fériés ainsi que pdt les vac scol 10h30-19h.* Infos et résa pour les sites plus bas.

➢ **Le vélorail de Bussière-Galant :** *au plan d'eau Les Ribières. À 7 km de Châlus, direction Saint-Yrieix. Résa très conseillée. Se renseigner sur les heures de départ. Forfait en saison 25 €/vélorail (4 ou 5 pers) pour 2h30 ; ou 15 €/h.* Sur un tronçon de chemin de fer désaffecté, une promenade sympa à bord de chariots à pédales à travers la cambrousse. Lorsque deux chariots se croisent, ils ne se croisent pas, eh non, car il n'y a qu'une voie : priorité au chariot de retour ; on descend donc de l'engin pour le porter sur le bas-côté et on rigole bien. Sur le trajet, aires de pique-nique, moulin, fontaine, pont sur la Dronne et Roche-qui-Pleure ; 12 km aller-retour, compter 2h tranquillou (retour plus sportif, ça grimpe un peu sur la fin).

Le parc aventure : *au plan d'eau Les Ribières. À 7 km de Châlus, direction Saint-Yrieix. Juil-août, tlj 10h-19h ; de mi-avr à fin juin, sept et vac scol Toussaint, w-e et j. fériés 14h-19h. Tarifs : 11-19 € selon âge. À partir de 5 ans. Prévoir une tenue de sport.* Cinq niveaux de difficulté : on monte dans les arbres à près de 15 m de hauteur pour passer d'une tyrolienne à l'autre, et on croise chênes et châtaigniers, bien évidemment ! Sympathique équipe de moniteurs qui surveille tout ça. Également une tyrolienne de 400 m qui traverse le plan d'eau (prévoir un supplément) et un parcours assuré à 1,50 m du sol pour les enfants à partir de 5 ans. Pour profiter de toutes les activités sans trop faire d'allers-retours, pensez au camping sur place.

Camping Les Ribières : *au plan d'eau Les Ribières. ☎ 05-55-78-86-12. • accueil@espace-hermeline.com • espace-hermeline.com • Ouv* *avr-sept. Forfait 2 pers env 10 € en hte saison, 10 €/pers en yourte.* Au bord du lac et de sa plage (baignade surveillée), près du vélorail et du parc aventure, un camping modeste de 25 emplacements, relativement bien ombragé et convivial, mais au confort simple. Petits emplacements, car priorité donnée aux tentes. Sur place, possibilité de pêche. Possibilité aussi de dormir dans des yourtes de 6-8 personnes chacune, équipées de lits, de tables et de chaises.

Randonnées pédestres

➢ ***Le circuit des sources de la Dronne :*** *12 km, 4h, en boucle, sans les arrêts. Départ de la D 901, à 2 km à l'est de Bussière-Galant en direction de Saint-Yrieix. Balisage : jaune. Infos sur le site • randonnee-hautevienne.com •* Intéressant pour le panorama sur le pays des feuillardiers, environné des châteaux de Châlus, des Cars et de Lastours.

➢ ***Le sentier musical de Pageas :*** *départ à l'aire de repos de Pageas en bordure de la N 21.*

À l'exception des cuivres, les instruments de musique sont fabriqués à partir de différentes essences de bois présentes dans les forêts. Le sentier musical démarre par l'arboretum, planté d'espèces exotiques également utilisées en lutherie, puis se poursuit de façon très pédagogique par une présentation des espèces locales dans leur milieu, judicieusement étiquetées. Le promeneur peut découvrir et contempler environ 60 essences d'arbres et de végétaux, parmi lesquelles le fusain d'Europe, le merisier, l'aulne, le houx, l'églantier, le châtaignier, le noyer, le sceau de Salomon, l'angélique, l'osmonde, la petite berce, la presle... On y apprendra notamment que le bois possède une capacité extraordinaire de résonance et de transmission des sons, d'où son utilisation en lutherie.

Le parcours est jalonné de mobilier, de fauteuils rustiques qui permettent une pause, de passerelles romantiques, tout en suivant les méandres du ruisseau. Il se termine sous une voûte de noisetiers qui procure une ombre apaisante. Les esplanades aménagées sur le parcours se prêtent également à des concerts et aubades assurés par des miniformations musicales. Un parcours à la fois ludique, original et pédagogique. À faire en famille, obligatoirement !

L'heureuse initiative de créer ce sentier revient à deux passionnés : le maire de Pageas, Philippe Dubeau, organiste, et Pierre Contamine, pépiniériste haut-viennois, amoureux de la nature, désireux de faire découvrir les différentes essences d'arbres et leurs qualités. C'est le célèbre pianiste autrichien Jurg Demus qui est le parrain de ce sentier musical.

SAINT-YRIEIX-LA-PERCHE

(87500) 7 350 hab. *Carte Haute-Vienne, B4*

Capitale du Pays arédien, microrégion vallonnée, couverte de pommiers (suivre les panneaux indiquant « La route de la pomme du Limousin ») et de châtaigniers, débordant sur la Dordogne limousine et les confins des hauts plateaux de Corrèze, la troisième ville de Haute-Vienne, qui tient son nom d'Arédius, le créateur de Saint-Yrieix, est surtout connue pour la découverte en son sol, en 1768, du kaolin (voir au chapitre Limoges). Et ce n'est pas son seul trésor. Imaginez que le sous-sol est également gorgé d'or. À vous les pépettes... heu, les pépites !

À part ça, Saint-Yrieix-la-Perche reste un centre rural important, avec un grand marché aux bestiaux et un élevage de qualité reconnue, notamment en ce qui concerne le veau et le fameux cul noir. La ville est aussi célèbre pour ses madeleines (le modèle « bébé » en particulier) : nature, à l'amande, au chocolat, au Grand Marnier, on la trouve partout en ville ou presque ! Son origine et sa forme caractéristique de coquille remontent à l'époque des pèlerinages, Saint-Yrieix étant une étape sur la route de Saint-Jacques. Côté patrimoine, ne manquez pas la belle collégiale et la tour du Plô.

LE CUL NOIR : À SE TAPER LE CUL PAR TERRE !

Victime de son embonpoint, cette ancienne race locale de porc, très rustique, a failli disparaître. On comptait encore 13 000 culs noirs dans les années 1950, mais un engraissement trop long et trop coûteux devait le condamner auprès des éleveurs. Surtout, la mode du light a failli avoir raison de notre fameux rondouillard. Heureusement, quelques irréductibles et ardents défenseurs de ce cochon aux fesses noires ont réussi à le sauver. Sa production confidentielle, son élevage en semi-liberté et son alimentation à base de glands et de châtaignes en font un mets d'exception, à la chair incomparable.

Adresses et info utiles

Office de tourisme *(plan B2)* **:** *58, bd de l'Hôtel-de-Ville. ☎ 05-55-08-20-72. • tourisme-saint-yrieix.com • Avr-sept, lun-sam (et dim mat en juil-août à la collégiale), fermé jeu avr-juin et sept ; le reste de l'année, lun (sf jeu)-sam mat.* Accueil efficace et souriant. Propose sur résa des visites guidées *(5 €)* de la collégiale et de la tour du Plô, du site de Marcognac où est extrait le kaolin ainsi que des ateliers de la manufacture de porcelaine de La Seynie.

Boucherie Laurent Barris *(plan B1,* **2***)* **:** *av. du Général-de-Gaulle. ☎ 05-55-75-02-11. Tlj sf dim-lun 7h-12h30, 14h-19h.* Vous trouverez chez ce producteur veau de Saint-Yrieix, bœuf du Limousin et bien évidemment le rare cul noir (mais mieux vaut passer commande !). En bon cochon, il se déguste de la tête aux pieds et donne d'excellentes charcuteries. Quant à la chair fraîche, c'est dans la simplicité qu'elle donne le meilleur d'elle-même (genre côte de porc poêlée...). Et aucune raison de s'en priver : paraît qu'il est riche en acides gras essentiels et mono-insaturés (ce qui revient à dire qu'il est pauvre en cholestérol et donc excellent pour la santé !).

– ***Pour visiter un élevage de porcs cul noir,*** contacter l'office de tourisme.

Où dormir ? Où manger ? Où boire un verre ?

Camping

Camping municipal du lac d'Arfeuille *(hors plan par A1,* **10***)* **:** *route du Viaduc. ☎ 05-55-75-08-75. • camping@saintyrieix.fr • saint-yrieix.fr • À 1,5 km du centre ; suivre le fléchage. Ouv 15 avr-15 sept. Forfait 2 pers env 14,60 € en hte saison. Loc de chalets 280-510 € selon saison.* Un camping de taille moyenne très agréable, en raison de sa belle situation et de l'accueil aux petits oignons. Haies de buissons séparant les chalets nickel et la centaine d'emplacements, répartis en terrasses surplombant le lac. Bons équipements, minigolf, aire de jeux pour les enfants, plage avec baignade surveillée ainsi qu'une piscine. Un bon rapport qualité-prix.

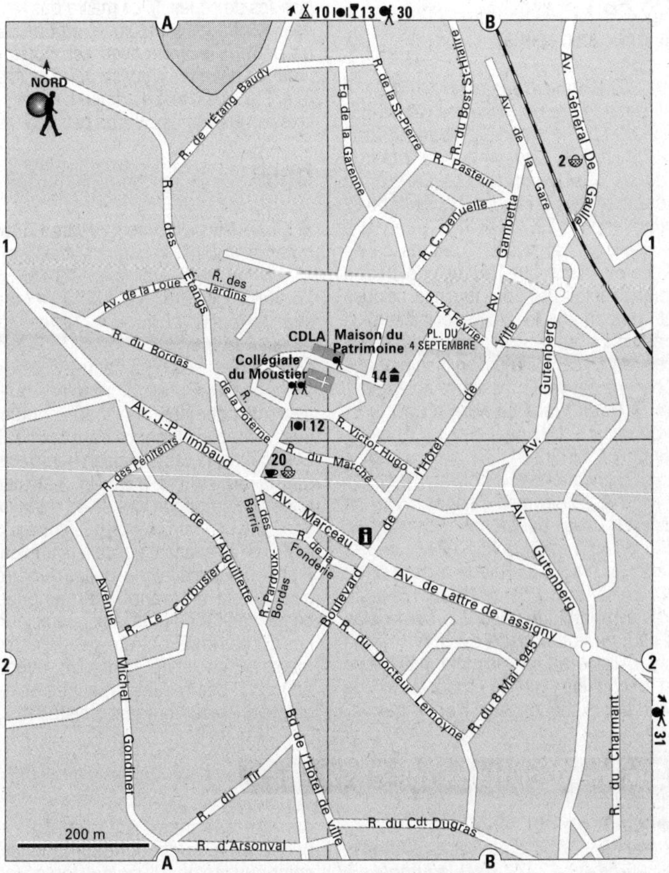

SAINT-YRIEIX-LA-PERCHE

- **Adresses utiles**
  - Office de tourisme
  - 2 Boucherie Laurent Barris
- **Où dormir ? Où manger ? Où boire un verre ?**
  - 10 Camping municipal du lac d'Arfeuille
  - 12 À la Bonne Cave
  - 13 Restaurant Le Plan d'Eau
  - 14 Chambres d'hôtes Le Passé Antérieur
- **Où boire un thé ? Où déguster de bonnes madeleines ?**
  - 20 Salon de thé Le Croquembouche
- **À voir**
  - 30 Musée des Palloux
  - 31 Bibliothèque

De bon marché à prix moyens

À la Bonne Cave *(plan A1,* ***12****) : 7, pl. de la Pierre-de-l'Homme. ☎ 05-55-75-02-12. • alain.brondeau0928@orange.fr • ♿ Dans le centre, près de l'église. Tlj sf lun et dim soir. Le midi en sem, formules et menus 10,30-13,50 € ; autres menus 19,70-32,80 €.* Une vieille maison de caractère, 2 petites salles (l'une plus cosy que l'autre), une cuisine toute simple à prix doux (tartines, salades et plats du jour le midi, spécialités plus traditionnelles le soir) : une adresse de centre-ville sans prétention bien pratique pour une pause. Terrasse très agréable.

Restaurant Le Plan d'Eau *(hors plan par B1,* ***13****) : plan d'eau d'Arfeuille. ☎ 05-55-75-96-84. Au plan d'eau, à 2 km du centre-ville, à côté du camping. Tlj sf mar soir et mer. Congés : Noël-fin janv et 1 sem début nov. Formule déj 12 € en sem ; menus 15,50-24 € ; le w-e, carte slt, env 25 €. Potage du jour offert sur présentation de ce guide.* Un resto très sympathique avec vue sur le plan d'eau, où la baignade est surveillée en été. Cuisine du pays simple, généreuse et de qualité (viande limousine d'une tendreté exceptionnelle, filet de perche, poêlées de cèpes...). Le maître des lieux, Jean Maitraud, est toujours prêt à tailler un bout de bavette avec ses hôtes et organise des menus spéciaux les jours de fête. Fait aussi bistrot : halte bien rafraîchissante les après-midi un peu chauds.

Chic

Chambres d'hôtes Le Passé Antérieur *(plan B1,* ***14****) : chez Mme Martin, 7, pl. du 4-Septembre. ☎ 05-55-75-35-02. 📱 06-85-70-22-10. • lepasseanterieur@yahoo.fr • lepasseanterieur.free.fr • Ouv Pâques-Toussaint. Double 80 €.* En centre-ville, face à l'hôpital, on peine à imaginer qu'ici se cache, derrière une façade anodine, une véritable demeure de charme. Et pour cause, la vaste maison bourgeoise datant du XVIIIe s a révélé d'authentiques colombages lors de sa restauration, que l'on retrouve dans l'entrée. Le reste est à l'avenant : escaliers anciens, planchers cirés et de belles fenêtres ouvrant sur un grand jardin aménagé où est servi le petit déj aux beaux jours. Les 5 chambres ont été décorées par madame, ancienne antiquaire, avec le bon goût des meubles patinés et des objets qui racontent tant d'histoires...

Où manger dans les environs ?

La Table du Moulin *: 3, rue du 8-Mai-1945, 87800* ***La Roche-l'Abeille****. ☎ 05-55-00-22-03. • tabledumoulin@orange.fr • À env 9 km au nord de Saint-Yrieix par la D 704 puis à droite la D 17 pour La Roche. Fermé dim soir et lun. Congés : de Noël à mi-janv. Résa vivement conseillée le w-e. Formules 21,90-24,90 € et menus 29,90-39,90 €.* C'est la 2e adresse du célèbre *Moulin de la Gorce*. Ici, on ne vise pas l'étoile, bien au contraire, car l'atmosphère est à la décontraction et à la convivialité dans un cadre soigné de bistrot rustico-tendance. Au comptoir en brique et verre donnant sur la cuisine semi-ouverte ou à l'une des tables face aux baies vitrées, on déguste une cuisine gastro de marché à base de produits nobles et de saison, au dressage bien pensé. Pierre Bertranet connaît ses classiques par cœur et revisite, avec modernité et virtuosité, des plats de tradition que l'on redécouvre dans toutes leurs saveurs. Service impeccable et attentionné. Un rapport qualité-prix-plaisir exceptionnel !

Où boire un thé ? Où déguster de bonnes madeleines ?

Salon de thé Le Croquembouche *(plan A2,* ***20****) : 9, rue Émile-Frange. ☎ 05-55-08-12-61. ♿ À deux pas des halles. Tlj sf lun 7h-13h, 15h30-20h.*

Congés : de mi-oct à mi-nov. En version grand format pour la consommation sur place ou en version « bébé » à emporter (ça prend moins de place !), c'est ici qu'on aura les meilleures madeleines. Du moins, naturelles et sans conservateurs, raison pour laquelle elles se conservent d'ailleurs très peu. Mais à vrai dire, quand on met le nez dedans, difficile de s'arrêter. Jamais totalement nature, elles sont aromatisées au jus de pomme, à l'amande amère, ou encore au chocolat amer. Salon de thé confortable et lumineux, très fréquenté, surtout les jours de marché. Bon accueil.

À voir

La collégiale du Moustier *(plan A1)* **:** construite du XIIe au XIVe s à l'emplacement d'une abbaye romane, cette collégiale était une église fortifiée, comme le prouve le chemin de ronde qui la ceinture. Si les vestiges de l'époque mérovingienne ont totalement disparu, on y voit néanmoins de jolies curiosités : impressionnant portail méridional de bois sculpté surmonté d'un christ en majesté, clocher-porche massif de style roman et, à l'intérieur, arcatures et modillons donnent le ton. Notez l'inhabituelle galerie-corniche courant de chaque côté de la nef. À voir également, le buste-reliquaire en argent du XIIIe s et la colombe émaillée en cuivre, ornée d'anges aux ailes déployées. Beaux vitraux et grands volumes.

La tour du Plô : pittoresque antiquité dressée à côté de la collégiale et qui remonte au début du XIIIe s. Vestige de la guerre de Cent Ans, érigée par le vicomte de Limoges, elle est enserrée dans une gaine de constructions qui s'appuient contre elle et la protègent de la destruction. La justice aurait été rendue en ce lieu, qui représente le plus ancien monument profane de la ville.

Le CDLA *(plan A-B1)* **:** *1, pl. Attane. ☎ 05-55-75-70-30. • cdla.info/fr • Mar-sam (sf j. fériés) 11h-13h, 14h-18h30. Congés : Noël-fin janv. GRATUIT.* Le centre des Livres d'artistes rassemble une collection de livres, de publications, d'affiches et même de vidéos d'artistes, étoffée chaque année, et propose un programme d'expositions temporaires d'art contemporain. À côté, la toute nouvelle ***Maison du patrimoine*** présente l'histoire de la ville avec, en point d'orgue, l'extraction du kaolin et de l'or.

Le musée des Palloux *(hors plan par B1,* ***30****)* **:** *lieu-dit Les Palloux. ☎ 05-55-75-10-38. Tte l'année. Lun-sam 9h-12h, 14h-18h (tlj en juil-août). GRATUIT.* Cet ancien moulin fabriquait autrefois de la pâte à porcelaine et accueille aujourd'hui une collection de pièces rares, du XVIIIe s à nos jours, réunies par un passionné. Muséographie à l'ancienne mode en harmonie avec les lieux.

À la **bibliothèque** *(hors plan par B2,* ***31*** *; 6, av. de Lattre-de-Tassigny ; rens au ☎ 05-55-08-88-79 ; fermé jeu et dim, horaires variables),* les amateurs pourront aller admirer une bible datant du XIIe s, aux superbes enluminures.

DANS LES ENVIRONS DE SAINT-YRIEIX-LA-PERCHE

L'église du Chalard et le cimetière des moines *(87500)* **:** *à 8 km au nord-ouest par la route de Châlus. Indiqué à gauche en entrant dans le village. Visite commentée l'été (infos auprès de l'office de tourisme : ☎ 05-55-08-20-72).*
Le Chalard est d'abord un bourg médiéval charmant et fleuri qu'on prend plaisir à traverser (sur la gauche, maison dite des « Anglais », du XIIIe s) en descendant vers l'église. Celle-ci est magnifique. Un joyau de l'art roman primitif, à peine retouché depuis le XIIe s. Curieuse architecture puisque dépourvue de nef, on y trouve l'atmosphère et la déco si plaisantes de l'art roman : arcatures, voûtes en cul-de-four des absides, en arc brisé du chœur, lueur céleste et élévation accentuée par

l'absence de nef. Fines colonnes de granit à chapiteaux sculptés et remarquable buffet du XVe s abritant le tombeau de Gouffier de Lastours (« Chevalier au Lion »), décoré d'émaux limousins du XIIe s. Franchement surprenant. À l'extérieur, cimetière médiéval, tombes sans âge (enfin, presque : 40 sont du XIIe s, les autres un peu postérieures), dont certaines étaient gravées d'outils de tisserand, bûcheron ou forgeron, métiers de leurs occupants respectifs (on le devine encore parfois). Un bel ensemble.

– Et si vous avez le temps, descendez en contrebas de l'église, sur les bords de l'Isle, au lieu-dit du Moulin-du-Chalard, pour un petit pique-nique.

– En repartant (route de Saint-Yrieix), faites donc une petite halte, bucolique à souhait, au pont médiéval en contrebas de la route.

La grande tour de Château-Chervix *(87380)* **:** *à 18 km au nord-est par la D 19.* Après que les Gaulois et les Ligures s'installèrent ici, on réalisa un des ouvrages de défense les plus importants de la région aux XIIe-XIIIe s... dont il ne reste plus que cette tour de 32 m de haut, qui dépendait de l'abbaye Saint-Martial de Limoges. Pour l'anecdote, en 1553, sous Henri II, le seigneur François de Coignac, prêtre douteux, fabriquait ici de la fausse monnaie et pratiquait l'alchimie. Il finit par se faire arrêter et on mit alors le feu à la tour, enfermant à l'intérieur tout son personnel et sa famille afin d'exorciser le mauvais sort. Un jeune berger eut la vie sauve en se cachant dans les souterrains. Plus récent, le buste sur la fontaine est celui de Louis Bonnafy, généreux donateur du XIXe s qui légua une somme d'argent pour amener l'eau potable au village. Chapeau !

➢ Au nord de la place, départ du *sentier Badassac* (« où le sac déborde » en occitan) qui passe par la grotte du Cros-Ligieux (« le trou Ligieux »). Différents itinéraires balisés (voir le tracé sur le panneau d'information au pied de la tour).

Le musée et les jardins Cécile-Sabourdy* :** *Le Presbytère, 87260* ***Vicq-sur-Breuilh. *À 21 km au nord-est par la D 19. À droite de la mairie, dans le bourg. 06-80-70-86-58 ou 06-18-12-40-66. • museejardins-sabourdy.fr • Ouv tte l'année, tlj sf lun 10h-19h. Entrée : 5 €, billet combiné musée + jardin 7 €, réducs, gratuit pour les moins de 10 ans.* Installée dans l'ancien presbytère fraîchement restauré, intéressante exposition d'une cinquantaine de tableaux de Cécile Sabourdy (1893-1970), artiste peintre appartenant à l'école des naïfs. Son œuvre traite du quotidien de la ruralité du Limousin, région qu'elle n'a jamais quittée. Henri de La Celle, collectionneur d'art, a joué un rôle important pour sa reconnaissance. Séduit par ce personnage excentrique, il deviendra son mécène et fera découvrir ses œuvres à son entourage artistique, Tinguely, Calder, François-Xavier Lalanne, Niki de Saint-Phalle ou Brassaï, qu'il réunissait souvent dans sa propriété de Château-Élyas à Saint-Priest-Ligoure, à quelques kilomètres de là. On pourra également apprécier des œuvres d'autres peintres naïfs de renommée internationale (Bauchant, Vivin, Anselme Boix-Vives, Sanfourche, Chaissac...) ainsi que des peintres locaux, notamment Robert Masduraud et Clarisse Roudaud. Dans le champ mitoyen transformé en jardin médiéval paysagé, plantes aromatiques, potager de légumiers et verger de fruits rouges pour un balade bucolique.

Gîte La Ferme du Mas* :** *chez M. et Mme Denisot-Stierlin, 87380* ***Château-Chervix. *☎ 05-55-00-89-96. • gilles.denisot@orange.fr • poney-club-equi-libre.ffe.com • Depuis Saint-Yrieix-la-Perche, prendre la D 19 au nord ; à 15 km, prendre à droite pour Château-Chervix qu'il faut traverser : la maison est peu après la sortie du village, sur la droite en direction de Vicq. Env 425 €/sem en pens complète. Loc du gîte (capacité 24 pers) hors vac scol, à la sem ou au w-e.* Le cadre est magnifique : corps de ferme rénové, prés, bois, ruisseaux, chemins... et pas une voiture à la ronde ! Bienvenue au royaume du cheval ! Car c'est ici que sont accueillis les enfants de 6 à 16 ans pour des stages de poneys et chevaux, parfaitement encadrés. Les propriétaires disposent d'ailleurs de tous les agréments possibles et imaginables, et les installations hippiques sont de tout premier ordre. Grande salle à manger, salle d'animations, chambres et dortoirs simples mais suffisants, et accueil extrêmement chaleureux. On comprend pourquoi, chaque année, les mêmes enfants reviennent !

Auberge de l'Étang : *9, route de la Gare, 87380* ***Magnac-Bourg.*** *☎ 05-55-00-81-37. • infos@aubergedeletang.com • aubergedeletang.com • À env 8 km à l'est de Château-Chervix par la D 31. Congés : vac scol de fév et 10 nov-10 déc. Fermé dim soir et lun en basse saison (hôtel et resto), mer midi slt de juil à mi-sept. Doubles env 53-60 € selon saison. Formule déj 12 €, menu 16,50 € (sf dim et j. fériés), puis 22-46 €. Apéritif maison offert sur présentation de ce guide.* Au cœur du bourg, dominant un calme étang, une petite hostellerie pimpante tenue par un jeune couple plein d'allant. Les chambres, modernes, impeccables et tout confort, sont tout indiquées pour une halte. Bonne cuisine de terroir à déguster en terrasse. Et pour vraiment se relaxer, direction la piscine !

La Crêperie des Sources : *Rochefolles, 87380* ***Château-Chervix.*** *☎ 05-55-00-88-69. • lacreperiedessources@gmail.com • À la sortie de Château-Chervix en direction de Coussac-Bonneval, prendre à droite vers Rochefolles, c'est à env 2 km. De mi-juin à août, tlj midi et soir ; hors saison, ven soir-dim soir slt. Formule déj 11,50 €, carte env 15-20 €. Apéritif maison offert sur présentation de ce guide.* Perdue en pleine campagne, au bord d'un petit plan d'eau, cette adresse se distingue d'abord par ses horaires hors normes : on sert facilement jusqu'à minuit, voire 1h ! Difficile de faire plus motivé. Et c'est vrai que le jeune couple de propriétaires fait bien les choses : accueil très sympa, et dans l'assiette, des *galetous* généreux (à l'andouillette de cul noir, au boudin de châtaignes, au magret...) ou des pièces de viandes provenant d'un élevage local. Simple, bon et agréable, car le cadre, une dépendance rustique tout en pierres apparentes, est très convivial.

COUSSAC-BONNEVAL

(87390) 1 400 hab. *Carte Haute-Vienne, C4*

Un bourg fleuri, mais surtout un bourg avec un château dont les habitants peuvent être fiers. L'un des plus beaux du département ! Quand on pense qu'à l'origine il y avait là une villa romaine du nom de *Cociacum,* puis un important atelier monétaire au VIIe s, les temps changent... Dans les environs, promenade en boucle du circuit des Moulins.

Adresse utile

Bureau de tourisme : *19, rue du 11-Novembre-1918 (en contrebas du château). ☎ 05-55-08-20-72. • coussac-bonneval.com • Ouv slt les j. d'ouverture du château.* Petite antenne de l'office de tourisme de Saint-Yrieix-la-Perche, c'est ici qu'on achète les billets pour la visite du château.

Où dormir ? Où manger à Coussac-Bonneval et dans les environs ?

Auberge de l'Étang – La Grange de l'Auberge : *Forgeneuve, 87380* ***Meuzac.*** *☎ 05-55-09-25-54. • christophe.senegas@wanadoo.fr • aubergedeletang.fr • À env 12 km à l'est de Coussac-Bonneval par la D 54, face au plan d'eau, à 1 km du bourg de Meuzac. Congés : janv. Tlj sf lun soir hors saison. Doubles 55-75 € selon confort et saison. Formule déj en sem*

13,50 €, menus 28,90-42,90 €. Surplombant le calme plan d'eau, la bonne auberge limousine, pittoresque et chaleureuse. Des chambres coquettes et confortables, refaites avec goût, certaines avec vue sur l'étang. Mais surtout, une table d'exception, proposant des plats du terroir autour du bœuf limousin, du cochon cul noir, de la truffe et des cèpes en saison. Belle formule brasserie le midi et quelques pizzas savoureuses. Le pain et les pâtisseries sont faits maison, à côté, dans le fournil. Service dans une salle à la déco tendance ou sur l'une des 3 terrasses ouvertes sur le plan d'eau. Accueil enjoué et plein d'attentions. Idéal pour une halte gourmande et reposante, et un bon pied-à-terre pour sillonner la région.

Chambres d'hôtes du Moulin de Marsaguet : *chez Valérie et Renaud Gizardin. ☎ 05-55-75-28-29. • contact@moulindemarsaguet.com • moulindemarsaguet.com • À la sortie de Coussac-Bonneval, direction Limoges (par la D 17) ; indiqué sur la droite puis continuer env 3 km. Ouv avr-oct. Double 59 €. Table d'hôtes sur résa 22 €.* Dans cette grande maison rustique au bord d'un étang de 13 ha, 3 chambres simples et agréables avec douche et w-c ou bains. Ambiance conviviale avec, par exemple, parties de pêche (Renaud titille le brochet) ou balades autour de l'étang. Table d'hôtes préparée avec les produits de l'exploitation (en bons éleveurs de canard, ils cuisinent foie gras, civets et autres confits !).

Hôtel des Voyageurs – Restaurant Le Kaolin : *21, av. du 11-Novembre-1918. ☎ 05-55-75-20-24. • info@voyageurskaolin.com • voyageurskaolin.com • En contrebas du château. Tlj sf dim soir et mer. Congés : 3 sem en nov. Service 12h-13h45, 19h-21h. Double 45 €, familiale 51 €. Menus 13 € le midi en sem, puis 22-38 €.* Petit hôtel-resto à l'ancienne, bien pour un copieux repas de produits régionaux avant d'aller visiter le château. En revanche, les chambres sont bien défraîchies et tristounes malgré leur situation sur l'arrière, de plain-pied sur un calme jardin, avec vue sur le château. L'accueil manque quelquefois d'affabilité.

À voir

Le château de Bonneval : *☎ 05-55-75-29-09 ou 05-55-08-20-72 (office de tourisme). • chateaudebonneval.fr • Ouv de juil à mi-sept, tlj (à l'exception de certains j.) 14h30-19h (18h en sept), plus quelques w-e, ponts et j. fériés en avr-juin (bien vérifier les j. d'ouverture sur le site) ; dernière visite 1h avt fermeture. Entrée (achat des billets auprès du bureau de tourisme) : 10 € ; réduc. Parc seul : 4 €. Visite guidée pour le château, env 1h (2 pers min).*

L'origine du château se perd dans la nuit des temps, tout comme celle des Bonneval, dont on retrouve le nom attaché au lieu dès l'an 930. Fait remarquable, la dynastie s'est perpétuée jusqu'à nos jours, et M. et Mme de Bonneval habitent toujours au château – c'est pourquoi celui-ci présente de l'intérêt, tant pour le mobilier que pour l'histoire d'une famille liée à l'histoire tout court.

Parmi ses membres, évoquons l'invraisemblable destin d'Achmet-Pacha, né en 1675 Claude-Alexandre de Bonneval et qui fut tour à tour mousquetaire (à 10 ans !), commandant, puis colonel (à 26 ans !), s'illustrant durant la campagne d'Italie. Mais, suite à un différend avec le ministre de la Guerre, il émigra en Autriche : il y sera nommé feld-maréchal des armées, avant de se brouiller avec le prince Eugène et de devoir quitter le pays. Indésirable en France, il file en Turquie : rebelote ! Réformant l'armée et surtout l'artillerie, il remporte d'éclatantes victoires sur l'Autriche et se voit promu « pacha à trois queues », soit le plus haut grade militaire ottoman, pacha des pachas en quelque sorte. Achmet-Pacha ne revit jamais la France et repose à Constantinople, mais on visite une chambre qui lui est dédiée, avec une curieuse armoire-salle de bains. Notons que tous ses démêlés et ses exils eurent pour origine des histoires de femmes ou de maîtresses des grands de ce monde, que le bouillant Claude-Alexandre avait le don d'offenser (couplets licencieux, insultes publiques). Une vedette, cet Achmet-Pacha !

L'actuel château date du XIVe s et, bien qu'assez remanié, il conserve l'aspect massif et archétypal d'un château fort médiéval d'envergure (il occupait une situation stratégique sur la ligne de défense de l'Aquitaine), toutefois sans créneaux et coiffé de toitures Renaissance : plan carré de 33 m de côté, énormes tours d'angle, pont-levis, etc. Belle cour intérieure d'inspiration italienne, avec son ancienne horloge, puis succession de galeries, salons, d'une chapelle, de chambres et d'une belle salle des archives avec des registres de la famille de 1055 à aujourd'hui. Le tout est décoré d'un mobilier allant de la Renaissance au Directoire, de tapisseries d'Aubusson ou de Fontainebleau, d'impressionnantes portes en noyer sculptées et d'une multitude d'objets, dont certains en provenance du Brésil, pays d'origine de l'actuelle marquise.
– ***Spectacle de son et lumière :*** *en principe 1er w-e d'août.*

À voir également dans le village, près de l'église, la ***lanterne des morts,*** du XIIe s, assez monumentale, où jadis veillait une lampe dans le lanternon, image des âmes mortes, mais aussi « phare » guidant le voyageur dans la nuit profonde. Dans la modeste ***église,*** des fragments de fresque, une toile de Lebrun et « la litre seigneuriale et funéraire » de la famille de Bonneval.

DANS LES ENVIRONS DE COUSSAC-BONNEVAL

La médiathèque intercommunale du Père Castor : *87380* ***Meuzac,*** *face au plan d'eau. ☎ 05-55-09-99-51. • perecastor.fr • Mar-mer 14h-18h ; ven 14h-19h ; sam 10h-12h, 14h-17h. Fermé lun, jeu et dim.* Le centre d'archives des albums du *Père Castor* édités de 1931 à 1996 est aussi un lieu de mémoire et de ressources sur l'éducation et la littérature enfantine. Cette médiathèque publique est associée à un terrain d'aventures pour enfants : atelier nature, jardin pédagogique, potager, verger, labyrinthe végétal... Ouvrages (pas d'éditions originales, bien sûr) à emprunter ou consulter sur place (nostalgie, quand tu nous tiens...). Possibilité d'acheter des rééditions.

DE LIMOGES À VASSIVIÈRE

Marchant, courant ou pédalant plein est de Limoges à Vassivière, on constate, grisé tant par l'effort que par la beauté des paysages, que le relief s'accentue pour passer de 200 à 700 m d'altitude. Maulde et Taurion dévalent, moulins et barrages ponctuant leurs cours, et se jettent dans la Vienne. Sur la route, deux petites villes à l'atmosphère plaisante, Saint-Léonard-de-Noblat et Eymoutiers, dernière étape « civilisée » avant d'arriver sur le vaste lac de Vassivière, frontalier avec la Creuse. Ce secteur, dit « des Monts et Barrages », a été classé « Pays d'art et d'histoire » et offre au voyageur toutes ses richesses : baignade, activités nautiques, sports en pleine nature, mais aussi patrimoine et art contemporain ou tout simplement repos et farniente...

Adresses utiles

Pays d'art et d'histoire des Monts et Barrages : *Le Château, 87460* ***Bujaleuf.*** *☎ 05-55-69-57-60. • monts-et-barrages-en-limousin.fr •* Organise de nombreuses visites guidées thématiques, animées par des guides conférenciers agréés par le ministère de la Culture. Également quantité de brochures et de fiches de randonnées, ainsi qu'une belle carte touristique.

Parc naturel régional de Millevaches en Limousin : *le bourg, 23340* ***Gentioux-Pigerolles.*** *☎ 05-55-67-97-90. • pnr-millevaches.fr •* Là encore, toutes sortes de documentation, la liste des hébergements, restaurants et autres prestataires labellisés par le parc. Également un carnet « sortie découverte » et le journal du parc.

SAINT-LÉONARD-DE-NOBLAT

(87400) 4 800 hab. *Carte Haute-Vienne, C3*

Vivant toujours de la porcelaine avec deux ateliers encore actifs, Saint-Léonard-de-Noblat a conservé un bel ensemble médiéval digne d'intérêt. La collégiale, inscrite au Patrimoine mondial de l'Unesco au titre des chemins de Saint-Jacques-de-Compostelle, mérite par ailleurs le respect pour ses savantes et gracieuses architectures romanes.
Six colles : de qui saint Léonard est-il le saint patron ? Comment s'appellent les habitants de Saint-Léo ? Quelle en est la spécialité culinaire ? Quel homme célèbre vit à Saint-Léo ? Lequel y est passé enfant ? Lequel y est né ? Réponses (dans le désordre !) : non, les habitants de Saint-Léonard-de-Noblat ne s'appellent pas les Léonardiens, les Léonardois ou les Noblatiens, mais les Miaulétous, nom, en patois, du choucas des tours, qui, depuis des siècles, a élu domicile dans le clocher de la collégiale Saint-Léonard. On dit aussi que le mot « miaulétou » viendrait du cri de cet oiseau, proche du miaulement. L'homme célèbre, et ô combien populaire, est « Poupou », notre Raymond Poulidor, qu'il n'est pas rare de croiser et qui organise encore parfois des courses cyclosportives dans la région. Creusois d'origine, il a élu domicile ici, coiffant au poteau (une fois n'est pas coutume) M. Gay-Lussac, physicien illustre du XIXe s, né en ville et dont tout le monde se... hum, enfin, dont personne ou presque ne connaît l'œuvre et pourtant vrai Miaulétou, lui. C'est Gainsbourg qui y est passé enfant ; sa famille vint s'y réfugier pendant la guerre et le petit Serge y fut scolarisé. Quant à saint Léonard, il est le patron des prisonniers... C'était notre page people. Enfin, réponse à la dernière colle, les Miaulétous mangent le massepain, ce biscuit à la poudre d'amande dont la recette reste secrète. Vous voilà désormais incollable.

Adresses utiles

Office de tourisme : *pl. du Champ-de-Mars. ☎ 05-55-56-25-06. • tourisme-noblat.fr • Juil-août, lun-sam, plus dim et j. fériés mat slt ; le reste de l'année, lun-sam (sf mar mat oct-mars).* De mi-juillet à mi-août, visite guidée de la vieille ville vendredi à 15h *(4 €).* Bon accueil et bonne documentation. Plusieurs petits dépliants gratuits de circuits de randonnée, GPS en location pour 3 circuits visioguidés (ou à télécharger sur son mobile) et plan détaillé de la ville, avec circuit touristique.

Gare SNCF : *av. du Général-de-Gaulle. ☎ 36-35 (0,34 €/mn). • voyages-sncf.com • À 3 km du centre-ville.* Nombreuses liaisons tlj avec Limoges en TER ou autocar.

Arrêt de bus : *à côté de l'office de tourisme.* Liaisons avec Limoges, Aubusson, Felletin. Horaires auprès de l'office de tourisme.

Où dormir ? Où manger ?

Camping

Camping municipal de Beaufort : *à* **Beaufort.** *☎ 05-55-56-02-79. • info@campingdebeaufort.fr • campingdebeaufort.fr • ♿ À 4,5 km du centre-ville par la D 39, au bord de la Vienne. Ouv de mi-avr à fin sept. Forfait 2 pers env 14 € en hte* *saison. Huttes et mobile homes pour 4-6 pers 175-400 €/sem.* Site paisible et agréable en bord de rivière. Simple, mais correctement équipé (pataugeoire et toboggan pour les enfants, ping-pong...) et bien conçu, avec des emplacements séparés par de petites haies.

De prix moyens à chic

Chambres d'hôtes Les Jardin de Lily : *10, rue de Strasbourg. ☎ 05-55-75-59-17. • surroca@wanadoo.fr • lesjardinsdelily.fr • Double 70 €. Table d'hôtes sur résa 25 €.* À deux pas de la vieille ville, cette belle maison de caractère donnant sur un jardin clos paisible et soigné est une halte de choix. L'accueil est aux petits oignons, à l'image des très jolies chambres décorées avec soin (meubles choisis, tissus élégants), tout confort (TV écran plat, salles de bains modernes), et parfaitement tenues. C'est ce qu'on appelle un nid douillet !

Le Relais Saint-Jacques : *6, bd Adrien-Pressemane. ☎ 05-55-56-00-25. • le.relais.st.jacques@orange.fr • lerelaissaintjacques.com • (resto slt). Resto tlj (sf dim soir nov-mars). Congés : vac scol de Noël et de fév (zone B). Double 65 €. Menus 21-47 €.* Carton plein pour cette dynamique adresse de centre-ville, tenue par une équipe efficace et sympathique. Déco contemporaine élégante et soignée, qu'il s'agisse des belles salles à manger donnant sur l'agréable terrasse, ou des chambres tout confort dotées de salles de bains très actuelles (douches à l'italienne et w-c séparés). Côté restaurant, on se régale d'une cuisine traditionnelle de qualité joliment mise en scène. Une belle et bonne étape.

Chambres d'hôtes La Maison de Compostelle : *4, av. du Champ-de-Mars. ☎ 05-55 56-36-99. • lamaisondecompostelle.fr • Doubles 98-108 € selon suite. Réduc de 10 % sur présentation de ce guide.* Exceptionnel ! Car il ne s'agit en aucun cas de chambres mais d'appartements ! Et dans le genre, c'est du haut de gamme : le « classique » joue la carte du romantisme, avec ses meubles patinés et ses nombreux bibelots très déco, tandis que le « design » propose un mobilier résolument contemporain et des expos temporaires dans le salon. Dans tous les cas, le confort est irréprochable, jusque dans ses moindres détails (mules comme dans les grands hôtels, petits chocolats...), et surtout, c'est immense : chambre, cuisine, salon, salle à manger, et même une vaste terrasse pour le « classique ». Selon ses préférences, on choisira de dormir côté rue ou côté jardin, avant de profiter de l'excellent petit déj et des conseils de visite de la charmante propriétaire.

Où dormir ? Où manger dans les environs ?

Auberge de la Poste : *141, rue Émile-Dourdet, 87400* ***Sauviat-sur-Vige.*** *☎ 05-55-75-30-12. • aubergedelaposte.fr • (resto slt). À 13 km au nord-est de Saint-Léonard par la D 941. Congés : vac scol de Noël. Resto fermé lun. Double 58 €. Formule déj en sem 14,50 €, puis menus 19-36 €. Apéritif régional offert sur présentation de ce guide.* Relais de poste qui a vu, entre ses murs élevés en 1712, passer du beau monde : de Montesquieu à Gainsbourg. De ce passé reste une cheminée monumentale au coin du bar, une salle à manger éminemment rustique, un vrai sens de l'accueil et une cuisine bourgeoise, soignée comme on dit. Chambres classiques et tout confort, dans un style un peu daté, qui ont l'avantage d'occuper un bâtiment moderne sur l'arrière (tranquilles, donc, dans un bourg traversé par un axe important).

Chambres d'hôtes Le Masbareau : *au lieu-dit Le Masbareau, 87400* ***Royères.*** *☎ 05-55-00-28-22. • anneboudet@masbareau.com • le-masbareau.com • À env 7 km à l'ouest de Saint-Léonard par la D 941, suivre fléchage à gauche dans le bourg de Royères. Doubles 77-87 € selon chambre, des suites familiales également.* Au cœur d'un vaste parc calme et paisible, orné d'arbres séculaires, Anne accueille ses hôtes dans sa grande maison de maître comme s'ils étaient des membres de sa famille. Ses chambres sont spacieuses, à la déco raffinée, avec du mobilier de caractère. Table d'hôtes d'exception au coin du feu, où les produits bio de la ferme sont à l'honneur (viande limousine, veau de lait sous la mère, porc élevé en plein air...), accompagnés de légumes du potager que les enfants aiment récolter. Une adresse de charme pour un séjour en famille en toute quiétude, avec possibilité de pêcher dans les étangs et de se promener dans la forêt privée. Des gîtes également, disponibles à la semaine ou pour l'accueil de pèlerins.

À voir. À faire

La collégiale : date des XIe et XIIe s. Elle dresse fièrement, à 52 m, son clocher accolé à la nef : composé d'étages en retrait, quatre de plan carré puis deux octogonaux, ajouré de fenêtres et orné d'arcatures, c'est le clocher limousin type. Mais, vu du chevet, l'aspect général de l'église, basse de proportions et assez composite, fait songer à un gigantesque insecte, quelque monstre de granit tapi là depuis des siècles : les sept chapelles rayonnantes, demi-cylindres trapus, ont l'air de ventouses ou de mandibules, et, sur les flancs, les piliers prolongés de fins arcs-boutants semblent des pattes fléchies supportant la bête. Et le haut clocher, n'est-ce pas le cou, la tête aux yeux multiples ? Ces toitures grises à tuiles rondes, écailles et carapace ? L'intérieur, assez dissymétrique et irrégulier, pourrait alors n'être qu'entrailles. On y voit le tombeau de saint Léonard, surmonté de sa chaîne de prisonnier, verrou que les femmes désirant être mère dans l'année viennent toucher avec ferveur. Lignes pures et austères, vitraux lumineux des chapelles et colonnes anciennes. Un bel édifice, vraiment.

La vieille ville : si les remparts ont fait place à un boulevard circulaire, la cité médiévale, aux ruelles pavées et placettes d'un autre âge, a gardé son cachet. Nombreuses maisons remarquables, notamment celles de la Tour Ronde et de la Tour Carrée, place de la République. Mais la plus ancienne (XIIIe s), à fenêtres géminées, se trouve à l'angle de la rue de la Révolution et de la place de la République. Une autre, du XVe s, à l'angle de la rue des Étages et de la rue Gay-Lussac, en pierre et pans de bois et en encorbellement, vaut aussi le coup d'œil. Et partout, portes anciennes, blasons gravées linteaux sculptés et modillons rappellent au visiteur combien fut beau le temps jadis. Dommage que les remparts aient été rasés. On aurait pu voir une porte aumônière où le bon peuple assistait aux châtiments de justice : amputations, écartèlements, etc. Super sympa ! Bon dépliant gratuit disponible à l'office de tourisme.

Le musée Gay-Lussac : *dans le bâtiment du foyer rural, rue Giraudoux. ☎ 05-55-56-25-06. De mi-avr à mi-oct, tlj sf dim et mar, 10h-13h, 15h-18h ; plus dim ap-m juil-août. GRATUIT.* Beau bâtiment du XVIIe s, qui fut une école religieuse puis qui servit de gendarmerie. Ce tout petit musée retrace la vie et l'œuvre de Louis Joseph Gay-Lussac, polytechnicien et professeur qui travailla sur la dilatation des gaz. Il fit pour cela, en 1804, une expérience en ballon jusqu'à 7 000 m, puis traversa l'Europe en compagnie du savant Humboldt avant d'être élu député de la Haute-Vienne quelques années plus tard. À l'intérieur, un buste de l'homme, son costume de l'X (École polytechnique), une nacelle de montgolfière, un vieil alambic de cuivre et autres thermomètres expérimentaux, des manuscrits et topos, etc. Mais au fait, connaissez-vous les lois de Gay-Lussac (1778-1850) sur les gaz ? Si oui, bravo, sinon, apprenez : a) que le volume occupé par la masse gazeuse considérée est relatif à la température absolue ; b) que la pression de la masse gazeuse considérée est relative à la température absolue. Élémentaire, non ?

L'HistoRail, musée du Chemin de fer : *18, rue de Beaufort. ☎ 05-55-56-11-12. • historail.com • (à 90 %). Sur la route de Saint-Denis-les-Murs (D 39). Juil-août, lun-ven 10h30-12h, 14h-18h. Entrée : 5 € ; réduc ; gratuit moins de 6 ans.* Original et instructif, ce pittoresque musée vous transporte dans le monde du chemin de fer et permet de comprendre son importance dans l'histoire économique et sociale. D'abord, on prend son billet au guichet et le chef de gare le composte sur un « col de cygne », ça met dans l'ambiance. Trains miniatures, bien sûr, et « traversothèque » où est exposée l'histoire des traverses et des rails. Simulateurs de conduite, pantographe et sa caténaire, cabines de locomotive et sièges de 1re classe pour visionner les documentaires ; ne manque que les vaches pour vous regarder passer. La visite se poursuivant en extérieur, on s'aperçoit alors que même la « bête à cornes » est de la revue ! Mais on ne va pas tout vous dire, allez-y, vous verrez...

Le moulin du Got : *☎ 05-55-57-18-74. • moulindugot.com • À 3,5 km au nord-ouest de Saint-Léonard, en direction du hameau Le Pénitent, juste après la rivière. Atelier et boutique ouv mer-ven 14h30-17h30, plus 10h-12h mar-ven en été, sam ap-m de mi-avr à oct ot dim ap-m pour les ponts. Fermé de Noël à mi-fév et 1er et 11 nov. Visites guidées du moulin et des ateliers : en été mar-ven à 10h30 et lun-sam 14h15-17h15 ; pour le reste de l'année, les jours et horaires varient selon le mois (voir le tableau détaillé des nombreuses visites à date fixe sur le site, ou téléphoner). Entrée : 7,50 € ; réduc.*
Restauré, ce moulin à papier, dont les origines remontent au XVe s, a repris du service ! Au XVIIIe s, il fonctionnait à haut rendement et a même fourni le papier du premier dictionnaire franco-anglais (1756), que l'on peut consulter à la Bibliothèque nationale à Paris. À cette époque, 24 moulins à papier fonctionnaient dans les environs.
Sur trois niveaux, on apprend les différentes étapes pour réaliser du papier à la main ou à la machine, on découvre les techniques de fabrication (les meules tournent à plein régime pour broyer la pâte : impressionnant), les machines employées (avec, pour star, la Stanhope de 1790, première machine d'imprimerie en fonte), le tout accompagné par des passionnés. On met la main à la pâte (façon de parler !) et on saura tout d'un rang de casse, de la typographie, d'un atelier lithographique, et on palpera les papiers made in Got qui sortent des machines. C'est d'ailleurs ce qui fait la force de ce site car toutes ces animations font du moulin un véritable musée vivant du Papier. La boutique, sur le thème du papier, forcément, recèle de véritables trésors, à commencer par les superbes luminaires de Pierrick Brocart, en papier smocké. Le genre de visite qui laisse un souvenir impérissable.

Manifestation

– ***Festival Mille et Une Notes :*** *de mi-juil à mi-août. ☎ 05-55-08-20-72. • festival1001notes.com •* Son ambition est de réunir musique classique et sites remarquables, nouvelle génération et vieille garde.

DANS LES ENVIRONS DE SAINT-LÉONARD-DE-NOBLAT

Les pierres initiatiques de Saint-Nicolas : *Saint-Nicolas, 87400 La Geneytouse. ☎ 05-55-56-07-70. À 8 km au sud de Saint-Léonard. Ouv dim en juin et tlj en juil-août, 14h-19h ; sur rdv hors saison. Entrée : 5 €.* Curieux lieu que celui-ci : 140 blocs monumentaux en granit limousin posés là, face aux monts de Vassivière, représentant des visages, des animaux, des monuments. Derrière tout ça, un artiste sculpteur, Jean-Marie, spécialiste en technique de taille, disponible, qui vous expliquera sa démarche et que ce travail lui a demandé plus de 21 500 h ! Curieux et pas inintéressant.

Petite randonnée pédestre

➢ ***Le circuit des moulins entre Vienne et Tard et du prieuré de l'Artige :*** *8 km, 2h, en boucle, sans les arrêts. Au départ de l'ancien moulin de l'Artige, à 3 km au sud-est de Saint-Léonard-de-Noblat, sur la D 39. Infos auprès de l'office de tourisme.*

EYMOUTIERS (87120) 2 100 hab. *Carte Haute-Vienne, C-D3*

Prise dans les montagnes limousines, cette agréable petite ville, avec sa collégiale et ses hautes maisons à greniers à claire-voie en bord de Vienne, anciennes demeures de tanneurs, constitue une étape culturelle bien plaisante, avec ses musées. Mais savez-vous ce qu'est un Pelaud ? Un habitant d'Eymoutiers, du mot occitan qui signifie « peler la peau », qui fait référence à ces mêmes tanneurs. Un biscuit local porte également ce nom. Ici naquit l'écrivain et journaliste Madeleine Chapsal, auteur de *La Maison de Jade* et cofondatrice du magazine *L'Express,* tandis que Charles Dumont, parolier d'Édith Piaf et auteur de *Non, je ne regrette rien,* y a longtemps trouvé l'inspiration.

Adresses utiles

■ *Office de tourisme :* *17, av. de la Paix. ☎ 05-55-69-27-81. • tourisme-portesdevassiviere.fr • Ouv mars-oct, lun-sam (plus dim mat en juil-août) ; oct-fév, mar-sam.* Un plan-guide gratuit de la ville, mais aussi de très bonnes fiches de randonnée à Eymoutiers et ses environs. Propose sur résa en été des visites rando et patrimoine, ainsi que des tours de la ville le mardi à 15h *(compter 1h30 de visite pour 4 €).* Accueil compétent et souriant.

■ *Canoë-kayak Eymoutiers :* *à la Maison des associations. 📱 06-75-61-15-81. • sport-nature-eymoutiers-vassiviere.fr • Ouv tte l'année. Loc de kayaks env 5 €/h, de canoës pour 2 pers 10 €/h. Randonnée encadrée sur la Vienne et escalade du site de Bussy-Varrache (sur résa, 18 €).* Pour pagayer gaiement au fil de la Vienne. Initiation, randonnées ou canoë nocturne (en juillet-août), à vous de choisir ! Également des packs kayak + VTT. Équipe jeune, sympa et compétente. Présent également sur Vassivière, à Broussas.

Où dormir ? Où manger à Eymoutiers et dans les environs ?

De bon marché à prix moyens

⌂ I●I *Le Ranch des Lacs :* *au lieu-dit Vervialle, 87120* ***Augne.*** *☎ 05-55-69-15-66. • contact@le-ranch-des-lacs.fr • le-ranch-des-lacs.fr • ♿ À 9 km à l'ouest d'Eymoutiers. Prendre la route de Bujaleuf (D 14), passer Chassat, puis à gauche pour Vervialle. Congés : Noël-fin janv. Resto fermé lun (sf pour les résidents). Doubles 59-70 € selon taille. En sem, formule déj (sur résa slt) 15 € ; sinon formules et menus 18,50-35 €, puis 45 € (avec 3 entrées !) et carte. ½ pens possible. 💻 📶 Apéritif offert sur présentation de ce guide.* Une auberge littéralement perdue en pleine cambrousse. Depuis la véranda ou la piscine, vue imprenable sur une vallée de la Vienne. La spécialité, outre la *fondue pelaude* (bœuf limousine à faire cuire soi-même dans un bouillon maison), ce sont les belles viandes (en tartare, filet ou brick), dont l'incontournable entrecôte limousine, servie au poids (autour de 59 € le kilo). Les carnivores auront les crocs du bonheur ! Quant aux amateurs de vin, ils seront comblés avec un choix de plus de 400 références, proposé à prix caviste ! Ne pas manquer d'ailleurs de visiter la cave pour rapporter quelques raretés de petits producteurs. Et comme il ne serait pas sérieux de prendre la route après la dégustation, de très belles chambres à l'étage vous tendent les bras. Nos préférées, à prix d'ami, viennent d'être refaites dans un style très contemporain, avec douche à l'italienne à l'arrière du lit. Toutes sont garnies de quelques bons crus, si le sommeil ne vient pas. Et au petit déj, c'est buffet campagnard de produits locaux. Une excellente adresse, à l'ambiance bohème, incontournable pour les épicuriens.

Chambres d'hôtes Terre Indigo : *au lieu-dit Peyrassou. ☎ 05-55-42-58-45. • thierryetdidier@hotmail.fr • terreindigoleplaisirdexister.jimdo.com • À 4 km d'Eymoutiers. Prendre la route de Bugeat (D 940), puis suivre fléchage à droite et sa petite route en lacets. Double 60 €, une familiale également. Table d'hôtes sur résa 20 € (vin compris).* On aime bien ces chambres originales et d'excellent confort, aux couleurs joyeuses et harmonieuses, à l'étage de la maison de Thierry et Didier, originaires de la Nouvelle-Calédonie. On retrouvera l'influence de cette contrée lointaine par petites touches dans la déco soignée, mais plus encore dans les plats savoureux servis à la table d'hôtes. Pas de TV ici, mais des soirées reposantes autour du poêle dans le spacieux salon ou quelquefois festives au bar après le festin. Faut dire qu'on peut faire du bruit ici, il n'y a pas âme qui vive à des kilomètres à la ronde. Et on attend la piscine et sa cuisine d'été dans le beau jardin dominant la vallée, promises pour bientôt...

Chambres d'hôtes Les Cerisiers : *14, rue Pierre-et-Marie-Curie. ☎ 05-55-69-68-32. • stay@lescerisiers87.com • lescerisiers87.com • Double 48 €. Table d'hôtes sur résa 20 €.* Bienvenue chez Richard et Tim, deux Anglais sympas comme tout qui bichonnent leur petite maison de ville. Qu'il s'agisse du jardin donnant sur un potager, ou des chambres simples et pimpantes dans les étages, on s'y sent bien et on ne regrette pas du tout d'y avoir posé ses valises !

Cuisine et Compagnie : *5, rue de la République. ☎ 05-55-36-29-45. • CuisineetCompagnie@gmx.fr • En plein centre, dans une rue perpendiculaire à la rue principale. Congés : de janv à mi-fév et 2 sem fin sept. Ouv le midi slt mar-sam (jeu-sam hors saison). Carte env 15-20 €. Café offert sur présentation de ce guide.* Soupe d'orties, gâteau au persil, bœuf au curry, papillote de poire et de pomme, sandwich betterave-chèvre, voilà le genre de plats que vous trouverez à l'ardoise de ce resto-salon de thé cosy et coloré, tendance écolo. Car ici, tout est frais du jour, et élaboré avec des produits locaux évidemment bio (le bœuf vient presque à pied !). Alors pour goûter à ces bonnes spécialités pleines de goûts vrais, venez tôt, car ça part vite ! Et si cela vous a plu, vous pourrez revenir à l'occasion des cours de cuisine proposés par la sympathique cuisinière, une passionnée.

La Cave : *2, rue Karl-Marx. ☎ 05-55-69-45-34. • marc.lemeunier@wanadoo.fr • En plein centre, à la patte-d'oie à l'entrée de la vieille ville en arrivant de Limoges. Tlj l'été. Fermé dim soir, lun et mar soir hors saison. Congés : janv. Formule 13 € (sf sam soir et dim), menu 29 € ou carte.* Rien à voir avec une cave, le nom faisant référence à l'ancien emplacement du resto. La déco est même son exact contraire : sobre, lumineuse et contemporaine ! Quant à la cuisine, elle est toujours aussi bonne, celle d'un autodidacte très doué qui revisite joliment le terroir. Une cuisine de l'instant, où tout est fait maison avec le maximum de produits bio. Et comme cette *Cave* ne fait pas les choses à moitié, elle propose également une carte de brasserie plus simple (du genre filets de bœuf et frites), impeccable pour un repas rapide ou plus léger en terrasse. Que du bonheur !

À voir

La collégiale Saint-Étienne : bâtie d'abord au XIe s, l'église fut en majeure partie reconstruite à la fin du XVe s, dans le style gothique. Subsiste cependant un peu de roman, qu'on distingue nettement en entrant : à gauche, la sombre partie romane à piliers massifs et robustes arcs doubleaux, faiblement ajourée par deux petites fenêtres ; à droite, la nef et le chœur, celui-ci très vaste, illuminés de 16 baies ouvragées dont les vitraux constituent le principal intérêt de l'édifice. Agneau mystique, chevalier en armure et dame coiffée d'un hennin, blasons, anges musiciens et ribambelle de saints, et Saint Louis, roi de France. Le kaléidoscope ravit l'œil et l'esprit. À découvrir de préférence à l'aube, lorsque le soleil frappe les verrières du chevet, et si possible muni d'une paire de jumelles.

L'espace Paul-Rebeyrolle : *route de Nedde. ☎ 05-55-69-58-88. • espace-rebeyrolle.com • Juste à la sortie du bourg, direction Nedde. Tlj 10h-18h (19h juin-août, 17h déc). Fermé 1er mai et 24, 25 et 31 déc. Congés : janv. Entrée : 5 € ; 2,50 € sur présentation de ce guide. Visites commentées payantes et ateliers créatifs pour les enfants. Compter 2h si vous regardez les vidéos. Expos temporaires ts les ans juin-nov, accueillant des artistes le plus souvent prestigieux.*
Connaissiez-vous Paul Rebeyrolle ? Pour notre part, avouons que non. Et pourtant ! Ce peintre, né à Eymoutiers (1926-2005), jouit d'une respectable cote internationale amplement méritée.
Ce grand bâtiment aux salles claires et spacieuses, conçues sur mesure pour les œuvres d'envergure du bonhomme, présente son travail en une cinquantaine de tableaux et une dizaine de sculptures monumentales qui nous ont enchantés.
Vigoureuse et maîtrisée, et dans le genre figuratif contemporain, sa peinture rappelle – si l'on ose le parallèle – l'œuvre d'un Georges Brassens, un Brassens du pinceau, un artisan viril, sensible et révolté. Ses « séries », déclinant un thème sur plusieurs toiles, montrent souvent, et de belle manière, la souffrance et/ou l'injustice. Et s'il est davantage engagé que le poète chansonnier, on retrouve dans *Le Sac de madame Tellikdjian* (l'immigré, l'étranger humilié), dans *Les Magistrats* (si justement portraiturés) ou dans *Le Cyclope* (hommage à Georges Guingouin, le premier maquisard de France) des préoccupations humanistes plus larges. Grands paysages aussi ou natures brutes et animales. Dans toute sa force et sa variété, l'œuvre est un hymne très sensuel aux matières et aux couleurs du monde. Et toujours, même dans ses vues les plus noires, une touche de bleu vif : l'espoir, et une évidente valeur esthétique. Quant aux sculptures, qu'il s'agisse d'*Ève* ou du *Sanglier,* elles ne laissent pas indifférent par la force qui s'en dégage. Une grosse pointure et un artiste qu'on a eu plaisir à découvrir.

Le Musée minéralogique : *route de Nedde. ☎ 05-55-69-27-74. Face à l'espace Paul-Rebeyrolle. Juin-sept, tlj sf lun 10h-12h, 14h30-19h (18h juin et sept). Fermé le reste de l'année. Entrée : 3 € ; gratuit jusqu'à 10 ans.* Musée associatif proposant une initiation à la minéralogie fort intéressante. Ainsi apprend-on que le granit n'est que quartz, orthose et mica, rien d'autre ! Aussi que la minéralogie (à ne pas confondre avec la pétrologie, étude des roches) est une science hyper complexe en perpétuelle évolution. Expo de minéraux beaux et divers, de toutes couleurs et toutes formes, ainsi que de quelques fossiles dont un rare *Mésosaurus* (parfaitement !) et un respectable *Cladocyclus.* Ce dernier, espèce de vieux poisson préhistorique, provient du Brésil. Minéraux du Limousin, animation vidéo, etc. Avis aux collectionneurs, le musée organise une grosse bourse d'échanges le 1er week-end d'août.

DANS LES ENVIRONS D'EYMOUTIERS

Châteauneuf-la-Forêt : *à 13 km à l'ouest d'Eymoutiers par la route de Limoges, au bord d'un lac aménagé.* Rien de bien particulier à signaler sur cette petite ville discrète, à part quelques bons sentiers de rando (dont les chemins de la Résistance) et VTT aménagés dans la forêt et, surtout, ce monument aux morts qui a attiré notre curiosité. Effectivement, à défaut d'un poilu ou d'un coq gaulois, c'est une statue de la Liberté (comme à New York), de 2 m de haut, qui trône sur un socle, devant la mairie !

NEDDE

(87120) 550 hab. *Carte Haute-Vienne, D3*

À la frontière du parc naturel régional de Millevaches, à 10 km à l'est d'Eymoutiers, Nedde est un charmant petit village, qui coule des jours heureux, près de ses vestiges et fortifications médiévales. Mais ici, l'incontournable, c'est l'église Saint-Martin, son clocher couvert en bardeaux de châtaignier et son imposant verrou en fer forgé du XVe s. Verrou qui a donné son nom à l'adorable auberge familiale située juste en face !

Où dormir ? Où manger à Nedde et dans les environs ?

Auberge Le Verrou : *chez Brigitte Marvier, à Nedde. ☎ 05-55-69-98-04. • brigitte.marvier@wanadoo.fr • leverrou.com • Fermé mar soir en basse saison. Doubles 65-90 € selon chambre et saison. Menu (sur résa pour la clientèle extérieure à l'hôtel) 23 €.* Une auberge d'autrefois, à l'atmosphère chaleureuse. Plusieurs salles, une typiquement bistrot années 1930 avec un beau vieux comptoir où il fait bon s'accouder, une autre dans un décor plus contemporain pour le petit déj. Aux beaux jours, une mignonne petite terrasse, fraîche et calme comme ces arrière-cours de village, avec vue sur la ravissante église de Nedde. Une dizaine de chambres de charme meublées d'ancien (draps de grand-mère et tutti quanti...). Certaines donnent sur l'adorable jardin de poche et l'une d'elles bénéficie d'une terrasse privative. À table, une carte courte façon cuisine du marché, où tout est fait maison avec des produits locaux (et bio) exclusivement. Un endroit de rêve pour ceux qui viennent trouver là un « esprit de famille ». Accueil naturel et franchement sympa, mais est-ce utile de le préciser ? Pour finir, c'est ici qu'il faut demander les clés de l'église pour la visiter hors saison (d'où le nom qui renvoie au remarquable verrou ouvragé de l'église).

Chambres d'hôtes Au Bout des Mondes : *à la cité des Insectes, au lieu-dit de* **Chaud.** *☎ 05-55-04-02-55. • info@auboutdesmondes.com • auboutdesmondes.com • À env 3 km de Nedde, bien indiqué. Congés : Noël-fin janv. Doubles 65-90 € selon chambre et saison. Table d'hôtes sur résa 27 €.* Rassurez-vous, les bébêtes croisées lors de la visite du site (voir ci-après) ne quittent pas leurs tanières ! Vous dormirez par conséquent sur vos deux oreilles dans l'une des jolies chambres, pimpantes et colorées, à l'étage de cette grande maison de caractère. Toutes disposent de sanitaires privés (l'une d'entre elles a ses commodités sur le palier), et arborent une déco sympa sur le thème des continents (la suite « Amérique », impeccable pour les familles avec ses 2 chambres, est agrémentée de belles fresques navajos). Et puis on ne se lasse pas des soirées paisibles dans les magnifiques jardins...

À voir

La Cité des insectes : *au lieu-dit de* **Chaud.** *☎ 05-55-04-02-55. • lacitedesinsectes.com • À env 3 km de Nedde, bien indiqué. Avr-début nov, tlj 10h30-19h, fermé lun-mar hors vac scol et ponts. Entrée : 8,20 € ; enfant 4-15 ans 5,80 € ; réduc ; gratuit moins de 4 ans. Visites guidées incluses dim et pdt les vac scol à 15h. Sinon, guide papier à disposition. Jeux de piste pour les enfants. Nourrissage à 11h pdt les vac scol. Petite restauration.* Dans un coin un peu perdu, un musée (et ses beaux jardins jalonnés de panneaux informatifs) qui propose une présentation *in situ* pour petits et grands du monde merveilleux des insectes grâce à des expositions variées et interactives, de multiples animations nature, des conférences, et même des résidences d'artistes et de naturalistes. Ludique et didactique (avec des microscopes, c'est du sérieux !), on y voit toutes sortes de bestioles, papillons, fourmis, abeilles... aussi bien dans le vivarium pour les insectes exotiques qu'en milieu naturel (ruches, fourmilière, jardin potager...) ou naturalisés (plus de 10 000 spécimens). On trouvera, notamment dans le cabinet de curiosités du XVIIe s et le bureau du naturaliste du XIXe s, de très belles collections d'insectes (parfois plus qu'étranges), tous réels, sauf un... la fourmi est en métal ! Il n'en existe en effet pas d'aussi grosses, la caractéristique des insectes sociaux étant précisément leur petite taille. Ce qui n'empêche pas le musée de présenter un impressionnant criquet géant... à des fins pédagogiques. Bref, une « cité » qu'on quitte en connaissant tout sur les insectes présents sur terre bien avant les dinosaures, de leur mode de vie à leur alimentation, jusqu'à leur utilisation par l'homme (dans la pharmacopée ou la robotique, qui s'en inspire) et leur mode d'extermination !

LE LAC DE VASSIVIÈRE

Carte Haute-Vienne, D3

Mis en eau en 1950 avec la construction du barrage et de l'usine hydroélectrique du Mazet, le lac de Vassivière, d'une superficie de 1 000 ha, est le plan d'eau le plus important du Limousin. Faisant partie intégrante du « Pays d'art et d'histoire de Monts et Barrages » et du parc naturel régional de Millevaches en Limousin, il jouit d'un cadre superbe, encore assez sauvage.

Les abords du lac, ceinturés par une belle forêt, offrent cinq plages surveillées en été (et une aire de naturisme), avec guinguette, jeux pour enfants et animations ainsi que toutes les activités possibles, nautiques (voile, planche, canoë, ski nautique) comme terrestres (sentiers balisés de 30 km autour du lac pour la rando à pied ou à VTT, sentier d'interprétation, parc accrobranche, tennis, volley, football, etc.). Du coup, c'est le site le plus fréquenté de la région, avec de nombreuses possibilités d'hébergement, toutes catégories confondues.

On vient ici pour prendre un bain de pleine nature, savourer l'air libre, se reposer. Et surtout, on ne manquera pas la visite et la balade de l'île de Vassivière et son Centre international d'art et du paysage (centre d'art contemporain), pas banal !

Avec ses huit communes réparties entre Haute-Vienne et Creuse, nous avons choisi de le ranger dans la case Haute-Vienne, car il faut bien le mettre quelque part et le Pôle touristique du lac de Vassivière se trouve dans ce département – tout comme Peyrat-le-Château, commune la plus importante autour du lac.

Adresses utiles

i ***Pôle touristique du lac de Vassivière :*** *au bord du lac de Vassivière, à* ***Auphelle*** *(87470). ☎ 05-55-69-76-70. • lelacdevassiviere.com • De mi-avr à début nov, tlj ; le reste de l'année, lun-ven.* Équipe très efficace et dynamique. Demander la brochure très complète sur l'offre autour du lac (hébergements, animations, rando-fiches...). Vente de carte de pêche, location du GPS géocaching. Location de VTT. Et une foule de bons conseils...

i ***Point d'accueil du Pôle touristique du lac de Vassivière :*** *1, rue du Lac,*

87470 ***Peyrat-le-Château.*** *☎ 05-55-69-48-75. Juil-août, lun-dim mat ; de mi-avr à juin et sept-oct, lun mat, mar, jeu et sam ; le reste de l'année le mat slt lun, mar, jeu et sam.* Petite antenne du Pôle touristique, bien fourni en documentation également.

■ ***Sports nautiques, canoë-kayak Eymoutiers (base de Vassivière) :*** *plage de Broussas et plage d'Auphelle. 📱 06-75-61-15-81. • sport-nature-oymoutiers-vassiviere.fr • Tlj juil-août. Env 5-10 €/h la loc.* Équipe jeune, sympa et compétente. Cadre superbe.

■ ***Club nautique de Vassivière :*** *port Crozat-Auphelle. ☎ 05-55-69-40-96 (en saison) ou 05-55-33-37-15 (hors saison). Ouv Pâques-Toussaint, slt le w-e. Également le* ***Nautic Club Limousin*** *(école française de voile), à* ***Vauveix*** *(☎ 05-55-64-78-02 ; 📱 06-62-50-12-42 ; tlj juil-août, le w-e slt juin et sept).* Pour se perfectionner en voile, apprendre ou se faire plaisir avec une petite régate sportive.

■ ***L'Escale Bateaux croisière et restaurant :*** *port de l'Escale, à* ***Auphelle.*** *☎ 05-55-69-41-35. • escale-vassiviere.com • Mai-sept, départs tlj à 15h (plus 16h15 juil-août) ; pour avr et oct, se renseigner. Balades d'env 1h (env 7,50 € ; réduc). L'été, également un bateau-resto (sur résa ; formules copieuses 33,50-38 € ; balade de 2h30).* Pour découvrir tranquillement les 30 km de berges de Vassivière et apercevoir autrement les œuvres du Centre international d'art et du paysage.

■ ***Motonautisme :*** *rens au* ***Ski club de Vassivière,*** *87120* ***Beaumont-du-Lac.*** *☎ 05-55-69-87-58. Et au* ***Ski nautique club Auchaize,*** *à* ***Vassivière.*** *☎ 05-55-64-72-79.*

Où dormir ? Où manger dans le coin ?

Le lac de Vassivière est doté de 3 villages de vacances répartis autour du plan d'eau et d'une dizaine de campings allant de 1 à 3 étoiles.

Campings

⛺ ***Camping Les Deux Îles :*** *à* ***Auphelle*** *(87470). ☎ 05-55-35-60-81. 📱 06-11-22-07-06. • les2iles.camping@orange.fr • campings.lelacdevassiviere.com • Par la D 13, suivre le lac de Vassivière. Ouv avr-début nov. Forfait 2 pers 17,20 € en hte saison.* Un camping de taille moyenne disposé sur un terrain ombragé qui descend en pente douce vers le lac. Niveau de confort général convenable, et nombreuses activités sportives sur place ou à proximité : voile, plage surveillée, pêche, golf, etc.

⛺ ***Camping La Presqu'île :*** *à* ***Broussas-de-Maulde,*** *sur la commune de Royère-de-Vassivière (23460). ☎ 05-55-64-78-98. • presquile.camping@orange.fr • campings.lelacdevassiviere.com • Ouv avr-début nov. Forfait 2 pers env 14,20 € en hte saison. Loc de chalets 4-6 pers (273-592 €/sem) et huttes pour 4-5 pers (193-324 €/sem).* Toutes les commodités pour ce camping qui porte bien son nom et le plus « jeune » de Vassivière de par sa position idéale pour la planche à voile. Ambiance familiale et sportive. Discothèque à proximité. Plage aménagée et baignade surveillée.

⛺ ***Camping Les Terrrasses du Lac :*** *à* ***Vauveix,*** *Royère-de-Vassivière (23460). ☎ 05-55-64-76-77. • lesterrassesdulac.camping@orange.fr • campings.lelacdevassiviere.com • ♿ Depuis Royère-de-Vassivière, prendre la direction du lac de Vassivière puis, au rond-point, prendre la direction de l'île de Vassivière par Vauveix, Broussas (camping situé à 10 km du bourg de Royère-de-Vassivière). Ouv avr-début nov. Forfait 2 pers env 17,20 € en hte saison.* Un camping tranquille et bien tenu, offrant une belle vue sur le lac. Accès direct à la plage. Terrain de beach-volley sur place. À proximité de l'école de voile et de toutes les activités qu'offre le lac de Vassivière.

De bon marché à prix moyens

🏠 ***Les Ânes de Vassivière :*** *à Champseau, 87470* ***Peyrat-le-Château.***

☎ *05-55-69-41-43.* • *contact@anes-de-vassiviere.com* • *anes-de-vassiviere.com* • *Ouv de mi-avr à fin oct. Yourte ou roulotte env 59 € pour 2 pers, avec petit déj. Compter 250-360 €/sem selon saison.* Yourtes, tentes venues tout droit de Mongolie, avec leurs armatures en bois, le feutre isolant traditionnel et une déco des plus coquette. Dans un autre registre, les bohèmes se réfugieront dans la petite roulotte, pleine de charme avec son alcôve pour le lit et son coin cuisine très pratique. Les enfants, comme les grands, adorent. À noter que les sanitaires sont collectifs pour les 2 types d'hébergement.

Mes Nuits Nomades : *au lieu-dit La Ribière, 87470* ***Peyrat-le-Château.*** ☎ *05-55-42-78-14.* • *contact@mesnuitsnomades.com* • *mesnuitsnomades.com* • *À env 2,5 km du centre-ville de Peyrat, en direction d'Eymoutiers puis d'Auge par la D 68 (fléché). Ouv de mi-avr à oct. Selon saison, yourtes 49-68 € pour 2 pers, cabane perchée 85-105 € et lov'nid 75-95 €.* Dans un calme champ vallonné de 3 ha, où paissent en liberté des moutons, miniponeys shetland, alpagas et une ânesse, 3 yourtes pour 2-4 personnes avec poêle à bois et mobilier mongol coloré, une cabane perchée avec lit en mezzanine et un *lov'nid* original (sorte de cabane-bulle suspendue au-dessus d'une rivière, avec un lit rond et un dôme translucide, accessible par un pont de singe !). En contrebas de cet hébergement insolite, petit kiosque pour se poser et jacuzzi à dispo dans un petit coin caché. Tous possèdent leurs propres toilettes sèches contiguës (également un bloc sanitaire commun). Accueil sympa de Marion.

Auberge de la Fontaine : *pl. de la Chapelle, 87460* ***Cheissoux.*** ☎ *05-55-69-48-59.* • *aubergedelafontaine@wanadoo.fr* • ♿ *À mi-chemin entre Peyrat et Saint-Léonard-de-Noblat, sur la D 13. Mars-oct, tlj sf mer et dim soir ; nov-fév, ouv slt jeu-dim midi. Congés : vac scol de Toussaint et de fév (zone B). Résa indispensable le soir et le w-e. Formules déj en sem 13,50-14,50 €, puis menus 18-25 €. Café offert sur présentation de ce guide.* Une fontaine (d'où le nom), une chapelle (d'où l'adresse) et l'auberge pour tout décor. Tout autour, la verte campagne. Et pourtant, la maison fait souvent salle comble. Levons le mystère : monsieur, en cuisine, concocte des plats régionaux de saison très savoureux et à des prix vraiment raisonnables, servis par madame en salle ou en terrasse (dans le vaste jardin à l'arrière, face à un petit bassin et une vieille charrette pittoresque). Accueil charmant.

Où boire un verre dans les environs ?

L'Atelier : *pl. de la Mayade, 23460* ***Royère-de-Vassivière.*** ☎ *05-55-64-52-22.* • *contact@latelier23.com* • *latelier23.free.fr* • ♿ *Ouv tte l'année, tlj sf lun (hors juil-août) et j. fériés.* Quel beau pari : redonner vie au village et à la placette centrale de Royère tout en créant quelques emplois ! C'est chose faite ! Après un passage à Paris, des potes originaires du coin décident de restaurer et de transformer cet ancien hôtel. Résultat : un beau café où l'on aime prendre son temps, surfer sur Internet, faire une partie de baby-foot, grignoter un bout (snacks, sandwichs, plat du jour, etc.), lire le journal en terrasse, flâner dans la petite boutique de produits régionaux ou issus du commerce équitable, ou encore venir assister à l'un des nombreux concerts organisés tout au long de l'année. Tout le monde s'y retrouve, des jeunes aux moins jeunes. Bonne ambiance et belle réussite !

À voir. À faire autour du lac de Vassivière

À noter que la voiture n'est pas nécessaire pour découvrir les principaux centres d'intérêt du lac. En saison (d'avril à début novembre), des bateaux-taxis gratuits les desservent ! Riche initiative. Infos auprès du Pôle touristique du lac de Vassivière.

Le Centre international d'art et du paysage : *sur l'**île de Vassivière** (accès à pied par le pont ou en petit train gratuit depuis le parking). ☎ 05-55-69-27-27. • ciapiledevassiviere.com • Juil-oct, tlj 11h-19h ; le reste de l'année, mar-dim 11h-13h, 14h-18h. Entrée : 3 € ; réduc. Visite commentée sur demande en été (env 1h30), sans supplément.*
Impressionnante et audacieuse architecture de l'Italien Aldo Rossi (associé au Clermontois Xavier Fabre). Le Centre international d'art et du paysage est constitué de deux bâtiments de brique et de granit : l'un fait penser à un grand bâtiment agricole et l'autre n'évoque rien d'autre qu'un phare, à la fois sur une île et au milieu d'un océan de verdure. Un phare vide, superbe belvédère en forme de porte-voix, comme abandonné par un géant à la lisière des sapins (accessible aux heures d'ouverture : vue superbe depuis le sommet). Belle image de l'art contemporain fièrement campée en campagne limousine.
Mais ce site est avant tout un lieu d'exposition. Pas de collection permanente, mais une succession d'expos temporaires. Alors, au fil des mois et des années, de grands noms ont exposé leurs œuvres dans cette nef consacrée aux relations de l'art et du paysage : Hubert Duprat, Fabrice Hyber, Andy Goldsworthy... Certains d'entre eux ont même travaillé dans l'immense atelier situé au cœur du bâtiment, et que l'on domine quelques instants lors de la visite. D'autres, comme Gilles Clément, ont été invités à réfléchir à l'aménagement futur de l'île et de ses abords. Un site de toute beauté, une architecture unique pour un art multiple. Nous vous conseillons vivement les visites guidées, fort bien menées, au cours desquelles le néophyte et l'amateur averti seront plus que satisfaits et surpris. Belle librairie sur place consacrée à l'art contemporain, aux paysages et jardins.

Sur l'île toujours, en extérieur, le ***bois de Sculptures.*** Libre d'accès toute l'année, splendide à toutes les saisons, il accueille les œuvres d'artistes de tous pays, « permanentes ou temporaires, monumentales ou discrètes » – ça laisse une certaine marge – et en principe réalisées avec les matériaux naturels du site : granit, bois, etc., sauf quand elles sont de verre, aluminium et ciment, ça va de soi. Promenade agréable entre lac, forêt et créations insolites, belles ou incongrues, comme l'intrigant sous-marin coulé à quelques encablures du rivage. Et, pour les *djeun's,* une œuvre d'art contemporaine aménagée en *skate park* ! Un plan détaillé avec le nom des œuvres, de l'artiste et leur situation est remis à l'accueil.
– De juin à août principalement, toutes sortes d'animations et activités sont proposées : randonnées accompagnées, concerts, balades découverte, visites guidées... Programme au Pôle touristique du lac de Vassivière.
– Enfin, sachez que si vos mollets vous font souffrir, l'île est desservie d'avril à début novembre par un petit train gratuit. Départ toutes les 30 mn depuis le parking de 10h à 19h (20h en juillet-août).

Peyrat-le-Château : première commune d'importance à proximité du lac, le bourg propose toutes sortes d'animations en saison (concerts, visites guidées...). *Rens auprès du point d'accueil du Pôle touristique du lac de Vassivière (voir plus haut « Adresses utiles »).*
– ***Le musée de la Résistance :*** *av. de la Tour. ☎ 05-55-69-48-75. Juin-août, tlj sf mar 10h-12h, 16h-18h30 (juin 15h-17h30) ; mai et sept, tlj sf mar 15h-17h30. Entrée : 3 € ; gratuit moins de 12 ans.* Dans le château, trois salles consacrées à la Résistance dans la région (ses origines, ses actions, ses membres, dont le fameux Georges Guingouin) : nombreux panneaux bien faits, riches en anecdotes, et collection de matériel (armes, équipements parachutés par les Alliés...). Également une section – suffisamment rare pour être mentionnée – présentant l'importance du rôle des femmes dans le conflit de 1939-1945, ainsi qu'une autre centrée sur la tragédie de la déportation. Enfin, un film de 40 mn environ rassemble des témoignages de résistants sur la création de la 1re brigade. Très intéressant.
– ***La Maison des moulins :*** *à 1 km du bourg, en direction de Bourganeuf. ☎ 05-55-69-26-05. Juil-août, visites mar-jeu à 14h30 et 15h45. Mars-juin et*

sept-oct, slt pour groupes sur résa. Entrée : 6,50 €. Situé dans un site bucolique, cet ancien moulin à papier a conservé ses trois paires de meules actionnées par des engrenages à dents de bois. Certes, les mécanismes ne fonctionnent plus depuis belle lurette et mériteraient une restauration dans les règles, mais comme c'est le dernier du genre dans le secteur, n'hésitez pas à jeter un coup d'œil avant d'aller découvrir l'étonnante série de 15 grandes maquettes de moulins de France et d'Europe, réalisées par M. Mareau, petit-fils de meunier, un passionné incollable sur le sujet. Tout fonctionne, avec l'eau comme seule énergie... mais à plus petite échelle (échelle 1/10).

– ***Les Ânes de Vassivière :*** *route de Bourganeuf, Champseau, 87470* ***Peyrat-le-Château.*** *☎ 05-55-69-41-43. • anes-de-vassiviere.com • Env 25 € la ½ journée et 41 € la journée.* Une formule sympa pour découvrir les environs. Équipe super gentille, et les enfants adorent ça ! En plus de toutes ces petites randonnées à la carte, on peut visiter l'asinerie, ou faire des balades contées. Propose également des locations de yourtes et de roulottes (voir plus haut « Où dormir ? Où manger dans le coin ? »).

– ***Vassivière à cheval :*** *Villards, 87470* ***Peyrat-le-Château.*** *06-83-55-55-59. Tte l'année.* Catherine Carrier propose des cours pour tous niveaux, ainsi que des balades à cheval dans les environs. Une manière séduisante de découvrir le coin.

Manifestations

– ***Semi-marathon du tour du lac :*** *fin juin. ☎ 05-55-09-20-89.* Plus de 700 coureurs s'élancent tout autour du lac, en parcours vallonné. Avis aux amateurs !
– ***Coupe de France de nage en eau libre :*** *début juil. ☎ 05-55-70-39-97.* Étape de la Coupe de France, parcours de natation de 10 km à l'île de Vassivière.
– ***Festival Folies les mots :*** *sur 3 j. fin juil, à* ***Faux-la-Montagne.*** *☎ 05-55-67-96-37.* Rencontres festives autour des mots, du théâtre, lectures et rencontres avec les auteurs.
– ***Fête de la Saint-Amour :*** *9 août à* ***Auphelle.*** Présentation des produits régionaux, meeting aérien, grand concert sur la plage et feux d'artifice pour conclure.
– ***Festival du conte :*** *sur 10 j. mi-août. ☎ 05-55-64-57-37.* Des conteurs, parfois des musiciens, vous entraînent dans le monde du verbe et de la fantaisie. Sur l'île, contes pour p'tites oreilles l'après-midi, apéros-contes à 17h et veillées-spectacles pour finir. Très sympa.
– ***La Déjantée :*** *fin sept, sur l'île.* Douze kilomètres de course furieusement balaise ! Les participants sont déguisés et passent par des obstacles délirants et des toboggans géants, dans une ambiance dingue !

LA CREUSE

ABC
DE LA CREUSE

- *Superficie :* 5 565 km².
- *Population :* 122 560 hab.
- *Densité :* 22 hab./km².
- *Préfecture :* Guéret (14 850 hab.).
- *Sous-préfecture :* Aubusson (4 660 hab.).
- *Altitude :* 193 m (au nord, en vallée de Creuse) à 932 m (au sud).

C'est bien vrai qu'elle est calme, reposante, secrète, cette Creuse du Limousin, baignée par ses 3 400 km de rivières, avec un passé historique sans troubles, l'une des populations les plus faibles du pays, des villages tranquilles et des monts et forêts sauvages (145 300 ha), sans traces de modernisme, bercés de lacs et d'étangs. Au nord, elle est assez plate avec ses airs de Berry ; à l'est, elle côtoie l'Auvergne ; au centre, ses décors sont verts et vallonnés, ou encore historiques avec les cités de Guéret, Aubusson et Felletin ; au sud, elle entre dans le parc naturel régional de Millevaches en Limousin, en terre sauvage... sauvage par sa faune (rapaces, poissons d'eau douce, chevreuils, parc aux loups, élevage de bisons...), sa végétation, ses paysages, ses cours d'eau et ce plateau de Millevaches fait de mille surprises. Par l'ouest, la Creuse redescend vers le lac de Vassivière et ses activités nautiques, terrain de repos et de loisirs pour les vacances.

La Creuse, c'est une belle partie de campagne, comme on désespérait d'en trouver encore, immuable et en même temps des plus tendance, recherchée par les artistes, les créateurs, qui viennent s'y ressourcer. Une Creuse décalée, à découvrir en prenant son temps.

Une campagne idéale donc à moins de 3h30 de Paris, par l'A 20 à l'ouest (via La Souterraine) et l'A 71 à l'est (via Montluçon), mais aussi de Lyon ou Bordeaux par les axes transversaux, tandis que Limoges n'est qu'à 30 mn et Clermont-Ferrand à 1h. La Creuse, un eldorado de tranquillité ? Assurément : calme, charme, repos, nature, histoire. Et le département a vu juste, en accentuant son service de chambres d'hôtes autour de cela, tout en exigeant des prestations de qualité. La nouvelle est d'autant meilleure qu'on en a dégoté quelques-unes de toute beauté, tout comme les tables qui nous ont beaucoup plu par leur qualité (les produits du cru sont également de bonne facture) et leur coût très accessible. Un bémol tout de même : le département est géographiquement isolé et son accès reste difficile sans voiture. Les trains sont rares et les bus quasi inexistants. Maintenant vous savez, à vous de battre la campagne...

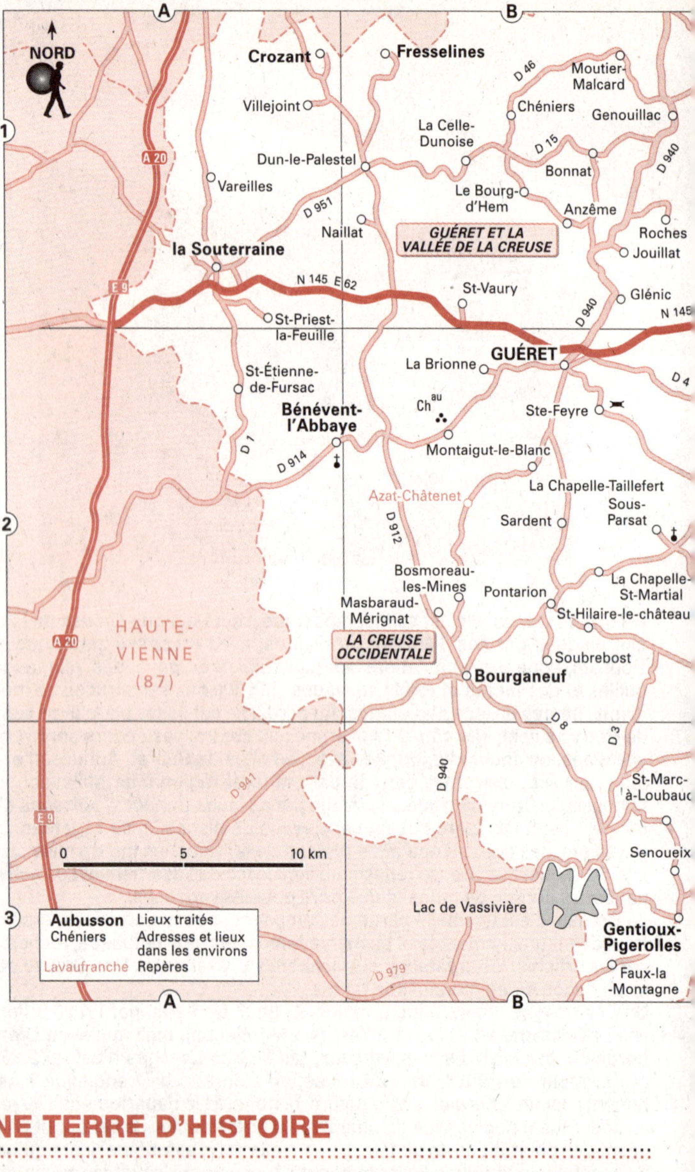

UNE TERRE D'HISTOIRE

La Creuse n'est pas connue pour avoir vécu ou marqué de grandes pages de l'histoire de France. Et pourtant, elle en a vu des choses ! Elle en conserve quelques traces. Au-delà des nombreux menhirs et légendes qui traînent çà et là, on sait que les Romains sont passés par ici et qu'ils ont séjourné dans le Sud. Des restes de villas gallo-romaines subsistent à Gioux, près de Felletin. Puis vint le Moyen

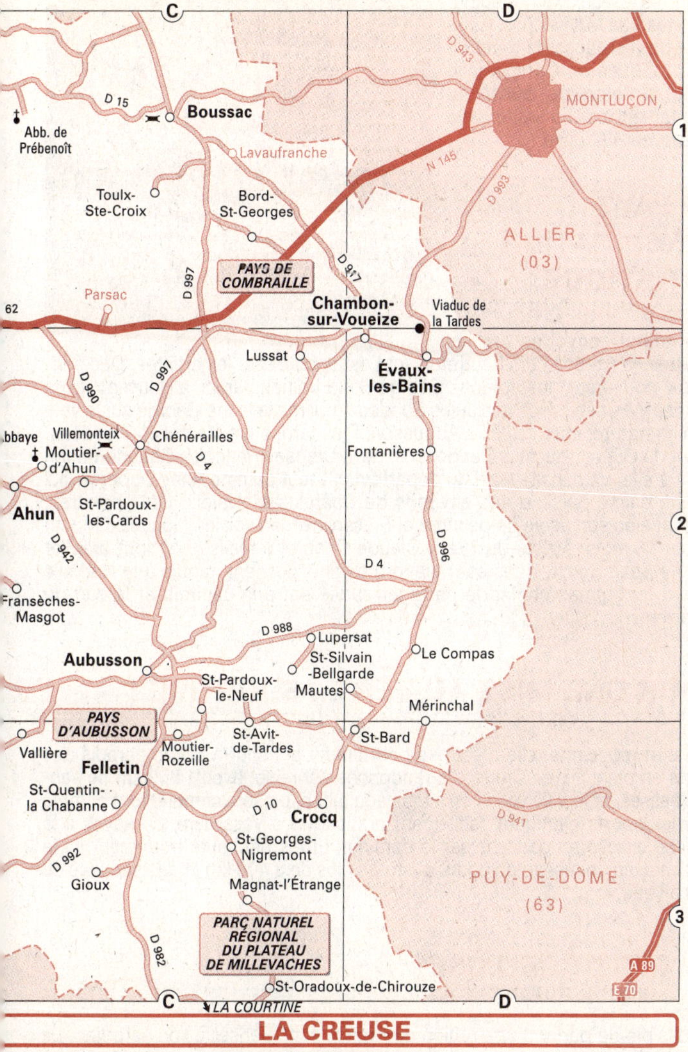

Âge qui laissa plus de souvenirs avec les châteaux de Boussac, de Villemonteix, de la Chassagne, la commanderie de Lavaufranche, l'abbaye du Moutier-d'Ahun, de Bénévent, ou les villes de Felletin et Crocq, importantes à cette époque, et enfin Aubusson, qui se démarqua en développant ses tapisseries. Les fameux maçons et tailleurs de pierre creusois marquèrent l'histoire du département pour les siècles qui suivirent. Ils bâtirent Paris (en partie, mais avec les grands travaux haussmanniens, ils allaient avoir du boulot garanti !) et leur migration fut importante entre le XVIIe et le XXe s. Pour finir, pendant la période de la Résistance, nombreux étaient les réseaux cachés autour du plateau de Millevaches. Autre forme de résistance, la route de Saint-Jacques-de-Compostelle passe à l'extrême ouest du département par La Souterraine et Bénévent-l'Abbaye.

LES ENFANTS VOLÉS DE LA RÉUNION

En 1963, Michel Debré, député de La Réunion, décide de repeupler la Creuse avec des « orphelins » réunionnais. Les enfants abandonnés étant rares, on récupère illégalement des mineurs délinquants ou des enfants déshérités ayant encore leurs parents. Cette scandaleuse déportation concerna 1 630 gamins qui deviendront une main-d'œuvre bon marché.

UN PAYS D'INSPIRATION ARTISTIQUE

Aujourd'hui convoitée par les touristes, la Creuse l'était autrefois (et l'est encore) par les artistes. Des écrivains y trouvèrent l'inspiration : George Sand traînait par ici, à Boussac, avec Prosper Mérimée. L'écrivain Jules Sandeau, qui mit la jeune George sur la voie de la littérature, était, lui, né à Aubusson. Plus tard, c'est Marcel Jouhandeau, enfant de Guéret, qui fit parler de lui et de la Creuse. Françoise Chandernagor, quant à elle, vit dans le nord du département, tout comme Anny Duperey, qui aime le calme paisible des environs de Châtelus-Malvaleix. Côté peintres, Crozant a eu son école de peinture et Fresselines, en voisine, accueillit Monet pendant 3 mois. Artiste du 7e art, Claude Chabrol a réalisé son tout premier film, *Le Beau Serge,* dans son village d'origine, Sardent, tandis que Nathalie Baye a longtemps choisi de partager sa vie entre la capitale et le sud du département.

POUR UNE MISE AU VERT... SPORTIVE !

Calme et reposante, elle n'est pas pour autant antisportive. Vrai paradis des sports en plein air, en Creuse, la randonnée est reine, avec 1 800 km de sentiers balisés, et le VTT, roi. Si on aime l'équitation, on sera comblé, tout comme pour les sports nautiques facilement praticables à Vassivière, du kayak à la planche à voile en passant par le dériveur. Et les pêcheurs trouveront ici le nirvana avec un réseau de cours d'eau de plus de 3 400 km et des services de haut niveau.

UN P'TIT CREUX(SE)

Impossible de parler d'une région de France sans penser à son estomac. La Creuse n'est pas le département le plus marquant à ce sujet, mais on y trouve tout de même de quoi s'en mettre sous la dent. Ses classiques : la ***viande limousine*** bien évidemment ; le ***creusois,*** un gâteau fondant aux noisettes, à l'origine fabriqué par les moines dans des tuiles creuses et qu'une poignée d'artisans défend contre les tentations industrielles ou même semi-industrielles ; le ***cochon,*** dont on exploite tout pour une bonne charcuterie de pays ; le ***pâté de pommes de terre*** à la crème (pour affronter les hivers rudes !), riche mais tellement délicieux ; et les fromages, bien sûr. Il ne faudrait pas oublier le ***fondu creusois,*** qui a tout l'air d'une fondue, à part que le fromage cuit, ici, est de pays (attention, ça sent un peu fort ; pour les plus courageux ; se mange avec une salade et des frites). Côté fruits, le plateau de Millevaches regorge de ***myrtilles sauvages*** qui rejoignent en saison nos assiettes sous forme de tarte, confiture, liqueur et même en soupe.

Adresses et infos utiles

Tourisme Creuse – Agence de développement et de réservation touristiques *(plan couleur Guéret, B1,* ***1****) : 9, av. Fayolle, BP 243, 23005* ***Guéret*** *Cedex. ☎ 05-55-51-93-23. • contact@tourismecreuse.com • tourisme-creuse.com • ♿ Lun-ven 9h-12h30, 13h30-17h30 (17h ven).* S'occupe de tout : randos, hébergements, festivités. Infos et documentation très complète (édite une brochure spéciale pêche). Pensez au ***passeport intersites,*** un *pass* astucieux et gratuit qui offre de nombreuses réductions sur une vingtaine de sites et musées dans tout le département.

– ***Les Greeters de la Creuse :*** sur le site *• tourisme-creuse.com •*, vous pouvez aller à la rencontre de ces nouveaux ambassadeurs du territoire creusois qui, après le Pas-de-Calais et comme dans la plupart des grandes villes, se mettent à la disposition des visiteurs pour leur faire découvrir, selon leurs disponibilités, le coin qu'ils préfèrent, autour de chez eux. Original, sympa, chaleureux, différent, quoi !

– ***La Creuse en roulotte :*** plusieurs hébergements de charme répartis sur tout le territoire, pour une balade insolite en Creuse : *Les Noisetiers* à Nouziers ; *Les Roulottes de la Voreille* à Peyrat ; la roulotte des Châtaigniers à Saint-Dizier-Leyrenne. Du charme, de l'originalité, à découvrir sur le site *• tourisme-creuse.com •*

– ***La Creuse en famille :*** *☎ 05-55-51-10-03.* Plus de 40 activités à faire en famille, et notamment avec les tout-petits à partir de 2 ans : balados contées, jeux de piste dans les musées et labyrinthes en campagne, chasses au trésor, ateliers artistiques, visites de fermes, canoë, poney... Découverte de la faune et de la flore de manière ludique. De plus, une sélection d'hébergements et de restaurants adaptés aux familles. Un très bon plan qui permet aux parents comme aux enfants de se fabriquer de jolis souvenirs de vacances. Dépliant gratuit regroupant ces offres à votre disposition dans tous les offices de tourisme et sites mentionnés. On peut aussi le télécharger sur *• tourisme-creuse.com •*

■ ***Gîtes de France Creuse :*** *Maison de l'économie, 8, av. d'Auvergne, BP 89, 23011* ***Guéret*** *Cedex. ☎ 05-55-61-50-15. • infos@gites-de-france-creuse.fr •* Gîtes, tables et chambres d'hôtes, gîtes d'étape : liste et informations. *Résas : ☎ 05-55-27-37-37.*

■ ***Clévacances Creuse :*** *9, av. Fayolle, BP 243, 23005* ***Guéret*** *Cedex. ☎ 05-55-52-58-23. • clevacances.com •* Propose la location de maisons, de chambres d'hôtes et d'appartements à la semaine ou au week-end.

GUÉRET ET LA VALLÉE DE LA CREUSE

Depuis Guéret jusqu'au nord-ouest du département, la vallée de la Creuse serpente doucement pour poursuivre son cours par le pays des Trois-Lacs et la « vallée des Peintres », où culminent en point d'orgue les ruines de Crozant. Un sous-sol veiné de gabbro (minéral riche en calcaire) caractérise la vallée et modifie la flore : buis et chênes rabougris contrastent avec les bocages et les bois plus verts de la région. Points de vue superbes, rives et villages harmonieux jalonnent le parcours, et quelques incursions dans la campagne environnante réservent d'heureuses surprises. Les peintres du XIXe s le savaient déjà...

GUÉRET

(23000) 14 850 hab. *Carte Creuse, B2*

Pour le plan de Guéret, se reporter au cahier couleur.

Née d'un monastère à la fin du VIIe s, Guéret devint capitale de la Marche en 1514. De cette époque date le château des Moneyroux, actuel siège du conseil général. La Révolution conforta son rôle administratif et judiciaire, un rôle conservé aujourd'hui encore. Nulle grandeur, nulle décadence, nul éclat ne perturbèrent jamais le cours de son histoire, et aujourd'hui, cette préfecture, l'une des plus petites de France, vit toujours tranquillement et discrètement. On pourra y faire étape pour camper, dormir, manger ou boire un verre, et même si l'intérêt de sa visite reste limité, on a plaisir à flâner dans les deux ou trois rues piétonnes et à découvrir les quelques demeures anciennes. L'étonnant musée d'Art et d'Archéologie, le magnifique jardin public Ferdinand-Villard valent un arrêt. Pour le reste, on a préféré la campagne voisine, les bois, parfaits pour les promeneurs ou VTTistes, et les forêts, dont celle de Chabrières qui abrite un surprenant parc aux loups, devenu attraction numéro un du département. Peu de personnalités sont liées à la ville à part l'écrivain, controversé, Marcel Jouhandeau (1888-1979), auteur de *Chaminadour*, qui y est né, rue de l'Ancienne-Mairie.

Arriver – Quitter

En train

Gare SNCF *(hors plan couleur par A1)* **:** *pl. de la Gare... au bout du bd... de la Gare. ☎ 36-35 (0,34 €/mn).* • *voyages-sncf.com* • Sur la ligne Bordeaux-Lyon. 5-6 trains directs/j.

➢ Liaisons en car, 2 fois/j., pour La Souterraine, puis train pour Paris.

En bus

3 lignes de bus sillonnent la ville du lundi au samedi jusqu'à 13h. Quelques lignes interurbaines également, mais, sans voiture, on est un peu coincé. Pour connaître l'étendue du réseau, consultez le site • *agglo-grandgueret.fr* •, onglet « Transports ».

Adresses utiles

Office de tourisme des Monts de Guéret *(plan couleur B1-2,* ***2****)* **:** *1, rue Eugène-France. ☎ 05-55-52-14-29.* • *lesmontsdegueret.fr* • *Juil-août, lun-sam 9h30-12h30, 14h-18h30 ; de mi-juil à mi-août, dim et j. fériés 9h30-12h30. Hors saison, horaires réduits, fermé dim et j. fériés.* Visites guidées de la ville en juillet-août tous les jeudis à 10h30, sur résa. Compter 1h30-2h ; 5 €/adulte (avec livret découverte). Également location de GPS (géocaching) et excellentes fiches de balades dans les alentours. Expos temporaires, présentation et vente de l'artisanat local et des produits de terroir, petit bureau à dessin pour les enfants. Accueil souriant.

Taxi : ***Allô Guéret Taxi,*** *☎ 05-55-52-18-20.*

Location de voitures : ***Hertz,*** *☎ 05-55-52-29-02.* ***Europcar,*** *☎ 05-55-81-94-32.*

Où dormir ? Où manger ?

Deux précisions concernant Guéret : les restaurants sont rarement ouverts le lundi, et, côté hébergements, ils sont rares en centre-ville. Si c'est complet, voir « Où dormir ? Où manger dans les environs ? ».

Camping

⛺ ***Camping de l'aire de loisirs de Courtille*** *(hors plan couleur par A1, **10**) : rue Georges-Aulong. ☎ 05-55-81-92-24. • contact@camping-courtille.com • camping-courtille.com • ♿ Sur la route de Limoges via Bénévent, à 2 km du contre-ville (D 145). Ouv 1er avr-1er nov. Tarif : 16,10 € en hte saison. 62 empl.* Verdoyant et ultra-tranquille, ce beau camping, sur les rives d'un plan d'eau aménagé, est très agréable. On croise pêcheurs et sportifs qui courent le long du lac (3 km) à grandes foulées. Une plage de l'autre côté, et des activités pour les enfants en été. Machines à laver, sèche-linge. Chalets pour 4 à 6 personnes *(238-560 €/sem)* et emplacements assez spacieux.

De bon marché à prix moyens

🏠 🍴 ***Hôtel-restaurant de Pommeil*** *(hors plan couleur par B2, **11**) : 75, rue de Pommeil. ☎ 05-55-52-38-54. • lepommeil@wanadoo.fr • hotel-pommeil-gueret.fr • Rue donnant sur le rond-point Arfeuillère. Fermé dim et j. fériés, ainsi que sam nov-mars. Congés : de mi-juin à début juil et vac scol de Noël. Mieux vaut réserver, il n'y a que 9 chambres. Double 48 € ; familiale 58 €. ½ pens 58 €/pers. Formule 13,50 €, sf j. fériés.* Hôtel simple, mais propre et accueillant. Cuisine maison servie dans la salle aux allures de bar ou sous la petite véranda avec vue sur la campagne et la ville. Sans esbroufe, un excellent rapport qualité-prix.

🏠 ***Inter-Hôtel Auclair*** *(plan couleur A2, **18**) : 19, av. de la Sénatorerie. ☎ 05-44-00-03-93. • interhotelauclair@orange.fr • hotelauclair.com • ♿ Doubles 52-72 €. Familiale 92 €. Café offert sur présentation de ce guide.* Dans un immeuble de ville avec une certaine allure, des chambres tout confort, sobres et consensuelles pour ne fâcher personne. Minibar, TV, bureau et sèche-cheveux. Accueil souriant, resto pour carnivores ouvert même le lundi et petite piscine. La terrasse, sur l'arrière, fait partie des surprises bien cachées de l'hôtel.

🍴 ***Le Pub Rochefort*** *(plan couleur A1, **15**) : 6, pl. Rochefort. ☎ 05-55-52-61-02. • eric1.gallerand@wanadoo.fr • Tlj sf dim et lun. Menus 12,80 € (le midi en sem), puis 13,50-29 €.* Au cœur de Guéret et des rues piétonnes, dans un cadre intime et chaloureux de vieilles pierres et de poutres ancestrales, voici un resto vraiment sympa. Bonne cuisine d'ici et d'ailleurs et de belles salades. Agréable terrasse dans la cour intérieure, prise d'assaut aux beaux jours. Pub (voir « Où boire un verre ? Où sortir ? »).

🏠 ***Chambres d'hôtes de la Ferme de la Gorce*** *(hors plan couleur par B2, **14**) : chez Abel Guittard, 86, av. du Limousin. ☎ 05-55-41-11-55. 📱 06-08-33-66-30. À 2 km à la sortie de Guéret, route de Bourganeuf, en haut de la côte, sur la gauche. Ouv tte l'année. Chambre 55 €. Parking.* La ferme en ville, c'est possible. Dans cette charmante famille, une dépendance de la ferme a été aménagée en chambres coquettes, au style ancien mais élégant. Pierre de taille, boiseries, plafond bas, même un petit jardin. Cuisine à disposition. Idéalement situé pour descendre en ville... ou partir en balade à travers bois !

🍴 ***Domespace Grill*** *: au lieu-dit Le Verger. ☎ 05-55-41-74-57. • domespace-michel@orange.fr • ♿ Depuis Guéret, prendre la direction Sainte-Feyre, puis Montluçon, Le Verger ; au lieu-dit Le Verger, repérer sur la gauche un dôme recouvert d'essences de châtaignier, sortes de tuiles en bois. Ouv tte l'année (sf dim), le soir jusqu'à 22h30. Résa préférable au déj (12h-14h). Menu 17,50 € ; carte env 20 €. Café offert sur présentation de ce guide.* Ce grill est dédié comme il se doit à la viande : pavé de bœuf grillé, andouille de campagne grillée, jarret de cochon, fondu creusois, etc. Intérieur tout en bois, couronné d'un petit train qui roule au-dessus de nos têtes. Pas le grand charme, mais pratique et informel. Plaira aux enfants.

Chic

Le Coq en Pâte (*plan couleur B2, 13*) : *2, rue de Pommeil.* ☎ *05-55-41-43-43.* ♿ *Tlj sf dim soir et lun soir. Congés : 2 sem en fév et 2 sem fin juin-début juil. Menus 18 € (en sem), puis 30-56 € ; carte env 60 €.* Une ancienne maison de notaire, à l'aspect impressionnant, où le visiteur se sent vite comme un coq en pâte. Jean-François Rodallec met en avant son savoir-faire et sa connaissance des produits régionaux. Résultat, une cuisine raffinée faite de pièces de viande limousine aussi bien que de poissons, et un merveilleux soufflé aux agrumes en dessert. Terrasse sur jardin, avec fontaine aux beaux jours. Attention, les vins mettent vite le feu à l'addition !

Où dormir ? Où manger dans les environs ?

Camping

Le Gué Lavaud : *5, route du Gué-Lavaud, 23000* **La Chapelle-Taillefert.** ☎ *05-55-51-00-80.* • *gitesetchalets@agglo-grandgueret.fr* • *lesmontsdegueret.fr* • ♿ *À env 10 km au sud de Guéret, par la D 940 en direction de Pontarion, puis la D 52 à droite vers La Chapelle-Taillefert ; ensuite, suivre les indications dans le village. Ouv Pâques-Toussaint. Tarif : env 8,40 € pour 2 pers en hte saison.* Au cœur des monts de Guéret, le camping est situé au bord de la Gartempe (rivière à truites), qui ravira les pêcheurs ! Sur un terrain mi-ombragé, emplacements pour caravanes ou camping-cars, ainsi que pour les tentes. Borne pour camping-cars à l'extérieur du camping. Sanitaires impeccables, lave-linge, sèche-linge. Le camping possède également 6 chalets tout confort à louer *(3 épis ; 200-340 €/sem).* Cadre très agréable, jolies pelouses très bien entretenues. Pêche, jeux pour enfants et bibliothèque, sans oublier les nombreuses balades à pied accessibles à proximité.

De prix moyens à chic

Chambres d'hôtes Domaine de la Jarrige : *5, La Jarrige, 23320* **Saint-Vaury.** ☎ *05-55-41-05-81.* 📱 *06-64-42-70-71.* • *contact@domainedelajarrige.fr* • *domainedelajarrige.fr* • ♿ *À env 10 km au nord-ouest de Guéret par la N 145. Ouv tte l'année. Doubles 80-90 € ; suite familiale 150 €. Table d'hôtes sur résa 25 €.* 📶 *Apéritif maison offert sur présentation de ce guide.* Initialement, c'était une solide maison de pierre, construite au XVIIe s pour le comte de la Jarrige et entourée de nombreuses dépendances. Infatigables, les propriétaires actuels ont tout retapé ! Ils ont un vaste jardin, et 5 adorables chambres d'hôtes qu'il nous faudrait 3 pages pour décrire dans le détail, tant elles fourmillent de plaisantes idées déco contemporaine. Le loft, où l'on peut dormir à 4, est une réussite avec sa passerelle en tôle. Quant à notre adorable hôtesse, elle est aussi excellente cuisinière. Sauna et bain à bulles dans une ambiance high-tech.

Chambres d'hôtes La Bonneterie : *25, rue des Écoles, 23320* **Montaigut-le-Blanc.** ☎ *05-55-81-77-46.* • *contact@la-bonneterie.fr* • *la-bonneterie.fr* • *À 14 km au sud-ouest de Guéret par la D 914 ; au centre du village. Ouv tte l'année. Double 80 €. Familiales 80-120 €. Table d'hôtes sur résa 23 € (vin compris).* Une maison de maçon de 1848 qui fut auberge de France (et de Navarre, du nom du propriétaire de l'époque !) avant d'être transformée en bonneterie au début du XXe s. La propriétaire actuelle exerce son talent en créant des bijoux en crochet de Lunéville ! Chambres franchement craquantes, d'un goût exquis, dans une maison joliment rénovée avec un vrai respect de son histoire. Accueil d'une tout aussi grande élégance.

Restaurant Influence : *1, rue des Remparts, 23000* **La Chapelle-Taillefert.** ☎ *05-55-81-98-32.* • *influence@orange.fr* • *À 9 km au sud de Guéret, par la D 940 puis la D 52. Tlj sf dim soir et lun. Résa conseillée, surtout le w-e. Menu du marché midi en sem 13 € ;*

autres menus 24-42 €. Une maison de village joliment retapée, avec quelques tables dehors pour prendre l'air ou l'apéro. Une salle sans prétention pour savourer tout à loisir une cuisine de pays revisitée par un chef amoureux des produits de sa région, qui n'hésite pas à utiliser la bière de Fursac et le safran creusois pour redonner du goût au plat préféré des gens du pays : la tête de veau sauce gribiche.

Où boire un verre ? Où sortir ?

Le Pub Rochefort *(plan couleur A1, **15**) : 6, pl. Rochefort.* ☎ *05-55-52-61-02. Ouv le midi, puis 19h-23h. Fermé dim-lun.* Jouxtant la salle de restaurant (voir plus haut), un bar à l'atmosphère jazzy, façon pub, et une arrière-salle avec billard pour se détendre entre deux demis et entre amis. Karaoké le jeudi et concerts à l'occasion.

Où acheter de bons produits ?

Marché *(plan couleur A1, **3**) : jeu et sam.* On y trouve toutes sortes de spécialités de la région. Entre autres : du pain corrézien, le coq des Rameaux (gâteau en pâte sablée fabriqué uniquement avant Pâques), le pâté aux pommes de terre, le boudin aux châtaignes, les myrtilles, le clafoutis (ou flognarde), la viande limousine...

La Coop des Champs *(hors plan couleur par A1, **4**) : 11, rue du Docteur-Lavilatte.* ☎ *05-55-41-19-42. Jeu-ven 9h-13h, 15h-19h et sam mat.* Le moment ou jamais d'acheter des produits du terroir... Vente directe de produits par un collectif de producteurs creusois.

Talents de Creuse *(hors plan couleur par A1, **5**) : aire des Monts-de-Guéret, Le Masgerot, RN 145 (sortie n° 49).* ☎ *05-44-30-04-53. Tlj 10h-19h (8h30-20h en juil-août).* Une soixantaine de producteurs et d'artisans réunis pour cette boutique aux allures de marché couvert permanent.

À voir

L'hôtel des Moneyroux *(plan couleur A1)* **:** siège du conseil général de la Creuse, cet élégant château, de style gothique finissant (XVe-XVIe s), est certainement le plus remarquable édifice guérétois. L'office de tourisme organise des visites guidées l'été. Le reste du temps, on se contente de l'admirer de l'extérieur, avec sa haute façade ornée de fenêtres à meneaux et autres fleurons taillés dans le granit. Toiture en bardeaux de châtaignier, typique de la Creuse.

Le musée d'Art et d'Archéologie de Guéret *(plan couleur B2)* **:** ☎ *05-55-52-37-98. • musee@ville-gueret.fr • Mai-oct, tlj sf mar (et j. fériés 10h-12h, 14h-18h) ; le reste de l'année, tlj sf mar, j. fériés et slt le 1er dim du mois 14h-18h. Entrée : 3,10 € ; réduc ; gratuit le 1er dim du mois. Visites guidées par thème (résa conseillée). Ateliers mer pour les enfants.*
Installé dans un hôtel particulier de la fin du XVIIIe s, ce musée vaut à lui seul le détour par Guéret. Dense et pluriel, on y trouve de tout mais pas n'importe quoi.
– *Au rez-de-chaussée :* présentation de la collection asiatique, qui comprend des sculptures évoquant la naissance et la diffusion du bouddhisme (d'Inde, de Chine, du Cambodge ou de Java), de la céramique, des émaux, des ivoires et des jades chinois, ainsi que des œuvres du Japon (céramiques, bronzes, armes, estampes...). À cet étage sont également visibles l'archéologie égyptienne et les découvertes locales allant de la préhistoire au Moyen Âge, ainsi que la salle d'histoire naturelle, la préférée des enfants (animaux autochtones ou exotiques naturalisés, collection d'insectes dont certaines espèces sont aujourd'hui disparues...).

Deux salles pour de régulières expos temporaires. Également une salle réservée aux peintures « grand format ». On y découvre des œuvres présentées selon les thèmes suivants : religion, histoire et animalerie.
– *Au sous-sol :* l'accent est mis plus particulièrement sur l'époque gallo-romaine. Nombreux objets ayant trait aux rites funéraires, ainsi qu'une remarquable collection de sculptures monumentales (dieu au torque, Jupiter à la roue, Mercure, etc.) située dans une enfilade de caves voûtées.
– *Au 1er étage :* on trouve les arts décoratifs. Tapisserie, faïence, verrerie, mobilier (belles marqueteries du XVIIIe s), sculpture religieuse de l'époque romane au XVIIIe s. Une place importante est également réservée à l'orfèvrerie limousine. En plus des tableaux disposés çà et là, comme le superbe *Portrait d'un gentilhomme creusois* par Le Sueur, trois salles sont entièrement réservées à la peinture. On y trouve un vaste panorama de l'art du XIXe s, et notamment un somptueux *Portrait de l'impératrice Eugénie.* À noter aussi, une salle plus intime, dont les décors Premier Empire mettent en valeur des œuvres néoclassiques de Guérin, Peyron, Vien... Une autre salle est consacrée aux Impressionnistes et à la vallée de la Creuse (voir chapitre suivant) : Guillaumin, Alfred Smith, Madeline sont les peintres les plus représentatifs de ce courant. La peinture réaliste des années 1930 clôt la visite avec des toiles de Valadon, Kisling, Pascin... accompagnées de bronzes de Rodin et de sculptures africanistes d'Anna Quinquaud.
En somme, un musée fort plaisant, avec un côté caverne d'Ali Baba ; c'est bien là tout son charme.

***Le jardin public Ferdinand-Villard** (plan couleur B2) : devant le musée.* En sortant du musée (ou en y entrant), flânez dans ce parc aux jardins à la française et à l'anglaise, joliment aménagé d'espèces botaniques rares et d'arbres anciens : cèdre de l'Himalaya et de l'Atlas, tulipier de Virginie, sapin du Colorado, azalées japonaises, chêne rouge d'Amérique...

Manifestations à Guéret et dans les environs

– ***Les Sortilèges de la Pleine Lune :** juil-août, chaque mar en soirée. Infos et résas auprès de l'office de tourisme.* Lorsque la nuit tombe, on se plaît à écouter des contes mystérieux qui font frissonner, et surtout rêver, toute la famille... Un conteur vous entraîne dans un monde fantastique d'histoires et de légendes, au cœur de la vieille ville ou dans le parc aux loups des monts de Guéret...
– ***Festival Voix d'Été en Creuse :** juil-août. Rens auprès d'**ADIAM 23** : ☎ 05-44-30-24-55.* Des voix sacrées, profanes ou populaires s'élèvent dans les plus belles églises romanes du département. Les artistes viennent du monde entier, offrant une renommée de plus en plus grande au festival.
– ***Forêt Follies :** mi-sept, pdt 4 j. Au cœur de la **forêt de Chabrières.** Infos auprès de **Creuse Oxygène** : ☎ 05-55-61-97-90. • creuse-oxygene.com •* Une initiative autour de la protection de la forêt, en général, et de celle de Chabrières, en particulier. 4 jours pour vivre au rythme de la nature : spectacles, randonnées à VTT, marches, conférences, débats et expos... Un espace Récré Follies pour les enfants et des randonnées à VTT, vétathlon et endurance.
– ***Colchique, fête bioécologique de Guéret :** 3e dim de sept 9h-19h, au **plan d'eau de la Courtille.** Rens : ☎ 05-55-81-07-56.* Des producteurs bio, des associations pour l'environnement et des exposants sur les énergies renouvelables se rassemblent ici pour la journée. Le moment ou jamais pour s'informer.
– ***Rencontres littéraires de Chaminadour :** fin sept, pdt 3 j. ☎ 05-55-52-08-07.* Hommage à un auteur à travers des invitations d'écrivains ayant envie de faire écho à son œuvre. Pour en savoir plus : *• chaminadour.com •*
– ***Fête de la Pomme :** 1er dim de nov, à **Sainte-Feyre.** Infos : ☎ 05-55-80-00-17.* Démonstrations de greffage et taille, variétés anciennes et améliorées, dégustation et vente.

DANS LES ENVIRONS DE GUÉRET

Le parc animalier des monts de Guéret – Les Loups de Chabrières : *23000* ***Sainte-Feyre.*** *☎ 05-55-81-23-23. • loups-chabrieres.com • Direction Tulle-Bourganeuf, puis Savennes ; bien indiqué. Fév-avr et sept-nov, tlj 13h30-18h (mer, w-e, j. fériés et ttes les vac scol, visites guidées à 14h30) ; mai-août, tlj 10h-20h (visites guidées tlj à 14h, 15h et 16h30 en été ; mer, w-e et vac scol à 14h30). Tte l'année, repas des loups dans l'ap-m ; animations variées et sorties nocturnes en juil-août. Fermé de début déc à mi-fév, sf vac de Noël 13h30-17h (mais fermé 1er janv et 24, 25 et 31 déc). Entrée : 9,50 € ; enfant 7 € ; réduc.* 40 000 visiteurs par an pour ce qui est la première attraction du département. Grâce à un espace muséographique, on apprend en début de visite les relations complexes entre l'homme et le loup, entre fantasmes et réalité. Mais le clou de cette visite, c'est l'observation dans son milieu naturel de cet animal si envoûtant. Plusieurs enclos dotés d'affûts et intégrés dans la nature de cette sauvage forêt de Chabrières permettent d'aller à la rencontre des loups gris européens, des loups noirs d'Alberta, ou encore des blancs du Mackenzie. Une trentaine en tout, plus fascinants les uns que les autres. On peut même suivre l'histoire de Lobo (loup né sur place) sur grand écran. Sur place également, une miniferme avec cochons, pigeons, chèvres naines... ainsi qu'une volière. De quoi donner des idées à nos amis les loups !

Le labyrinthe géant des monts de Guéret : *☎ 05-55-41-01-97. • labyrinthe-gueret.fr • ♿ (sf arboretum). À 3 km au sud de Guéret, route de Bourganeuf. Ouv juil-août tlj 10h-20h, dernière entrée à 18h30, nocturnes jusqu'à minuit lun et jeu. Pdt les petites vac scol, tlj : vac d'hiver 14h-18h, Pâques 14h-20h, Toussaint 14h-19h. Mai, juin et sept : w-e et j. fériés 14h-20h. Oct-nov hors vac scol : 14h-19h. Entrée : 6,50 € à partir de 12 ans ; enfant 4-12 ans : 4,50 €.* Et un labyrinthe végétal de plus ! Sauf que celui-là serait le plus grand du monde permanent. Ludique, écolo, instructif, il invite les visiteurs à une quête pleine de surprises. À défaut de vraiment se perdre entre les haies touffues, on aborde le labyrinthe de façon originale. Dès l'arrivée, on choisit des questions à thème et de différents niveaux (culture, astronomie, connaissance de la Creuse, etc.), dont les réponses permettent de s'orienter dans ce dédale. Trois questionnaires sont même traduits en braille. Des géants, personnages mythiques, héros légendaires à identifier jalonnent le parcours. À l'extérieur, gigantesques jeux de l'oie, de quilles, du dada, de dames et de bataille navale. Également une table de ping-pong géante, deux *aquagliss*, un petit jardin d'enfants, un parcours de jeux d'adresse, et, depuis 2010, le vallon humide.

– **Le site accrobranche Les Perchés de Chabrières :** *au pied du labyrinthe. ☎ 05-55-41-01-97. • labyrinthe-gueret.fr • Tlj début juil-fin août 10h30-12h30, 13h-19h (dim, slt l'ap-m). Entrée : 12 € ; enfant moins de 10 ans 10 €, et gratuit pour les accompagnateurs.* Trois parcours, dont un parcours enfants.

Le jardin de Val Maubrune : *Le Petit-Mas, sur la D 914, 23000* ***La Brionne.*** *À 8 km à l'ouest de Guéret. ☎ 05-55-80-16-47. • jardin-valmaubrune-creuse.fr • Visites libres juin-sept, w-e 15h-19h (dernière entrée à 17h), et ven en juil-août. Entrée : 5 €. Visites guidées 7 € jeu à 17h en été. Résas auprès de l'office de tourisme de Guéret au ☎ 05-55-52-14-29.* Coup de cœur pour cet espace tout en douceur, calme et volupté. Val Maubrune est un paysage jardiné, au relief accentué, très intégré à la campagne creusoise environnante. Entre ombre et lumière, découvrez tour à tour la saulaie, les délicats hydrangeas, les fougères étonnantes...

➢ ***L'espace VTT-FFC des monts de Guéret :*** autour de Guéret on trouve 696 km de circuits balisés (31 circuits, 4 zones de trial et 2 pistes de descente, accessibles toute l'année). Renseignements à l'office de tourisme, qui propose un topoguide complet sur le sujet.

LE PAYS DES 3 LACS

Carte Creuse, B1

De Jouillat à La Celle-Dunoise, au nord de Guéret, se trouve le pays des 3 Lacs : trois retenues sur la Creuse, qui ne datent que des années 1980, formant plans d'eau avec plages aménagées, dans l'un des secteurs les plus bucoliques de la Creuse. Villages oubliés surplombant la rivière, églises rustiques, rares cafés-restaurants ruraux... et environnement idéal pour des pratiques sportives en pleine nature (pêche, kayak, randonnée...). La Celle-Dunoise semble concentrer tout ce charme. Il y a comme ça des endroits magiques à partager. Des instants aussi : superbe par temps clair, aux couleurs d'automne. Ce n'est pas pour rien que la vallée des Peintres commence dans le secteur...

UN PEU DE PEINTURE

Sur la partie nord de la vallée de la Creuse s'égrènent sites et villages où, de 1850 à 1930, de nombreux peintres vinrent trouver l'inspiration et travailler. Saisir la nature « sur le motif », c'est-à-dire en extérieur et non en atelier, était alors de mise et on recherchait le paysage champêtre et forestier, pur de préférence : ni maison ni personne, des champs à la rigueur. Dans le genre, on connaît l'école de Barbizon, mais beaucoup moins celle de Crozant (officiellement reconnue et baptisée lors du Salon de Paris de 1864). Pourtant, sentir et fixer la lumière, les lignes et les tons de cette vallée de Creuse occupa plus de 500 artistes, et non des moindres : Monet, Guillaumin, Picabia, Osterlind et tant d'autres... Ces hommes libres faisant fi des divisions administratives, la vallée des Peintres déborde sur le département de l'Indre. Nous n'en verrons donc qu'une partie ici, morbleu ! Pour en savoir plus : *L'École de Crozant, les peintres de la Creuse et de Gargilesse, 1850-1950,* par Ch. Rameix, éd. Souny, 1991.

23, DÉPARTEMENT DE LA CREUSE ?

Certes, mais c'est aussi le nombre de toiles que Monet a peintes ici. Il a ainsi grandement contribué à la promotion de ces paysages en France et à travers le monde : ses toiles de la vallée de la Creuse sont exposées dans les musées les plus prestigieux, comme le Metropolitan de New York et les musées de Boston et Philadelphie, le musée de Wuppertal en Allemagne, le musée des Beaux-Arts à Reims, ou encore celui d'Unterlinden à Colmar. Il y a peu de chances que vous puissiez voir la toile qui se trouve en Grande-Bretagne, celle-ci faisant partie de la collection privée de la reine d'Angleterre !

Où dormir ? Où manger dans le coin ?

Campings

⛺ ***Camping de Péchadoire :*** *à 2 km d'****Anzême.*** ☎ *05-55-52-14-29.* 📱 *06-59-35-11-91.* • *info@gueret-tourisme.fr* • ♿ *Ouv mai-sept. Tarif : 10,50 €. CB refusées. 30 empl.* Pas d'ombre ou presque (préférer les emplacements n°s 14 à 18). Activités : tennis, baignade et kayak. 5 mobile homes à louer *(150-308 €/sem).*

⛺ ***Camping de l'Âge :*** *23220* ***Le Bourg-d'Hem.*** ☎ *05-55-62-16-57 (mairie).* • *info@les3lacs-creuse.com* • *les3lacs-creuse.com* • ♿ *Accès entre la plage et l'embouchure du ruisseau* *de Combard. D 15 et D 48 depuis Dun-le-Palestel et Bonnat ; D 33, D 56 et D 48 depuis Guéret. Ouv 1er mai-30 sept. Tarif : 8,70 € en hte saison. CB refusées.* En bordure de la retenue du barrage de l'Âge, un camping dans un très bel environnement, particulièrement prisé des pêcheurs. Emplacements ombragés (surtout nos 13 à 17), pas loin de la plage. Embarcations à pédales, barques.

▲ ***Camping des Sillons :*** *1, route des Peintres (mairie), 23800* ***La Celle-Dunoise.*** *☎ 05-55-89-10-77 (mairie). • mairie@lacelledunoise.fr • lacelledunoise.fr • ♿ Sur la rive droite de la Creuse quand on vient de Glénic ; dans le bourg. Ouv juin-sept. Tarif : 7,95 € en hte saison. CB refusées.* Petit camping situé dans un cadre naturel et à l'ambiance sympa. Tennis et baignade en rivière possible (surveillée l'été).

▲ ***Camping La Baignade :*** *le bourg, 23800* ***La Celle-Dunoise.*** *☎ 05-55-51-21-18. • mairie@lacelledunoise.fr • lacelledunoise.fr • ♿ Sur la rive gauche de la Creuse quand on vient de Glénic. Ouv 1er avr-31 oct. Tarif : 8,90 € en hte saison. CB refusées.* Ensemble plus artificiel mais avec plagette, base de canoë-kayak et activités diverses (ping-pong, tennis, VTT, etc.). Plage aménagée pour les baignades en rivière, surveillée l'été. Les meilleurs emplacements (nos 19 à 25), sont à la fois vastes et ombragés, avec vue sur le village. Quelques mobile homes à louer *(150-310 € selon saison).*

Prix moyens

La Table de Mon Grand-père : *Montfargeaud, 23350* ***Genouillac.*** *☎ 05-55-80-85-60. De Genouillac, suivre la direction de La Châtre, puis c'est fléché. • tablegrandpere@wanadoo.fr • tablegrandpere.com • ♿ À 10 km au nord-est de Bonnat. Fermé sam midi, dim soir et lun midi (hors saison). Congés : 1 sem début nov. Double 56 € ; familiales 102-109 €. ½ pens 74 €/pers. Formule déj 14,10 €, menus 22,50-46 €, carte env 25 €. Apéritif offert sur présentation de ce guide.* Cette auberge de pays surmontée de la croix de Savoie cultive une ambiance toute montagnarde et décontractée. La salle a des airs de chalet savoyard, et le chef, qui est de là-bas, propose les spécialités qui fleurent bon les sommets : outre les magrets confits, on déguste raclettes, fondues... L'été, une jolie terrasse fleurie vous accueille. Quelques chambres vraiment agréables et 3 chalets en face, posés dans l'herbe.

Chambres d'hôtes chez Nelly et Philippe Bouret : *La Vergnolle, 23270* ***Roches.*** *☎ 05-55-80-81-97. • bouret.philippe@wanadoo.fr • lavergnolle.com • De Guéret, prendre la N 145 jusqu'à Ajain, puis direction Roches ; juste avt Roches, tourner à gauche au panneau « Chambres d'hôtes » ; à La Vergnolle, c'est la dernière maison à gauche. Ouv tte l'année sf vac de Toussaint. Double 65 €, cabane sur l'eau 110 € ; familiale 95 € ; fustes pour 4 pers 515-650 €/sem selon saison (loc possible le w-e sept-avr). Table d'hôtes 26 €. Sur présentation de ce guide, 10 % de réduc sur les chambres en sem nov-mars.* 5 coquettes chambres avec de beaux tissus et la fraîcheur de la pierre de taille. Du côté des assiettes, un menu du terroir concocté à base de volailles élevées par Nelly et Philippe ou des produits de la ferme voisine. Également 2 fustes à louer, « la cabane du trappeur » et « la cabane du pêcheur », à la déco typiquement canadienne, situées au bord de l'étang. Superbement aménagées, avec 2 chambres, un grand salon-salle à manger et une cuisine américaine. Et puis il y a la grande terrasse au-dessus de l'étang, sans oublier une piscine bien agréable, ainsi qu'un spa et un espace bien-être. La nouveauté, c'est la cabane sur pilotis posée sur l'eau, accessible par un ponton.

Le Moulin Noyé : *3, route de La Châtre, 23380* ***Glénic.*** *☎ 05-55-52-81-44. • lemoulinnoye@gmail.com • moulin-noye.com • À 7 km au nord de Guéret, direction La Châtre (D 940) ; sur la gauche à 3 km après le viaduc. Resto fermé dim soir en basse saison. Congés : sem de Noël. Doubles 66-76 €. Formule 13,50 €, menus 21-49 € et carte.* Ah ! qu'on est bien au *Moulin Noyé*, dans cette grande salle qui surplombe une gorge de la Creuse... Le site, bucolique à souhait, laisse rêveur ! Les chambres, fraîches et propres, donnent sur la rivière pour certaines. N'oubliez pas de demander une table avec vue pour apprécier au mieux la cuisine de terroir. Également une terrasse et une piscine en contrebas.

Chambres d'hôtes Veï Lou Quéri : *3, route du Geai, 23220* ***Moutier-Malcard.*** *☎ 05-55-80-66-08. • corrieron@wanadoo.fr • veilouqueri.com • À 10 km au nord de Bonnat. Dans le bourg (indiqué). Ouv tte l'année sur résa (chaudement conseillée !). Double 65 € ; tarif dégressif à partir de 2 nuits. Gîte 4 pers 325-425 €/sem. Repas sur résa 23 € (vin compris). Apéritif maison offert sur présentation de ce guide.* Ces chambres pleines de charme, confortables et aménagées avec goût, respirent le bien-être. Notre couple est néerlandais, mais s'est converti au patois en prenant ce nom qui signifie « Va le chercher »... car, effectivement, il faut la trouver, cette belle adresse. Déco fleurie digne des plus beaux magazines, grand jardin aux arbres fruitiers, bibliothèque et grand salon de repos. Chambres paisibles aux beaux matériaux, modernes tout en conservant cette pointe d'ancienneté qui fait le charme de cette vieille demeure.

Chic

La Maison Verte : *chez Ann et Jean-Pierre Leclercq, Lombarteix, 23220* ***Jouillat.*** *☎ 05-55-51-93-34. 06-58-24-63-46. • lamaisonverte@gmail.com • chambres-hotes-creuse.com • À 14 km au nord de Guéret. Suivre La Châtre, dépasser Jouillat et prendre à droite direction Lombarteix ; c'est au bout du hameau, en haut d'une butte. Doubles 90-100 €. Repas sur résa 26,50 € (vin compris).* Belle ferme ancienne, très agréable, avec pierres apparentes aux murs et un grand salon où l'on se retrouve près de la cheminée en hiver. 4 chambres dont 2 suites, avec mezzanine. Piscine, sauna, le tout dans un écrin de verdure avec vue imprenable sur le paysage vallonné. Bref, un bel endroit pour respirer et se ressourcer !

L'Orangerie : *3 bis, rue de la Paix, 23220* ***Bonnat.*** *☎ 05-55-62-86-86. • reception@hotel-lorangerie.fr • hotel-lorangerie.fr • Face à l'église. Congés : nov-mars et lun midi et dim soir en basse saison. Double 100 €. Petit déj 12,50 €. Menus 21 € (le midi en sem)-50 €. Remise de 10 % sur présentation de ce guide.* Une belle bâtisse bourgeoise au style ancien mais faite dans du neuf. Un chic accessible pour un service diligent, de belles chambres propres, calmes, vastes, décorées avec de beaux tissus. Pour une mise au vert en famille, des chambres communicantes et un parc immense. En salle ou en terrasse, cuisine créative aux touches creusoises. Grande piscine, billard, salon de lecture et bibliothèque.

DANS LES ENVIRONS DU PAYS DES 3 LACS

L'écomusée Tuilerie de Pouligny : *23220* ***Chéniers.*** *☎ 05-55-62-19-61. • tuilerie-pouligny.com • À la sortie du bourg (indiqué). Juil-août, tlj 10h-12h, 14h-19h. De mi-mai à fin juin et de sept à mi-oct, w-e et j. fériés 14h-18h ; vac scol de Pâques, de Toussaint, tlj sf sam 10h-12h, 14h-18h. Visites guidées à 15h30 et 16h30. Compter env 1h30 de visite. Entrée : 8 € (visite guidée) ; visite libre 6 € ; réduc.* Une visite complète sur cette activité liée à l'argile qui fut importante dans la région, et particulièrement à Pouligny, de 1830 à 1962 : espace d'introduction multimédia, puis visite des bâtiments, de la fosse d'extraction, des fours... Maquettes explicatives et vidéos. Vrai témoignage d'une tradition d'art de la terre et du feu. Expos temporaires et ateliers poterie sur résa.

Seul village de la vallée à se trouver en bordure de rivière, ***La Celle-Dunoise*** *(23800)* est arborée comme il faut. Du pont gothique sur le méandre, puis du bourg doucement étagé où pointe l'église romane, de tout cela naît l'enchantement.

Plus proche de Guéret, on montera jusqu'au cul-de-sac du vieux ***Glénic*** *(23380),* avec sa placette repavée de neuf en promontoire, où semble s'affaisser une église rustaude des XIe et XIIe s, remaniée au XVe s. Accrochée à même le roc – la pierre saille par endroits –, on y voit, nichée au-dessus du portail, une Vierge naïve à la face écrasée. Curieuse échauguette et tour d'angle confèrent un aspect composite et décidément fortifié à l'édifice. Enjambant la Creuse, en contrebas, notez le viaduc de pierre de taille : on en compte trois construits sur et pour la ligne Guéret-La Châtre... qui ne servit que de 1926 à 1934 !

Hostellerie du Bourg d'Hem : *10, le bourg, 23220* ***Le Bourg-d'Hem.*** *☎ 05-55-51-01-62. • hostellerie23@orange.fr • Sur la place du village. Fermé dim soir, lun (et mar midi hors saison). Congés : de mi-janv à début fév. Menus 14-33 €.* Petit resto bien agréable avec sa grande terrasse dominant la Creuse, où l'on s'arrête pour boire un verre ou déjeuner.

FRESSELINES

(23450) 580 hab. *Carte Creuse, B1*

Situé au confluent de la Grande et de la Petite Creuse, ce village pittoresque et fleuri reste l'un des hauts lieux de l'école de Crozant. Et pour cause : c'est après que le poète Maurice Rollinat, installé ici de 1883 à 1903, eut invité son ami Claude Monet que celui-ci y séjourna 3 mois, au printemps 1889, dans la maison qui fait face à l'église. Le peintre, conquis, réalisa alors 23 tableaux, déclinant ainsi la première série impressionniste de l'histoire de l'art. De ces toiles aujourd'hui disséminées à travers le monde, on ne verra rien. Mais au *Centre artistique de la vallée de la Creuse* *(☎ 05-55-89-27-73 ; juil-août, tlj 14h30-18h30 ; mai-juin et sept, le w-e ; entrée : 2 €),* **on peut découvrir les reproductions des œuvres du peintre, ainsi qu'une évocation du poète. Certaines salles sont consacrées à des artistes contemporains. Également quelques galeries et ateliers d'artistes installés dans le village, où vous noterez que la plupart des rues portent des noms de peintres. On pourra aussi retrouver les sites chers aux artistes par une balade agréable, en partant de la place de l'Église ; il suffit de suivre le petit circuit, agrémenté de panneaux explicatifs et de reproductions, replaçant chaque tableau *in situ*.**

LE RODIN DE FRESSELINES

Ce n'est pas parce que Rodin est né non loin d'ici, à Limoges, que l'on trouve, niché à l'arrière de l'église, à l'extérieur, un petit trésor : un bas-relief méconnu, Le Poète et sa muse, *signé du maître. Rodin a réalisé cette œuvre en 1905 en souvenir de son ami le poète Rollinat, chez qui il venait avec plaisir, ici, à Fresselines.*

Randonnée pédestre

➢ ***Les impressionnistes et la Creuse :*** *6 km, compter 2h. Balade en boucle, pour ts. Balisage jaune.* Depuis l'église, descendre par la D 44 en direction d'Orsennes-Nouzerolles, vers le cimetière. Juste après, emprunter le chemin balisé sur la gauche qui descend vers la vallée. On aperçoit le château du Drablet et les maisons de Puy-Guillon. Blocs rocheux, falaise abrupte, grottes... Près de l'écluse, une halte permet d'admirer le paysage. Longer ensuite la rivière à gauche vers l'aval, sous les frênes. Traverser la rivière par le gué et suivre l'autre rive jusqu'au confluent des deux Creuse, site merveilleusement baptisé « Eaux semblantes » par Monet. Le balisage jaune remonte ensuite la vallée pour rejoindre la route qui ramène à Fresselines.

CROZANT (23160) 510 hab. *Carte Creuse, A1*

Célèbre pour les ruines de son château posté en à-pic sur les vallées de la Creuse et de la Sédelle, forteresse inexpugnable, Crozant fut l'une des rares places fortes à avoir résisté aux assauts du Prince Noir durant la guerre de Cent Ans. Mais les coups répétés des guerres de Religion puis, en 1606, d'un tremblement de terre ont effondré l'ouvrage. Site toujours impressionnant, au superbe panorama.
Par ailleurs, ce village est marqué et associé à son école de peinture « impressionniste et pleinairiste », dont Guillaumin (joli buste devant l'église), Monet, Pissaro, Sisley, ou encore Léon Detroy furent les plus prestigieux « élèves ». Cette influence des maîtres dura une quarantaine d'années et l'école de Crozant n'avait rien à envier à celles de Barbizon ou de Pont-Aven. Ainsi furent immortalisés les paysages de la vallée de la Creuse... et Crozant contribua à bâtir l'histoire de la peinture. En 2014, l'*Hôtel Lépinat,* auberge fréquentée par les impressionnistes, est transformée en musée interactif et perpétue de manière vivante la mémoire des peintres paysagistes du XIXᵉ s. À travers le village, on croise diverses reproductions de tableaux rappelant la Belle Époque. Crozant fut le site le plus représenté de la vallée. Et ne manquez pas la vue sur la vallée et le château depuis le belvédère derrière l'église, également point de départ de nombreuses randonnées et du GR 653, chemin vers Saint-Jacques-de-Compostelle. Crozant, un village entre voies artistique et spirituelle...

Adresse utile

Point information : *à la mairie, 30, rue Armand-Guillaumin. ☎ 05-55-89-80-12. Ouv mar-ven 8h-12h, 14h-16h ; sam 8h-12h.*

Où dormir ? Où manger ?

Camping

Camping La Font Bonne : *rue Font-Bonne. ☎ 05-55-89-80-12. • mairie-crozant@wanadoo.fr • Dans le village, descendre la rue à l'angle de la poste, c'est tt au bout. Ouv 1ᵉʳ mai-31 sept. Tarif : 7,80 € en hte saison. CB refusées. 33 empl.* Joli camping tout simple et très propre, ombragé par de vieux chênes, des pins... Très calme, on entend le bruit de l'eau en contrebas. Sentiers de balade à proximité. Bon accueil.

De prix moyens à chic

Hôtel-restaurant du Lac : *le pont de Crozant. ☎ 05-55-89-81-96. • contact@hoteldulac-crozant.com • hoteldulac-crozant.com • À la sortie du village, en remontant par la route de Saint-Plantaire ; au bord de la Creuse. Resto tlj au déj sf lun. Résa vivement conseillée. Double avec douche ou bains 55 €. ½ pens demandée 50 €/pers (sur la base de 2 pers). Menus 16-24 € ; carte env 25 €. Café offert sur présentation de ce guide.* Voilà une adresse qui bénéficie d'un emplacement exceptionnel, en bordure de l'eau, avec vue sur le château et sur le pont frontalier, territoire des pêcheurs, qui séparent les 2 départements. Car le restaurant se trouve géographiquement côté Indre, administrativement côté Creuse... Les buffets d'entrées et de desserts (au menu, c'est l'un ou l'autre) viennent compléter des plats classiques, souvent à base de poisson. Sa terrasse est un régal aux beaux jours. Les chambres, simples mais impeccables, ont pour certaines (les n°s 2 et 7) une vue imprenable sur le paysage délicieusement bucolique. Possibilité de balade en bateau-vedette depuis le restaurant pour aller découvrir les bords de la Creuse et les ruines du château sous un autre angle.

Auberge de la Vallée : *14, rue Armand-Guillaumin. ☎ 05-55-89-80-03. • info@aubergedelavallee.fr • Fermé le soir mar-mer hors saison. Congés : 2de quinzaine de juin et 1er-15 sept. Menus 18 € sem, 37,50-54 € et carte env 60 €.* Une auberge bien de chez nous, où sévit un chef passionné, qui a déjà fait ses preuves de belle façon. Jolie cuisine donc, très marquée terroir, qui ne dynamite pas la tradition mais sait y insuffler quelques doses de modernisme. Fervent défenseur des produits locaux et de qualité, le chef va chercher ses légumes dans son potager. Quant à la viande, elle vient quasiment du pré d'à côté... difficile de faire circuit plus court !

Où dormir ? Où manger dans les environs ?

Hôtel Joly – Restaurant La Table Dunoise : *3, rue Bazennerie, 23800* ***Dun-le-Palestel.*** *☎ 05-55-89-00-23. • hoteljoly@wanadoo.fr • hoteljoly-limousin.com • À 12 km au sud-est de Crozant par la D 913. Resto fermé dim soir et lun midi. Congés : 10 j. en mars et oct. Doubles 50-54 €. Formule et menus 15 € (en sem), puis 29-38 €, et carte.* Un resto gastro comme il en faut dans ce genre de ville-étape. Du professionnalisme et une cuisine agréable sans être surprenante, tournée autour des produits régionaux, servie dans un décor à l'ancienne. Chambres bien propres, simples, et pour certaines dans un bâtiment récent plus loin dans la rue. Agréable terrasse à l'arrière.

Chambres d'hôtes La Maison du Tisserand : *Le Mandement, 23800* ***Naillat.*** *☎ 05-55-89-11-20. 📱 06-09-38-70-38. • jeanpierrederas@lamaisondutisserand.com • lamaisondutisserand.com • À 17 km au sud-est de Crozant par la D 913. Doubles 78-102 € ; familiale (4 pers) 138 €. Dîner (sur résa) 22 €.* Dans un délicieux hameau, l'affable propriétaire, Jean-Pierre, a rénové 3 maisons, dans lesquelles il a aménagé 4 belles chambres dans un style rustique en phase avec le caractère de la maison (pierre aux murs, plancher...). Très confortables et indépendantes, elles peuvent aussi être louées en gîte, à la semaine. Il faut dire que tout a été prévu : cuisine moderne, lave-linge, sèche-linge, TV. Les familles préféreront « Les Impressionnistes » : l'une des 2 chambres peut accueillir 4 personnes (lits superposés). Ultra-spacieuse et équipée d'une cuisine, la suite « Mary Cassatt » (3 personnes max) a été installée dans une ancienne étable. Reste « Le Fournil », charmante petite maison de poupée avec salon au rez-de-chaussée et chambre à l'étage. Depuis le jardin, avec piscine, on domine la campagne verdoyante. Prêt de vélos, spa (bain à bulles, sauna) et soins sur demande.

À voir. À faire

Le château de Crozant : *☎ 05-55-89-80-12 (mairie). Avr-juin, lun-ven 14h-18h, w-e et j. fériés 10h-12h, 14h-19h ; juil-août, tlj 10h-12h, 14h-19h (sans interruption dim et j. fériés) ; d'oct à mi-nov, slt w-e et j. fériés 14h-17h. Attention, en dehors du mois de sept, le site peut être fermé en raison de travaux ; mieux vaut téléphoner avt de s'y rendre. Entrée : 2,50 € ; réduc avec le pass Intersites.*
De cette forteresse colossale, bâtie aux XIIe et XIIIe s – peut-être sur quelque place forte mérovingienne –, aux dimensions de 82 m de large sur 450 m de long et ceinte d'environ 1 km de remparts, ne subsistent que quelques vestiges. Souvent peints par les impressionnistes de l'école de Crozant, ils ont encore de l'allure.

On se promène le long d'un sentier menant à la tour Colin, au nord, puis à la tour du Renard, restaurée et la plus haut perchée, dont on peut visiter la petite salle basse et voûtée avec son escalier à vis. À voir également, la crypte de la chapelle et la tour Isabelle. L'endroit vaut surtout le détour pour la balade et pour le point de vue sur ces vallées encaissées et sauvages.

L'Hôtel Lépinat : Guillaumin et des peintres de la vallée de la Creuse : *5, rue Armand-Guillaumin. ☎ 05-55-63-01-90. • hotel-lepinat.com • Oct-mai, ouv w-e, j. fériés et tlj vac scol 14h-18h (19h juin et sept) ; juil-août, tlj 14h-19h. Fermé vac de Noël-veille des vac de fév. Entrée : 7 € ; réduc ; gratuit moins de 8 ans.* Résidence et QG des peintres où ils aimaient se retrouver autour d'un verre, l'*Hôtel Lépinat* a été transformé en centre d'interprétation. Le parcours multimédia jalonne les sept salles et embarque le visiteur le long des rives de la Creuse, et bien évidemment à l'intérieur de l'auberge, telle que les peintres l'ont connue.

➢ ***Les rives de la Sédelle :*** *balade de 1h fléchée en jaune partant du centre du bourg, derrière l'église. Possibilité aussi d'accéder directement à la Sédelle en voiture, par la route d'Éguzon : on arrive au pont Charraud.* Aucun barrage n'en ayant modifié le cours et l'environnement, la Sédelle est restée telle qu'au XIXe s. Guillaumin y réalisa près de 500 tableaux ! Environnement bucolique, moulins restaurés, on retrouve là vraiment l'un des sites les plus significatifs de l'école de Crozant. Absolument charmant.

DANS LES ENVIRONS DE CROZANT

L'arboretum de la Sédelle : *au lieu-dit **Villejoint.** ☎ 05-55-89-83-16. • arbosedelle.free.fr • À env 3 km au sud de Crozant, direction Dun-le-Palestel. Ouv mai-oct. Visite libre jeu-lun 14h-18h. Chiens non admis. Entrée : 5 €. Bottes conseillées par temps humide !* Cet arboretum a été créé en 1987 et conduit sur 6 ha du paysage naturel au paysage aménagé, nous faisant traverser bocages, lande à bruyères et paysages jardinés. C'est une invitation à une superbe promenade quelle que soit la saison. Remarquable collection d'érables, mais aussi de tilleuls, chênes, cerisiers, rhododendrons... En tout, plus de 400 espèces d'arbres et arbustes, provenant des quatre coins du monde. Il est classé par le ministère de la Culture « Jardin remarquable ».

Les jardins clos du Préfons : *au lieu-dit **Villejoint,** à 600 m de l'arboretum de la Sédelle. ☎ 05-55-89-82-59. • jardinsclosduprefons.weebly.com • Ouv juil-août. Visite libre mer-dim 14h30-17h ; visites guidées à 17h. Entrée : 5 € ; réduc.* Un dédale de chemins, d'allées et de passerelles mène à huit jardins clos et charmants : théâtre de verdure, aire de repos... Des espaces intimistes pour découvrir une nature luxuriante, maîtrisée avec brio par un passionné.

LA CREUSE OCCIDENTALE

LA SOUTERRAINE (23300) 5 320 hab. *Carte Creuse, A1*

Deuxième ville du département et la seule reliée directement à la capitale par le réseau SNCF (ligne Paris-Toulouse), La Souterraine conserve quelques éléments médiévaux, principalement l'église Notre-Dame, la porte Saint-Jean et de bien belles placettes où l'on prend plaisir à s'installer aux beaux jours. Sur la route de Saint-Jacques-de-Compostelle, la ville voit chaque année débouler de nouveaux adeptes, effectuant le trajet à pied ou à vélo.

Adresses utiles

Office de tourisme du pays de La Souterraine : *pl. de la Gare. ☎ 05-55-63-10-06. • otsouterraine@wanadoo.fr • lasouterraine.fr • Ouv tte l'année, lun-sam 10h-12h, 14h-18h (19h juil-août).* Propose des fiches randos et patrimoine en vente sur place, en plus de la documentation gratuite. Visites guidées sur rendez-vous et location de vélos en été.

Gare SNCF : *pl. de la Gare. ☎ 36-35 (0,34 €/mn). • sncf.com •* Trains directs pour Paris. Correspondance en bus pour Guéret, Aubusson, Felletin, Bourganeuf.

Gare routière : *sur le parking de la gare SNCF.* Liaisons en car pour Guéret, Aubusson, Felletin, Crozant.

Où dormir ? Où manger ?

Camping

Camping Suisse-Océan : *au plan d'eau du Cheix. ☎ 05-55-63-59-71 (pour le camping) ou 10-06 (pour les chalets). À 2 km, sur la route de Dun-le-Palestel. Ouv tte l'année. Tarifs : 15,10 € pour 2 pers en hte saison. Chalets (6 pers max) 240-345 €/sem.* Une cinquantaine d'emplacements répartis sur un vaste terrain arboré au bord du plan d'eau du Cheix. En saison, risque d'embouteillage aux sanitaires, qui regroupent w-c et douches dans la même cabine (pas pratique). Nombreuses activités de loisirs : baignade surveillée, pêche, volley-ball, pétanque, jeux pour enfants... Resto *La Promenade* sur place.

De bon marché à prix moyens

Hôtel Au Bon Cordonnier – Restaurant Le Passe-Muraille : *16-18, pl. du Docteur-E.-Parrain. ☎ 05-55-63-29-34. • passe-muraille@orange.fr • le-passe-muraille.com • Fermé dim soir et lun ; plus dim midi et le soir des j. fériés hors saison. Congés : 2 sem en avr, 1 sem en sept et 2 sem à Noël. Double tt confort 70 €. Formules 10-13 € (midi sem), puis menus 19,50-40 € et carte.* Un hôtel aménagé dans une ancienne cordonnerie (d'où le nom !) rénovée. 9 chambres spacieuses et claires qui marient avec simplicité les poutres anciennes et le mobilier d'aujourd'hui. Dans certaines, un clic-clac supplémentaire permet de loger jusqu'à 4 personnes. Le restaurant, rustique, est aussi très agréable. Cuisine de terroir à l'honneur, avec pâté aux pommes de terre, viande limousine et tête de veau. Terrasse pour un repas en plein air à la belle saison. Très bon accueil, jeune et souriant.

Hôtel-restaurant Jinjaud : *4, rue de Limoges. ☎ 05-55-63-02-53. • hotel.jinjaud@wanadoo.fr • hotel-restaurant-jinjaud.fr • Tlj sf dim midi. Congés : 1re quinzaine de janv. Doubles 40-55 €. Familiales 45-55 €. ½ pens 55 €/pers. Menus 12-15 €.* Un bel hôtel pas prétentieux et bien tenu (il suffit de voir le soin apporté aux magnifiques parquets). Aux 1er et 2e étages, les 7 chambres fleuries aux tons pastel sont parfois arrangées avec 2 grands lits. Un rideau accordéon sépare la petite salle de bains de la chambre. La patronne se plie en quatre pour faire plaisir, donc rien d'étonnant à ce qu'on y trouve aussi un resto convivial. Cuisine familiale de qualité à base de produits frais. Excellent pâté aux pommes de terre (à commander la veille), faux-filet du Limousin, gâteau creusois, le tout servi en salle ou sur la petite terrasse à l'arrière.

Maison Volière : *22, chemin des Pentes. 06-01-78-83-53. • info@maisonvoliere.eu • maisonvoliere.eu • Double 65 €. Repas 17 €.* Depuis que Christopher et Ricky ont repris cette maison à la lisière du centre-ville, les deux jeunes Anglais ne ménagent pas leur énergie pour satisfaire leurs hôtes. Au-dessus des salons meublés avec goût dans un style ancien, 5 chambres chaleureuses et raffinées. 2 d'entre elles, en enfilade, se partagent une salle de bains, ce qui conviendra aisément aux familles. Petit déjeuner à l'anglaise, aussi bon que copieux.

Où dormir ? Où manger dans les environs ?

Restaurant Stéphane Nougier : *2, pl. de l'Église, 23290* ***Saint-Étienne-de-Fursac.*** *☎ 05-55-63-60-56. • contact@hotelnougier.fr • hotelnougier.fr • (resto slt). À 12 km au sud de La Souterraine par la D 1 (suivre les panneaux « Fursac »). Au centre du bourg. Tlj sf lun midi et mar midi ; hors saison, fermé dim soir, lun et mar midi. Congés : de déc à mi-mars. Doubles 75-95 € ; familiale 85 €. Formule déj en sem 16 € et menus 27-60 €.* Une table réputée du département, au cœur du village. Stéphane Nougier nous régale d'une cuisine de terroir revisitée et inventive, qui suit les saisons et combine habilement épices, belles viandes et poissons bien travaillés. Service au diapason, élégant sans être intimidant. À l'étage, quelques chambres pimpantes pour qui voudrait profiter pleinement de la cave. On aime cette auberge de campagne attachante pour sa cuisine, mais aussi pour son atmosphère chaleureuse. Piscine. Très jolie terrasse fleurie.

Où prendre le thé ? Où boire un verre ?

Christaline : *route de Fursac, 30, rue de Bessereix. ☎ 05-55-63-62-25. • christalinedeco.fr • À 800 m de la gare (10 mn à pied) en suivant l'av. du Général-Leclerc et le bd de la Liberté. Ouv mar-jeu 10h-12h30, 14h30-19h, ven-sam tte la journée à partir 10h.* À la fois boutique de déco et salon de thé, cette adresse est vraiment atypique dans le paysage local ! De l'ancienne écurie, il reste les box, où l'on s'attable pour un thé, à accompagner d'une pâtisserie gourmande (crumble, *scones*...). Soirée tapas le vendredi soir, avec une petite sélection de vins servis au verre, et menu du marché le samedi midi. Jolie terrasse intérieure en été. Une bonne adresse, fraîche et colorée.

À voir

L'église Notre-Dame : bâtie aux XIIe et XIIIe s, en granit brut, elle forme un long et haut vaisseau austère où contrastent en façade un élégant portail polylobé et, au tympan du portail méridional, une gracieuse Vierge assise, le divin Enfant sur les genoux. Détail : observez, au dernier étage du clocher, d'ailleurs fort beau, la pierre curieusement blanchie. Eh bien, elle n'est pas blanchie, non, elle est blanche tout simplement et sert à guider les pèlerins pour Compostelle. L'intérieur témoigne de la transition du roman au gothique : les colonnes archaïques et à voûtes en berceau des premières travées font place à des chapiteaux plus travaillés et des voûtes d'arêtes coiffant les bas-côtés.

La porte Saint-Jean : vaillant et dernier témoin des remparts de l'ancienne cité, la porte Saint-Jean sent encore son Moyen Âge avec ses mâchicoulis, ses meurtrières et son guet. Visite libre (demandez les impressionnantes clés au *Bar du Marché*, juste à côté ; fermé le dimanche après-midi et le lundi), mais gare à ne pas vous trépaner en chutant dans l'étroit escalier !

Manifestation

– ***Fresque historique « Raconte-moi Bridiers » :*** chaque été, début août, un spectacle nocturne en plein air réunit plus de 500 figurants bénévoles sur le site de

Bridiers. Au pied de la tour, histoire et fiction se mêlent, avec une mise en scène impressionnante : plus de 2 000 costumes, des chevaux, des effets spéciaux, des feux d'artifice... Un amphithéâtre naturel de 2 000 places a été créé pour accueillir les spectateurs lors de cet événement devenu majeur dans la région. En 2014, le spectacle « Du rouge garance au rouge sang » commémorait le 100e anniversaire de la Grande Guerre. En 2015, c'est la période de 1914 à 1945 qui est à l'honneur. Restauration sur place, avec la possibilité de repas-spectacle *(28 €). Spectacle seul : 17 € ; réduc (rens à l'office de tourisme).*

DANS LES ENVIRONS DE LA SOUTERRAINE

La tour de Bridiers : *à 2 km de La Souterraine en direction de Dun-le-Palestel. Dans le village, s'arrêter juste avt le 1er carrefour et poursuivre à pied (5 mn) par un sentier sur la gauche. Visite libre juil-août l'ap-m, et les w-e ap-m de mi-juin à mi-sept. Accès : 1,50 €.* Les archéologues ont découvert à Bridiers trois mottes féodales sur lesquelles étaient édifiés les premiers châteaux en bois du Moyen Âge. Au XIIIe s, les vicomtes de la région construisent un château fort dont on peut encore voir l'imposante tour, où ont lieu des expos temporaires en été. Le site fait toujours l'objet de fouilles. Un petit jardin médiéval se visite tout à côté. C'est ici qu'a lieu, pendant quelques soirées début août, un magnifique spectacle historique son et lumière (voir plus haut « Manifestation »).

Le dolmen de la Pierre-Folle : *à **Saint-Priest-la-Feuille.** Au sud de La Souterraine par la D 10. À l'entrée du village, prendre à gauche direction La Feuille ; ensuite, c'est fléché. Petit parking et continuer sur 200 m à pied, on le voit à 100 m.* Environnement bucolique à souhait pour ce mégalithe à l'orée d'un bois, champs mamelonnés, arbre majestueux se détachant sur fond de ciel bleu ou, mieux, de ciel tourmenté, car le lieu se prête au mystère...

CŒUR DE PIERRE ?

Un soir, en rentrant chez lui, à Saint-Priest, un beau jeune homme aurait aperçu sept fantômes, horribles, dansant autour du dolmen avant de se transformer en belles jeunes filles. On imagine bien le gaillard ragaillardi : n'écoutant que son cœur, il embrasse la plus belle de toutes. Malheur ! Le lendemain, les paysans retrouvent le pauvre garçon froid et rigide, les bras tendus vers la pierre. Depuis, plus personne ne s'aventure dans le coin à la tombée de la nuit, de peur que les vierges ne mènent les curieux au trépas.

BÉNÉVENT-L'ABBAYE (23210) 860 hab. *Carte Creuse, A2*

Étape sur les chemins de Saint-Jacques, le village doit son charme au centre-ville ramassé, autrefois entouré de remparts, et à son abbatiale, considérée comme un chef-d'œuvre du roman limousin. L'abbaye abrita les reliques de saint Barthélemy qui furent rapportées du village de Bénévent, en Italie (Campanie), et qui donna son nom au village.

Adresse utile

Office de tourisme du pays des Eaux Vives : *2, rue de la Fontaine. ☎ 05-55-62-68-35. ● inspirez-vos-vacances-en-creuse.fr ● Ouv tte l'année : 15 juin-15 sept, tlj sf dim ap-m ; le reste de l'année, fermé* *dim.* De nombreuses brochures à disposition sur les 45 circuits de randonnée et 14 parcours VTT des alentours (fiches en vente, téléchargeables sur le site). Et pour découvrir ce beau pays en voiture, 2 excellents parcours bien balisés, les *circuits du Thaurion et de la Gartempe.* Une des parties les plus jolies et les plus sauvages du département.

À voir

L'église abbatiale : *à 20 km au sud-est de La Souterraine, au centre du bourg. Pour des visites guidées, voir avec l'office de tourisme.* Bâtie d'un trait dans la seconde moitié du XIe s (ou au XIIe s, selon les sources) par des compagnons tailleurs de pierre, on en fera le tour pour observer sa foultitude de modillons (145 !). Notez, face au chevet, donnant sur la place plantée de tilleuls, l'un des bâtiments de l'ancienne abbaye : jolie porte sculptée. À l'intérieur, piliers massifs, chapiteaux grimaçants. Mais dans l'ensemble, cette église paraît bien massive et rectiligne – mastoc. On a d'ailleurs du mal à l'imaginer si ancienne, tant la fragilité, la sobre élégance du roman et son usure lui manquent. Peut-être à cause de sa restauration au XIXe s, due à Paul Abadie, architecte du Sacré-Cœur à Paris. Ou peut-être parce que trop parfaite : les proportions de l'édifice et chacune de ses parties – narthex, chapelles, nef, chœur et transept –, et même l'épaisseur des murs et des contreforts répondent au fameux nombre d'or (1,618).

Le Scénovision : *18, rue de l'Oiseau. ☎ 05-55-62-31-43. • scenovision@wanadoo.fr • benevent-scenovision.com • En plein centre, à deux pas de l'église. Hors vac scol, ouv le w-e 14h30-19h ; juil-août, tlj 9h45-19h15. Fermé janv et 25 déc. Entrée : 10 € (billet combiné), 7,50 € (1er spectacle), 4,50 € (2e spectacle) ; réduc, notamment sur présentation de ce guide. Compter 2h de visite. À partir de 6 ans.*
Deux parcours-spectacle pour retourner en famille vers le passé imaginé de la région de Bénévent, de 1872 à 1923 : « Marion et la Bénéventine » (env 1h10) et « Le chef-d'œuvre du pèlerin » (30 mn).
Dans chacune des six premières salles, grâce à des techniques que les amateurs de scénovisions connaissent bien (s'ils sont passés à Pézenas, notamment), on est emporté par une mise en scène originale qui nous fait vivre des tranches de vie d'un personnage de fiction, Marion, auquel on s'attache vite : une projection en 3D de la nature limousine, un décor d'authentique café creusois qui parle de sa jeunesse, la montée des maçons de la Creuse, tout ça pour en arriver au mariage, à un conseil municipal à l'ancienne, et bien sûr son embauche à la distillerie, pour évoquer le succès de la liqueur Bénéventine... On se laisse très facilement entraîner dans cette émouvante histoire.
D'autant qu'elle est complétée par un second spectacle autour de l'histoire touchante du fils de Marion, René, de retour de la Grande Guerre. Compagnon charpentier et pèlerin, deux bonnes raisons pour vous conter l'histoire du pays, au lendemain de 1914-1918.
À l'issue de la visite dans le temps, une dégustation de la fameuse liqueur, mélange de cognac, d'armagnac et d'une vingtaine de plantes tenues secrètes est offerte aux adultes. Espace de jeux anciens pour petits et grands, ainsi que des expos temporaires. Boutique « 1900 » avec jouets en bois, confiseries et liqueurs d'antan.

Tant que l'*Hôtel du Cèdre* restera fermé, il faudra se rabattre sur les quelques chambres d'hôtes qui font aussi gîte pèlerin (liste à l'office de tourisme).
Le Colimaçon Bleu : *8, pl. Saint-Barthélemy. ☎ 05-87-40-02-76. • lecolimaconbleu@hotmail.fr • Tlj sf mar hors saison 10h-19h.* Devant l'église, un salon de thé sympathique qui propose des formules déjeuner, des sandwichs et des assiettes garnies. À deux pas du Scénovision.

BOURGANEUF

(23400) 3 160 hab. *Carte Creuse, B2*

Bourganeuf conserve un petit centre ancien où le château (aujourd'hui hôtel de ville), flanqué de son église Saint-Jean, dresse ses tours cylindriques à chapeau pointu. Construites entre 1483 et 1486, c'est dans les tours Lastic et Zizim que fut emprisonné le prince Djem (Zizim pour les chrétiens), fils d'un puissant sultan ottoman.

La ville connut une prospérité certaine du XIIe au XVe s, en tant que commanderie de l'ordre des Templiers d'abord, puis de celui des Hospitaliers – choisie en 1313 comme chef-lieu du Grand Prieuré de la Langue (ou Nation d'Auvergne) – et, plus récemment, avec la porcelaine, la chapellerie ou la tapisserie (celles du paquebot *Normandie* ou, mieux encore, du hall de l'Empire State Building provenaient d'ici !). Aujourd'hui, le bourg vit de quelques scieries, au cœur d'une région en partie replantée de pins et l'une des plus vallonnées du département.

Pour la petite histoire, et pour faire plaisir aux cyclistes, sachez que Raymond Poulidor est né à Masbaraud-Mérignat en 1936, en banlieue de Bourganeuf. Une autre célébrité (mais qui ne s'en vante jamais), c'est le présentateur de télévision Thierry Ardisson (né en 1949 ; eh oui, il a la soixantaine bien sonnée !).

Pour en finir avec les célébrités, sachez donc que le village de Sardent cultive le souvenir de notre cher Claude Chabrol qui y situa son premier film, *Le Beau Serge* (1958), avec Jean-Claude Brialy.

UN PEU D'HISTOIRE

Si vous avez manqué le début, petit voyage dans le temps et dans l'Empire ottoman de l'époque : à la mort de Mehmed II, en 1481, ses fils se disputent le pouvoir. Bajazet l'emporte et Zizim (en v.f.) s'enfuit à Rhodes demander le soutien et la protection des chevaliers hospitaliers, ordre alors très puissant, ennemis jurés des musulmans. De là, mené en bateau au propre comme au figuré – car, en fait d'alliance, il n'obtiendra qu'une détention dorée à perpétuité –, notre héros débarque en France, ou plus exactement y est débarqué. Et c'est ainsi que le précieux otage arrive à Bourganeuf en 1486. Il y restera 2 ans, sous bonne garde, dans la tour qui porte aujourd'hui son nom et qui fut bâtie pour le recevoir. Fantasque, séducteur, accompagné d'une suite et d'un harem, parant ses appartements d'ornements et d'étoffes orientales, ce sultan mystérieux hante encore Bourganeuf. Amoureuse et jalouse, sa belle esclave grecque Almeida se serait pendue après avoir empoisonné Marie de Blanchefort, nièce de Pierre d'Aubusson, maîtresse de ce prince « aux yeux bleus et obliques, au teint brun comme la peau d'une châtaigne »... C'est bien simple, Zizim les rendait folles !

BOURGANEUF ET LA FÉE ÉLECTRICITÉ

Bourganeuf fut l'une des toutes premières villes au monde à être éclairées par l'électricité, en 1886, grâce à l'ingénieur Ernest Lamy, qui réussit à capter l'énergie de la rivière. Ce sont d'abord les rues qui furent éclairées, puis les foyers, grâce à l'installation hydroélectrique. En 1889, la construction de l'usine hydroélectrique aux Jarrauds permit pour la première fois dans le monde de transporter l'électricité à distance en courant continu pour alimenter la ville. L'électricité devint alors la principale source d'énergie. Bourganeuf entra dans la modernité.

Zinzin, quoi. Puis ce qui devait arriver arriva : il fut transféré ailleurs en chrétienté et mourut à Naples en 1495, d'un mal demeuré secret.
Clin d'œil de l'histoire, ce Turc et sa suite se voient aujourd'hui relayés par une main-d'œuvre employée dans la filière bois, en grande partie d'origine turque ! Des traces et une culture que l'on retrouve jusque sur le marché hebdomadaire (le mercredi) de la ville.

Adresses et infos utiles

Office de tourisme Eaux, tours de Bourganeuf et Royère de Vassivière : *pl. du Champ-de-Foire. ☎ 05-55-64-12-20. • eaux-tours@wanadoo.fr • ot-bourganeuf.com • Ouv tte l'année lun-sam 9h30-12h30, 14h-18h ; juil-août, ouv également dim et j. fériés 10h-12h30.* Édite des fiches gratuites de balades à faire autour et dans la ville. Espace boutique avec vente de produits du terroir et artisanaux. Visites guidées de la cité médiévale et des sites touristiques alentour sur rendez-vous. Vente de cartes de pêche, espace d'exposition.

Gare routière : *derrière l'office de tourisme.* La ligne TER dessert en car Limoges, Aubusson, Felletin. Également 3 lignes de bus pour circuler dans le département (La Souterraine et Guéret notamment).

Taxis : ***Dominique Bourdeix,*** *☎ 05-55-64-26-46.* ***Pierre Jabet,*** *☎ 05-55-64-07-66.*

Où dormir ? Où manger ?

De bon marché à prix moyens

L'Auberge de l'Âtre : *17, av. Turgot. ☎ 05-55-64-10-10. • aubergedelatre.com • Resto fermé ven soir, sam midi et dim soir. Double 59 €. ½ pens 65 €/pers. Petit déj 8,50 €. Menus 11,50-30 € et carte. Parking.* Une grande salle très agréable pour une cuisine classique et copieuse. Dispose aussi de chambres tout confort.

Chambres d'hôtes L'Assiette Anglaise : *chez Paul et Angela Marsh, 20, rue de Verdun. ☎ 05-55-54-99-75. • paul.marsh824@orange.fr • bourganeufbedandbreakfast.co.uk • En plein centre, à deux pas de la pl. de l'Hôtel-de-Ville. Congés : Noël. Double 55 €. Repas 22,50 €.* C'est une ancienne pâtisserie dont le magasin est aujourd'hui transformé en salle de petit déj, ravissante avec ses tons acidulés rose saumon et sa frise de fleurs colorées. Le mobilier de l'ancien commerce est toujours là, meubles peints aux multiples tiroirs. Les 2 chambres, situées à l'étage, ont également une très belle atmosphère : claires et cosy, avec un parquet en bois ciré. Accueil souriant dans un français balbutiant : notre hôtesse est anglaise.

La Mezzanine : *2, rue de Verdun. ☎ 05-55-64-31-17. À l'angle de la pl. de l'Hôtel-de-Ville. Mar-sam 7h-19h et dim 8h-12h.* Même si l'adresse ne fait plus brasserie, le bar reste le rendez-vous du village, et les habitués s'y jettent toujours un p'tit noir au comptoir ou en terrasse. Alors on fait comme eux, avec une crêpe ou une glace en plus.

Où dormir ? Où manger dans les environs ?

Chez Nous : *Les Gouttes, 23400* ***Masbaraud-Mérignat.*** *☎ 05-55-64-18-83. • cheznous23@orange.fr • Entre Bourganeuf et Bosmoreau-les-Mines. À l'entrée du village, tourner à droite. Ouv mar-dim au déj, le soir et dim sur confirmation. Formules déj 10-15 € et menus 21-40 €. Apéritif maison offert sur présentation de ce guide.* Un bâtiment imposant aux volets bordeaux ceinture une jolie cour avec en son centre une haute fontaine. Aux beaux jours, c'est donc en terrasse, avec le bruit de l'eau, que vous vous régalerez d'une solide cuisine de terroir : viande limousine, ris de veau aux cèpes, confit de canard, foie gras...

Chambres d'hôtes au Château

de La Chassagne : *chez Mme Fanton, 23250* ***Saint-Hilaire-le-Château.*** *☎ 05-55-64-55-75. 📱 06-14-61-08-16. • m.fanton@aliceadsl.fr • château-lachassagne.com • À env 15 km de Bourganeuf par la D 941 ; indiqué sur la droite après Saint-Hilaire-le-Château. Congés : de fin déc à mi-fév. Doubles très confortables 120-140 € ; 15 €/pers supplémentaire. Table d'hôtes (sur résa) 30 €.* Si l'envie vous prend de vouloir dormir dans un château de rêve des XVe-XVIIe s, c'est ici qu'il faut s'arrêter ! Le conte de fées commence dès l'arrivée dans le parc de la propriété, où l'on croise de magnifiques chevaux. L'escalier à vis en pierre grimpe et tourne pour accéder aux 4 chambres d'hôtes immenses. Décorées de meubles d'époque Napoléon III avec de luxueuses tentures, elles jouissent d'une vue imprenable sur l'étang et le parc du château. La petite maison de garde, avec ses 2 chambres, est également à louer pour 4 personnes. Totalement indépendante avec sa cuisine. Très bon accueil de la maîtresse de maison ou de sa charmante fille.

À voir. À faire

Le château : *☎ 05-55-64-12-20. La tour Zizim se visite ts les mer en juil-août. Visite en nocturne aux flambeaux (1 fois/mois en juil-août). Entrée : 3 € ; gratuit moins de 12 ans.*
Bâti au XVe s. Si le corps de logis a perdu son caractère initial, les tours de Lastic, de l'Escalier et, plus imposante, de Zizim présentent toujours mâchicoulis et barbacanes.
L'église Saint-Jean, autrefois chapelle du château et remaniée au XVe s, flanque l'ensemble et présente un joli portail. À voir aussi, dans la salle du conseil municipal (ouverte au public aux heures de bureau), des tapisseries d'Aubusson du XVIIIe s.

Le musée de l'Électrification, de l'Eau et de la Lumière : *route de la Cascade. ☎ 05-55-64-26-26 ou 12-20. Fléché à partir du centre. Juil-août, lun, mar, jeu et ven 14h-19h, mer et sam 10h-12h, 14h-18h. Entrée : 3 € au lieu de 4 € sur présentation de ce guide ; gratuit moins de 11 ans sur présentation de ce guide.* Bourganeuf est l'une des premières villes pionnières électrifiées de France, en 1886. Le musée permet de découvrir un événement de l'industrialisation en France, à la fin du XIXe s, et d'entrer dans l'histoire toute récente de l'électricité. Du matériel électrique, des maquettes interactives, des documents, une machine de *Pixii* restaurée illustrent l'épopée bourganiaude. Et à l'extérieur, une installation hydroélectrique en état de fonctionnement. Compter 1h de visite et une autre pour la vidéo, pour les passionnés. Chasse au trésor la Fée Électricité pour les enfants (à partir de 6 ans).

➢ ***Les gorges du Verger :*** *infos à l'office de tourisme.* Balade d'environ 5 km qui permet de découvrir un lieu fréquenté dès la fin du XVIIIe s, mis en valeur avec la création d'un parc romantique par Émile de Gérardin, à la fin du XIXe s, autour du château du Verger. George Sand y séjournait souvent et aimait s'y promener. Ces gorges sont sillonnées par un ruisseau torrentueux. Des falaises pittoresques dominent le site. Selon la légende de « la Roche de la Mariée », vous vous marierez dans l'année si le caillou que vous avez lancé dans la cavité en haut de la roche ne retombe pas ! Ce site fut le premier classé du Limousin en 1912.

Manifestations

– ***L'Enjambée creusoise :*** *dim de la Pentecôte. Rens : « Club de randonnée Lou Chami », 📱 06-48-81-88-61.* Grand rassemblement de passionnés de randonnée pour découvrir cinq sentiers creusois allant de 5 à 45 km. Et aussi le ***marché du terroir et de l'artisanat*** avec de nombreux exposants.

– ***Brocante, braderie de Bourganeuf :*** *mi-août, 6h-minuit.* ☎ *05-55-64-17-51.* Grande braderie en centre-ville, avec une cinquantaine d'exposants.
– ***Fête d'Augerolles :*** *août.* ☎ *05-55-64-12-20.* Animations nature, balades, ateliers de découverte faune et flore.
– ***Des Mots à la Bouche :*** *oct.* ☎ *05-55-64-12-20.* Manifestation alliant la gastronomie à l'écriture. Concours de nouvelles. Dans le cadre de la Semaine du goût.

DANS LES ENVIRONS DE BOURGANEUF

La cascade des Jarrauds : *à env 15 km au sud de Bourganeuf. Suivre la direction Saint-Martin-Château par une jolie route en pleine campagne ; c'est fléché. Topoguide disponible à l'office de tourisme.* Emprunter le chemin qui conduit à la cascade juste avant le pont, sur la droite, et c'est à 5 mn de marche. On traverse une petite écluse, on longe le canal pour arriver en surplomb de deux cascades, qui plongent 10 m plus bas dans la rivière. C'est de là que l'ingénieur Marcel Desprez parvint à transporter l'électricité jusqu'à Bourganeuf. Plusieurs tables de pique-nique. Endroit agréable.

Les cascades et la lande d'Augerolles : *infos à l'office de tourisme. Topoguide et livret-jeux à énigmes pour les enfants, disponibles à l'office de tourisme.* Situé dans le périmètre du parc naturel régional de Millevaches en Limousin, ce site naturel de 50 ha est inscrit au patrimoine national. Un sentier de découverte « Les champs de pierres et cascades d'Augerolles », aménagé avec plusieurs panneaux explicatifs, conduit du site des tailleurs de pierre, à la tourbière, au moulin restauré et, enfin, aux cascades.

L'espace Pêche et Nature : *23250* ***Pontarion,*** *en face de l'école.* ☎ *05-55-62-55-93. GRATUIT.* Au pied du petit village dominé par son église du XIIe s et son château du XVe s (majestueux mais qui ne se visite pas), s'étend un ensemble paysager, un endroit calme et serein au bord du Thaurion, aménagé dans le but de sensibiliser les visiteurs à l'environnement. Une tour sert de table d'orientation et présente un beau point de vue sur la vallée et ses différents paysages, reconstitués dans un souci éducatif. On traverse la zone humide, le verger, l'arboretum et le sentier des découvertes (le pont-vanne, l'abreuvoir, le lavoir...). Des postes de pêche ont même été installés.

La pierre des Neuf-Gradins : *sur la D 13, entre Pontarion et Soubrebost. À 3 km au sud de Pontarion, juste après la fourche où est indiqué le site, garer sa voiture sur le côté droit et monter, en face, dans la forêt, par un chemin de terre.* Compter 10 mn de bonne grimpette du puy Maria, avec, au final, un superbe panorama sur la région et le village de La Martinèche où est né Martin Nadaud (lire plus bas). Mais revenons à ce chaos rocheux, où neuf gradins conduisent à un bassin, lié, bien sûr, à une légende : les jeunes filles désireuses de s'établir avec l'élu de leur cœur y jetaient des épingles. En fait, on ignore tout de l'origine de ces marches et du rituel qui devait s'y dérouler. D'autres bassins se trouvent plus bas.

Le monument aux morts de Combeauvert : *à 12 km au nord de Bourganeuf. Prendre la direction Pontarion ; à 3 km, prendre à gauche la D 940A vers La Chapelle-Taillefert.* À 10 km sur la route, un monument impressionnant en pleine campagne en souvenir de la Résistance et du passage de la division *Das Reich* (la même qui sévit à Oradour-sur-Glane), qui massacra sur son passage 31 maquisards, la veille (9 juin 1944) du tristement célèbre massacre de Haute-Vienne.

Le musée de la Mine : *23400* ***Bosmoreau-les-Mines,*** *derrière la mairie.* ☎ *05-55-64-20-52.* 📱 *06-08-89-67-11. • museedelamine.fr •* ♿ *À 8 km au nord de Bourganeuf. Au rond-point dans Bourganeuf, prendre la direction Bosmoreau-les-Mines, suivre le fléchage. Avr-juin et sept-nov, tlj sur résa 14h-18h ; juil-août, tlj 14h-18h30. Dernière visite guidée 1h avt fermeture. Entrée : 5 € ; réduc.* Un vrai

musée de village. On entre dans la cour de la mairie, puis à gauche dans celle de l'école pour accéder à ce petit musée qui conserve et fait perdurer la mémoire des mineurs de la région. Pendant deux siècles, la ville ne vécut que par sa mine de charbon, qui s'éteindra en 1958. Sept salles retracent toute l'histoire « d'amour » du village avec la houille. Nombreux documents (photos, écrits, outils, maquettes) et mises en scène de la vie rurale à cette époque : cuisine, salle de classe, estaminet... On termine par une balade sur les « chemins balisés de la mine » (2 à 6 km), qui prolongera le souvenir.
François Bouteille, un personnage originaire de Bosmoreau, eut un destin surprenant. Cet enfant du village, qui voulait devenir cycliste, partira finalement après la guerre pour le Mexique, où il fondera le plus grand restaurant français de Mexico.

Le vélorail de la mine : *23400* ***Bosmoreau-les-Mines.*** *Départ de l'ancienne gare de marchandises. ☎ 05-55-64-10-91. 📱 06-72-24-81-97. • veloraildelamine.fr • Juil-août, tlj départ à 10h30, 14h, 16h et 18h. Hors saison, w-e plus vac scol d'avr, départs à 14h et 16h. Tarif : 25 € le vélorail pour 4-5 pers.* Parcours (10 km aller-retour, compter 1h30) le long d'une ancienne ligne de chemin de fer de la verdoyante vallée du Thaurion. En chemin, franchissement d'un viaduc et belle vue sur la tour Zizim.

LE PAYS D'AUBUSSON

Cette partie sud du département se distingue par sa pittoresque ville d'Aubusson, la plus visitée du département, célèbre ô combien pour sa tapisserie. Y serpente, dans cette haute vallée, comme on l'appelle, une Creuse née du plateau de Millevaches. Entre cours d'eau et belles forêts, on trouve une ravissante campagne, avec çà et là des trucs formidables...

AHUN (23150) 1 820 hab. *Carte Creuse, C2*

Ce bourg aujourd'hui modeste se distingue par sa grande église, témoignage de son importance en tant que ville-étape et cité gallo-romaine, vraisemblablement l'une des premières évangélisées par saint Martial.
Mais plus étonnant et superbe est le village voisin du Moutier-d'Ahun, situé en contrebas sur les bords de la Creuse. Son église romane, en partie ruinée, recèle des boiseries Renaissance parmi les plus belles de France. Et tout autour, quelques beaux et vieux châteaux, le village aux sculptures de Masgot, et la curieuse église de Sous-Parsat, aux fresques contemporaines.

Adresse et infos utiles

ℹ @ ***Office de tourisme Creuse-Thaurion-Gartempe :*** *12, pl. Defumade. ☎ 05-55-62-55-93. • ahun-creuse-tourisme.fr • Juil-août, lun-sam 9h30-12h30, 14h30-18h30 et dim 10h30-12h30 ; hors saison, lun-sam. Accès Internet (1 €).* Toute l'année, sur résa, organise des visites guidées des églises environnantes, notamment celles d'Ahun ou du Moutier, sans oublier les villages alentour. Salle d'exposition.

Taxis : ***Taxi Lafont,*** *☎ 05-55-62-47-16, 📱 06-89-73-79-41.* ***Taxi Lanz,*** *☎ 05-55-81-42-15.* ***ABC Taxi Laurent,*** *☎ 05-55-62-41-37, 📱 06-62-53-06-75.*

Où dormir ? Où manger à Ahun et dans les environs ?

Camping et gîte d'étape

Ferme du Puyberaud : *chez Jean-Marie et Thérèse Berthe, 23150* **Le Moutier-d'Ahun.** *☎ 05-55-62-46-20. • thjm.berthe@orange.fr • ferme-de-puyberaud.com • À 4 km du village. Le traverser, passer le pont et prendre un peu plus loin à gauche ; poursuivre la route sur env 2 km, c'est en haut du hameau. Ouv tte l'année (sur résa). Compter 15 €/pers en gîte d'étape. Sinon, forfait 18 €/tente. Chambres d'hôtes 50-62 €. Table d'hôtes 20 €. CB refusées. Réduc.* Jean-Marie et Thérèse sont des agriculteurs à la retraite qui vous accueillent avec beaucoup de gentillesse dans leur ferme. Le pré qui surplombe leur habitation est réservé aux tentes et caravanes, et dans la grange à côté se trouvent le gîte d'étape, avec ses dortoirs à la literie impeccable, et les sanitaires et lieux de vie communs aux campeurs et clients du gîte. Une chambre d'hôtes avec kitchenette et sur 2 niveaux se situe en contrebas de la ferme, dans l'ancien fournil, restauré avec goût. Une autre est située dans la maison des propriétaires. Vous comprenez ici pourquoi la Creuse est un endroit si attachant, non seulement grâce à la superbe vue sur la vallée, mais aussi par le caractère chaleureux et entier de vos hôtes. Quel que soit votre mode d'hébergement, il vous est possible de goûter (sur résa) à la cuisine traditionnelle et familiale de Thérèse, où spécialités locales et produits de la ferme sont bien présents.

De prix moyens à chic

Le Coq d'Or : *7, pl. du Champ-de-Foire, 23130* **Chénérailles.** *☎ 05-55-62-30-83. • contact@restaurant-coqdor-23.com • À 14 km au nord-est d'Ahun par la D 55. Resto fermé dim soir, lun et mer soir. Congés : 3 sem en janv, 1 sem fin juin et 1 sem fin sept. Formule déj 14,50 € en sem, puis menus 26 € (sf dim et j. fériés)-51 €, et carte.* Sur la place du village et non loin du beau château de Villemonteix, cette adresse offre une halte culinaire salvatrice. Nombreuses petites attentions dans cette salle fleurie avec des coqs en voici, en voilà dans la déco... mais pas dans le menu ! Une adresse co(q)casse et plus que correcte !

Chambres d'hôtes Le Cellier de Stéphane : *12, route de Peyrat, 23130* **Chénérailles.** *☎ 05-55-62-14-23. • georges.pageix@orange.fr • Ouv tte l'année sur résa. Congés : 20 déc-3 janv. Double 75 € ; suite familiale 100 €. Table d'hôtes le soir sur résa 20 €.* 3 chambres dans la maison natale de Georges Pageix, en plein centre du village. Très jolie maison, joliment décorée, en grande partie par Anne-Marie elle-même. Chambres et salles de bains sont très agréables. Le petit déj est servi dans une salle à manger charmante, et laisse entrevoir que la maîtresse de maison aime recevoir ! À l'arrière, un grand jardin planté d'arbres.

Chambres d'hôtes chez Alain Couturier : *23250* **La Chapelle-Saint-Martial.** *☎ 05-55-64-54-12. • couturier.a@orange.fr • À 13 km à l'ouest d'Ahun. Au centre du bourg. Doubles 55-65 € avec douche ou bains. Réduc de 10 % sur présentation de ce guide (sf juil-août).* En bord de route, une jolie maison avec jardin et piscine. 4 chambres confortables, à la décoration soignée, presque bourgeoise : une dans une petite maison séparée, face à la piscine (ouverte seulement en été) ; une plus petite au 1er étage, avec lit à baldaquin, dotée d'une belle salle de bains ; en été, le petit salon de l'étage est transformé en une chambre supplémentaire. Également une chambre mansardée, tout aussi charmante, au 2e étage. Mobilier de style, tapisseries aux murs et, pour les inconditionnels, TV dans chaque chambre. Petit déj en terrasse aux beaux jours. Immense étang à 500 m.

À voir

L'église Saint-Sylvain : romane et d'aspect extérieur assez dépouillé, avec toutefois au chevet de subtiles colonnes à chapiteaux ornés de figures grimaçantes qui valent le coup d'œil. Elle fut édifiée à l'emplacement d'une première église, devenue aujourd'hui la crypte à laquelle on accède par un escalier extérieur situé à gauche de l'église. À l'intérieur, petites salles obscures dans lesquelles se trouve le tombeau de saint Sylvain, martyrisé pour avoir voulu christianiser les Romains. À l'intérieur, jolie *pietà* de calcaire peint du XVᵉ s et, à droite dans la première travée, reconstitution en rocaille kitsch de la grotte Notre-Dame-de-Lourdes, scintillante de cierges. À voir aussi, les boiseries du chœur.

Le jardin lapidaire Jacques-Lagrange : non loin de l'église, petit parc fleuri et plaisant où gisent au sol quelques coffres cinéraires, des tombeaux gallo-romains, ainsi que des sarcophages médiévaux.

DANS LES ENVIRONS D'AHUN

L'abbaye du Moutier-d'Ahun (23150) : *à 2 km d'Ahun, en bordure de Creuse. De mi-juin à mi-sept, tlj 10h-12h30, 14h-19h ; de mi-mars à mi-juin et de mi-sept à mi-nov, tlj sf mar 14h-17h ; jusqu'à fin déc, fermé aussi lun ; le reste de l'année, se renseigner au ☎ 05-55-62-55-93. Entrée : 3 € ; réduc ; gratuit moins de 12 ans. Audioguide pour la visite de l'abbaye et du village : 5 €. Visites guidées avec l'office de tourisme d'Ahun (durée env 1h30).*

Le village préservé du Moutier-d'Ahun est un hameau fleuri aux maisons basses, pont médiéval enjambant la rivière et pâturages où de paisibles limousines ruminent sagement. Site vraiment enchanteur, ce hameau possède une petite merveille d'église, dernier élément d'un monastère bénédictin fondé en 997. Mi-romane (chœur, carré du transept et clocher du XIIᵉ s), mi-gothique (portail flamboyant du XVᵉ s) et mi-ruinée puisque la nef n'est plus, faisant place aujourd'hui à un bref jardin romantique où deux rangées de tilleuls rappellent les travées disparues, elle a de quoi plaire. Le regard s'arrête d'abord sur son beau portail : six profondes et élégantes voussures ornées d'angelots, de saltimbanques et de saints.

LA CREUSE FAIT SON CINÉMA

En 1991, Alain Corneau choisit le décor magnifique de l'abbaye du Moutier-d'Ahun pour le tournage de son film Tous les matins du monde, *ainsi que le château du Bodeau, dans les environs d'Évaux-les-Bains. Chaque année, la Creuse connaît un nouveau tournage depuis qu'en 1958 un certain Claude Chabrol y tourna son premier film,* Le Beau Serge, *à Sardent, près de Bourganeuf.*

Passé l'allée de tilleuls, on entre dans la partie romane, entièrement habillée de boiseries baroques, réalisées de 1673 à 1681 par un Auvergnat, un certain Simon Bouer. Chef-d'œuvre absolu. 26 stalles (où l'on est prié de ne pas « s'installer ») décorées de motifs floraux et animaliers, retable monumental à colonnes torses hyper travaillées, panneaux itou et, fermant le chœur, une magnifique grille du XVIIᵉ s, surmontée d'un singulier double Christ en Croix. Il apparaît ressuscité côté moines, crucifié côté fidèles, avec les yeux ouverts et la couronne d'épines, comme pour mieux les inciter à assister aux offices. Un ensemble impressionnant et unique, fort bien restauré.

– ***Procession de Saint-Roch :*** *16 août, au Moutier-d'Ahun.* Messe en plein air et procession : on descend la statue de saint Roch au bord de la Creuse, près de la croix. S'il y a une sécheresse, on trempe les pieds de saint Roch dans l'eau pour attirer la pluie. Puis les pèlerins remontent la statue dans les rues du village et sont bénis.

👁👁 ***Le château de Villemonteix :*** *☎ 05-55-62-33-92. • chateau-de-villemonteix.cla.fr • À 10 km à l'est d'Ahun. Prendre la direction Chénérailles ; la route pour le château est indiquée sur la gauche de la D 55. Pâques-Toussaint, tlj 14h-19h (ainsi que 10h-12h en juil-août). Entrée : 6,50 € ; gratuit jusqu'à 7 ans ; réduc. Visite commentée de 1h.*
Un des plus beaux châteaux du département. Élégante construction de la fin du XVe s avec donjon, chemin de ronde, échauguettes et joli pigeonnier, si bien restaurée qu'elle semble dater d'hier ! Ses actuels propriétaires lui ont redonné vie. Ainsi la salle à manger, qui servait précédemment de porcherie, a été dotée de tout le « confort » rustique creusois, avec un joli buffet de chasse du XVIIIe s. Plus on monte dans les étages, plus le luxe paraît – ainsi qu'il était d'usage dans les maisons riches, où le personnel logeait dans les parties basses tandis qu'on se prélassait plus haut, tirant la sonnette au besoin.
Belle collection de tapisseries (Aubusson, Felletin, Flandres, Gobelins...), cheminées et beau mobilier d'époque, comme ce bureau à cylindre ou cette bibliothèque Boule XVIIe s. Jolies porcelaines de Sèvres du XVIIIe s également et lustre en baccarat qui, chez vous, toucherait la moquette. Visite partielle des charpentes. Dehors, impressionnant tilleul tricentenaire, ceint d'un tambourinier.

➢ ***De Peyrat-la-Nonière à Chénérailles par le chemin des écoliers :*** Peyrat présente quelques particularités au-delà de son château. Effectivement, les chemins de randonnée sont nombreux, tout comme ceux de VTT. Peyrat a aussi vu naître en son sein Jean Favard (1902-1965), mathématicien de renommée mondiale, polytechnicien et professeur à la Sorbonne. Peyrat possède surtout une curiosité qui séduira tous les amateurs de roulottes de charme. Au *Domaine de la Voreille,* Frédéric Chabot leur réservera une de ses roulottes, pour 2 nuits minimum *(📱 06-20-81-77-52 ; pour en savoir plus : • la-voreille.fr •).*
De la place de l'Église, suivre la direction d'Issoudun jusqu'au prochain carrefour et prendre à droite. La route sillonne entre plusieurs étangs avant d'atteindre le magnifique château d'Étansannes (ne se visite pas), quand on ne s'y attend pas. On poursuit ensuite jusqu'à Chénérailles.

👁👁 ***Masgot :*** *à 6 km au sud-ouest d'Ahun par la D 16 (route de Fransèches), bien indiqué. Audioguide pour la visite du village mai-sept : 3,50 € (durée : 45 mn). Rens à l'association* ***Les Amis de la pierre de Masgot*** *: ☎ 05-55-66-98-88. • amis.pierre@masgot.fr • masgot.fr • Ouv tte l'année, sf de mi-déc à mi-janv ; juil-août, tlj 10h-12h, 14h30-19h ; le reste de l'année, voir les horaires sur le site. Pour les individuels, visite libre gratuite.* Petit bourg devenu bien touristique, en vogue ces derniers temps depuis un passage TV, et qui se prononce « Magot ». Il n'en reste pas moins charmant. Sa particularité : il a été décoré de sculptures au XIXe s par l'un de ses habitants, François Michaud. Ainsi, au hasard des murets, des pignons et des niches voit-on des personnages, des animaux fantastiques de facture naïve, tout en arrondis et de granit clair. Surprenant, assez vite vu, mais franchement sympathique lors d'une petite balade hors saison de préférence, avec halte au sympathique ***Bistro de Masgot*** *(☎ 05-55-66-33-40 ; menus 12,50-24 €).*
Sur place également, un ***centre de la Pierre.*** On verra une exposition dont une partie est consacrée au travail de la pierre, l'autre à des sculptures. Chaque année, des stages d'initiation à la taille et à la sculpture sont organisés. En famille, vous réaliserez un bas-relief en calcaire avec lequel vous pourrez repartir *(tarif adulte : 14,50 € ; enfant : 12,70 € ; durée de l'activité : 3h l'ap-m).*

👁👁 ***L'église de Sous-Parsat*** *(23150)* **:** encore un petit village discret, fleuri et tranquille ! L'église, néoromane, très épurée et de dimensions modestes, est décorée, du sol au plafond, de fresques contemporaines de Gabriel Chabrat. Une composition pleine d'audace, de liberté et de couleurs où, de la Création à l'Apocalypse, les scènes bibliques forment un curieux et prenant ballet pictural, d'un style puissant, où jaune orangé et bleu vif se choquent, se rejettent et s'embrassent. Les vitraux dans les mêmes tons accentuent l'atmosphère harmonieuse et intense. Une belle réalisation conçue en 1990. L'atelier de l'artiste et sa galerie se trouvent à l'entrée du village.

AUBUSSON (23200) 4 200 hab. *Carte Creuse, C2*

Avec ses maisons serrées, ses toitures pentues, dont certaines en bardeaux de châtaignier, typiques du Massif central, Aubusson se concentre au creux de vallées encaissées, s'y accroche et s'y cache. Discret Aubusson !
On se promène dans ses ruelles escarpées, on fait une pause sur le pont de la Terrade, histoire de voir passer la Creuse, on trouve du pittoresque et de la vieille pierre en flânant dans ses rues piétonnes. Pas désagréable. Et en visitant un atelier de tapisserie, exemple rare de manufacture et d'art, on approche une technique à peu près inchangée depuis plus de six siècles : impressionnant !

UNE VILLE QUI NE FAIT PLUS (SEULEMENT) TAPISSERIE

Quelque peu surannée et bourgeoise, la sous-préfecture semble d'un autre âge, mais méfiez-vous de l'eau qui dort. La ville, somme toute, se porte plutôt bien, en grande partie grâce au tourisme et à une notoriété mondiale (la tapisserie d'Aubusson a fait partie du patrimoine immatériel de l'Unesco) de « capitale de la Tapisserie », largement exploitée à travers les quelques ateliers encore présents, mais aussi des artistes qui viennent apporter leur vision parfois décalée à un univers qui n'a pas fini de nous surprendre. À l'image de la désormais mythique « Peau de Licorne » de Nicolas Buffe, lauréat du premier appel à projet international de création de maquettes de tapisseries (2010) et symbole du renouveau contemporain. Les dernières créations sont elles aussi visibles au musée qui s'inscrit dans le vaste projet de « Cité internationale de la tapisserie et de l'art tissé », qui devrait être inaugurée fin 2015, soit 350 ans après la création de la manufacture royale d'Aubusson par Colbert. Un projet architectural ambitieux pour cette petite ville d'Aubusson, et réparti sur deux sites : les collections permanentes dans l'ancienne École nationale d'art décoratif et dans un nouveau bâtiment, permettant ainsi de tripler la surface d'exposition et de créer des espaces professionnels ; par ailleurs, les expositions temporaires seront présentées dans l'actuel centre Jean-Lurçat, où le musée reste implanté jusqu'à la création de la Cité de la tapisserie. Bref, avec un tel dynamisme et un projet de si grande envergure, Aubusson affirme l'excellence d'un savoir-faire exceptionnel. Un vent de modernité souffle sur la Creuse !

LE JULES DE GEORGE !

Deux personnalités sont nées à Aubusson et dans les environs : le romancier Jules Sandeau, bien sûr, et Eugène Jamot

AURORE DUPIN OU GEORGE SAND ?

Né à Aubusson, Jules Sandeau fut avant tout célèbre pour sa relation amoureuse avec George Sand (de son vrai nom, Aurore Dupin, baronne Dudevant), qu'il encouragea à écrire. Il devint le premier romancier élu à l'Académie française. George Sand tient d'ailleurs son nom d'écrivain de celui de Jules.

(1879-1937), médecin de campagne qui mit au point, au cours d'un séjour au Cameroun dans les années 1920, un vaccin qui éradiqua, sur toute la zone d'Afrique équatoriale, la maladie du sommeil, ce fléau propagé par la mouche tsé-tsé. Il rentra ensuite en Creuse, où il décéda dans l'oubli. Triste destin.

Adresses et infos utiles

Office de tourisme (plan B1) : *rue Vieille (rue piétonne).* ☎ *05-55-66-32-12.* • *tourisme-aubusson.com* • *Juil-août, ouv lun-sam 9h30-18h30, dim 10h-12h, 14h-17h ; juin et sept, lun-sam 9h30-12h30, 14h-18h, dim 10h-12h, 14h-17h ; oct-mai, lun-sam 10h-12h, 14h-17h.* Guide pratique du Sud creusois très complet, brochures expliquant l'univers de la tapisserie. Également une brochure sur la véloroute qui passe à l'est du département, le long d'un itinéraire de 168 km qui va du Berry au plateau de Millevaches en passant par Aubusson le long d'un itinéraire cyclable balisé. Espace d'exposition présentant les produits de terroir et l'artisanat local. Visite guidée de la ville à télécharger sur ordinateur, tablette ou smartphone sur • *videoguidelimousin.fr* •

Gare SNCF (hors plan par A1) : *bureau d'accueil et de vente à la gare routière.* ☎ *36-35 (0,34 €/mn).* • *sncf.com* • *Sur l'ancienne route de Guéret (rive droite de la Creuse), à 500 m de la pl. de la Libération.* En train, la SNCF gère la ligne Limoges-Felletin, en passant par Pontarion et Aubusson. Liaisons en bus pour Limoges, Montluçon et La Souterraine. Les bus partent de la gare routière, av. des Lissiers, près du musée de la Tapisserie.

Canoë-kayak club Aubussonnais (hors plan par B2, **1**) : *base de la Croix-Blanche.* *06-09-63-90-78.* • *canoe.kayak.aubusson@caramail.fr* • *Ouv tte l'année. Compter env 5 €/h.* Location sur le plan d'eau. Descente de la Creuse accompagnée. Stages d'eaux vives (raft, *hydrospeed,* kayak). Équipe pro et sympa. Également location de VTT.

Où dormir ? Où manger ?

Camping

Camping La Croix Blanche (hors plan par B2, **10**) : *route de Felletin.* ☎ *05-55-66-18-00.* • *s.lacroix601@laposte.net* • *aubusson.fr* • *En venant du centre-ville, suivre la direction de Felletin. Ouv avr-sept. Tarif : 11,50 € en hte saison. CB refusées.* Agréable camping ombragé en bord de Creuse de 90 emplacements, très bien entretenu. Excellent accueil. Nos emplacements préférés, parce que loin de la route et près de l'eau : du nº 3 au nº 9.

Prix moyens

Le Lion d'Or (plan B1, **12**) : *11, pl. du Général-Espagne.* ☎ *05-55-66-65-71.* • *patrick.souliere@wanadoo.fr* • *Fermé dim soir et lun (et ven soir hors saison). Congés : 15 j. en janv, 1 sem en juin et 1 sem en oct. Formule déj en sem 13-17 €, puis 17-45 €, et carte.* La rénovation a donné un coup de jeune au resto. La cuisine, quant à elle, garde le même credo : qualité et terroir, que le chef revisite de façon gourmande.

Hôtel La Beauze (plan A2, **14**) : *14, av. de la République.* ☎ *05-55-66-46-00.* • *info@hotellabeauze.fr* • *hotellabeauze.fr* • *Doubles 65-80 €. Parking payant.* Un couple de Néerlandais tient cet hôtel zen installé dans une vieille maison bourgeoise, avec un parc arboré à l'arrière. Calme assuré, puisqu'on dort côté parc. Des chambres à la salle de petit déjeuner, tout est clair, sobre et chic dans un esprit résolument contemporain. Il s'en dégage une impression de calme très apaisante. Accueil jovial.

Le Bistrot (plan B1, **15**) : *10, pl. du Général-Espagne.* ☎ *05-55-66-45-52.* • *lebistrotgrill.23@hotmail.fr* • *Fermé*

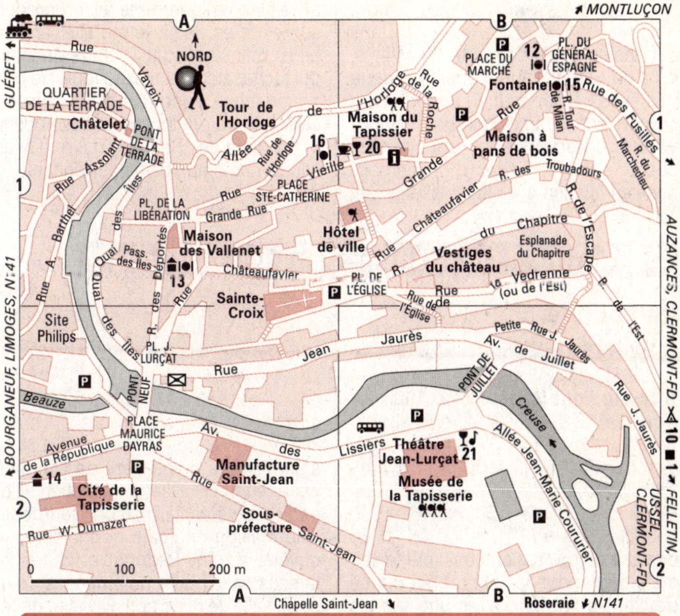

AUBUSSON

Adresses utiles

- **i** Office de tourisme
- **1** Canoë-kayak club Aubussonnais

Où dormir ? Où manger ?

- **10** Camping La Croix Blanche
- **12** Le Lion d'Or
- **13** Hôtel de France
- **14** Hôtel La Beauze
- **15** Le Bistrot
- **16** Crêperie La P'tite Reine

Où boire un thé ? Où boire un verre ? Où sortir ?

- **20** Volupthé K'fee
- **21** L'Avant-Scène

sam soir et dim. Juste quelques tables, et un choix succinct de suggestions à l'ardoise. Quoi qu'il arrive, on reste dans le registre terroir et familial (gambette, andouillette beaujolaise, grillon limousin)... Du solide et du convivial, que diable ! D'ailleurs, on échange volontiers quelques mots d'une table à l'autre, autour de la rôtissoire.

Crêperie La P'tite Reine (plan A1, **16**) **:** *47, rue Vieille. ☎ 05-55-66-27-19. Fermé dim (et lun hors saison).* Une petite salle confinée, recouverte de photos et de maillots faisant référence au cyclisme. Voici une enclave bretonne en terre limousine. Le maillot jaune revient aux crêpes et galettes, croustillantes et moelleuses (si, si, c'est possible), généreusement garnies. Et il y a du choix ! Vraiment bon, même si l'odeur de la crêpe peut être tenace...

Chic

Hôtel de France (plan A1, **13**) **:** *6, rue des Déportés. ☎ 05-55-66-10-22. • contact@aubussonlefrance.com • aubussonlefrance.com • Ouv tte l'année ; resto fermé dim soir hors saison. Congés : 24 déc-6 janv. Doubles 73-105 €.*

Formule brasserie 15 € le midi ; menus 22-43 € et carte. Dans cet ancien relais de poste du XVIIIe s, on a su garder l'atmosphère de cette très belle bâtisse tout en apportant un confort actuel aux chambres. Rénovées, confortables et spacieuses, chacune porte le nom d'un personnage en relation avec la tapisserie. Cet art emblématique de la ville reproduit sur les têtes de lit, le mobilier ancien et les mansardes au 3e étage donnent du cachet aux chambres. Table de très bonne tenue, avec des plats bien travaillés aux produits made in Limousin, et bon petit déj. Remise en forme avec sauna, hammam, bain bouillonnant.

Où dormir ? Où manger dans les environs ?

De bon marché à prix moyens

Au Petit Vatel : *23200* ***Moutier-Rozeille.*** *☎ 05-55-66-13-15. • petit.vatel@orange.fr • À 5 km d'Aubusson, direction Felletin. Ouv de Pâques à mi-nov. Resto ouv ts les soirs, ainsi que dim midi et j. fériés. Doubles 67-69 €. Formule en sem 18 €, menu 25 €.* En bordure de route, peu passante le soir mais demandez les chambres qui se trouvent à l'arrière, avec vue sur les prés. Elles sont simples, mais toutes sont propres et de bon confort. L'hôtel dispose aussi d'un jardin avec piscine et d'un parking privé. Au resto, cuisine de terroir. Excellent accueil familial et chaleureux. Une adresse très correcte pour une étape.

Chambres d'hôtes chez Yannick et Frédérique Crouteix : *1, La Lombrière, 23120* ***Vallière.*** *☎ 05-55-66-94-41. • yannick.crouteix@orange.fr • À 13 km à l'ouest d'Aubusson. En arrivant sur Vallière, 1re maison à droite, au niveau de la charrette bleue. Congés : fév. Double 60 €. Parking gratuit.* Dans cette petite maison bourgeoise, 4 chambres rénovées avec beaucoup de modernité, raffinées et originales. Beau salon télé et de lecture, grande cuisine équipée à disposition, mais surtout, aux étages, des chambres personnalisées, dont une sur le thème de la mer (notre préférée) – monsieur est breton, donc forcément ! – offrant une jolie vue sur la campagne. Accueil d'une grande gentillesse.

Le Bistro d'Émile : *2, route de Sermur, 23790* ***Lupersat.*** *☎ 05-55-67-57-05. 06-19-91-14-03. • lebistrodemile@orange.fr • lebistrodemile.com • À 15 km à l'est d'Aubusson. Ouv le midi jeu-dim, le soir jeu-sam. Double 70 €. Formule déj en sem 13,50 €. Apéritif, café, digestif ou dégustation de vin offert sur présentation de ce guide.* Émile, c'est l'arrière-grand-père de l'homme qui a rendu vie à cette institution villageoise qu'était la maison Bourdeau. Une maison originale et chaleureuse ouverte à tous. Belle cave voûtée (le fameux savoir-faire des maçons creusois), salle de resto conviviale au décor années 1930, et petit musée du marchand de vin, pour se mettre en condition, avant de déboucher une chopine. Menus élaborés chaque jour selon le marché. Des plats qui donnent envie de boire, accompagnés de légumes grillés. Beaucoup de saveur, et une pointe d'épices, pour faire voyager. À la tienne, Émile !

La Vallée Gourmande : *le bourg, 23190* ***Saint-Silvain-Bellegarde.*** *☎ 05-55-83-09-75. À 12 km à l'est d'Aubusson. Ouv au déj lun-ven et dim ainsi que le soir ven-sam. Menus 12,50 € (midi sem)-25 €.* Tapi derrière l'église d'un petit village, le resto domine la vallée. Une vue magnifique depuis la terrasse, et une sympathique cuisine de terroir, plus innovante le soir. Quelques plats à l'ardoise, comme le fondu-frites, ou une cocotte de lièvre.

Chic

Chambres d'hôtes Les Trois Ponts : *chez Irène et Gérard Van Ipenburg, 23190* ***Saint-Silvain-Bellegarde.*** *☎ 05-55-67-12-14. 06-84-59-22-93. • info@lestroisponts.nl • lestroisponts.*

fr • ♿ Quitter Aubusson en direction de Gouzon ; à la sortie de la ville, à la Z.I. du Mont, prendre à droite en direction de Bellegarde-en-Marche ; à Bellegarde, après la tour, prendre à droite direction La Villetelle ; après env 4 km, juste avt le pont, c'est indiqué à droite. Double 90 €. Table d'hôtes 29 €, vin compris. Réduc enfants. Cette maison de meunier a été transformée en confortable maison d'hôtes, tandis que la grange à grain est devenue la maison des propriétaires, qui abrite l'immense et très conviviale cuisine-salle à manger où tout le monde se retrouve pour le petit déj. La maison d'hôtes se compose de 5 chambres de bonne taille, dont une suite familiale. Au rez-de-chaussée, un grand salon avec cheminée, salle à manger et cuisine indépendante accessible aux hôtes. De plus, l'environnement sur les rives de la Tardes est d'une quiétude inouïe. Un grand potager et quelques poules qui vous font cadeau tous les jours d'œufs frais agrémentent le séjour. Jolie piscine d'eau salée. Une très belle halte et un excellent accueil.

Chambres d'hôtes Les Vergnes : *Les Vergnes, 23200* ***Saint-Pardoux-le-Neuf.*** *☎ 05-55-66-23-74. 06-82-48-33-29. • patrick.dumontant@orange.fr • lesvergnes.fr • Au sud-est d'Aubusson par la N 141, direction Clermont ; rester sur la nationale, ne pas suivre la direction Saint-Pardoux ; 6 km plus loin, prendre le petit chemin sur la droite en face de la route vers Bellegarde. Fermé nov-mars. Doubles 80-86 € ; pigeonnier 99 €. 3 gîtes de 4 pers 500-700 €/sem. Table d'hôtes 18-25 €, sur résa.* Dans cette jolie maison typiquement creusoise, en pleine nature, dans un site somptueux, 5 chambres accueillantes, décorées avec goût, tentures murales et tout. En prime, étang privé où l'on peut pêcher, piscine couverte et jardin ombragé. Le pigeonnier restauré a un charme fou, et il est aussi équipé d'un coin cuisine. Également 3 gîtes ruraux sur place : 2 mitoyens et un indépendant dans une maison tricentenaire superbement restaurée et décorée. Les gîtes disposent aussi de leur propre piscine. Accueil très chaleureux.

Chambres d'hôtes Le Moulin de Teiteix : *chez Yvette Brun et Louis Dauphin, 23200* ***Saint-Avit-de-Tardes.*** *☎ 05-55-67-34-18. • yvette.louisbrun@wanadoo.fr • lemoulindeteiteix.com • Double 79 €. Table d'hôtes sur résa 27 €.* Dans un ancien moulin restauré, aux bords de la Tardes, 4 chambres d'hôtes décorées avec goût et raffinement. La jaune et la bleue à l'étage, la familiale (pour 4 personnes) au rez-de-chaussée, avec un petit salon fort agréable au 1er étage, accessible aux hôtes. Notre préférée est celle qui se trouve dans la petite maison indépendante avec sa salle de bains à l'étage et sa toute petite terrasse en hauteur sur la rivière, charmante. Le petit déj se prend autour d'une grande table en bois dans une cuisine rustique très chaleureuse, ou sur la terrasse au bord de l'eau si le temps le permet. Excellent accueil d'Yvette et de Louis, qui étaient libraires avant d'installer leurs chambres d'hôtes... Alors, la bibliothèque est bien garnie !

Où boire un thé ? Où boire un verre ? Où sortir ?

Volupthé K'fee *(plan B1,* ***20****) : 57, rue Vieille. ☎ 05-55-66-53-20. Juste à côté de l'office de tourisme. Fermé jeu. Assiette 7,80 €. CB refusées. Café offert sur présentation de ce guide.* Minuscule endroit, très écolo-branché, jeune et chaleureux, avec quelques tables et chaises en terrasse et une mezzanine avec coin Internet. Un mobilier hétéroclite, un coin boutique avec des produits issus du commerce équitable, des magazines et livres pour enfants à consulter sur fond de musique du monde... On y fait volontiers une pause en buvant un thé ou une bière du pays et en grignotant les sandwichs et salades du jour.

L'Avant-Scène *(plan B2,* ***21****) : 16, av. des Lissiers. ☎ 05-55-83-88-59. • lavantscene.aubusson@gmail.com • À côté du musée départemental de la Tapisserie et du théâtre. Tlj sf dim 10h-20h, et jusqu'à 1h ven, sam et soirs de spectacles. Plat du jour env 10 € ;*

LE PAYS D'AUBUSSON

formule 13 €. Ambiance jeune et cool, en salle comme en terrasse, avec belle vue sur le vieil Aubusson. Généreuses assiettes du jour le midi et tapas le soir. Programmation régulière et très éclectique : reggae, rock fusion, musique du monde... 1 à 2 concerts par mois.

À voir. À faire

Le projet de Cité internationale de la tapisserie se développe tout autour du nouveau musée qui devrait ouvrir fin 2015, permettant le déploiement des monumentales tapisseries, aujourd'hui à l'étroit. Cette magnifique vitrine est accompagnée d'une programmation culturelle et artistique, et d'une mise en avant des créations contemporaines, sans parler des actions menées pour valoriser le patrimoine de l'art tissé, inscrit au Patrimoine immatériel de l'Unesco depuis 2009. Aubusson se donne les moyens de relancer la transmission d'un savoir-faire ancestral, d'enrichir ses collections et de renouveler la création de tapisseries contemporaines. *Pour en savoir plus : ☎ 05-55-66-66-66 ; • cite-tapisserie.fr •*

La Maison du tapissier *(plan B1)* **:** *accès par l'office de tourisme. ☎ 05-55-66-32-12. • tourisme-aubusson.com • Ouv tte l'année aux mêmes horaires que l'office de tourisme (voir plus haut). Entrée : 5 € ; gratuit moins de 16 ans. Livret de visite pour les enfants. Compter 45 mn de visite.* Dans le cadre ancien de cette maison du XVIe s, avec escalier à vis et meubles d'époque (XVIIe-XIXe s), sont reconstitués sur trois niveaux l'atelier du peintre-cartonnier, celui de tissage, le bureau de marchand et les pièces à vivre (salle à manger, etc.). L'occasion de commencer par le B.A.BA en voyant des maquettes de deux types de métiers à tisser : haute lisse et basse lisse (aujourd'hui exclusivement utilisé à Aubusson). Quelques tapisseries, bien sûr. Commentaires ad hoc de qualité, évoquant l'histoire et la tradition tapissières. Une visite agréable, avec démonstration de tissage par un lissier ; visite qui retrace toute l'histoire de cet art technique et qui permet de mieux comprendre et d'apprécier la masse de temps que demande la réalisation d'une pièce depuis l'ourdissage jusqu'à la tombée de métier.

Le musée de la Tapisserie *(plan B2)* **:** *av. des Lissiers. ☎ 05-55-83-08-30. • cite-tapisserie.fr • ♿ Tlj sf mar 9h30-12h, 14h-18h ; juil-août, tlj sf mar mat 10h-18h. Fermé janv. Entrée : 4 € au lieu de 5 € sur présentation de ce guide ; gratuit moins de 18 ans. Env 1h de visite. 3 visites guidées/j. en juil et août, à 11h, 14h et 16h.* Avant que le musée ne déménage à la Cité internationale de la tapisserie (fin 2015), à une centaine de mètres, le musée de la Tapisserie présente l'exposition « Aubusson XVIe-XXIe s », qui préfigure le parcours permanent de la future Cité de la tapisserie. Elle aborde la tapisserie selon un parcours chronologique, s'appuyant aussi bien sur des photos (beau reportage de Doisneau), des cartons peints, que sur une sélection de tapisseries. Depuis les premières œuvres ayant laissé des traces (XVIe s) jusqu'aux créations contemporaines en passant par les tentures mythologiques et historiques des XVIIe et XVIIIe s, le visiteur survole six siècles de tapisserie en quatre salles. Sur cette surface d'exposition réduite (vivement le nouveau musée !), une salle entière est consacrée aux œuvres primées lors des appels à la création contemporaine qui ont lieu tous les ans depuis 2010. L'occasion de découvrir cet art bien vivant à travers des créations innovantes comme *Confluentia* de la designer Bina Baitel (2013) ou l'œuvre exotique des Argentins Leo Chiachio & Daniel Giannone *(La Famille dans la joyeuse verdure),* si ces tapisseries nomades ne sont pas exposées ailleurs. Outre cette partie passionnante, car très actuelle, est aussi abordé le XIXe s, quand Aubusson était capitale française de la production de tapis, ainsi que le XXe s et le mouvement de renaissance de la tapisserie, initié par Jean Lurçat au début de la Seconde Guerre mondiale. Quelques œuvres sont signées Braque, Vasarely, Le Corbusier. Dans le futur, des expositions temporaires permettront de présenter, par roulement, le fonds permanent de la Cité de la tapisserie (plus de 300 tapisseries et environ 5 000 maquettes).

La manufacture Robert-Four *(hors plan par A1)* **:** *7, rue Madeleine. ☎ 05-87-04-60-04 (7h-14h). • aubusson-manufacture.com • Ouv tte l'année, sf en août et fin déc. Visites guidées gratuites des ateliers lun-ven à 9h30 et 13h30.* Attention, vous n'êtes pas dans un musée mais bel et bien dans l'une des dernières manufactures d'Aubusson en fonctionnement, qui produit aussi bien des œuvres contemporaines que des tapisseries de style ancien ou des tapis. Pour découvrir *in situ* les vieux métiers de basse lisse (plan horizontal), et aussi la patience infinie de ces artisans au savoir-faire transmis de génération en génération.

LA RÉSISTANCE DES TAPISSIERS

Pourtant manufacture royale depuis 1665, les ateliers d'Aubusson n'ont jamais été nationalisés, contrairement à Beauvais et aux Gobelins. La recherche de l'efficacité était donc primordiale, et le rendement bien supérieur aux Gobelins. Est-ce l'une des raisons pour laquelle la production aubussonnaise a été cataloguée un peu moins fine que celle des Gobelins ? L'indépendance des lissiers perdure, et il reste trois manufactures et sept ateliers d'artisans lissiers à Aubusson.

L'exposition estivale de l'hôtel de ville (plan B1) **:** *à l'hôtel de ville, juil-août. ☎ 05-55-66-32-12 (office de tourisme).* Chaque année l'hôtel de ville présente une exposition différente.

Le musée des Cartons de tapisserie *(plan A1)* **:** *pont de la Terrade. ☎ 05-55-66-14-89. • chiracchantal-cartonsdetapisserie.com • Ouv mar-sam 15h-18h. GRATUIT.* Chantal Chirac, antiquaire et restauratrice de cartons de tapisserie de formation, avait déjà installé une boutique-atelier dans une maison médiévale sur les bords de la Creuse. En plus de pouvoir admirer le travail de restauration, la boutique, véritable caverne d'Ali Baba, prend aujourd'hui des allures de musée !

➢ ***Balade en ville par le « circuit du Patrimoine » :*** quelques maisons d'âge et de caractère, des quartiers pittoresques et de beaux panoramas jalonnent une aimable promenade, dont le circuit et les points remarquables figurent sur un dépliant offert par l'office de tourisme (compter 1h30 pour le parcours complet). On remarquera quelques échauguettes et tourelles : signes extérieurs de richesse d'un certain rang social. Au ***château,*** rasé sur ordre de Richelieu en 1632 et dont ne subsistent que des vestiges, pelouse et bancs, et une jolie vue ; un peu plus loin, la volumineuse ***église Sainte-Croix,*** du XIIIe s mais remaniée et relookée aux XVIIIe et XIXe s. Sur la rive gauche, passé le ***pont de la Terrade,*** reconstruit avec les pierres du château, nous arrivons dans l'ancien ***quartier de la Terrade,*** où logeaient lissiers et teinturiers : venelles pentues et biscornues, maisons du même style, un peu décrépites, mais ensemble charmant. Mais le meilleur point de vue sur Aubusson se trouve au pied de la ***tour de l'Horloge,*** ancienne tour de guet : de là, panorama de carte postale.

Manifestations

- ***Creusekistan :*** *fin juin.* Rallye de voitures anciennes.
- ***Braderie :*** *14 août, 15h-minuit. Rens à l'office de tourisme.*

LE PAYS D'AUBUSSON

LE PARC NATUREL RÉGIONAL DE MILLEVACHES

Cette belle région sauvage et verdoyante est officiellement reconnue depuis 2004 comme un territoire d'exception. Le parc naturel régional s'étend sur 314 000 ha et trois départements : la Creuse, la Corrèze et la Haute-Vienne. On ne peut pas dire qu'on n'y est pas tranquille : il comprend certes 113 communes, mais sa densité de population est de 14 habitants au kilomètre carré ! La diversité des milieux naturels (prairies, forêts, tourbières, landes...) permet la présence d'une faune riche et variée sur terre comme dans l'eau, et même dans les airs : c'est une étape pour les oiseaux migrateurs.

FELLETIN

(23500) 2 380 hab. *Carte Creuse, C3*

Porte d'entrée sur le plateau de Millevaches, Felletin appartient au parc naturel régional et bénéficie donc d'un environnement boisé de toute beauté. La ville, voisine d'Aubusson et longtemps concurrente, a été la « malheureuse » dans l'histoire de la tapisserie. Effectivement, elle serait le véritable berceau de la tapisserie marchoise, mentionnée dès 1457, avant toute autre. Elle reçut d'ailleurs le titre de manufacture royale en 1689, 24 ans après Aubusson (c'est trop injuste !), et les ateliers Pinton, toujours en activité, y ont tissé dans les années 1960 la plus grande tapisserie d'une seule pièce jamais réalisée (22 m x 12 m), qui se trouve dans la cathédrale de Coventry en Angleterre. Aujourd'hui, la hache de guerre est enterrée et les deux villes font pôle commun.

On apprécie son quartier ancien, ses deux églises gothiques (l'une admirable, l'autre qui abrite chaque année une exposition sur la tapisserie), et on apprendra que la ville au XXe s s'était recyclée et spécialisée dans la taille des diamants. Par ailleurs, on trouve l'École des métiers du bâtiment, qui forme un millier d'élèves, perpétuant ainsi l'œuvre et la tradition des maçons de la Creuse.

RÉVOLUTION BOLCHÉVIQUE DANS LA CREUSE !

Le tsar Nicolas II envoya des brigades russes au camp de La Courtine pour soutenir ses alliés français. En 1917, il est destitué. Les soldats demandent alors à rentrer en Russie et créent la première République soviétique autogérée. Près du plateau de Millevaches ! L'armée française va mater durement les rebelles. Cette mutinerie sera gardée longtemps secrète par crainte de contagion.

Adresses et infos utiles

Office de tourisme : *pl. Quinault. ☎ 05-55-66-54-60. • felletin-tourisme.fr • ♿ Wifi Juil-août, lun-sam 9h-12h30, 14h-18h30 et dim mat ; hors saison, lun-sam 10h-12h, 14h-17h.* Installé dans une belle maison à colombages accolée à l'église du Moutier, qui servait de logement aux chanoines. En été, l'office de tourisme organise des randonnées thématiques. Propose aussi des visites de la manufacture de tapisseries Pinton (atelier, fabrication) ou de la filature de laines Terrade *(mar et jeu, à 15h30 ; entrée 4,50 €).* Plan découverte gratuit de la ville et fiches randos payantes. Office très dynamique, au personnel aimable et efficace.

■ ***Les Maçons de la Creuse :*** *2, Petite-Rue-du-Clocher. ☎ 05-55-66-90-81. • macons-creuse.com •* Une association qui fait perdurer le souvenir de ces Creusois montés au XIXe s à Paris pour construire la capitale. Réalise des recherches, publications, archivages, fêtes, rencontres...

Où dormir ? Où manger à Felletin et dans les environs ?

Hôtel-restaurant du Parc de Millevaches : *5, pl. Courtaud. ☎ 05-55-66-40-22. • sarldez.didier@orange.fr • hotelduparcdemillevaches.fr • Tlj sf dim. Congés : de mi-déc à mi-janv. Double 56 €. Menus 13-15 € (le midi en sem). Carte env 20 €.* À l'angle de la place principale, un café au vieux parquet, petites tables patinées par les ans et long comptoir en fond de salle. Une clientèle locale de tous âges vient s'y retrouver le vendredi, jour de marché. Chambres toutes simples, comme la cuisine. Préférer les chambres rénovées, au même prix que les autres.

L'Auberge Felletinoise : *11, route d'Aubusson. ☎ 05-55-66-40-13. • l-auberge-felletinoise@orange.fr • Tlj au déj, le soir sur résa. Congés : 1 sem fin déc. Menus 11-13 € (le midi en sem) et 23-35 €. Carte env 20 €.* Une auberge qui ne se laisse pas prendre en défaut. Les habitués s'y pressent pour un déjeuner copieux et arrosé (le vin est inclus dans le menu ouvrier). Le vendredi midi, jour de marché, l'animation est à son comble en salle comme en terrasse. Bons produits du terroir, joliment travaillés.

Chambres d'hôtes La Chaumière : *chez Marie-Noëlle et Philippe Soulet, Méouze, 23100* **Saint-Oradoux-de-Chirouze.** *☎ 05-55-67-89-00. 📱 06-67-85-64-72. • lachaumiere@live.fr • À 26 km au sud-est de Felletin par la D 32 et la D 18. Ouv tte l'année. Double 65 €. Table d'hôtes 22 €.* À plus de 700 m d'altitude, au cœur du parc naturel de Millevaches, repérez la maison ancienne au toit de chaume. Un charme indéniable qui ne sent pas le vermoulu puisque les 3 chambres coquettes ont été aménagées récemment. Dans la chaumière, la chambre familiale peut accueillir 3 personnes et un bébé. Une table à langer en plus du matériel de puériculture mis à disposition facilite la vie des jeunes parents. Dans le four à pain indépendant, 2 chambres cosy et élégantes, avec pierres apparentes aux murs, joliment arrangées. Meubles peints et tissus se marient harmonieusement avec la pierre. Les repas sont servis sous la véranda, en compagnie de cette famille généreuse. À proximité, nombreux sentiers de randonnée, évidemment.

Les Cabanes de Peaulouse : *Le Puy-des-Bois, 23260* ***Magnat-l'Étrange*** *ou Saint-Agant-Prés-Crocq, Péaulouse (pour le GPS). ☎ 09-83-20-84-65. 📱 06-50-55-23-61. • mancharless@gmail.com • ecosourcearboricole.com • À 24 km au sud-est de Felletin par la D 10 et la D 21. Ouv mai-oct. 130 €/nuit pour 2 ; compter 35 €/pers supplémentaire, petit déj inclus ; repas 25 €.* Un sacré pari que s'est lancé Charles en réalisant son rêve de gosse : en créant un écovillage de 11 ha en pleine forêt, il réveille aussi en nous l'âme de poète et d'enfant, ravie de ressurgir ! Perchée à 6 m de haut, la « cabane mère » a été le nid de cet incroyable homme des bois pendant 8 années ! Outre l'exceptionnel travail de charpente, tout a été pensé dans le moindre détail : électricité solaire, fenêtres, poêle et cuisinière à bois, bougies, rangements, musique, terrasse, toilettes sèches (sanitaires dans la maison du proprio)... Un escalier japonais mène à la chambre, située à l'étage. Une nouvelle yourte contemporaine, construite en bambous, surplombe la rivière. La beauté du travail accompli est un émerveillement ! Pour une communion totale avec la nature : terrasses communes avec hamacs, bancs et tables, comme autour de cette « place du thé ». En projet, une piscine naturelle et 3 autres cabanes. Également un ping-pong, prêt de vélos... Un coup de cœur, vous l'aurez compris.

Au Petit Breuil : *route de Felletin, 23100* ***La Courtine.*** *☎ 05-55-66-76-67. • lepetitbreuil@club-internet.fr • lepetitbreuil.com • À 24 km au sud de Felletin par la D 982. Dans le centre du village. Tlj sf dim soir (et ven soir hors saison). Congés : 20 déc-15 janv. Double 62 €. Menu du jour le midi en sem 14 €, puis menus 18-36 €.* Une auberge de campagne typique, dans la même famille depuis plusieurs générations. Une excellente cuisine traditionnelle goûteuse et copieuse : terrine de foie gras, aiguillettes de canard aux girolles et à la crème de citron ou cuisinées aux myrtilles, pavé de bœuf limousin aux cèpes, soufflé glacé aux noix. Que du bon et du frais ! Une bonne escale sur la route de la Corrèze. Une dizaine de chambres pour prolonger l'étape, et même une piscine chauffée.

Où acheter de bons produits à Felletin et dans les environs ?

Marché du vendredi : *ven mat sur la pl. Courtaud et dans les rues adjacentes.* Un pittoresque marché, bien vivant, avec ses produits régionaux. Nombreux producteurs du plateau de Millevaches... donc bons et beaux produits en perspective !

Brasserie de la Creuse « Félis » : *3, rue des Ateliers. ☎ 05-55-67-58-14. En sem, possibilité d'acheter les produits à la brasserie (mieux vaut téléphoner avt). On peut aussi trouver les brasseurs sur les marchés de Felletin (ven mat) et d'****Aubusson*** *(sam mat). Bières en vente également dans les épiceries et offices de tourisme du coin.* Blonde, brune ou ambrée, cette bière sur lie est non filtrée et absolument délicieuse... Selon notre ami brasseur, elle doit sa grande finesse à la qualité de l'eau de source utilisée. Avis aux amateurs, donc ! Et si vous allez vous approvisionner à la brasserie même, il vous sera peut-être possible de jeter un coup d'œil à sa fabrication (en fonction de la phase en cours).

À voir

L'église du Moutier : bâtie au XIIe s. De cette période, il ne reste aujourd'hui que le chœur, le croisillon sud, son absidiole et quelques piliers du transept. La voûte et le clocher s'effondrèrent en 1451 pour être aussitôt reconstruits. Beau clocher dominant le bourg, composé d'une tour carrée de trois étages, ornée de gargouilles dans sa partie supérieure, coiffé d'une toiture à lanternon et s'ouvrant par un beau portail flamboyant. À l'intérieur, joliment restaurées, des fresques du XIIIe au XXe s, dont une représente clairement saint Martin découpant son manteau pour l'offrir au pauvre. À voir également, la chapelle des Lissiers, décorée de peintures murales du XIXe s par les ouvriers des manufactures de la ville. À l'extérieur, joli jardin reconstitué de l'ancien cloître. L'ancien cimetière se trouve sur l'esplanade. C'est là que furent enterrés les comtes de La Marche pendant un millénaire. Les prêtres avaient pour mission de prier pour l'âme des morts. Sur demande auprès de l'office de tourisme, il est possible d'accéder au clocher, d'où l'on découvrira une vue superbe sur le plateau de Millevaches.

La coopérative diamantaire La Felletinoise : *avec l'office de tourisme. Visite en été, sur résa, mer et ven à 15h30. Tarif : 2 € au lieu de 3 € sur présentation de ce guide.* Toute l'histoire de la création de cette entreprise est passionnément expliquée pendant la visite. Le site, qui a cessé son activité en 1982, eut jusqu'à 60 employés. Un pan inattendu de l'activité économique de cette ville.

QUAND FELLETIN SE TAILLAIT LA PART BELLE...

C'est de l'initiative de Blaise Vennat, parisien mais natif de Felletin, que l'activité des diamantaires s'est exportée en Creuse. L'endroit était adéquat, car ici, l'eau et la main-d'œuvre ne manquent pas. Il implante tranquillement un petit atelier sur les bords de la Creuse ; la production va bon train, au point que se crée en 1906 une société ouvrière. Les pierres viennent d'Afrique du Sud ou du Congo ; ses clients sont des joailliers londoniens et néerlandais, puis c'est au tour des industries. On visite aujourd'hui cette coopérative, restée en l'état depuis son arrêt en 1982.

L'église du Château : *expo ouv mai-sept, 14h-18h en mai-juin et sept ; 10h-12h, 14h-18h30 juil-août. Entrée : 3,50 € ; gratuit moins de 16 ans. Env 45 mn en visite libre.* Flanquant ce qui est aujourd'hui un collège, l'église du Château date du XVe s et se révèle d'architecture plus languedocienne que limousine ou marchoise (nef très large et chapelles latérales séparées par des murs). On remarquera son splendide portail flamboyant et de beaux vitraux contemporains. À l'intérieur, des tapisseries exposées sur parois de granit, chose rare et qui les met en valeur. Derrière la façade restaurée, l'église désaffectée présente chaque année une exposition temporaire de tapisseries. Jean Lurçat, Vasarely, Le Corbusier, entre autres, y ont présenté leurs œuvres. Bons panneaux explicatifs.

Manifestations

– **_Festival Danses, musiques et voix du monde :_** *1re sem d'août. Spectacles en salle ts les soirs à 21h. Rens à l'office de tourisme.* Défilés de rue, ateliers de danse avec une dizaine de groupes folkloriques étrangers : ukrainiens, grecs, ouzbeks, boliviens, portugais, chinois ou mexicains, un divertissement cosmopolite, qui chaque année gagne en qualité. Magasin de produits du commerce équitable ouvert toute l'année.
– **_Journée du livre :_** *ven précédent le 15 août. Rens à l'office de tourisme.* Une soixantaine d'écrivains reconnus viennent présenter et dédicacer leurs livres.
– **_Journée antiquités-brocante :_** *3e dim d'août. Près du romantique pont Roby. Rens auprès de l'office de tourisme.* Cadre bucolique où le patrimoine est bien mis en avant.
– **_Journées de la laine :_** *dernier w-e d'oct. Rens auprès de l'office de tourisme.* Impressionnante réunion de producteurs lainiers français. Visite de sites, rencontres, ateliers... Atmosphère unique de traditions, savoir-faire et créations autour de la laine.

DANS LES ENVIRONS DE FELLETIN

Saint-Quentin-la-Chabanne *(23500) : à 4 km au sud-ouest, en retrait sur la droite de la route de Gentioux (D 992).* À voir pour son église du XIIIe s et surtout sa crypte du XIe s, où veille une mystérieuse Vierge noire. En outre, Saint-Quentin est un charmant village, ceint de collines verdoyantes.

Le site gallo-romain de Gioux (23500) : à 5 km au sud de Felletin, par la route de Gentioux, prendre à gauche une petite départementale, direction Gioux. En contrebas sur la gauche, à 3 km, en pleine campagne, avt le village. Pris dans les chênes, les restes d'une villa gallo-romaine d'importance. Panneaux explicatifs. Parfait pour une pause pique-nique. En poursuivant, nombreuses routes qui passent de forêt de chênes en forêt de résineux, entrecoupées de points de vue superbes sur le plateau de Millevaches.

***Le domaine de Banizette :** sur la commune de **La Nouaille.** ☎ 05-55-83-28-55. • banizette.com • Depuis Felletin, prendre la D 10 direction Vallières ; à 10 km, tourner à gauche vers La Nouaille (D 59) ; le domaine se trouve à 5 km de là, avt le village, sur la droite au bout d'un chemin (bien indiqué). Visite guidée : juil-août, tlj à 15h, 16h15 et 17h30 ; mai, juin et sept, w-e et j. fériés à 15h, 16h15 et 17h30. Entrée : 6 € ; réduc ; gratuit jusqu'à 9 ans.*
Flash-back au XIXe s ! À l'écart du village et au milieu des bois et prairies, le domaine de Banizette, Monument historique rural (unique en Limousin), est un exemple authentique de communauté rurale, fief et métairie, capable de vivre en autarcie. Dans les sept bâtiments des XVe et XVIIe s, organisés autour du moulin et du manoir, on retrouve le colombier, le four à pain, la porcherie, le poulailler, l'écurie et les deux métairies.
La visite guidée vous entraîne vers les métiers d'autrefois avec une rare collection d'outils, instruments et véhicules anciens. On apprend par ailleurs l'organisation, l'économie du domaine, où autrefois vivaient une trentaine de personnes et qui reste en activité, même si les temps ont changé. Très joli jardin de fleurs vivaces et de fruits rouges avec un potager et des arbres fruitiers.
Possibilité de faire une promenade à travers les bois : trois parcours de 1 à 3 km, au milieu d'une quarantaine d'essences différentes. Une visite instructive et, disons-le, formidable !

GENTIOUX-PIGEROLLES

(23340) 390 hab. *Carte Creuse, B3*

En plein cœur du parc naturel régional de Millevaches, cette commune proche de Vassivière (voir plus haut dans la partie « La Haute-Vienne ») fut l'un des berceaux des maçons de la Creuse. Aujourd'hui bien calme, elle reste connue pour son monument aux morts... qui fit couler beaucoup d'encre.

Où dormir ? Où manger dans les environs ?

De prix moyens à chic

***Chambres d'hôtes La Maison de Zulmée :** chez Dominique Vettier-Bischoff, le bourg, 23340 **Faux-la-Montagne.** ☎ 05-55-67-16-55. 📱 06-12-73-37-10. • dvettier@wanadoo.fr • zulmee.com • À 7 km au sud-ouest de Gentioux par la D 992. Ouv tte l'année. Double 88 €. Table d'hôtes sur résa 29 €.* 3 chambres confortables dans une maison bourgeoise de la fin du XIXe s. Cheminée en marbre, plafonds à la française. Bon accueil de la propriétaire des lieux. Situation idéale pour ceux qui souhaitent faire des randonnées dans le parc de Millevaches.

***Les Chambres du Lac :** Lavaud-Geladé, 23460 **Saint-Marc-à-Loubaud.** ☎ 05-55-67-49-38. • leschambresdulac@nordnet.fr • lac-lavaud-gelade.com • À 10 km au nord de Gentioux par la D 16. Congés : 1re sem de sept et fin mars-début avr. Double 59 €. Familiale 69 €.* 3 chambres, plaisantes, le long d'un couloir, à l'étage d'une ancienne ferme entourée d'un joli jardin. Les accueillants proprios ont quitté les quais de La Rochelle pour ceux du charmant petit lac de Lavaux-Gelade (à 300 m de la maison), un paradis pour les pêcheurs qui trouveront ici de quoi ranger leur matériel.

À voir

L'église : _en contrebas du village._ Du XIIIe s, incendiée et reconstruite au XVe s. On peut y voir l'écusson d'un commandeur de la famille d'Aubusson et quelques sculptures tordues et inquiétantes.

Le monument aux morts : une des rares stèles commémoratives dédiées aux victimes de la « der des ders » à n'avoir jamais été officiellement reconnues et inaugurées. Ici, le 11 novembre, aucun représentant de l'État ne dépose de gerbe. Pourtant, Gentioux perdit 60 hommes en 1914-1918. La raison en est simple : une inscription, « Maudite soit la guerre », et la statue d'un orphelin tendant un poing rageur au pied du monument, en place de l'habituel poilu, celui qui a été envoyé au casse-pipe. Si bien que le monument aux morts de Gentioux-Pigerolles sonne plus comme un appel au pacifisme ou à l'antimilitarisme que comme à un honneur rendu à la patrie, en la circonstance la grande et inutile boucherie de Verdun ou du chemin des Dames. Précisons que parmi les 36 000 monuments aux morts de 1914-1918 (rares sont les communes à ne pas en avoir), on en compte cinq ou six de ce genre, clairement contestataires. « Y en a pas un sur cent, mais pourtant ils existent... », chantait Ferré.

Randonnée pédestre

➢ **_Le circuit de Notre-Dame-du-Bâtiment :_** _en boucle depuis la mairie de Gentioux. Compter 1h, avec pente assez raide. Balisage jaune et panneaux. Réf. :_ Les Plus Belles Balades en Creuse, _éd. du Pélican. Carte IGN au 1/25 000, n° 2231 E._ Le sentier est dédié à Notre-Dame-du-Bâtiment. Et si la pierre vous interpelle, ne manquez pas d'entrer dans le cimetière de Gentioux. La tombe familiale, sculptée par Jean Cacaud au XIXe s, vaut vraiment le coup d'œil.

DANS LES ENVIRONS DE GENTIOUX-PIGEROLLES

Le pont de Senoueix : _à 5 km au nord de Gentioux, passé le hameau de Senoueix (indiqué)._ Un petit, tout petit pont de pierre dit « romain », en réalité plutôt construit ou reconstruit au XVIIe ou au XVIIIe s, on ne sait pas trop et peu importe, et qui, sur le plateau de Millevaches, enjambe d'une arche de gros blocs de granit mal dégrossis un ruisseau perdu dans la lande sèche, le tout jeune Thaurion. L'image de ce pont est la plus diffusée du département et elle en est devenue l'emblème. Pourquoi ? Sans doute parce qu'il y a là toute l'austérité, le caractère encore sauvage, désert, et le mystère des pierres sans âge d'une Creuse toujours secrète.

CROCQ

(23260) 580 hab. _Carte Creuse, C3_

Prononcer « Crô ». Petit village à 20 km à l'est de Felletin par la D 10, qui s'étire au pied de ses tours médiévales. Petite étape bien agréable avant de poursuivre vers le plateau des Millevaches.

Adresses utiles

Office de tourisme du Haut Pays marchois : *Grande-Rue. ☎ 05-55-67-49-02. Près de la chapelle de la Visitation. Juil-août, lun-sam et dim mat. Sinon, office de tourisme de* ***Mérinchal*** *: 6, rue du Château-de-la-Mothe. ☎ 05-55-67-25-56. • tourisme.aupaysmarchois.fr • Ouv en général lun-ven sf mer 9h30-12h30, 14h-18h.* Plusieurs fiches de randonnée sur le secteur à 1 €.

Association pour la sauvegarde du vieux Crocq : *☎ 05-55-67-42-36.* Chargée de la gestion (et de la restauration) des tours et de l'écomusée.

Où dormir ? Où manger ? Où boire un verre à Crocq et dans les environs ?

Camping

Camping du château de la Mothe : *6, rue du Château-de-la-Mothe, 23420* ***Mérinchal.*** *☎ 05-55-67-25-56 (office de tourisme). • tourisme.hautpaysmarchois@orange.fr • À 15 km au nord-est de Crocq. Ouv 1er mai-30 sept. Tarif : env 9 € en hte saison. CB refusées. 12 empl.* Géré par l'office de tourisme, un camping sur le domaine du château du village. Simple, calme, verdoyant et bien entretenu. Barbecue, ping-pong. Également 3 appartements en location dans le château.

De bon marché à prix moyens

Auberge Le Saint Éloi : *17, route de Clermont. ☎ 05-55-67-40-14. • orine2@wanadoo.fr • À la sortie du village, direction Clermont-Ferrand. Fermé le soir lun et mar. Menu du jour (entrée, plat, fromage, dessert et quart de vin) 13,50 € le midi en sem, puis menus 18-45 € et carte.* Une auberge de pays en bordure de route, bien sympathique : bonne cuisine familiale copieuse, à base de produits frais et de recettes du terroir. Service à l'étage, dans la salle rustique ou dans le jardin, en terrasse. Excellent accueil, disponible et souriant.

Chambres d'hôtes Le Jardin Bleu : *7, rue de la Cure. ☎ 05-55-67-85-50. 06-87-82-67-24. • jr-ma.david@jardin-bleu.com • jardin-bleu.com • Derrière la mairie. Ouv tte l'année. Double 60 €.* Madame David, la maîtresse des lieux, habite à l'étage. Au rez-de-chaussée, cette artiste peintre a aménagé 2 vastes et jolies chambres indépendantes, aux murs peints à la chaux. Notre préférence va à celle avec la vieille cheminée. Notre hôte aime aussi jardiner, ce qui n'est pas étonnant quand on découvre son ravissant jardin fleuri.

Au P'tit Creusois : *23700* ***Le Compas.*** *☎ 05-55-83-93-46. • marie-christine.mauchet@orange.fr • hotelauptitcreusois.fr • À 18 km au nord-est de Crocq, par la D 996. Resto fermé sam. Congés : 9 août-2 sept et 21 déc-7 janv. Double 62 €. Menu du jour 13 € en sem, et 20 €. 10 % de réduc sur le prix de la chambre sur présentation de ce guide.* La p'tite adresse de campagne au menu du jour revigorant et très, très complet (le plateau de fromages est là, aussi) qui remplit le village des véhicules les plus divers à l'heure du déjeuner. Accueil souriant et sans façons. 3 chambres sobres, modernes et agréables, aux tons doux. Belles salles de bains.

Auberge de la Mijotière : *Le Presbytère, 23190* ***Mautes.*** *☎ 05-55-66-40-04. • aubergelamijotiere@orange.fr • À 10 km au nord de Crocq par la D 996 puis la D 25. Au centre du village, juste après la mairie à droite. Tlj sf mer soir. Menu en sem 12,50 € ; menus 20-25 € le w-e sur résa et le soir.* Sympathique bar à bières avec un joli choix (une bonne centaine, dont de fameuses trappistes belges) dans un tout petit village. Une de ces étonnantes adresses campagnardes dont la Creuse a le secret. Cuisine du Nord à la bière mitonnée le week-end, avec des produits frais exclusivement.

Où trouver de bons produits naturels dans le coin ?

Herbes de Vie : *Mercin, 23240 Mérinchal.* ☎ *05-55-67-23-25.* • *herbesdevie.com* • *grainedevie.net* • *À 13 km au nord de Crocq. Possibilité de visite du jardin des plantes : slt mer juil-août à 15h ; entrée : 6 €.* Thierry Thévenin est un passionné et un puits de science sur les plantes aromatiques et médicinales. Il a donc créé sa petite exploitation, où il vend ses produits (téléphoner avant). Différents thés, infusions, aromates, huiles et sirops.

À voir

De cette ancienne ville fortifiée, il ne reste que ***deux tours,*** vestiges d'un château fort construit au XIIe s et rasé par Richelieu vers 1630. On peut y grimper et profiter du panorama vertigineux (à 360°, avec table d'orientation). *Tlj sf lun 10h30-12h, 14h30-18h. Entrée : 2 €.*

À côté, l'ancienne maison de la Commune, datant du XVIIe s, abrite un ***écomusée*** *(mêmes horaires et même prix que pour les tours)* pour le moins éclectique, consacré avant tout à l'histoire (assez succincte) de la fabrication des peaux. Mais on y trouve aussi une exposition temporaire, ainsi que des effets religieux (statues, aubes, etc.) qui jouxtent une reproduction de la guillotine, réalisée en Guyane par Dieudonné, un bagnard condamné à mort au début du XXe s dans l'affaire de la bande à Bonnot.

Enfin, en contrebas, voir la ***chapelle de la Visitation.*** S'y trouve un triptyque du XVIe s retraçant la vie de saint Éloi. Il est remarquablement conservé.

DANS LES ENVIRONS DE CROCQ

Saint-Georges-Nigremont *(23500) : entre Crocq et Felletin, par la D 10, puis, à gauche en venant de Crocq, par la D 90.* Hameau fleuri dominant le plateau de Millevaches et charmante église rustique à clocher-porche et contrepoids et cloches apparentes. À l'intérieur de l'église, une statuette de la Vierge dans une niche bleutée, haut perchée et doucement éclairée par un fenestrou : bel et curieux effet. Derrière l'église, sur la placette, panorama à 180° sur tout l'est de la région, de Montluçon aux monts d'Auvergne, et table d'orientation (altitude 746 m). Par temps clair, on peut apercevoir le puy de Dôme. Délicieux coin de randonnée. Crêperie-omeletterie dans le bourg pour reprendre des forces *(tlj en été).*

ENTRE AUVERGNE ET BERRY : LE PAYS DE COMBRAILLE-EN-MARCHE

À deux pas de l'Indre et de l'Allier se trouvent Boussac, Chambon-sur-Voueize et Évaux-les-Bains. Excentrées, plus proches de Montluçon que de Guéret et pour ainsi dire plus berrichonnes et auvergnates que marchoises, ces trois cités, en plein pays de Combraille-en-Marche, valent tant pour leur cadre (site enchanteur des Pierres Jaumâtres, cher à George Sand, vallées encaissées du Cher et de la Voueize) que pour leur originalité : château, église ou thermes inattendus – et prix d'excellence pour le château de Boussac, fleuron du Limousin.

ÉVAUX-LES-BAINS (23110) 1 620 hab. *Carte Creuse, D2*

Station thermale depuis toujours, comme en témoignent les vestiges gallo-romains (une horde de Barbares vint tout incendier en 260), Évaux-les-Bains a le charme désuet de ces villes d'eaux Second Empire, où l'on séjournait pour les vertus curatives des sources chaudes. Et si vous souffrez de rhumatismes, d'affections veineuses ou gynécologiques, un séjour aux thermes vous fera le plus grand bien. D'autant que la nature est charmante dans le coin, revigorante à souhait, et qu'un établissement thermal récent de 1 400 m² accueille les curistes. Comme toute station thermale qui se respecte, Évaux-les-Bains possède son casino, le seul du département.
Les gourmands goûteront la *limousette,* ce pain fait uniquement à base de blé d'Évaux (dans toutes les bonnes boulangeries !). Et pour être tout à fait complet, sachez que c'est dans le château voisin du Bodeau (propriété actuelle du musicien Van Dam) qu'a été tourné le film d'Alain Corneau *Tous les matins du monde,* et que le nom d'Évaux viendrait du latin *ivo,* c'est-à-dire « plaisir ». Tout est dit !

Adresses utiles

Office de tourisme : *pl. Serge-Cléret (devant la poste). ☎ 05-55-65-50-90. • ot-evauxlesbains.fr • Tlj de mi-juin à mi-sept. Lun-ven 9h30-12h, 14h-18h ; sam 10h-12h, 15h-17h et dim mat. Le reste de l'année, lun-ven et sam mat.* Pour découvrir la ville, mise à disposition de carnets de visite et d'audioguides (également adaptés aux personnes non voyantes ou déficientes visuelles) ainsi qu'un livret-jeux pour les enfants.

■ **Thermes :** *bien indiqués. ☎ 05-55-65-50-01.* Tout beaux mais assez petits, ils accueillent les curistes de fin mars à fin octobre. Beaux équipements et équipe jeune, disponible et sympa... Nombreux soins classiques à la carte sur résa (massage, jets, cataplasme, aérobain, etc.). Propose également des formules séjour de remise en forme.

■ **Casino :** *7, pl. Saint-Bonnet, au lieu-dit Maison-Rouge. ☎ 05-55-65-67-33. À l'entrée de la ville en venant de Chambon.* Incontournable dans une station thermale.

Où manger dans les environs ?

Le Damier : *le bourg, 23110* **Fontanières.** *☎ 05-55-82-35-91. • ledamier23@orange.fr • À 8 km au sud d'Évaux, sur la route principale, côté gauche. Dans le bourg, à gauche après l'église. Fermé lun-mar soir et mer ; hors saison jeu soir et dim soir. Congés : fin fév-début mars, 1 sem fin juin et fin sept-début oct. Résa conseillée. Menus 13 € (le midi en sem), puis 22,50-41 € ; carte env 35 €.* Cette auberge de pays se cache dans une adorable maison de poupée tout en pierre. Atmosphère élégante et feutrée. Cuisine de tradition proprement réalisée : terrine de foie gras de canard maison, pièces de bœuf du pays cuisinées selon la saison... Et *Damier,* on comprendra pourquoi en regardant le sol. Une adresse bien agréable.

À voir

L'église Saint-Pierre-et-Saint-Paul : datant des XIe-XVIIe s, avec beau clocher-porche occidental à cinq étages, unique dans la région, elle possède une longue et haute nef, assez sobre. Belle vue depuis le jardin public attenant, dominant la vallée et les thermes, ainsi que le département de l'Allier... et donc l'Auvergne !

Le viaduc de la Tardes : signé Gustave Eiffel, grand viaduc métallique et insolite (datant de 1885), situé entre Évaux et Chambon.

Randonnées pédestres

➢ ***Rochers de Bord :*** *6 km, 2h de marche. Au départ de l'office de tourisme.* Les gorges du Chat-Cros, également appelées Rochers de Bords : ruisseau tumultueux au milieu d'une vallée encaissée ; ensemble boisé, opaque, assez fermé et particulièrement sauvage où la nature est préservée.

➢ Une trentaine d'autres ***circuits thématiques pédestres ou VTT.*** Se procurer le topoguide *Combrailles, Tardes et Voueize* disponible à l'office de tourisme *(5 €).*

DANS LES ENVIRONS D'ÉVAUX-LES-BAINS

La safranière de la Font-Saint-Blaise : le bourg, 23110 **Fontanières.** ☎ 05-55-82-35-40. • lazerat@aol.com • safrandefrance.fr • *À 8 km au sud d'Évaux par la D 996. Rens et résas par e-mail (peu de dates). Entrée : 10 €.* Véronique Lazérat a installé sur ses terres une safranière qui, avec ses 5 400 m², est aujourd'hui la plus grande de France. Chaque automne, on peut admirer la floraison du safran, puis la cueillette, l'épluchage à la main de chaque fleur, le séchage des précieux pistils et leur transformation en or rouge ! Il faut 150 000 fleurs pour obtenir 1 kg de safran sec ! Facile d'imaginer le travail que cela représente, sachant que tout se fait à la main, et de comprendre pourquoi le safran est plus cher que le caviar...

L'église Notre-Dame-de-la-Route : *à* ***Fontanières,*** *à 8 km au sud d'Évaux. Juste avt le resto* Le Damier. Comment ne pas mentionner cette église dédiée aux voyageurs, aux gens de la route et autres routards ? Datant du XIXᵉ s et de style néogothique, elle fut construite à l'emplacement d'un ancien sanctuaire bordant une voie romaine. De l'ancien édifice subsistent le vieil autel en chêne et les statues en bois de l'oratoire. Les voûtes et murs de l'église sont peints en bleu. C'est très coloré. Ne pas manquer, dans l'oratoire, un poème manuscrit du philosophe Jean Guitton, qui vécut longtemps dans une commune voisine, à Champagnat.

Le confluent de la Tardes et du Cher : *à 7 km au nord d'Évaux par la D 20, prendre à gauche et au croisement suivant, bifurquer à droite. La route sinue à travers la forêt. Un chemin discret part sur la droite pour conduire au confluent (c'est fléché). Garer sa voiture en face, dans le champ.*
Le sentier passe sous la petite chapelle Saint-Marien, originale avec ses colonnades. Compter 1 bon km à pied pour atteindre le site. Baignade interdite. Toute petite plage avec un joli point de vue, mais à admirer seulement de loin, l'accès en étant interdit.
Revenir sur la route principale et traverser l'étonnant pont suspendu fait de planches de bois. Impressionnant tant il paraît fragile. On vous rassure, c'est juste une impression ! Puis un chemin sur la droite mène à la chapelle Sainte-Radegonde, d'où l'on aperçoit le dos de la chapelle Saint-Marien sur l'autre rive de la Tardes ; 700 m après cette bifurcation, toujours sur la route principale, on peut admirer, côté gauche, un magnifique point de vue sur les méandres de la Tardes.

CHAMBON-SUR-VOUEIZE

(23170) 1 000 hab. *Carte Creuse, D2*

Chambon se distingue par son abbatiale Sainte-Valérie : l'une des très belles « limousines » et la plus importante du département, du point de vue de ses dimensions comme de sa valeur architecturale. Nous sommes en Combraille, un pays montueux, raviné de vallées encaissées où la Voueize et la Tardes se rejoignent, et l'Auvergne se profile déjà. Tout près, le village du Châtelet, cité aurifère dans les années 1950, dont la société d'exploitation fut même cotée en Bourse ! Désormais, le site n'est plus que ruines...

Adresse utile

Office de tourisme : *pl. Aubergier. ☎ 05-55-82-15-89. • ot-chambonsurvoueize.fr • Sur la place de la poste. Hors saison, lun-ven ; avr-sept, mar-sam et dim mat en juil-août. Propose la visite guidée de l'église pour les groupes (sept-juin sur résa).* Topoguides pour des balades à pied ; organise des randonnées de mars à décembre. En été, musée du petit patrimoine local retraçant l'histoire de la région, et d'une salle d'expositions temporaires.

Où dormir ? Où manger à Chambon et dans les environs ?

Hôtel Les Estonneries : *41, av. Georges-Clemenceau. ☎ 05-55-82-14-66. • hotellesestonneries@orange.fr • hotel-les-estonneries.com • Au centre. Congés : lun ; hors saison, mar-ven midi ; 1re sem de sept. Doubles 70-85 €. Familiales 92-102 €. Formule déj 21 € et menu 25 €. Apéritif maison offert sur présentation de ce guide.* Vieille maison bourgeoise de la fin du XIXe s. Ses nouveaux occupants (lui était décorateur de théâtre, elle, architecte d'intérieur) s'appliquent à lui donner un peu plus de fantaisie. Monumentales sculptures contemporaines dans le parc, bar dans l'esprit des années 1930, mobilier design dans des chambres d'un beau volume, démarche écolo-responsable... Au resto, goûteuse cuisine, au gré du marché.

Chambres d'hôtes du domaine des Glycines : *chez Nadine et Claude Ribbe, Puy-Haut, 23170* ***Lussat.*** *☎ 05-55-82-13-07. 06-60-14-96-46. • domainedesglycines.com • À 8 km à l'ouest de Chambon. Compter 90 € pour 2 pers selon confort et saison, petit déj compris. Table d'hôtes le soir 28 €, apéritif et vin compris.* Au cœur du hameau de Puy-Haut, dans une vénérable bâtisse du XVIIe s, dont les origines remontent au XIVe s, Nadine et Claude proposent 5 chambres confortables, chacune avec bains et w-c. Déco et mobilier sans prétention. Goûteuse cuisine du terroir avec des produits maison : jambon de pays, tourte aux pommes de terre, volailles fermières. Une adresse de charme et de qualité. Les amoureux de la nature ne manqueront pas d'aller se promener autour de l'étang des Landes, sauvage à souhait : c'est un site somptueux qui abrite quantité d'espèces d'oiseaux.

Auberge du Moulin Chancelier : *au lieu-dit* ***Doulaud.*** *☎ 05-55-82-13-61. À env 2 km de Chambon sur la route d'Évaux ; prendre à gauche avt la carrière, c'est fléché. Hors saison, fermé lun et le soir jeu-dim. Congés : 3 sem sur janv-fév. Formule déj en sem 12 €. Menus 25-41 €. Apéritif maison offert sur présentation de ce guide.* Un site magnifique, au bord de la Tardes et sous le viaduc réalisé par Gustave Eiffel, sert de décor à une cuisine classique, qui évolue selon le marché. Une bonne adresse de la région, même si les prix décollent passé le menu du midi.

À voir

L'abbatiale Sainte-Valérie : *visite tlj tte l'année avec audioguide, et sur demande à l'office de tourisme (☎ 05-55-82-15-89) sept-juin.* Bien qu'ayant souffert de déprédations et remaniements divers, l'abbatiale Sainte-Valérie a gardé son style roman limousin initial. Il s'agit du plus grand édifice de ce genre dans la région. Monumentale (longue de 87 m), bâtie aux XIe et XIIe s, remaniée au XIIIe s. Son chevet, tout en absidioles et toitures étagées, retient l'attention. De même que les clochers de plan carré. À l'intérieur, on retrouve bien évidemment ces fortes dimensions et un vaste espace. Proportions harmonieuses, chapiteaux travaillés, très belles stalles, clôtures du chœur en bois sculpté et retable du XVIIIe s. Le buste-reliquaire de sainte Valérie est maintenant exposé, à la vue de tous, dans l'église.

Manifestations

- **Brocante :** *dim qui suit le 14 juil.* Une des plus importantes de la région.
- **Marché du terroir :** *un mer en août, le mat slt.* Vente des produits de la région, qui se conclut par un grand repas dégustation.
- **Concert « Voix d'été en Creuse » :** *fin juil-début août.*

DANS LES ENVIRONS DE CHAMBON-SUR-VOUEIZE

L'étang des Landes : *à **Lussat** (23170). À une dizaine de km à l'ouest de Chambon-sur-Voueize par la D 915 puis la D 55A ; accès fléché depuis Lussat. ☎ 05-55-82-84-55. • rn-etang-landes@cg23.fr •* D'origine naturelle, aménagés par l'homme au XVIIe s, les 160 ha de cet étang sont classés « Réserve naturelle » et une maison de la Réserve est ouverte au public depuis l'été 2014 (accueil, exposition). Un sentier long de 7 km (compter 2 bonnes heures), jalonné de quatre observatoires joliment aménagés, permet de découvrir la centaine d'oiseaux qui trouvent le coin à leur goût – notamment le héron pourpré – ou de plus discrètes libellules (45 espèces présentes sur ces berges, la plus grande diversité de la région).

BOUSSAC

(23600) 1 450 hab. *Carte Creuse, C1*

Posée en promontoire sur la vallée de la Petite Creuse, l'ancienne ville fortifiée a conservé un château composite de toute beauté. En contrebas, la vue qu'on en a depuis la rivière montre sa haute façade à flanc de falaise, sa position forte et dominante. Point de vue impressionnant, surtout depuis Gouby, par la route de Clugnat.

Boussac vit passer nombre de personnalités dans ses rues et son château : George Sand tout d'abord, qui y séjourna, y invita (Chopin, Mérimée...) et y situa l'action de *Jeanne,* son premier roman champêtre, séduite par la ville ainsi que par la campagne environnante, aux Pierres Jaumâtres où elle aimait se promener à dos d'âne (elle y vint un jour avec Chopin et déclara se promener avec « deux ânes »... au moins l'un savait-il jouer du piano) ou à Toulx-Sainte-Croix. Elle ne pouvait rêver cadre plus enchanteur.

LA DAME À LA LICORNE À BOUSSAC

Cette célèbre tapisserie, La Dame à la licorne, *a été retrouvée dans le grenier du château de Boussac par George Sand, qui en alerta son ami Prosper Mérimée, alors directeur des Monuments historiques. Elle est aujourd'hui exposée au musée de Cluny à Paris. Sa vente finança le pavement du champ de foire de Boussac.*

Adresse utile

Office de tourisme du pays de Boussac : *pl. de l'Hôtel-de-Ville. ☎ 05-55-65-05-95. • tourismeboussac.fr • Juil-août, lun-sam 9h30-12h30, 14h30-18h et dim et j. fériés le mat ; le reste de l'année, mar-ven et sam.* Fiches de randos et VTT sur le secteur, ainsi que des brochures sur le petit patrimoine. Visite guidée de la ville sur résa (en été, le mercredi à 14h30). Également un sympathique petit livret réservé aux enfants pour mieux découvrir Boussac.

Où dormir ?

De prix moyens à chic

Chambres d'hôtes Les Flâneries : *3, rue des Loges. ☎ 05-55-82-08-02. • lesflaneries@orange.fr • lesflaneries.fr • Au centre, dans une rue qui descend derrière l'hôtel de ville. Double 80 €.* Dans une maison de ville du XVIIIe s, un peu bourgeoise, de jolies chambres aux décors qui parlent d'ailleurs (« Garrigue », « Vent de sable » ou « Alizé »...). Accueil épatant de dynamiques retraitées qui ont préféré la Creuse à Nantes et fourmillent d'idées pour faire vivre leur maison.

Où dormir ? Où manger dans les environs ?

Camping

Camping Le Château de Poinsouze : *route de La Châtre. ☎ 05-55-65-02-21. • info.camping-de.poinsouze@orange.fr • camping-de-poinsouze.com • ♿ Accès à 2 km au nord de Boussac. Ouv de mi-mai à mi-sept. Tarif : 28 € en hte saison. Loc de mobile homes, gîtes et chalets de 2 à 8 pers (220-890 €/sem).* Camping jouxtant le château des propriétaires. Étang, belle piscine chauffée avec toboggan, beau parc, terrain de jeux, ping-pong. Possibilité également de louer des vélos, planches à voile, canoës-kayaks, etc. Nombreuses animations organisées (pêche, soirées, jeux pour enfants). Nos emplacements préférés, au bord de l'eau, avec vue sur le château : nos 101, 102, 111, 112 et 199. Piscine.

Prix moyens

La Bonne Auberge : *1, rue des Lilas, 23600* ***Nouzerines.*** *☎ 05-55-82-01-18. • labonneauberge-23@orange.fr • la-bonne-auberge.net • ♿ À 13 km au nord-ouest de Boussac. Dans le bourg, face à l'église. Fermé lun, plus le soir dim et j. fériés en saison. Doubles 68-84 €. Menus 15 € (en sem), puis 29-52 €.* Dans un petit village perdu, une sympathique adresse bien tenue par un jeune couple de Creusois qui aiment leur terroir. Ça se sent jusque dans l'assiette : rissoles de cèpes, duo de foie gras, lièvre à la royale... Belle salle et accueil chaleureux. À l'hôtel, chambres au goût du jour, discrètement design.

À voir

Le château de Boussac : *☎ 05-55-65-07-62. De Pâques à fin sept, tlj 9h-12h, 14h-17h30 ; le reste de l'année sur rdv. Entrée : 12 € ! Réduc.*

Des XVe, XVIe et XVIIIe s, c'est un long corps de bâtiment rectangulaire, flanqué d'une grosse tour ronde découronnée. Côté cour, une tour carrée centrale et, côté rivière, trois autres tours, carrées aussi et irrégulières, formant saillie et sûrement contreforts, car sans elles on veut bien croire que tout s'écroulerait. L'aspect massif des façades s'allège de larges fenêtres datant du XVIIIe s, mais l'ensemble reste fidèle à la bâtisse qu'habita Jean Ier de Brosse, dont les armes illustrent le linteau de la porte d'entrée et qui, rappelons-le, fut compagnon de Jeanne d'Arc. Le château connut ensuite des fortunes diverses, propriété entre autres de Louise de Vaudémont, reine et veuve d'Henri III, puis de César de Vendôme (fils naturel d'Henri IV), avant de devenir siège de sous-préfecture après la Révolution (jusqu'en 1926), puis gendarmerie jusqu'en 1940. Ensuite, l'abandon. Racheté en 1966, il a été patiemment restauré, remeublé et décoré par ses actuels

propriétaires, M. et Mme Blondeau, qui dirigent la manufacture d'Aubusson. Faire d'abord un tour dans le petit parc romantique avec sa ronde de marronniers, quelques ruines et sculptures éparses. Ensuite, on entre dans le château : salle des gardes monumentale, avec deux âtres dont un proprement gigantesque ; puis s'enchaînent les chambres et salons, toujours meublés et décorés de raretés aussi variées que plaisantes. Ici, des tapisseries d'Aubusson (rappelons que celles de *La Dame à la licorne,* qui ne sont d'ailleurs pas creusoises, ont été retrouvées ici), là, un christ en bois chevillé du XIVe s. Dans la cuisine, superbe matériel ancien, comme ce moulin à farine Louis XIII. Et vraiment partout, sans surcharge, du beau et de l'unique : argentier Louis XIV en bois de rose, table de trictrac signée Garnier, délicats pastels du XVIIIe s, bouquet de fleurs en porcelaine de Saxe, et là une casserole... celle du pharmacien de Napoléon !
Puis des collections : amoncellement de pots à lait ou à huile persans ; étuis, malles ou bureaux de voyage ; cannes en tout genre, formidables (250 !)... Mais l'énumération serait fastidieuse, et cette formule de Louise de Vilmorin, reprise, affichée et adoptée par les propriétaires, résume l'esprit du lieu : « Nos maisons sont nos prisons, sachons y retrouver la liberté dans la façon de les parer. » Comme c'est bien dit ! Encore faut-il en avoir les moyens... et le bon goût. Ici, on a les deux. Signalons aussi les bouquets réalisés par Mme Blondeau, feux d'artifice posés çà et là ainsi que des expositions temporaires de tapisseries contemporaines et de peintures, organisées chaque été.

DANS LES ENVIRONS DE BOUSSAC

Toulx-Sainte-Croix *(23600)* **:** village situé au point culminant du pays (656 m), à 12 km au sud de Boussac. Charmante église romane à clocher séparé (les travées intermédiaires s'étant effondrées) et, au bout d'un chemin, une tour d'observation malheureusement souvent fermée et d'où, par beau temps, le regard porte sur sept départements, un record ! Même de la tour Eiffel on n'en a pas tant, et puis c'est tout pollué. Tandis qu'ici, Marche et Limousin, Berry et Bourbonnais, monts d'Auvergne (on peut voir le puy de Dôme), toute la région s'étend à vos pieds et le vent souffle à vos oreilles, vous ébouriffe... quelle puissance, c'est grandiose ! Sans compter que c'est ici, au pied de la tour, que les sismologues observent depuis plus d'un siècle un phénomène appelé « effet Toulx-Sainte-Croix ».

La ferme des Clautres : *23230* ***Bord-Saint-Georges.*** *☎ 05-55-65-72-23. 06-21-20-77-28. À 18 km au sud de Boussac, par la D 917, puis la D 66 à droite vers Bord-Saint-Georges. La ferme est à la sortie du bourg en direction d'Auge, sur la gauche. Juil-août, visites tlj 15h, 16h30 et 18h. Le reste de l'année, sur rdv. Entrée : 8 € ; réduc enfants et familles.* Une visite complète de la ferme pour petits et grands. Poules et canards d'ornement, faisans multicolores, chèvres et cochons nains, vaches charolaises. Mais aussi promenade en tracteur et carriole, pêche aux canards, chasse aux œufs dans la paille. En plus, on peut caresser les animaux ! Tout un programme pour faire découvrir à nos petits citadins la ferme dans tous ses recoins et de façon ludique.

Randonnée pédestre

➢ ***Les Pierres Jaumâtres :*** *randonnée de 1h en boucle depuis le parking sur la petite route de Boussac à* ***Toulx-Sainte-Croix.*** *Rens au ☎ 05-55-65-43-11. • lespierresjaumatres.fr • Balisage jaune et panneaux. Carte-guide IGN Plein Air Creuse-randonnée nº 6 au 1/50 000. Fiche détaillée disponible à l'office de tourisme de Boussac.* Sur un site classé, ces fameux rochers arrondis, comme roulés par quelque géant, en ont fait rêver plus d'un. Leur étymologie évoque les pierres à sacrifices ou les pierres aux fées. Qu'importe. Le roi Arthur s'y est arrêté, rêvant à de belles apparitions. George Sand y a traîné son cher Chopin. Dans ce site légendaire perché à 602 m d'altitude, la balade se fait autour d'une quarantaine de blocs de granit surnommés « la Balançoire » ou « le Berceau du Diable »... Vue superbe sur le Pays berrichon et Boussac.

LA CORRÈZE

ABC
DE LA CORRÈZE

- *Superficie :* 5 860 km^2.
- *Population :* 236 430 hab.
- *Densité :* 40 hab./km^2.
- *Altitude :* de 80 m dans le bassin de Brive à 977 m au mont Bessou.
- *Préfecture :* Tulle (16 340 hab.).
- *Sous-préfectures :* Brive-la-Gaillarde (50 580 hab.), Ussel (10 710 hab.).
- *Particularités :* sur les six villages classés « Plus Beaux Villages de France » en Limousin, cinq se trouvent en Corrèze (Collonges-la-Rouge, Turenne, Curemonte, Ségur-le-Château et Saint-Robert), un terroitoire couvert par 45 % de forêts et un site classé de l'Unesco (la vallée de la Dordogne).

Qu'est-ce que ça vous évoque, la Corrèze, au premier abord ? Le plateau de Millevaches et la tête de veau (une référence puisqu'elle a été plébiscitée dans un sondage de 1999 comme étant le plat à transmettre en priorité au IIIe millénaire, avec le pot-au-feu !) ; Brive, son équipe de rugby, son marché et ses gaillardes ; Tulle, sa dentelle et ses armes ; et puis, partout, la verte campagne où paissent de rousses vaches. Pas grand-chose de spectaculaire en fait, mais l'essentiel n'est sans doute pas là.

La Corrèze ressemble à une frontière franco-française qui ne dit pas son nom à l'intérieur du paysage hexagonal, une belle coupure qui se métamorphose en trait d'union entre Nord et Sud. Comme l'a écrit le romancier Michel Peyramaure, ce Bas-Limousin est un « catalogue de variétés géographiques et humaines ». Encore une réalité administrative taillée à coups de ciseaux, dont l'unité repose paradoxalement sur « une infinie variété faite d'adéquation entre paysage et habitat ». Le meilleur moyen de décrire les paysages de la Corrèze, c'est sans doute de dire que celle-ci fait dans l'emprunt. Selon l'écrivain, elle a emprunté « les montagnes de l'Auvergne, les espaces bocagers du Haut-Limousin, les massifs forestiers du Périgord et les causses du Quercy ». Pour illustrer ce propos, suivons de bout en bout l'autoroute A 89, une des plus zen de France, véritable épine dorsale du département, qui a permis aux bourgs situés sur l'ancienne N 89 de respirer un peu (elle est devenue la départementale 1089). Au nord-est, près d'Ussel, encore le Massif central, sauvage et rugueux. Ensuite, vers Tulle, un bassin industriel et, au sud-ouest, la région de Brive, comme un avant-goût du Périgord. Le tout lié par la campagne limousine, traversée par d'innombrables cours d'eau, alternance de bocages pour broutards et de forêts à écureuils.

Et le long de l'ancienne N 89, tout change très vite : le paysage, le climat, le parler, les mentalités... même au délicieux moment du fromage, on vous servira du cantal dans le Nord et du cabécou dans le Sud. Ce qui fait sourire les anciens qui savent par expérience que, dans un pays où le vin du voisin n'est pas forcément celui qu'on sert à table, quand on n'a pas les mêmes fromages, on ne peut pas toujours s'entendre. De fait, ça tiraille un peu entre Ussel l'Austère, Tulle l'Ouvrière et Brive-la-Gaillarde. « Querelle de clocher ! », pensera le touriste qui n'y aura vu que du vert, un « pays nature » comme on dit à l'office de tourisme, des assiettes pleines de bonnes choses – dans le Nord comme dans le Sud –, et des terriens souriants et conviviaux, fiers d'être corréziens.
Autre qualité bien rurale, comme on est loin du tourisme de masse, le sourire est un muscle que l'on actionne avec spontanéité par ici, un détail essentiel qui fait parfois défaut ailleurs, non ? Finalement, influence du Sud sans doute, le bonheur semble déjà dans le pré pour les quelque 236 000 Corréziens du département, un pré de 5 860 km². Un pré où on laisse volontiers s'affronter les adversaires politiques, sans que l'on puisse parler de duel pour autant...

DE LA CHIRAQUIE...

À la fin des années 1960, la Corrèze, comme le reste du Limousin, vote traditionnellement à gauche. Le Premier ministre de l'époque lâche alors une meute de jeunes pétris d'ambition politique afin d'évangéliser quelques circonscriptions de la région Limousin. De cette escouade pompidolienne, seul Chirac triomphe à Ussel.
Sens du contact, tutoiement facile et feeling paysan assurent alors le succès du nouveau député d'Ussel. Chirac a converti la Corrèze au chiraquisme : plus de 61 % des voix au second tour de la présidentielle de 1995, contre moins de 5 % pour Balladur au premier tour. Même si l'engouement s'est ensuite un peu émoussé (comme partout), l'éleveur ussellois et son veau, l'ouvrier tulliste et sa manufacture d'armes, l'intellectuel briviste (Tillinac, entre autres), tous ont emboîté le pas chiraquien comme un seul Corrézien, et c'était bien normal ! Et cette conquête de l'électorat corrézien a été confirmée par la présidentielle de 2002 : Chirac a recueilli ici un peu plus de 34,23 % des suffrages exprimés au premier tour (contre 19,88 % pour la moyenne nationale) ! Seul caillou dans sa chaussure, l'un de ses principaux opposants, François Hollande, leader du PS national et député maire de Tulle. Il sera remplacé à la mairie en 2008 par le socialiste Bernard Combes.
Mais ce président, qui a probablement sauvé par son engagement le département de l'oubli, n'était pas un parachuté comme les autres. Descendant d'agriculteurs de Gros-Chastang, près de La Roche-Canillac, il passa dans son enfance ses vacances chez son grand-père, directeur de l'école de Sainte-Féréole, pas loin de Brive. Jeune député d'Ussel, Chirac se porte acquéreur du château de Bity, bâti par un mousquetaire du roi, à Sarran, commune dont Bernadette assume toujours la charge d'adjoint au maire.
Ses élections de 1995 et de 2002 ont un peu éloigné l'homme de son département. Elles ont en revanche drainé vers certains villages d'étranges pèlerins, venus suivre les traces de leur idole qui, grâce à eux, avait grimpé le perron de l'Élysée. On s'est arraché les cartes postales de Bity ou de la maison de Sainte-Féréole comme des images pieuses à Lourdes ; on s'est goinfré de tête de veau à Corrèze, dans l'*Auberge de la Tradition,* où le futur président en attente du résultat avait déjeuné le 7 mai 1995, ou à Ussel, aux *Gravades* de Momon Fraysse, grand maître des Entêtés de la Tête de Veau ; on a vu ses maisons, mangé ses chocolats, bu son champagne.

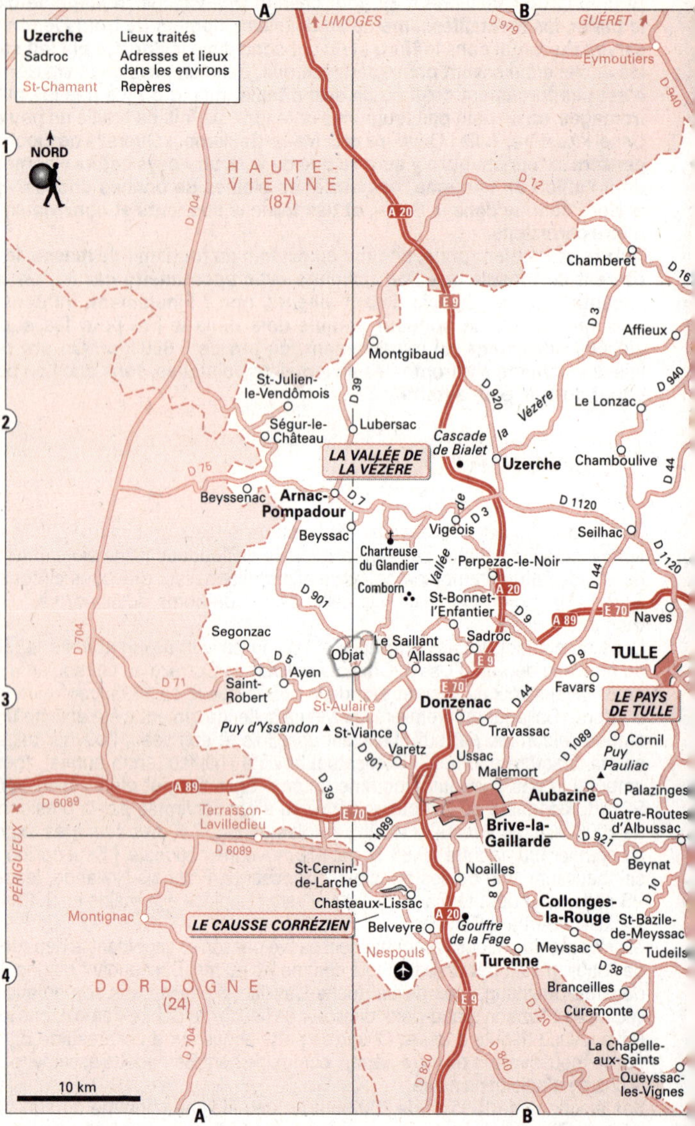
Uzerche Lieux traités
Sadroc Adresses et lieux dans les environs
St-Chamant Repères
NORD
A
B
1
2
3
4
LIMOGES
GUÉRET
D 979
Eymoutiers
D 940
HAUTE-VIENNE (87)
D 704
A 20
D 12
Chamberet
D 16
E 9
D 3
Affieux
Montgibaud
D 920
la Vézère
D 940
Le Lonzac
St-Julien-le-Vendômois
D 39
Ségur-le-Château
Lubersac
Cascade de Bialet
LA VALLÉE DE LA VÉZÈRE
Uzerche
Chamboulive
D 44
D 75
Beyssenac
Arnac-Pompadour
D 7
D 3
D 1120
Vigeois
Seilhac
Beyssac
Chartreuse du Glandier
Vallée de la
Perpezac-le-Noir
D 1120
D 44
D 901
Comborn
St-Bonnet-l'Enfantier
D 9
A 89
E 70
Naves
Segonzac
Le Saillant
Sadroc
D 704
D 5
Objat
Allassac
D 9
TULLE
D 71
Saint-Robert
Ayen
E 70
Favars
LE PAYS DE TULLE
St-Aulaire
Donzenac
D 44
Puy d'Yssandon
St-Viance
Travassac
D 1089
Cornil
D 901
Varetz
Ussac
Puy Pauliac
D 39
Malemort
A 89
Aubazine
Palazinges
D 6089
Terrasson-Lavilledieu
E 70
Quatre-Routes d'Albussac
PÉRIGUEUX
D 1089
Brive-la-Gaillarde
D 921
D 6089
Beynat
St-Cernin-de-Larche
Noailles
D 8
D 10
Chasteaux-Lissac
Collonges-la-Rouge
Montignac
A 20
St-Bazile-de-Meyssac
LE CAUSSE CORRÉZIEN
Belveyre
Gouffre de la Fage
Meyssac
Tudeils
Nespouls
Turenne
D 38
DORDOGNE (24)
E 9
Branceilles
D 720
Curemonte
D 704
D 840
La Chapelle-aux-Saints
D 820
Queyssac-les-Vignes
10 km

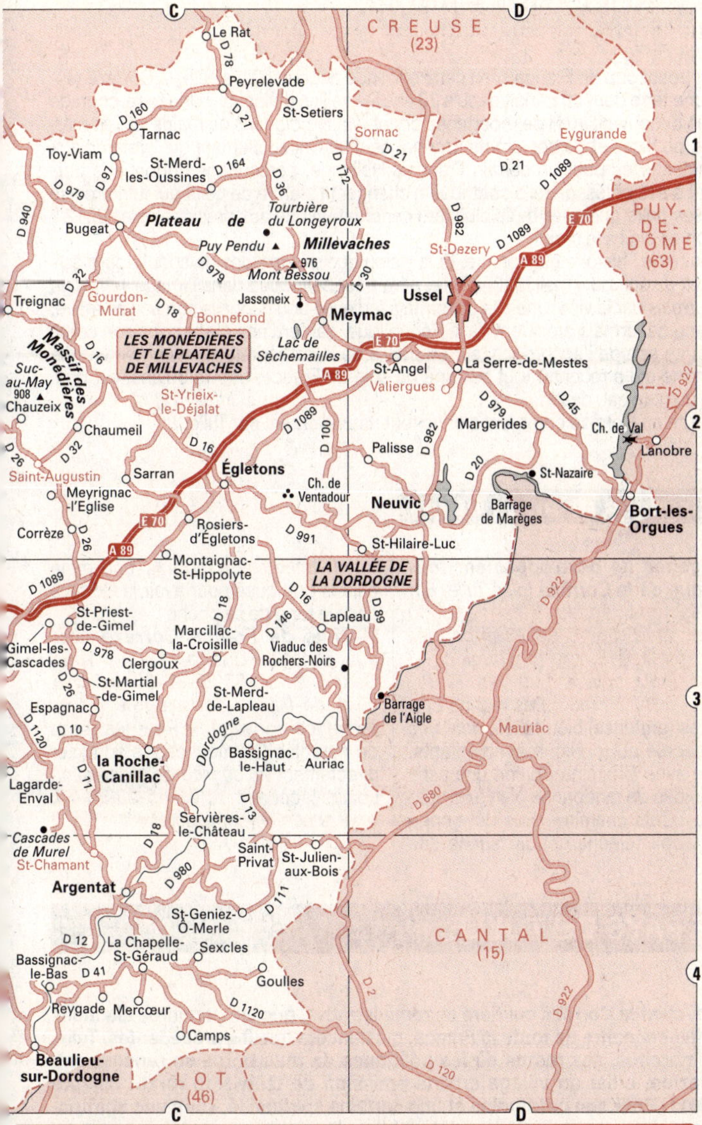
C
D
CREUSE
(23)
PUY-DE-DÔME
(63)
CANTAL
(15)
LOT
(46)
1
2
3
4
Le Rat
D 78
Peyrelevade
St-Setiers
D 160
Tarnac
D 21
Sornac
Eygurande
Toy-Viam
St-Merd-les-Oussines
D 164
D 36
D 172
D 21
D 1089
D 97
D 979
D 940
Bugeat
Plateau de Millevaches
Tourbière du Longeyroux
D 982
E 70
A 89
Puy Pendu
St-Dezery
D 1089
D 979
976
Mont Bessou
D 30
D 32
Treignac
Gourdon-Murat
Jassoneix
Ussel
D 18
Bonnefond
Meymac
LES MONÉDIÈRES ET LE PLATEAU DE MILLEVACHES
Massif des Monédières
Lac de Sèchemailles
St-Angel
La Serre-de-Mestes
Valiergues
D 16
Suc-au-May
908
Chauzeix
St-Yrieix-le-Déjalat
D 979
D 45
D 922
Margerides
Ch. de Val
Lanobre
Chaumeil
D 1089
D 100
D 982
D 26
D 32
D 16
Palisse
D 20
Saint-Augustin
Sarran
Égletons
Ch. de Ventadour
St-Nazaire
Meyrignac-l'Eglise
Neuvic
Barrage de Marèges
Bort-les-Orgues
Rosiers-d'Égletons
Corrèze
D 26
D 991
St-Hilaire-Luc
Montaignac-St-Hippolyte
LA VALLÉE DE LA DORDOGNE
D 1089
D 16
D 922
St-Priest-de-Gimel
Marcillac-la-Croisille
D 18
D 146
Lapleau
D 89
Gimel-les-Cascades
D 978
Clergoux
Viaduc des Rochers-Noirs
St-Martial-de-Gimel
D 26
St-Merd-de-Lapleau
Barrage de l'Aigle
Espagnac
Mauriac
D 1120
D 10
Dordogne
Bassignac-le-Haut
Auriac
la Roche-Canillac
D 11
Lagarde-Enval
D 680
D 13
Servières-le-Château
Cascades de Murel
St-Chamant
D 18
Saint-Privat
St-Julien-aux-Bois
D 980
Argentat
D 111
St-Geniez-Ô-Merle
D 12
La Chapelle-St-Géraud
Sexcles
Bassignac-le-Bas
D 41
Goulles
D 2
D 922
Reygade
Mercœur
D 1120
Camps
D 120
Beaulieu-sur-Dordogne

LA CORRÈZE

À LA HOLLANDEMANIA...

Pour beaucoup de Français, en cette seconde décennie du siècle, la Corrèze restait une terre dont on parlait depuis 20 ans les veilles d'élection. Une terre-courage qu'on découvrait au fil de reportages ponctués de poignées de mains sur les marchés, de bises et de bons mots. L'annonce d'un Chirac clamant qu'il voterait aux présidentielles pour un certain François Hollande, personnage débonnaire trottinant à ses côtés, a-t-elle contribué à changer la stature de celui qui fut intronisé par ses pairs quelques mois plus tard candidat unique aux présidentielles 2012 ? Ici, on se plaît à le croire.
La suite de l'histoire est connue. Et la vision que des millions de spectateurs garderont du soir du 6 mai 2012, à Tulle, sera pour beaucoup dans l'image véhiculée désormais par la ville. Une cité désormais radieuse pour laquelle son ancien maire, devenu désormais président de la République, gardera une place dans son cœur. C'est au son de l'accordéon, sur un parvis de la cathédrale noir de monde, que l'homme qui a reconnu tout devoir à ce coin de France, depuis 30 ans, est parti vers un nouveau destin.
La visite en Corrèze commence donc tout naturellement par Tulle.

Adresses et infos utiles

Agence de développement touristique de la Corrèze *(plan Tulle, B1, 2)* **:** *45, quai Aristide-Briand, 19000* **Tulle.** ☎ *05-55-29-98-78.* • *correzetourisme@cg19.fr* • *facebook.com/correzetourisme* • *Lun-ven 8h30-12h30, 13h30-17h30.* Pas mal de brochures (gratuites) bien faites, dont une consacrée au tourisme avec enfants. Édite avec Chamina Édition une série de guides de randonnée bien faits, intitulée « Côté chemin ». Et a développé une appli téléchargeable sur le site • *tourismecorreze.mobi* •, une mine d'infos pratiques pour avoir la Corrèze dans le fond de sa poche !

Gîtes de France Corrèze : *45, quai Aristide-Briand, 19001* **Tulle** *Cedex.* ☎ *05-55-27-38-38.* • *info@gites-de-france-correze.fr* • *gites-de-france-correze.fr* • Pour les résas de meublés Clévacances, s'adresser directement au *service de réservation Loisirs-Accueil* : ☎ *05-55-29-98-70.* • *vacances-en-correze.net* •

LE PAYS DE TULLE

Tulle, c'est la Corrèze ouvrière et administrative, que les dernières élections ont fait connaître de toute la France, plus encore que les précédentes. Tulle, ses marchés, ses restos où les politiques de tous bords se rencontrent. Aubazine, c'est un village qu'une émission de télévision rendit célèbre en 2011. Pour son patrimoine et une certaine spiritualité, voire une spiritualité certaine. Les deux se complètent bien, dans ce pays en pleine mutation. Il fallait bien la vision d'une place de la cathédrale illuminée et d'une foule radieuse pour faire oublier à beaucoup la petite ville un peu triste dominée par cette tour de béton élevée par un édile maudit depuis plusieurs générations. Une tour qui avait tendance à prendre le pays de haut, ce que n'a jamais fait celui qui fut maire de la ville, puis président du conseil du département, avant de devenir président de tous les Français. Tulle belle et douce à vivre, c'est peut-être pour demain...

TULLE

(19000) 16 582 hab. *Carte Corrèze, B3*

Tutela, divinité personnifiant la protection des personnes et des choses, a certainement donné son nom à la ville. Tulle, c'est d'abord un site beau et ingrat. Et ceux qui ne font que passer en disent du mal, à l'image de Paul Claudel : « Ce n'est que deux ou trois longues rues sinueuses qui descendent vers une grande usine et une petite gare. » Un évêque de la ville, arrivant ici, crut descendre aux abîmes. Il faut dire que l'arrivée à Tulle est surprenante : une brutale dépression de la Corrèze, dominée par sept collines (comme Rome, disent les optimistes). À la différence de Brive la Nantie, Tulle est industrieuse, ouvrière et fière de l'être. Plus petite que sa rivale (16 000 habitants pour Tulle contre un peu plus de 51 445 pour Brive), car rivalité il y a, Tulle est néanmoins la préfecture de la Corrèze.

Et à un moment difficile pour l'industrie, particulièrement celle de l'armement où les plans dits sociaux volent bas, la préfecture est bien contente de l'être et d'accueillir les services administratifs du département, entièrement regroupés dans une tour au bord de la rivière, qui n'a rien à envier aux pires choses qu'on a pu faire en banlieue. La « Manu » (manufacture d'armes de Tulle, « MAT » sur les mitraillettes), poumon d'acier de la ville depuis le XVIIe s, restructure sec, et ce n'est pas la dentelle – le fameux *poinct* de Tulle – qui sortira la ville du marasme. Fort heureusement, Tulle a des ressources et une âme de résistante ; ainsi quelques entreprises se battent-elles encore, et l'exemple le plus sympathique est sans doute la fabrique d'accordéons Maugein.

Physiquement, Tulle, qui n'a pas choisi la facilité en installant son centre tout en longueur dans une cuvette, pourrait avoir quelque charme. Dommage que de piètres architectes aient laissé libre cours à leur talent, et à leurs honoraires, pour affubler la ville d'improbables constructions, parfois démesurées, et surtout sans aucune harmonie d'ensemble. Toutefois, le magnifique théâtre, les ruelles pentues qui montent des quais de la Corrèze vers les collines, quelques façades Renaissance et d'autres début XXe s pourront vous laisser entrevoir la beauté rugueuse de cette ville, habituée aux souffrances et aux combats.

UN PEU D'HISTOIRE

Celle de Tulle remonte à l'époque mérovingienne, où est fondée une abbaye qui, rapidement, deviendra prospère. Pas toujours super honnêtes, les abbés : l'un d'eux remplira les caisses de l'abbaye en empruntant de l'argent à des taux exorbitants aux banquiers juifs de Brive, avant de les faire enfermer pour usure et de confisquer leurs biens.

Quelle que puisse être la sincérité des hommes d'Église, Tulle prend fait et cause pour le catholicisme pendant les guerres de Religion et repousse les assauts du vicomte protestant de Turenne. Il prendra tout de même

IL NE FAUT PAS « CROOAARE » TOUT CE QU'ON DIT...

Dans les années 1920, des notables tullistes sont victimes d'une campagne de dénigrement par lettres anonymes. Le passage du facteur est attendu avec effroi par les victimes potentielles, et plus de 1 000 lettres sèment le trouble dans la population... Angèle Laval, ex-employée de mairie, est finalement confondue après l'une des premières analyses graphologiques de l'histoire judiciaire. Contrairement au corbeau du film éponyme de Clouzot, qui s'inspira de ce fait divers, Angèle fut condamnée mais finit sa vie paisiblement en 1967, à 81 ans, dans la ville qu'elle avait diffamée.

la ville en 1585. Les troubles se calment et Tulle prospère tranquillement autour de la manufacture d'armes à partir du XVIIe s. Cette ville ouvrière dans un département agricole sera préférée à Brive pour servir de préfecture à la Corrèze. Elle vivra bien les progrès de la révolution industrielle du XIXe s, moins bien la crise économique de la fin du XXe s. Entre-temps, elle aura chèrement payé son statut de ville martyre.

Le drame de Tulle

8 juin 1944. Depuis 2 jours, les Alliés ont débarqué en Normandie. Le maquis, flairant la prochaine victoire, se sent pousser des ailes et libère Tulle en tuant et en arrêtant les soldats de la garnison de la Wehrmacht basée à Tulle. Soir de fête et lendemain amer.

Le 9 juin, la sinistre division SS *Das Reich* entre dans Tulle. Les FTP (francs-tireurs et partisans) de la Résistance se retirent. Qu'importe. Quarante soldats allemands ont été tués. 120 habitants de Tulle, pris au hasard, mais considérés comme complices, doivent être pendus. L'abbé Espinasse intercède pour que ce nombre soit diminué. 99 Tullistes sont suppliciés aux réverbères et aux balcons de la ville le jour même, 149 partent vers les camps ; 48 en reviendront. Tulle sera libéré en août, mais, entre-temps, la division SS *Das Reich* sera passée par Oradour-sur-Glane. Un monument, sur la N 89 à la sortie ouest de la ville, rappelle le tragique souvenir des 200 victimes des « balcons de Tulle ».

Arriver – Quitter

En train *(plan B4)* **:** *☎ 36-35 (0,34 €/mn).* 1 ou 2 trains/j. pour Brive, Clermont et Lyon.

***En bus* :** avec la *CFTA (☎ 05-55-20-25-60).* Liaisons avec les principales localités du département. Départs de la gare SNCF.

Adresses utiles

Office de tourisme intercommunal Tulle et Cœur de Corrèze *(plan B1,* ***1****)* **:** *pl. Jean-Tavé. ☎ 05-55-26-59-61. • contact@tulle-coeur-correze.com • tulle-coeur-correze.com • Juil-août, tlj 9h30-12h30, 14h-18h30, dim 9h30-13h. Le reste de l'année, tlj sf dim 9h30-12h30, 14h-18h.* Accueil et informations sur le pays de Tulle et ses hébergements. Édite et distribue un itinéraire touristique dans la vieille ville ainsi qu'un guide découverte qui présente le territoire de Tulle et Cœur de Corrèze. À noter que la place Jean-Tavé est dotée d'un accès wifi public.

Agence de développement touristique de la Corrèze *(plan B1,* ***2****)* **:** *45, quai Aristide-Briand. ☎ 05-55-29-98-78. • tourismecorreze.com • Lun-ven 8h30-12h30, 13h30-17h30.*

***Taxis* :** *on en trouve presque toujours à la gare SNCF.*

Adresses utiles

- **1** Office de tourisme intercommunal Tulle et Cœur de Corrèze
- **2** Agence de développement touristique de la Corrèze

Où dormir ? Où manger ?

- **10** Hôtel du Bon Accueil
- **11** Hôtel-restaurant de la Gare
- **12** Inter Hôtel Tulle Centre
- **13** La Toque Blanche
- **14** La Taverne du Sommelier
- **15** Et Caetera
- **16** Au Palais Corrézien
- **17** Restaurant Les 7

À voir

- **33** Musée des Armes ou Pôle Armes
- **34** Manufacture d'accordéons Maugein

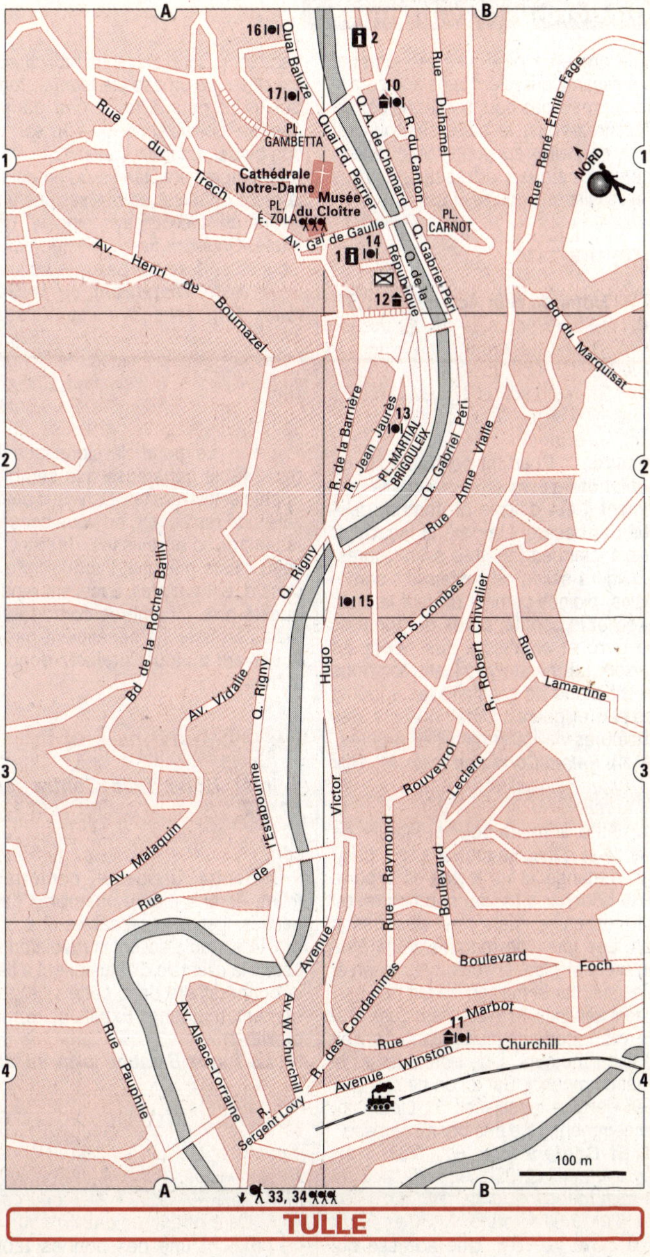
16
17
Quai Baluze
2
10
Q. A. de Chamard
R. du Canton
Rue Duhamel
Rue René Émile Fage
NORD
Rue du Trech
PL. GAMBETTA
Quai Ed. Perrier
Cathédrale Notre-Dame
Musée du Cloître
PL. É. ZOLA
Av. Gal de Gaulle
PL. CARNOT
Q. Gabriel Péri
Q. de la République
14
1
12
Av. Henri de Boumazel
Bd du Marquisat
R. de la Barrière
R. Jean Jaurès
13
PL. MARTIAL BRIGOULEIX
Q. Gabriel Péri
Rue Anne Vialle
Q. Rigny
15
R. S. Combes
R. Robert Chivalier
Rue Lamartine
Bd de la Roche Bailly
Av. Vidalie
Q. Rigny
Hugo
Victor
Rouveyrol
Leclerc
Rue de l'Estabourine
Av. Malaquin
Rue Raymond
Boulevard
Boulevard Foch
Avenue
Av. W. Churchill
R. des Condamines
11
Rue Marbot
Churchill
Rue Pauphile
Av. Alsace-Lorraine
R. Sergent Lovy
Avenue Winston
100 m
A
B
1
2
3
4
33, 34

TULLE

Où dormir ? Où manger ?

Tulle présente quelques monuments intéressants qui valent sans conteste le détour mais pas pour autant un séjour. Rassurez-vous, le pays alentour est riche de belles adresses. Voici quand même quelques adresses si vous devez faire une courte étape.

Bon marché

Hôtel du Bon Accueil *(plan B1, **10**) : 8-10, rue du Canton. ☎ 05-55-26-70-57. Resto fermé w-e et j. fériés, hôtel ouv tlj. Hôtel-resto fermé fin déc, resto fermé en août. Doubles 38-50 € ; ½ pens 45 €/pers. Formule 9 € en sem, puis menus 15 € (en sem)-32 € et carte.* Pourtant central, voilà un petit hôtel-resto ultra-tranquille tellement il est difficile de tomber dessus par hasard. Derrière la façade et ses anciennes fenêtres à voussures, plusieurs salles de restaurant conviviales, pleines comme un œuf le midi. Excellents confits, pâtés de pommes de terre et omelettes aux cèpes en saison. Le menu avec 2 entrées nous paraît digne de satisfaire les appétits les plus exigeants. Côté hôtellerie, des chambres vieillottes mais très propres.

Au Palais Corrézien *(plan A1, **16**) : 14, quai Baluze. ☎ 05-55-26-54-24. Tlj le midi sf dim. Plats 8,40-18,10 €.* La petite adresse pour amateurs de viande et d'insolite tout à la fois, puisqu'on mange ici sur le pas de la porte d'un boucher plus vrai que nature, ou en mezzanine, mais c'est déjà moins fun. Les jours de marché, vous êtes au premier plan, si vous avez réservé, bien sûr, car la maison ne fait pas plusieurs services. Miassou, farcidure, tête de veau, certains jours, viande grillée maison toujours. Une bonne idée : le quatro limousin. Car ici on ne sert que des viandes labellisées du Limousin, évidemment. Une très bonne adresse.

Et Caetera *(plan B2, **15**) : 7, av. Victor-Hugo. ☎ 05-55-26-76-54. Ouv le midi mar-sam, le soir jeu-sam. Plat du jour 8 €, formule 11,50 €. Plats à la carte 10-16 €.* Une adresse qui redonne des couleurs à la ville et des saveurs nouvelles au quotidien de ses habitants. Cette ancienne bibliothèque est devenue un espace *lounge*, terme qui ferait peur ailleurs que dans la capitale corrézienne, où l'on sait raison garder. En salle, ça virevolte, ça vit tout simplement, tandis qu'en cuisine la mère continue de réaliser une vraie bonne cuisine de pays, sincère, goûteuse. Couleurs flashy, design actuel. Cour et terrasse aux beaux jours.

Hôtel-restaurant de la Gare *(plan B4, **11**) : 25, av. Winston-Churchill. ☎ 05-55-20-04-04. • hotel.de.la.gare.tulle@wanadoo.fr • Congés : fin fév-8 janv et 15 j. fin août. Chambre 64 € ; petit déj 10 €. Menus 19-34 €. Café offert sur présentation de ce guide.* Le grand classique face à la gare. Table généreuse que semblent apprécier les Tullistes. Dans ces petites salles de restaurant, on vous conseille la salade d'écrevisses, la tête de veau sauce gribiche, l'andouillette de canard, entre autres. Excellent rapport qualité-prix. Chambres confortables, mais certaines ne bénéficient pas de la lumière du jour ; préférez donc les autres.

De prix moyens à chic

Inter Hôtel Tulle Centre *(plan B1, **12**) : 16, quai de la République. ☎ 05-55-26-42-00. • info@hotel-tulle.com • Double 87 €. Petite déj-buffet 9 €.* Central, moderne, confortable (clim, écrans plats), chambres lumineuses, literies impeccables et accueil pro. Des atouts qui ont immédiatement séduit la clientèle d'affaires, qui a flairé la bonne affaire dans cette ville décidément tristoune. Excellent rapport qualité-prix.

La Toque Blanche *(plan B2, **13**) : 29, rue Jean-Jaurès (autre entrée pl. Martial-Brigouleix). ☎ 05-55-26-75-41. • toque.blanche@orange.fr • Tlj sf dim soir et lun (ouv j. fériés). Congés : 1 sem en juil. Formule déj 20,50 €. Menus 29,50-39,50 € et menu-carte 40 €. Café offert sur présentation de ce guide.* L'une des bonnes tables gastronomiques de la ville et qui tient parfaitement ses promesses. L'accueil est beaucoup moins bourgeois-guindé que ne le laisse présager une salle de style quelque peu conformiste, et on y mange fort bien, même s'il faut mettre la main au porte-monnaie. Cuisine classique bien menée, généreusement servie et joliment présentée. Veau décliné de 3 façons.

|●| ***La Taverne du Sommelier*** *(plan B1,* ***14****) : 8, quai de la République, pl. de la Poste. ☎ 05-55-26-57-63. • contact@taverne-du-sommelier.fr • ♿ Tlj 12h-14h, 19h-21h45 (22h30 pour les grillades). Petite restauration 14h30-19h. Plat du jour avec boisson et café 9,50 € ; formules 19-36 €, ttes comprenant boisson et café ; carte env 20 €.* Juste à côté de la façade un peu kitsch du théâtre municipal, voici une grande brasserie au décor presque chic – banquettes rouges, mobilier design – qui a le mérite de proposer une cuisine pour tous les goûts, pour toutes les bourses, pour les hommes politiques et pour les touristes, pour ceux qui sont pressés et ceux qui ont tout leur temps. Traditionnels tartare (avec frites maison), tournedos, gigot d'agneau, entrecôte « XXL ». Excellent accueil. Les serveurs en veste noire et tablier blanc sont aux petits soins et virevoltent entre les tables de la salle et celles de la grande terrasse.

|●| ***Restaurant Les 7*** *(plan A1,* ***17****) : 32, quai Baluze. ☎ 05-44-40-94-89. • les7tullet@orange.fr • Fermé le lun et mer soir, ouv j. fériés sf les lun. Résa indispensable (une vingtaine de couverts slt). Formule déj sem 13 € ; le soir, menus 25-35 €.* Le nom de cet établissement fait référence aux sept collines autour de Tulle, ainsi qu'aux dates de naissance des propriétaires, nés en juillet. Cyril Auboiroux, disciple d'Alain Ducasse, propose une excellente cuisine à base de produits frais (viande essentiellement du Limousin, approvisionnement en poisson 3 fois par semaine), tandis que sa compagne Julie les sert avec professionnalisme. Formules simples et abordables le midi, menus et carte plus élaborés le soir. La carte est renouvelée tous les mois. Ambiance sobre et chic.

Où dormir ? Où manger dans les environs ?

Camping

⛺ ***Camping du lac de Bournazel :*** ***Seilhac-le Lac.*** *☎ 05-55-27-05-65. 📱 06-50-78-16-03. • info@camping-lac-bournazel.com • camping-lac-bournazel.com • Au nord-ouest de Seilhac, prendre l'A 89, puis la sortie Uzerche. Ouv avr-oct. Prix tente 11,90-15 € selon période. Prix hébergement locatif en basse saison 175-637 €. Réduc de 5 % sur le forfait de base pour 2 pers sur présentation de ce guide.* À 500 m d'altitude, un vaste camping au relief agréable avec vue sur le lac de Bournazel d'un côté et sur l'étang Neuf de l'autre. Bien ombragé. Location de tipis, de roulottes et de chalets avec barbecue fourni. Piscine.

De bon marché à prix moyens

🏠 |●| ***Hôtel-restaurant Vernat :*** *2, av. des Lilas, 19330* ***Favars.*** *☎ 05-55-29-30-14. Parking privé. 📶 Double 50 €, formules déj à partir de 13 €, le soir, carte.* Un modeste établissement de village à la jolie façade de pierre, dont les 8 chambres ont été entièrement et soigneusement retapées. Literies impeccables, salles de bains neuves, télé écran plat. Bonne isolation. Un bon confort 2 étoiles. Mais la maison est surtout connue pour la qualité de sa table – cuisine traditionnelle régionale – au rapport qualité-prix quasi imbattable. Il est même chaudement recommandé de réserver sa place les jeudi, samedi et dimanche midi, jours de la farcidure. De fins connaisseurs nous ont assuré qu'il n'y en avait pas de meilleure dans tout le département ! Pour les recalés, elle est aussi vendue à emporter. Accueil discret et gentil comme tout.

|●| ***Le Relais Saint-Jacques :*** *La Bitarelle, 19800* ***Gimel-les-Cascades*** *(A 89, sortie nº 21). ☎ 05-55-21-26-63. • relais.st.jacques@orange.fr • ♿ À 9 km au nord de Tulle. Fermé le*

soir lun-mer. Congés : 1re quinzaine de janv. Menus 12 € (en sem)-32 € et carte env 20 €. Installé dans une ancienne ferme. Salle à manger de style classico-rustico-provincial, avec grande cheminée. Cuisine régionale sérieuse, portions bien servies. Service diligent et discret de la patronne. Une valeur sûre.

Auberge de pays Mestre : *au bourg, 19150* **Lagarde-Enval.** *☎ 05-55-27-16-12. • hotelmestre19@orange.fr • aubergedupays.fr • ♿ À 11 km au sud de Tulle. Resto fermé le w-e. Congés : 15 août-15 sept. Chambres confortables et très propres 55 €. Formule déj 16 € et menus 22-29,50 €. Carte 35 €. Apéritif offert sur présentation de ce guide.* Face à l'église et au coquet manoir du village, la même famille règne sur cette grosse maison couverte de vigne vierge depuis 4 générations. Et comme on ne change pas une équipe qui gagne, on y trouve la même cuisine régionale avec omelette aux cèpes et confit de canard, servie dans la même salle à manger banalement rustique. Attention, il faut avoir jeûné avant de s'y attaquer. Ça tient au corps ! Une adresse simple qu'on aime bien.

Hôtel Roche de Vic : *19380* **Les Quatre-Routes-d'Albussac.** *☎ 05-55-28-15-87. • rochevic@orange.fr • rochedevic.fr • ♿ À env 20 km au sud de Tulle, au croisement de la D 921 et de la D 940. Resto fermé lun hors saison, ainsi que dim soir et j. fériés. Fermé de fév à mi-mars, plus 1 sem en juil. Doubles 65-70 € selon confort et saison. Formules déj en sem 13-17 €, puis menus 23-43 € et carte.* Dans ce village au drôle de nom où se croisent plusieurs routes, 2 établissements sont installés à un carrefour. On a une préférence pour celui-ci, une bâtisse en grosse pierre grise, genre manoir cossu des années 1950. Les chambres, quasi toutes sur l'arrière, le grand parc, les jeux et la piscine ne pâtissent pas trop de la situation en bord de route. La plupart sont rénovées, avec téléphone et TV. Certaines conservent un petit cachet à l'ancienne, demandez-les. Côté cuisine, on donne dans le régional. Beaucoup de choix, même dans les premiers menus.

Auberge Le Tacot : *1, pl. de l'Église, 19150* **Espagnac.** *☎ 05-55-93-64-06. • auberge-le-tacot@orange.fr • À l'est de Tulle par la D 29. Fermé dim soir, lun et mar soir (hors saison, fermé le soir sf ven-sam). Congés : 2 sem en janv et 2 sem en nov (vac scol zone B). Résa conseillée. Menus 13-23 € (avec poisson et viande !) et carte.* Dans ce petit village perdu, découvrez cette intime auberge tenue par un jeune couple dynamique. La cuisine gastronomique attire de plus en plus de Tullistes et autres gourmands. Cuisine de marché particulièrement élaborée, avec de beaux élans créateurs et une présentation hors pair des mets. Quelques vedettes de la carte : le pot-au-feu de la mer, le croustillant de tête de veau, etc. Glaces maison.

Chic

La Ferme de Charel : *chez Marc Walschaert et Chantal Aelbrecht, Charel, 19490* **Sainte-Fortunade** *(à 5 km de Tulle). ☎ 05-55-29-38-25. 📱 06-78-50-97-44. • info@lafermedecharel.com • lafermedecharel.com • Doubles 72-90 € à partir de 2 nuits. Table d'hôtes 28 €.* Étrange destinée que celle de cet ancien enclos en pierre de pays datant des années 1600, transformé successivement en maison bourgeoise (le 1er maire de Sainte-Fortunade y aurait habité après la Révolution française), corps de ferme, école pour filles et enfin maison d'hôtes. Bienvenue chez des Belges ayant le sens du confort et de l'accueil. 3 chambres dont 2 familiales confortables, spacieuses et modernes tout en ayant gardé leurs accents authentiques. Table d'hôtes pour profiter du verger autant que du potager et des produits achetés chez les producteurs locaux. Des produits simples et naturels accommodés avec des recettes originales, belgitude oblige.

L'Hostellerie de la Vallée : *19800* **Gimel-les-Cascades.** *☎ 05-55-21-40-60. • hostelleriedelavallee@hotmail.fr • hotel-restaurant-gimel.fr • ♿ Resto fermé dim soir, plus lun midi, ven, sam midi hors saison.*

Se renseigner pour les j. d'ouverture. Congés : 12 déc-4 janv. Résa conseillée en été, car il y a du monde pour voir les cascades de Gimel. Double 73 € (nos 5, 6 et 7 avec vue sur la vallée) ; petit déj 10 €. ½ pens 67 €/pers (dès 2 nuitées pour 2 pers). Menus 26-30 € ; carte env 38 €. Cet hôtel est une halte de charme, grâce au village d'abord, absolument adorable, mais aussi grâce à la salle à manger ensoleillée qui surplombe les gorges et à la terrasse sur laquelle il fait vraiment bon dîner les soirs d'été. Carte assez courte où les produits du terroir sont à l'honneur (viandes du Limousin, tête de veau, sandre au beurre blanc, pintade en crapaudine, pain perdu caramel au beurre salé...). Côté hôtel, les chambres rénovées sont de bon confort et certaines ont vue sur les cascades.

Le Domaine du Salabert, chez Hélène et Robert Jeanot : *lieu-dit Le Châtaigner, 19150* ***Saint-Martial-de-Gimel.*** *☎ 05-55-26-62-28. 06-08-27-42-89. • domainedusalabert.com • Doubles 95-115 € (20 €/lit supplémentaire). Repas 25 €.* La seule maison d'hôtes corrézienne à détenir le label Limousin. Un gage de qualité, certes, et surtout d'authenticité. 2 grandes chambres : la suite « Noélie » pouvant accueillir jusqu'à 3 enfants et le « Grenier d'Odette », un adorable nid sous les combles, toutes 2 décorées tels des boudoirs de jolis objets, meubles de famille et belles tentures. Confort moderne dans les salles de bains avec baignoire balnéo à chromothérapie, produits d'accueil, peignoirs douillets... Dans le jardin, Basile l'âne coule des jours heureux, et il n'est pas rare de voir passer biches et chevreuils. Piscine de l'autre côté de la route dans la maison des propriétaires. Hélène est une hôte généreuse, qui parle de son terroir avec ferveur. Repas à base de produits locaux uniquement et de saison servis dans de la vaisselle... de Limoges !

À voir

La cathédrale Notre-Dame *(plan A-B1)* **:** son clocher de 75 m se voit de loin. Cette église, dont l'origine remonte au XIIe s, quand le monastère autour duquel Tulle fut fondé était en activité, a beaucoup souffert. Foudre au XVIIe s, effondrement du chœur au XVIIIe s, l'église n'a rien de rare. On remarquera le vitrail de 1979 qui évoque l'histoire de la ville. À droite, un pendu rappelle les tragiques journées de juin 1944.

Le musée du Cloître *(plan A1)* **:** *pl. Mgr-Bertheaud. ☎ 05-55-26-91-05. • musee.cloitre@ville-tulle.fr • Mai-oct, tlj sf mar 10h-13h, 14h-18h30 ; nov-avr, tlj sf mar 13h-18h. Également ouv les 1er et 3e dim du mois avec une visite commentée gratuite le 3e dim du mois à 15h. GRATUIT.*
Situé au cœur de l'enclos médiéval, il occupe les vestiges d'un monastère bénédictin. Accolé à la cathédrale, superbe cloître gothique dont l'aspect massif des piliers est atténué par la finesse des colonnettes et la délicatesse des chapiteaux. Le jardin intérieur vient d'être refait. Dans la galerie est, magnifique salle capitulaire avec vestiges de fresques murales du XIVe s. Noter le travail original sur les nervures des voûtes.
Abrité dans la galerie ouest, le musée est engagé depuis 2009 dans un travail d'inventaire et de récolement de ses collections. Seuls les rez-de-chaussée et 1er étage sont visibles et présentent des expos ponctuelles et semi-temporaires en rapport avec les collections ou le patrimoine tulliste. En 2015, expo de peinture sur le thème de la nature (« Nature en peinture »).

Le musée des Armes ou Pôle Armes *(hors plan par A4,* ***33****)* **:** *1, rue du 9-Juin-1944. ☎ 05-55-26-22-15. • musee.armes@ville-tulle.fr • À la sortie ouest de la ville. Mai-oct, tlj sf mar 10h-13h, 14h-18h30 ; nov-avr, tlj sf mar 13h-18h. Ouv le 1er dim du mois avec visite commentée gratuite à 15h. GRATUIT ; visite guidée sur demande.* L'histoire de la manufacture de Tulle (la « MAT » pour ceux à qui la

MAT 49 rappelle des heures de garde, la « Manu » pour les Tullistes) remonte à la fin du XVIIe s. Elle a écrit les belles heures ouvrières de la ville. Le musée des Armes regroupe une collection unique d'armes blanches et à feu du XVIIIe s à nos jours. On peut y voir les modèles qui ont fait la gloire de la Manu et d'autres fabriques françaises, mais aussi ceux de manufactures du monde entier : du fusil à silex de 1777 au pistolet-mitrailleur de 1949-1954, la collection de 8 mm la plus complète de l'Hexagone, des fusils à percussion (certains finement ouvragés), à aiguille (le fameux chassepot), des armes automatiques. Et pour l'anecdote, une platine à silex unique de 1693 retrouvée dans l'État de New York et marquée du nom du fondateur de la manufacture, Michel Pauphile. Également des expos temporaires et des animations au rez-de-chaussée.

La visite de la ***vieille ville*** commence près de la cathédrale, par la *maison de Loyac,* avec ses fenêtres Renaissance sculptées d'animaux (avec de bons yeux : cerf, bouquetin, porc-épic...) et de figures grotesques. Nombreuses fenêtres à accolade. Deux échauguettes équilibrent l'ensemble. Bâti au XVIe s, c'est le plus beau bâtiment de la ville, évoqué par Prosper Mérimée dans l'une de ses œuvres. Remonter la rue de la Tour-de-Maïsse. Au n° 5, porte du XVe s, au n° 2, logis Renaissance. Suivre ensuite la rue Riche et ses voisines qui montent vers la colline. Plusieurs portes ouvragées et maisons à colombages. Sans vouloir se défiler, on vous redit que l'office de tourisme édite un petit plan du centre, gratuit et fort bien fait. Enfin, pour ceux qui aiment, jeter un œil à l'originale façade Art nouveau du *théâtre,* sur les quais, et aux ruelles de l'autre rive (la gauche).

LE PAYS DE TULLE

La manufacture d'accordéons Maugein *(hors plan par A4,* ***34****)* **:** *Z.I. de Mulatet. ☎ 05-55-20-08-89. • accordeons-maugein.com • ♿ À 4 km au sud, route de Brive. Visites guidées gratuites sur rdv (sf 1er-25 août et 24 déc-5 janv).*
À ne pas manquer ! Il y a eu jusqu'à quatre fabriques d'accordéons en Corrèze. Il n'en reste qu'une, Maugein, fondée en 1919. Pourvu qu'elle dure... Artistes de baloches, vedettes pailletées et rockers gavroches, tous connaissent la maison Maugein, à commencer par Jean Ségurel, le « troubadour des Monédières » qui fit l'acquisition de son premier Maugein à crédit ! Même Yvette Horner avait son Maugein. Malgré la montée en puissance des grosses sonos dans les bals populaires, et boudé un temps, le piano à bretelles bénéficie d'un certain regain grâce surtout à son utilisation dans des versions plus rock'n roll.
Aujourd'hui, Maugein emploie 14 personnes qui fabriquent et façonnent les pièces qui composent l'accordéon (entre 3 000 et 6 000), de la caisse en aulne au soufflet en carton renforcé de cuir, en passant bien sûr par « la musique », les lames d'acier qui vibrent et produisent le son. La même société employait jusqu'à 300 ouvrier en 1939 ! N'hésitez pas à déambuler dans la fabrique et à discuter avec les ouvriers. Vous trouverez toujours un artisan pour vous guider de la menuiserie à l'accordage et vous transmettre la passion qui anime les employés de la maison, dont certains accordéonistes. Et si, en sortant, vous avez envie de vous y mettre, sachez qu'un accordéon coûte de 1 650 à 10 300 €. Pas cher pour « un orchestre à lui tout seul », comme l'affirme une ancienne publicité. En partant, ne manquez pas l'expo d'accordéons anciens dans la salle SAV. Une visite instructive et délicieusement nostalgique...

Manifestations

– ***Procession de la Lunade :*** *23 juin.*
– ***Les nuits de Nacre :*** *3e w-e de sept. Infos : ☎ 05-55-20-28-28.* C'est LE festival d'accordéon du département, à ne pas manquer. Il anime Tulle avec un thème différent chaque année (chanson, musiques celte, tzigane, etc.). Concerts un peu partout.
– ***Festival Ô Les Chœurs :*** *fin oct-début nov.* Musiques actuelles, spectacles de rue et projections de films.

DANS LES ENVIRONS DE TULLE

Prendre la D 1120, que vous quitterez pour joindre ***Naves*** *(19460).* Ce banal bourg possède un chef-d'œuvre de l'art baroque. Dans l'église, on peut voir un imposant retable en noyer. Sous une toile représentant la Crucifixion, elle-même encadrée des statues de saint Paul (à droite) et de saint Pierre (à gauche), 10 tableaux sculptés dans le bois évoquent la vie de saint Pierre. Il fallut entre 6 et 8 ans aux frères Duhamel, maîtres sculpteurs à Tulle au XVIIe s, pour achever ce monument.

Ne ratez pas l'***église de Gimel-les-Cascades*** *(19800),* et éventuellement le son et lumière qui s'y déroule fin juillet. De plus, le pays est vraiment de toute beauté, idéal pour une balade verte. L'église fut bâtie avec les pierres d'une autre plus ancienne, dont une partie de la tribune est condamnée par le plafond. À gauche en entrant, une minuscule salle renferme son trésor. Outre la lugubre décoration du « plat des âmes » qui servait à certaines quêtes, on peut y voir la châsse de saint Étienne, dont les personnages sculptés semblent surgir du cuivre. Cette magnifique et émouvante pièce fut ouvragée à Limoges au XIIe s. Ce chef-d'œuvre est aujourd'hui protégé derrière une épaisse vitre car il a été volé avant d'être retrouvé. À côté, un buste-reliquaire en argent repoussé et ciselé (1440), ainsi qu'une belle custode en cuivre champlevé du XIIIe s. Autre chef-d'œuvre, le chœur orné de fresques du XIIIe s (à droite, on reconnaît l'Annonciation et, à gauche, une Crucifixion curieusement encadrée par Dieu le Père). Également, à gauche du chœur, un Christ en Croix du XIVe s et une pathétique pietà polychrome du XVe s.

À 500 m en contrebas du village, un bar donne l'accès aux fameuses ***cascades de Gimel*** *(visibles mars-oct tant qu'il fait jour).* Un chemin bien balisé passe par les trois cascades : *le Grand Saut, la Redole* et *la Queue de Cheval.* Cette dernière, qu'on longe par un étroit escalier de bois, est la plus impressionnante. Pendant une soixantaine de mètres, elle utilise les rochers pour plonger vers le *gouffre de l'Inferno.* Agréable balade de 1h, assez facile. Pas mal de monde en saison.

AUBAZINE (19190) 732 hab. *Carte Corrèze, B3*

On vient ici, souvent, pour la visite des monastères. Sinon, ce gentil petit village est intéressant pour son exceptionnel clocher et son célèbre canal des Moines. Renseignez-vous à l'office de tourisme.

UN PEU D'HISTOIRE

C'est ici, à quelques kilomètres de Brive, entre Corrèze et Coyroux, un peu en retrait de la route principale, qu'Étienne et son groupe érémitique eurent envie de se retirer au XIIe s. Ils y fondèrent non pas un, mais deux monastères : un pour les hommes (Aubazine), un pour les femmes (dans le vallon du Coyroux, 600 m plus bas). Les deux prospérèrent, exploitant une vingtaine de fermes aux vocations différentes (élevage,

ET COSETTE DEVINT COCO

À 6 ans, en 1895, Gabrielle Chanel fut abandonnée avec sa sœur à l'orphelinat religieux d'Aubazine, par son père camelot. Devenue célèbre, elle s'inspira des vitraux de l'église pour dessiner les deux « C » entrelacés qui deviendront son célèbre logo. Coco Chanel garda de son séjour chez les sœurs le goût des vêtements sobres et épurés, en noir et blanc.

viticulture...). En effet, les cisterciens devaient produire tout ce qui était nécessaire à leurs besoins. Car malgré la spécificité des deux monastères, masculin et féminin, la communauté avait été acceptée par l'ordre de Cîteaux. Mais les femmes n'allaient pas connaître l'émancipation de si tôt : il fallait, en effet, qu'elles vivent cloîtrées et en totale dépendance matérielle de ces messieurs. Néanmoins, le parler populaire en aura conclu que « qui a fille à Coyroux a gendre à Aubazine ».

Adresse utile

Office de tourisme du pays d'Aubazine-Beynat : *le bourg. ☎ 05-55-25-79-93. • pays-aubazine-beynat.fr • En hte saison, lun-sam 9h30-12h30, 14h-18h30, et dim 10h-13h ; hors saison, lun-ven, 10h-12h, 14h-17h. Point info en juil-août à* ***Beynat*** *: ☎ 05-55-29-25-06/00.* Organise des visites guidées du bourg, de l'église abbatiale *(sur résa ; 3 €).* Visite du canal des Moines en juillet-août *(4 €).* On peut y réserver des places pour les concerts de musique sacrée qui ont lieu de Pâques à Noël dans l'église. Excellent matériel touristique.

Où dormir ? Où manger ?

Hôtel-café-restaurant de la Tour (chez Lachaud) : *pl. de l'Église. ☎ 05-55-25-71-17. • hoteldelatour19@orange.fr • hoteldelatour19.com • Resto fermé lun et dim en hiver. Double avec sdb 55 €. ½ pens 70 €/pers. Formule déj en sem 19-24 € et menus 28-33 €. Apéritif offert sur présentation de ce guide.* Au cœur du village, face à la vénérable église de l'abbaye. Toutes les chambres étant au même prix, demandez à en voir plusieurs parce qu'elles sont très différentes les unes des autres ; elles sont un peu vieillottes mais désormais dotées d'écrans plasma, et l'ensemble est bien tenu. Quant au resto, le chef concocte une cuisine saine et franche, sans grandes fanfreluches mais toujours réussie. Grand choix de plats à la carte. Goûtez par exemple aux ris d'agneau braisés au porto, au suprême de turbot aux raisins ou au suprême de volaille crème de châtaigne. Et appréciez les magnifiques cheminées de 2 des 3 salles à manger.

Où dormir ? Où manger dans les environs ?

Camping-club du Coiroux : Le Coiroux. *☎ 05-55-27-21-96. • coiroux@campeole.com • camping-coiroux.com • Traverser le bourg sur 4 km en direction de Chastang, puis suivre le parc touristique de Coiroux. Ouv avr-sept ; jusqu'à mi-nov en locatif. Tarif : 20,90 € en hte saison. Mobile homes 315-1 015 €/sem.* Dans un grand parc où l'on peut pratiquer toutes sortes d'activités sportives (tir à l'arc, golf, équitation...), ce camping, bien qu'un peu cher, est irréprochable. De plus, la nuit au camping permet l'accès gratuit au lac voisin et à sa plage. Piscine. Snack en juillet-août.

Chambres d'hôtes chez Nicole et Dominique Curé : *19190* ***Palazinges.*** *☎ 05-55-84-63-44. À 4,5 km au sud-est d'Aubazines. Congés : début nov-Pâques. Double 52 €. ½ pens pour 2 pers 580 €/sem. Table d'hôtes 21 €.* Une jolie ferme tout en pierre, au cœur du village mais éminemment tranquille, perchée sur une petite colline (superbe vue d'ailleurs sur une campagne encore préservée). Chambres simplement agréables dans l'ancienne grange. Si, séduit par l'accueil, vous décidiez de rester dîner, c'est une bonne idée ! Très bonne cuisine réalisée par un chef, au gré du marché.

Chambres d'hôtes La Lupronne : *Le Mons, 19150* ***Cornil.*** *☎ 05-55-27-26-47. • lalupronne@free.fr • lalupronne.jimdo.com • À 9 km au nord d'Aubazine par la D 130 puis la D 48. Congés : déc-mars.*

Doubles 68-79 €. 10 % de remise sur la chambre en basse saison. Très bel ensemble de bâtiments (clayer, four à pain...). L'actuel nom de la maison principale, construite par un amiral de Napoléon, évoque un univers beaucoup plus poétique que celui du Ier Empire... 5 chambres lumineuses (certaines pour 3 ou 4 personnes) aménagées dans de beaux volumes, très sobrement décorées ; au sol, de bien beaux parquets d'origine. Amis des bêtes, vous serez comblés ! Amateurs de séjours à thème, « faites votre cinéma » avec Laurent, qui a travaillé sur de nombreux films, ou préparez un repas dans le four à bois du XVIIIe s, découvert et remis en état par Marie-Pascale et Laurent. Quelques circuits de balades balisées au départ de la maison ; panier pique-nique sur demande.

À voir

L'église : *tlj.* C'était l'église du monastère, donc abbatiale, devenue église paroissiale lors du démantèlement de la communauté au XVIIIe s. C'est à la même période que six de ses neuf travées ont été détruites. Mais l'amputation des deux tiers de sa nef n'a rien ôté à l'austère élégance romane de cet édifice du XIIe s. Extérieurement, on remarquera surtout le clocher, une structure qui serait unique au monde car passant du plan carré (symbole de l'humanité) au plan octogonal (symbole du divin) par un système de gradins de pierre réalisant une figure géométrique dite paraboloïde hyperbolique (ça ne s'invente pas).
À l'intérieur est conservé l'un des plus anciens meubles encore debout (ce n'est pas l'armoire du XVe s, à gauche en entrant). Dans le bras gauche du transept, au pied de l'escalier, face à des restes de fresques, la grosse armoire liturgique de chêne a été assemblée au XIIe s. Dans le bras opposé et datant du siècle suivant, la châsse de saint Étienne est aussi un gisant. Cette belle pièce a été légèrement esquintée par quelques crédules dévots qui attribuaient des vertus miraculeuses au visage de calcaire blanc du saint. À côté, quelques statues du XVe s, faisant partie d'une *Mise au tombeau* retrouvée en 1985 au monastère du Coyroux, forment encore un joli ensemble. Les magnifiques stalles sculptées du XVIIIe s méritent un moment d'attention.

L'abbaye cistercienne d'Aubazine : *rens à l'office de tourisme. Visites guidées. Entrée : 6 € ; réduc. ☎ 05-55-87-39-52. • abbaye.aubazine@sfr.fr • abbaye.aubazine.com • Elle peut toujours se visiter mais à certaines heures et sur visites guidées slt.*
La communauté qui occupait l'abbaye ces dernières années (Le Verbe de Vie) a quitté les lieux. L'abbaye est privée, gérée par une association ecclésiale. Le monastère grec melkite catholique derrière l'abbaye possède des fresques signées Juan Echenique. Comme son nom l'indique, il s'agit d'un monastère féminin catholique de rite oriental *(rens : ☎ 05-55-25-75-67).*
On visite ce qu'il reste de cet immense ensemble, encore assez imposant, le village s'est construit autour de l'abbaye (voir, plus haut, l'église) et fut démantelé aux XVIIe et XVIIIe s, à la Révolution, les trois derniers moines sont chassés. Plus récemment, les bâtiments ont abrité un pensionnat de jeunes filles tenu par les sœurs du Saint-Cœur-de-Marie, où Gabrielle Chanel, alias Coco Chanel, passa quelques années avec ses deux sœurs. Il semblerait même que la célèbre couturière fût inspirée par sa vie à Aubazine à plus d'un titre, à commencer par le choix

> **« RENDRE SON TABLIER »**
>
> *Dans les abbayes cisterciennes, le frère principal confiait quotidiennement des tâches aux frères convers, pour lesquelles on leur donnait un tablier qu'ils rendaient une fois le travail terminé. D'où l'expression qui en a découlé, et qui signifie « arrêter une tâche, un travail ».*

de deux « C » entrelacés en guise de monogramme. Le cloître n'existe plus, mais on peut voir la salle capitulaire, la salle de travail ou scriptorium, la cuisine et le vivier, qu'alimente le canal des Moines. Notez le magnifique sol en pisé de pierre d'Aubazine réalisé avec un ensemble de dessin dans l'ancien dortoir des moines, qui date du XVIIIe s.

DANS LES ENVIRONS D'AUBAZINE

Les ruines du monastère du Coyroux : *à 600 m en dessous du bourg, en direction de Palazinges.* Dans une espèce de gorge, on peut encore voir les vestiges du monastère des femmes. On notera qu'une fois encore les hommes avaient pris la meilleure place, reléguant ces dames dans un site exposé aux crues de la rivière. Il ne reste que les murs de l'église et quelques pierres éparpillées. Fondé en même temps qu'Aubazine, Coyroux fut abandonné en 1791. Des fouilles entreprises au cours des années 1980 ont permis de découvrir (outre la *Mise au tombeau* qui se trouve dans l'église) une porterie voûtée du XIIe s qui fonctionnait comme un sas. C'est par là que les moines apportaient aux moniales ce qui était nécessaire à leur survie. Chaque communauté avait sa propre porte et sa propre clé, et ainsi elles ne se croisaient jamais.

NOS AMIES LES BÊTES

Il y a fort longtemps, un abbé faisait régner la terreur sur le monastère. Exaspérés, les moines décidèrent de le jeter dans le vivier à truites. Il disparut à jamais. Épilogue : les truites sont donc carnivores. Morale : faut pas embêter les moines.

LE PAYS DE BRIVE

LE PAYS DE BRIVE

Le pays de Brive, c'est la Corrèze côté soleil, un coin de France charmant qui fait partie du Limousin parce que l'histoire en a décidé ainsi, mais qui se sent plus proche dans sa nature, et son esprit, des régions qui le bordent. Brive et tout le pays alentour, c'est déjà le Périgord, ou le Quercy pour être plus précis. Les paysages, les assiettes, le climat tirent le visiteur vers le Sud-Ouest. On est presque dans le Midi, ça se sent, et on y voit même des bananiers, c'est dire ! Loin de la rugosité du plateau de Millevaches ou des hivers des Monédières, les Brivistes, des terrasses des cafés, laissent la vie s'étirer aussi paisiblement que le cours de la Corrèze.

BRIVE-LA-GAILLARDE

(19100) 51 445 hab. *Carte Corrèze, B3*

Pour le plan de Brive-la-Gaillarde, se reporter au cahier couleur.

Au XIVe s, Brive avait déjà hérité de l'épithète « gaillarde », bravement acquise au feu. Le courage de ses défenseurs n'a depuis jamais été démenti et, encore en 1944, la ville fut la première de France à s'autolibérer.

Gaillarde certes, mais aussi sportive. Un mot sur le rugby, passion et passage obligé pour qui s'aventure par ici ! Un Briviste sur trois est licencié à un club, et le CAB, le club de rugby, fait presque l'objet d'un culte, surtout depuis sa victoire au challenge Yves du Manoir en 1996, mais aussi en Coupe d'Europe en 1997, à l'issue d'un match merveilleux contre les Anglais de Leicester. Un temps sorti de l'élite nationale, le club est aujourd'hui revenu parmi les meilleurs. Mais plutôt que d'en causer, le mieux est sans aucun doute d'aller au stade !

On pourrait aussi parler de Brive la Commerçante, avec ses belles boutiques et son marché qui illumine ses samedis matin. Ou de Brive la Gourmande, de ses Foires grasses aux foies gras, de ses canards déjà périgourdins et de ses veaux encore limousins que subliment truffes et cèpes, de ses noix, gaillardes enrobées de chocolat ou en liqueurs digestives. Ou bien de Brive la Culturelle, avec son école littéraire, sa Foire du livre. Et encore de Brive la Bourgeoise, avec son alignement d'hôtels particuliers où siègent de paisibles avocats et de prospères notaires (pléonasme).

Car Brive est une ville riche qui tranche un peu avec le reste du département, plus modestement agricole ou ouvrier. Et cette différence ne va pas sans générer certains tiraillements. Brive, « riant portail du Midi », l'exubérance méridionale étant ici bien tempérée par les rondeurs de l'aisance. Brive, où il fait bon vivre, où les prix de l'immobilier se sont envolés ces dernières années, un signe... Eh oui, Brive est une halte agréable, une petite cité de 50 000 habitants bien vivante, dynamique avec ses nombreuses animations organisées toute l'année. Bref, déjà une ville du Sud, mais qui sait accueillir ceux qui viennent du Nord.

BRIVISTES CÉLÈBRES

Même si la région est peuplée depuis fort longtemps, c'est ***Martin,*** un prêcheur espagnol devenu saint après que les autochtones l'eurent lapidé en 407, qui la fit connaître. Tout aussi tragique fut la fin du « roi de Brive », ***Gondowald,*** petit-fils de Clovis, vite assassiné par ses détracteurs dans la France naissante et anarchique du VIe s. Brive livra encore à l'histoire le cardinal ***Guillaume Dubois*** (1656-1723), précepteur du futur régent Philippe d'Orléans et son Premier ministre durant la minorité de Louis XV, qui signa une paix durable avec l'Angleterre et qu'interpréta Jean Rochefort dans *Que la fête commence,* le film de Tavernier. Brivistes également, le jurisconsulte ***Treilhard*** (1742-1810), qui fut l'un des rédacteurs du code civil, et le ***maréchal Brune*** (1763-1815), héros des guerres de la Révolution et de Napoléon, qui mourut en 1815, victime des royalistes et de la Terreur blanche.

DE L'ÉCOLE DE BRIVE...

C'est à l'issue du premier Salon du livre de Brive que Michel Peyramaure, Denis Tillinac, Claude Michelet et Gilbert Bordes se regroupèrent sous le nom de « Bande des Quatre », rebaptisée par Jacques Duquesne dans les années 1980 « l'école de Brive ». Leurs membres sont alors décrits comme des auteurs proches de la terre et de la vie provinciale, racontant des histoires d'un passé toujours vivant... Michel Peyramaure a écrit une cinquantaine de romans historiques ou d'aventure et un livre de souvenirs, dont *L'Orange de Noël, Henri IV, Jeanne d'Arc* et, plus récemment, *Le Roman des croisades.* Claude Michelet connaît un grand succès avec *J'ai choisi la terre,* puis d'autres avec *Des grives aux loups* jusqu'aux *Défricheurs d'éternité.* Quant à Denis Tillinac, directeur des éditions de La Table ronde, le plus parisien des Corréziens, il a publié une vingtaine de livres qui obtinrent de nombreux prix, dont *Le Bonheur à Souillac, Maisons de famille* et *La Corrèze et le Zambèze...* À cette Bande des Quatre, ajoutons Christian Signol, qui signa *La Rivière Espérance,* Jacques Peuchmaurd, actuel président de l'école, Colette Laussac, Yves Viollier, Martine-Marie Muller... Un mouvement qui a perdu son dynamisme d'autrefois.

... AU MARCHÉ DE BRIVE-LA-GAILLARDE

C'est en fait le plus beau monument dont puisse s'enorgueillir le pays de Brive, et même tout le pays alentour. C'est le samedi matin qu'il faut aller faire le marché à Brive. « Ici on découvre de vrais produits dénués de tous ces chichis qui distraient les papilles... Les légumes ont le bon brut du jardin, les viandes sentent bon leurs herbages sauvages, les fruits dégagent d'authentiques fragrances et séduisent, amusent, enchantent les palais les plus désabusés. » Difficile pour nous de ne pas citer le plus gourmand des routards, adepte du mouvement *slow food*, qui a trouvé à Brive son paradis des gourmets.

UNE CHANSON POLITIQUEMENT INCORRECTE !

Hécatombe, *chanson culte de Georges Brassens qui popularisa le marché de Brive et dont on se délecte à rappeler quelques passages : « Au marché de Briv'-la-Gaillarde – [...] quelques douzaines de gaillardes – se crêpaient un jour le chignon [...] Les gendarmes mal inspirés – vinrent pour tenter l'aventure – d'interrompre l'échauffourée [...] C'est un usage bien établi – Dès qu'il s'agit d'rosser les cognes – tout le monde se réconcilie [...]. » Le reste est à l'avenant, truculent et irrévérencieux, exprimant avec poésie et humour la traditionnelle verve populaire antireprésentants de l'ordre. Depuis, on a fait pire, mais rarement aussi bien écrit...*

Si tous les auteurs de romans et d'essais en tout genre se donnent rendez-vous à la Foire du livre, en novembre, ce n'est pas un hasard. Pour oublier l'arrivée des jours gris, ici, on ne connaît qu'une recette, enfin, plusieurs, car chacun a sa façon de vous préparer un foie gras aux figues ou un confit servi avec des cèpes et un vin du Saillant ou un mille-et-une-pierres.
Si d'autres villes osent à peine mettre en avant le mot gastronomie, trop galvaudé de nos jours, Brive, cette gaillarde, se réjouit de voir des jeunes chefs revenir au pays, pour redonner du croustillant au porc cul noir ou du moelleux au veau de lait sous la mère, pour travailler à leur façon, apprise chez les grands, légumes, pommes et cabécous, noix, châtaignes, truffes, champignons, moutarde violette...
Pour ceux qui veulent rapporter un souvenir plus durable que des produits du marché, un très beau livre réalisé par une douzaine de photographes est disponible à l'office de tourisme voisin.

Arriver – Quitter

En train

Gare SNCF *(hors plan couleur par A3) : av. Jean-Jaurès. ☎ 36-35 (0,34 €/mn) ou 05-55-18-41-16. • sncf.com •* Trains pour et depuis Toulouse, Lyon, Bordeaux, Paris, plus dessertes régionales.

En avion

✈ ***Aéroport Brive-Vallée de la Dordogne*** *(hors plan par A2) : ☎ 05-55-22-40-00. • aeroport-brive-vallee-dordogne.com • Situé à 15 km au sud de Brive (autoroute direction Toulouse – 15 mn du centre-ville de Brive).*

➢ Brive-Paris avec *Airlinair,* 3 vols/j.

➢ Brive-Londres City avec *CityJet,* tte l'année, 2 vols/sem Brive-Londres Stanted avec *Ryanair* avr-oct.

➢ Brive-Amsterdam avec *CityJet,* en saison.

➢ Brive-Porto avec *Europeairpost.com,* juil-août.

■ **Compagnie HOP ! :** • hop.fr •
■ **Compagnie Cityjet :** • cityjet.com •
■ **Compagnie Ryanair :** • ryanair.com •

Adresses et infos utiles

Office de tourisme (plan couleur B1) **:** pl. du 14-Juillet. ☎ 05-55-24-08-80. • brive-tourisme.com • Également un site commercial • brive-100-gaillarde.com • Dans un ancien château d'eau qui ressemble à un phare (lire « Le marché de Brive et son phare » dans la rubrique « À voir »). Juil-août, lun-sam 9h-19h, dim et j. fériés 15h-19h ; avr-juin et sept, lun-sam 9h-12h30, 13h30-18h30 ; oct-mars, lun-sam 9h-12h, 14h-18h. Une équipe particulièrement dynamique et un très bon accueil. Plan de la ville offert. Édition d'un excellent guide gratuit et de descriptifs de randos autour de Brive (600 km de sentiers !). Visites guidées de la ville de mi-juin à mi-septembre et à Noël sur résa ; ou bien souscrire aux services *Cité Pack* (système audio pour visiter le centre ancien). Également visite de nuit aux flambeaux. Forfaits intéressants pour des séjours avec avion et hôtel ou si vous venez voir jouer le club de rugby local !
Fait aussi central de réservation de meublés, chambres d'hôtes et location de vacances, location de VTT, etc. Juste à l'extérieur de l'office, une borne interactive d'information sur les hôtels accessible 24h/24 ; disponibilités à partir de 17h30.

@ **Wifi gratuity :** aux abords de l'office de tourisme de Brive et aussi en centre-ville, rue Toulzac et av. de Paris.

✉ **Poste** (plan couleur B3) **:** pl. Winston-Churchill. ☎ 05-55-18-33-10. Également 23, bd Anatole-France.

Taxis : devant la gare et à l'aéroport. ☎ 05-55-24-24-24.

Où dormir ?

Bon marché

Auberge de jeunesse (hors plan couleur par B2, **10**) **:** 56, av. du Maréchal-Bugeaud. ☎ 05-55-24-34-00. • brive@hifrance.org • hihostels.com • ♿ (2 chambres). Près du parc Monjauze, à 5 mn du centre-ville. Fév-nov, réception ouv 8h-12h, 14h (18h w-e et j. fériés)-22h ; ferme à 21h en mars. Fermé de mi-déc à mi-janv (sf résa de groupe). Carte de membre de l'année en cours (payante) obligatoire. Nuitée 14,90 €/pers. Située juste à côté de la piscine, la bourgeoise bâtisse, où se trouve la réception, abrite quelques chambres et 2 salles de restaurant. Les autres chambres (78 lits en tout) se répartissent dans les annexes. Chambres de 2, 3 et 4 lits, très propres, avec ou sans sanitaires. Draps en location. Outre la voisine piscine (pour laquelle on a des réducs), une table de ping-pong, une salle de TV, une cuisine à disposition, un accès Internet et un garage à vélos complètent l'équipement.

Prix moyens

Hôtel L'Andréa (hors plan couleur par A3, **11**) **:** 39, av. Jean-Jaurès. ☎ 05-55-74-11-84. 📱 06-17-53-16-87. • hotelandreabrive@gmail.com • hotel-andrea.fr • Double 55 €. Tout près de la gare, voici un petit hôtel à l'ancienne avec 16 chambres rénovées. C'est de bon goût, même si l'insonorisation n'est pas des plus performante dans ces vieux immeubles. Fait aussi table d'hôtes en semaine (cuisine italienne, comme la patronne, ou bien paella). Accueil cordial et bonne atmosphère de quartier, notamment au bar où l'on prend le petit déj.

Hôtel Le Coq d'Or (plan couleur B3, **12**) **:** 16-18, bd Jules-Ferry. ☎ 05-55-17-12-92. • hotel.lecoqdor.brive@free.fr • marc.belacel@wanadoo.fr • hotel-coqdor.com • Double 65 € ; familiale 88 €. Petite restauration possible le midi (sf lun) au bar-tabac Le Conti juste à côté. Apéritif maison offert sur présentation de ce guide. Sur une place plutôt passante,

8 chambres décorées de toile de Jouy et de mobilier à l'ancienne, chiné dans les brocantes. Toutes les chambres ont téléphone, TV satellite, toilettes séparées et clim. Les familiales ont une douche et une salle de bains. Accueil charmant.

La Crémaillère *(plan couleur A1, **16**) : 53, av. de Paris. ☎ 05-55-74-32-47. • hotel.restaurant-la.cremaillere@wanadoo.fr • lacremaillerebrive.fr • Hôtel et resto fermés dim, mer midi, lun midi et 15 derniers j. de déc. Double 62 € ; ½ pens 77,75 €. Menus 23 et 39 €. Garage fermé 6 €. Café offert sur présentation de ce guide.* 8 chambres simples, dont certaines rénovées. Une bonne escale côté papilles, puisque le chef est passé dans des cuisines renommées. Croustillant de veau du Limousin et autres plats du marché qui vous feront saliver. Également des tables en terrasse, disposées autour d'un gros tilleul. Atmosphère sympathique. Pour les gourmets, le grand marché de Brive se tient juste à côté, le samedi matin.

Le Chapon Fin *(plan couleur B3, **14**) : 1, pl. de-Lattre-de-Tassigny. ☎ 05-55-74-23-40. • contact@lechaponfin.com • chaponfin-brive.com • Restaurant fermé sam midi et dim. Double 69,50 € ; petit déj 8 € (beau buffet). Menus 15,90-20 € (le midi slt). Le soir, menus 24-29 €. Parking privé. Café offert sur présentation de ce guide.* Hôtel entièrement rénové et fort bien placé en ville. Patronne aimable et souriante. Cadre plaisant, chambres de bon confort. Pas mal d'entre elles donnent sur le parc. Bonne restauration sur place.

Hôtel Le Collonges *(plan couleur B3, **13**) : 3-5, pl. Winston-Churchill. ☎ 05-55-74-09-58. • contact@hotel-collonges.com • hotel-collonges.com • Ouv tte l'année.* Un charmant hôtel joliment rénové, qui a pourtant joué de malchance car il a brûlé juste avant sa réouverture... désormais retardée. Réouverture prévue début 2015. La façade banale pourrait être celle d'un un hôtel de chaîne. Les chambres, également, plutôt standardisées et bien équipées. Mais l'accueil très gentil et l'ambiance doucement familiale emportent l'adhésion. Attention, toutefois, aux chambres côté place, le week-end quand les bars font le plein... Bon accueil et bon rapport qualité-prix.

Chic

Le Logis des Pénitents Blancs *(plan couleur B2, **18**) : 4, pl. La Treille. ☎ 05-55-22-58-49. • gerard.montagnon2@orange.fr • Double 75 €. Parking privé sur demande.* Un hôtel particulier des XVIIe et XVIIIe s en face de la collégiale Saint-Martin. L'appartement, au 2e étage, était la salle de réunion des Pénitents Blancs, ce qui explique les sculptures au plafond du salon. Ici a vécu la maîtresse de Francis Poulenc, qui a composé certaines œuvres entre ces murs. Chambre spacieuse avec un décor Arts déco, grande salle d'eau avec une douche à l'italienne. Le petit déjeuner est pris soit dans la grande salle, devant un feu de bois, soit sur la petite terrasse. Le propriétaire est un passionné de musique, et sa compagne architecte, ce qui explique l'atmosphère assez unique qui règne ici. Curieux de tout, Gérard Montagnon envoie ses hôtes dans des lieux qu'il aime, souvent hors des sentiers battus, et se fait un plaisir d'aller chercher les voyageurs qui arrivent par le train à la gare SNCF.

Chambres d'hôtes Le Domaine du Breuil *(hors plan couleur par A3, **17**) : 10, rue Albert-Thomas. ☎ 05-55-23-33-61. • noizatgerard@orange.fr • domainedubreuil.com • Suivre la direction gare SNCF puis prendre le bd Clemenceau ; au 2e feu, prendre à droite l'av. Alsace-Lorraine, puis la 3e rue à droite ; au stop, poursuivre tt droit, franchir le passage à niveau, passer sous un petit pont, 1re à gauche puis 1er chemin à droite, vous y êtes ! Suite familiale 75 € pour 2 pers. Compter 85-100 € selon saison dans la roulotte. Plateau-repas 18 €. Apéritif offert sur présentation de ce guide.* Jolie maison au cœur d'un grand jardin, où il est presque impossible de croire que la ville est à 2 mn. Dans une petite dépendance, suite familiale pour 2 à 5 personnes très agréable avec meubles de brocante et photos sépia. Pour les amateurs de voyages immobiles, une roulotte de bois éclatante de couleurs (et tout confort). Kitchenette à disposition ou plateau si vous ne voulez pas dîner en ville. Piscine. Accueil pétillant.

Plus chic

Hôtel-restaurant La Truffe Noire (plan couleur B2, **15**) : *22, bd Anatole-France. ☎ 05-55-92-45-00. • contact@la-truffe-noire.com • la-truffe-noire.com • Doubles 125-160 € ; petit déj 14 €. Formule déj en sem 20 €, menus 30-40 €. 2 places de parking (garage clos). 10 % de remise sur le prix de la chambre sur présentation de ce guide (hors juil-août).* Hôtel bien situé dans la vieille ville et en même temps préservé du bruit. Une vingtaine de chambres de grand confort et climatisées. Certaines avec poutres. Ameublement cossu rénové « à l'ancienne », on précise, pour les amateurs de design, qui pourraient être déçus. Resto réputé avec une originalité : les menus en trilogie (3 saveurs différentes dans la même assiette sur le même thème). Assez cher, ça va de soi. Ça reste très classique avec cependant une petite touche perso... Grande terrasse.

Hôtel Le Quercy (plan couleur B1, **19**) : *8 bis, quai Tourny. ☎ 05-55-74-09-26. • hotel.lequercy.brive@wanadoo.fr • hotelduquercy.com • Doubles 120-150 € selon confort et saison. Parking public payant juste en face. 10 % de remise sur le prix de la chambre sur présentation de ce guide (hors juil-août).* Hôtel idéalement situé si l'on vient à Brive pour le marché puisque juste en face, ce qui oblige à se lever au chant du coq, forcément, ce jour-là, même si la cinquantaine de chambres, entièrement rénovées, sont aussi bien insonorisées que climatisées. Couleurs zen ou toniques, selon les goûts, on passe même du noir et blanc au fuchsia, l'ensemble a été revu selon les goûts de l'époque, on fait dans le classique contemporain, déjà. Mêmes propriétaires que la *Truffe Noire* : confort, accueil, avec espace fitness et détente, comme il se doit.

Où manger ?

Très bon marché

Le **marché de Brive** avec ses nombreux marchands de bouche est une mine pour remplir son panier et partir pique-niquer dans la campagne environnante. Parmi les maisons à ne pas manquer, la charcuterie Bach, entreprise familiale traditionnelle bien connue pour ses salaisons séchées au séchoir traditionnel en bois.

De bon marché à prix moyens

Le Bistrot du Brune (plan couleur A1, **21**) : *13, av. de Paris. ☎ 05-55-24-00-91. Fermé lun soir en hte saison et mar soir tte l'année, ainsi que dim et j. fériés. Congés : 2 sem en sept et 1 sem début janv. Formule déj 12,50 € (lun-ven) ; carte env 20 €.* Ce bistrot contemporain à la jolie façade se trouve face à la place principale de Brive, où se déroule le célèbre marché. On y inscrit à l'ardoise plein de petits plats pas trop chers et tous plus tentants les uns que les autres : salade périgourdine, andouillette de canard à la moutarde de Brive, tête de veau sauce gribiche... Carte de vins locaux à prix doux. Une bien bonne adresse et un excellent accueil : pas cher, pas bégueule et où l'on mange bien, ce qui est parfois difficile à concilier à Brive ! Terrasse aux beaux jours.

Chez les Frangins (plan couleur A3, **29**) : *1, rue Saint-Grégoire. ☎ 05-87-49-78-13. Ouv midi et soir mar-sam. Résa préférable le w-e. Formules 8-14 €, assiettes de fromages (6-12 €) ou charcuterie (5-10 €), tartines 6-8,50 €.* Bar à vins niché dans une petite ruelle, repris par Maxence et Paul, deux frangins passionnés. Côté solides : des tartines et des assiettes de charcuterie ou de fromages. La carte des vins est intéressante, et une douzaine de crus sont proposés au verre. On peut y prendre l'apéro, y dîner ou prolonger une soirée dans la cave, lové dans de confortables canapés. Une poignée de tables dehors également.

|●| *La Pause Feuilleté* *(plan couleur A2,* ***20****) : 32, rue de Corrèze. ☎ 05-55-84-32-36. ♿ Tlj sf lun soir et dim. Congés : 2 sem fin août. Plat du jour 8,50 € le midi ; menu 12,50 € ; carte 20 €.* Dans une vieille maison de l'ancienne ville, un petit resto sans prétention dans lequel on s'arrête avec plaisir. La clientèle apprécie les copieux feuilletés au confit, aux coquilles Saint-Jacques, au gruyère... spécialités de la maison, mais aussi les grosses salades et le plat du jour bon marché le midi, propres à satisfaire les plus gros appétits. Accueil parfois haut en couleur. Jolie cave voûtée en pierre et une poignée de tables en terrasse.

|●| *Le Grain de Sel* *(plan couleur B3,* ***22****) : 6, bd Puyblanc. ☎ 05-55-24-06-22. • legraindesel19@wanadoo.fr • Tlj sf dim-lun et j. fériés. Congés : Noël, Pâques et Toussaint. Formule déj en sem 14,90 € ; menus 23-34 € et carte 34 €. Café offert sur présentation de ce guide.* Clientèle 25-35 ans. Aux beaux jours, une des terrasses en ville les plus courues. De grands arbres et quelques parasols, au cas où le soleil ferait du zèle. Cuisine classique avec néanmoins une touche de modernité pour justifier son côté tendance. Spécialités : bonnes viandes *a la plancha* ou *parillada* de poisson.

|●| *Amédélys* *(plan couleur A2-3,* ***27****) : 9, rue de l'Hôtel-de-Ville. ☎ 05-55-74-42-09. ♿ Tlj sf dim et lun. Formule déj 12 € ; menus 19-32 €. Café offert sur présentation de ce guide.* Un genre de brasserie où les banquettes de moleskine seraient remplacées par des chaises design et les serveurs quinquas en tablier par des jeunes gens en jeans et polos. Au déjeuner, c'est une bonne petite cuisine pleine de fraîcheur, au gré du marché. Le soir, des plats joliment inventifs et gentiment facturés. Vins tout aussi abordables. Une adresse largement plébiscitée.

|●| *L'Instant Basque* *(plan couleur B1,* ***24****) : 21, promenade des Tilleuls. ☎ 05-55-23-15-56. Tlj sf dim 10h30 (9h sam)-14h30, 17h-1h30. Formule déj 19,50 €.* Face au célèbre marché, un resto simple, plein à craquer midi et soir, et qui fait mouche avec ses... spécialités basques (jambons serrano et bellota, Txistora artisanale, gâteau basque maison...). Également du poisson frais, selon arrivage et, pour les inconditionnels viandards, de beaux morceaux issus d'élevages de race limousine. Tout cela accompagné d'une petite sélection de vins du Sud-Ouest et espagnols qui ne vous ruineront pas. Beaucoup de monde et ambiance festive, en particulier le samedi, jour de marché.

|●| *L'Univers* *(plan couleur A1,* ***30****) : 32, av. de Paris. ☎ 05-55-74-34-06. • sarl manalose@orange.fr • ♿ Tlj sf dim ; 7h-20h. Congés : 2 sem en oct-nov et 1 sem à Noël. Plat du jour le midi env 8 € ; formule 13 € ; carte env 20 €.* Entre le théâtre municipal et le pont Cardinal, cet ancien repaire de supporters de rugby est devenu une brasserie conviviale où l'on se rue le midi sur les joues de bœuf en sauce ou la volaille du jour (la mique et le petit salé, le jeudi, en hiver !). Fraîcheur et qualité au menu. Viande limousine et andouillette pour ceux qui ne craignent pas les bouffées de chaleur. Service souriant, rapide et discret.

|●| *Bistrot Brassens* *(plan B1,* ***17****) : place du 14-Juillet ☎ 05-55-24-41-61. • contact@bistrotbrassens.fr • Ouv ts les midis, plus jeu, ven et sam en soirée. Fermé dim sf juil-août. Formules déj à partir de 13 €. Vin au verre 3 €.* Un esprit pur bistrot proposant une cuisine de saison alliant fraîcheur et qualité des produits issus directement du marché. Pas de carte donc, mais des suggestions du jour uniquement. Le soir, vous pouvez y déguster une belle pièce de viande, ou des planches de « gaillardises » à base de canard ou d'oie. Le vendredi soir, le poissonnier du marché propose des plateaux de fruits de mer. Service en terrasse sur la trépidante place du 14-Juillet ou sous la halle, les jours de marché. Bonne ambiance, bon esprit.

De prix moyens à chic

|●| *Chez Francis* *(plan couleur A1,* ***26****) : 61, av. de Paris. ☎ 05-55-74-41-72.*

• *contact@chezfrancis.fr* • ♿ *Tlj sf dim-lun et certains j. fériés. Résa conseillée. Plat du jour le midi 9,50 € ; menus 18-27 € ; carte env 52 €.* Sans doute l'adresse la plus connue de cette gaillarde ville. En témoignent les flatteries inscrites sur les murs, les caricatures de célèbres dessinateurs et les élogieuses critiques publiées par des guides concurrents et néanmoins amis. Réservation quasi obligatoire si vous voulez pénétrer dans cette belle maison qui se donne des allures chic de brasserie d'avant guerre. Voici de la cuisine bien pensée, bien exécutée et joliment présentée. Viandes fabuleuses labellisées du Limousin.

|●| ***En Cuisine*** *(plan couleur B3,* ***32****) : 39, av. Édouard-Herriot.* ☎ *05-55-74-97-53. Tlj sf sam midi, dim soir (et midi 15 juin-15 sept), lun et certains j. fériés. Congés : 20 juil-10 août. Résa conseillée le soir. Formule plat-dessert 21,90 € ; menus 24-39,90 €.* Nicolas Eche fait partie de ces jeunes chefs un peu fous qui quittent un jour l'univers des grandes tables pour ouvrir leur propre établissement, à l'écart des foules. Retour au pays, et au plaisir de cuisiner, sans tricher. Goûtez sa rouelle de pied de cochon, un mélange de moelleux et de croustillant, clin d'œil au passé et en même temps plat dans l'air du temps. Cuisine du goût, du moment, réalisée par un amoureux des produits et du travail bien fait. Cadre et atmosphère encore un peu trop sérieux, mais faut dire qu'ici personne ne chôme. Terrasse cachée pour prendre le temps et le soleil.

|●| ***La Toupine*** *(hors plan couleur par A1,* ***25****) : 27, av. Pasteur.* ☎ *05-55-23-71-58. Tlj sf dim-lun. Congés : 15 j. en fév et les 3 dernières sem d'août. Formules déj 14,50-21,50 €, menus 30-43 € et carte (env 40 €).* Dans leur petite maison au décor épuré, ce Clermontois et son épouse briviste ne font pas de bruit à l'ombre de leur terrasse couverte de vignes. Cuisine sereine, sans excentricité mais ensoleillée par des notes méditerranéennes qui accompagnent des classiques finement revisités. L'originalité se trouve plutôt dans les garnitures et la présentation des mets. Aux beaux jours, petite terrasse qui a le mérite d'exister, même si on l'aurait préférée un peu en retrait de la rue. Une bonne maison.

|●| ***Le 4*** *(plan couleur A2,* ***31****) : 4, rue Majour.* ☎ *05-55-87-41-80.* • *contact@restaurant-le-4.com* • *Fermé dim. Formules déj 13-18 €, menu régional 28 € le soir (dernière commande à 22h) ; menu-carte 30-35 €.* Un cadre moderne et chaleureux dans des tons dans l'air du temps, où les tables ont été réparties dans différents petits espaces assez intimes. Pascal Cavé se met en quatre pour faire vivre sa maison, à toute heure ou presque. Dans l'assiette, une cuisine thématique de différentes régions du Sud-Ouest (périgourdine, basque ou catalane), plats mijotés de viande ou de poisson. En dehors des repas, on peut aussi s'y arrêter dans l'après-midi, le temps d'avaler un bon dessert accompagné d'un sirop naturel de cactus ou de violette, ou une glace. Également une terrasse sur la rue.

|●| ***Le Bistrot Chambon*** *(plan couleur A3,* ***23****) : 8, rue des Échevins.* ☎ *05-55-22-36-83.* • *bistrot.chambon@yahoo.fr* • ♿ *Tlj sf dim, lun et j. fériés. Résa conseillée. Formules plat du jour le midi mar-sam 12,50-19,50 € ; formule dîner 29,50 € ; carte env 35 €.* Sans doute l'adresse la plus intéressante du moment, pour qui cherche une brasserie gastro dans l'air du temps. Cuisine traditionnelle sur fond de décor d'une modernité sans prétention, réalisée par l'équipe du *Pont de l'Ouysse,* une des plus belles adresses gastronomiques que l'on puisse trouver dans le Lot (c'est pas si loin). Toute la famille Chambon se relaie pour diriger les cuisines du bistrot, qui propose chaque jour un vrai bon plat du jour et s'amuse à remettre à la carte des plats comme les pieds de porc farcis ou le foie de veau.

|●| ***La Table d'Olivier*** *(plan couleur A2,* ***28****) : 3, rue Saint-Ambroie.* ☎ *05-55-18-95-95. Ouv mer soir-dim soir. Résa indispensable. Menu déj 24 € (sf w-e), puis 39-57 €.* Ne cherchez pas Olivier : le chef s'appelle Pierre Neveu, et sa discrète épouse, Fanny, chef pâtissière à l'origine de tous les desserts (siouplaît !), œuvre au service. Jolie petite salle aux murs de pierre et poutres, et des tables bien espacées. Excellente

cuisine de saison, raffinée et personnelle, soigneusement présentée, avec une nette prédilection pour les produits locaux. La formule déjeuner donne déjà un excellent aperçu du savoir-faire indéniable du chef, récompensé récemment par une étoile ! À juste titre.

Le Living *(plan couleur B3, **33**) : 15, av. Alsace-Lorraine. ☎ 05-55-24-26-55. • leliving-brive@orange.fr • Ouv midi et soir, tlj sf dim et j. fériés. Menus 26-49 €.* Derrière un nom et une déco un poil modeux (lumières – très – tamisées, musique) se cache en réalité une bien bonne adresse gérée par une équipe au taquet. Accueil attentionné et service soigné pour une cuisine particulièrement fine et inventive déclinée de façon humoristique : « il était une "foie" » est une crème de chou-fleur au foie gras, « eggxitting » une brouillade d'œufs aux truffes... Une carte bien alléchante qui fait la part belle aux produits de terroir. Agréable jardin-terrasse pour roucouler les soirs d'été devant un fondant burger de veau revisité, spécialité de la maison. Excellent baba au rhum pour finir. Et bar à l'étage où il n'est pas rare que les dîners se prolongent de façon festive. N'en jetez plus ! Une adresse qui dénote bien dans le paysage brivois.

La Crémaillère *(plan couleur A1, **16**) :* voir plus haut la rubrique « Où dormir ? ».

Restaurant La Truffe Noire *(plan couleur B2, **15**) :* voir plus haut la rubrique « Où dormir ? ».

Où dormir ? Où manger dans les environs ?

Voir aussi nos bonnes adresses dans le Causse, au sud-ouest de Brive, un peu plus loin, et au nord de Brive (dans le chapitre « La vallée de la Vézère, de Brive à Uzerche »).

Bon marché

Chez Jeanne : *le bourg, 19270* ***Sainte-Féréole.*** *☎ 05-55-85-74-11. À la sortie du village en direction du cimetière. Tlj au déj. Résa préférable. Menu 12 € (+ 1 € pour le café).* Une institution dans le village que cette auberge de campagne qui fait le plein tous les midis. Alors que « la » Jeanne s'affaire en cuisine, ouvriers et gens du cru saucent leurs assiettes garnies de bons plats de ménage : saucisse-pois cassés, hachis Parmentier... Menu unique archicomplet de la soupe au dessert en passant par le fromage. Possibilité de plats typiques régionaux (mique...), sur commande, le week-end. Une expérience !

Prix moyens

Auberge des Vieux Chênes : *31, av. Honoré-de-Balzac, 19360* ***Malemort.*** *☎ 05-55-24-13-55. • aubergedesvieuxchenes@wanadoo.fr • auberge-des-vieux-chenes.com • À 3 km à l'est du centre de Brive par la N 121, vers Beynat. Ouv tte l'année, tlj sf dim et j. fériés. Doubles 68-73 € ; ½ pens 60 €/pers. Formule 17 € en sem ; menus 25-36 € ; carte env 55 €. Garage clos payant. Réduc de 10 % sur le prix de la chambre sur présentation de ce guide.* Ce café-tabac-hôtel-restaurant de bord de route a tout de l'adresse banale... à priori, jusqu'à ce qu'on vous donne la carte. Là, vous découvrez une cuisine de terroir réellement inventive, avec un léger accent exotique. Les chambres ont été rénovées récemment. Dotées de tout le confort moderne, elles s'apparentent un peu à celles d'un hôtel de chaîne en moins cher. Terrasse protégée.

Chic

Chambres d'hôtes La Grange de Clémence : *Berchat, 19270* ***Sainte-Féréole.*** *06-03-25-95-60. • lagrangedeclemence@sfr.fr • lagrangedeclemence.com • Suivre la D 1089 direction Malemort puis la D 44 direction Sainte-Féréole. Faire 2 km. À gauche, direction Berchat. Double 95 €. Suite 140 €. Dîner sur résa 25 € tt compris.* Marie-Christine Chevalier a transformé la ferme familiale lorsque les hasards de la vie l'obligèrent à boucler boutique, en ville. Au rythme où

LE PAYS DE BRIVE

elle a entrepris les travaux, on trouvera bientôt ici un vrai hameau de charme, avec piscine devant chaque gîte, prairie, coin enfants, etc. Une chambre indépendante qui vous fera craquer, et une autre, qui peut se transformer en suite familiale, spacieuse, lumineuse. Une hôtesse tonique, un lieu idyllique.

Résidence de tourisme Les Collines de Sainte-Féréole : *Goursat, 19270* ***Sainte-Féréole.*** *☎ 05-55-92-43-50. • contact@residencelescollines.com • residencelescollines.com • Compter de 335-1 110 €/sem et 156 € pour un gîte de 4-8 pers. Résa du sam au sam en juil-août. Remise de 50 € pour 1 sem de loc sur présentation de ce guide.* Une résidence typiquement atypique, 4 étoiles écolabellisées, pour des vacances zen, nature, et en famille ! 25 gîtes enterrés à flanc de colline et disséminés sur 4 ha, sans vis-à-vis. Aucun véhicule à moteur ne circule sur le site. Des écogîtes, construits en béton brut, avec cuisine équipée, TV TNT et terrasse privative. La piscine commune est, quant à elle, chauffée par énergie solaire. Boutique de produits locaux : noix croquantes et jus de pomme pur jus corrézien, la bière brune de Donzenac, qui se marie très bien avec le cabécou... En été, activités gratuites sur le site avec des locaux généreux et passionnés, comme la balade à dos d'âne avec Serge et Ginette.

Où boire un bon café ?

Le Café Bogota *(plan couleur B2,* ***34****) : 1, rue du Colonel-Faro. ☎ 05-55-18-06-12. • cafebogota.fr •* Brûlerie corrézienne, maître torréfacteur depuis 1930. Incontournable pour les amateurs de cafés aux saveurs uniques à savourer en salle ou en terrasse... Belle sélection de thés aussi. Vente d'objets et gourmandises.

Où boire un verre ? Où sortir ?

Post' Café *(plan couleur B3,* ***39****) : 33, rue Gambetta. ☎ 05-55-17-70-36. • nicolapostcafe@wanadoo.fr • Tlj sf dim et lun soir, 7h30-minuit min (voire 1h, et jusqu'à 2h le w-e). The place to be* à Brive, le temps d'un verre... ou plus, en terrasse. Plusieurs copropriétaires ; certains sont rugbymen professionnels (l'un d'eux joue d'ailleurs à Brive). Ambiance animée. Également une carte brasserie au déjeuner, plutôt réussie *(plat 8 € ; formule 12 €)*.

Café de Paris *(plan couleur A1,* ***37****) : 11, av. de Paris. ☎ 05-55-24-29-57. • leparis19@wanadoo.fr • Mar-sam 8h-2h, et dim 19h-2h en été. Congés : avr et oct. Plat du jour 8 € ; formule déj 12 € ; carte env 5-12 € ; tapas jeu-sam.* Un bar en apparence banal, certes, mais un QG depuis 3 générations. Le papa de Philou, l'actuel et souriant patron, était même surnommé « le maire de la Guierle », surnom de la plus grande place de Brive, juste en face, où se déroule le marché local ! Ici, ça brasse sans conflits de générations, et pas seulement de la bière. 2 grands écrans plats pour le sport. Un incontournable. Petite restauration.

Le Majour *(plan couleur A2,* ***35****) : 18, rue Majour. ☎ 05-55-24-21-73. Tlj sf dim 9h-23h.* Dans la vieille ville, à deux pas de l'église, un petit bar peuplé d'une clientèle hétéroclite mais plutôt jeune, rock et cool. Belle terrasse en été et salle sur 2 niveaux, décorée comme l'arrière d'un galion. Grand choix de cocktails maison. Petite restauration le midi.

Boîtes de nuit

Pour les noctambules irréductibles, signalons le parcours du parfait Briviste en goguette. « Le mercredi, c'est *Cardi* ! », comme on dit par ici, à savoir la boîte ***Le Cardinal*** *(35, av. Maillard ; ☎ 05-55-24-26-72).* Décor classique, mais ambiance particulièrement animée ce soir-là (et d'autres soirs aussi...), avec une clientèle principalement quadragénaire (on dit « 3e âge » ici !). Les autres soirs, on vise plutôt le ***Selekt*** *(1, av. Ribot ; ☎ 08-99-19-05-02).* Une toute petite discothèque d'une capacité de 150 personnes max, réservée aux plus de 21 ans, qui se démarque de ses voisines par son cadre atypique (mezzanine avec piste de danse en sous-sol, et entièrement équipée pour les personnes à mobilité réduite). Musique des années 1980 à nos jours en passant par les sons latino et afro. Enfin, le samedi, on va généralement à ***La Charrette*** *(33, av. Ribot ; ☎ 05-55-87-65-73 ; entrée payante).* De facture classique : 2 salles superposées, peuplées d'une clientèle jeune et un peu chic.

Où acheter de bons produits ?

Chocolaterie Éric Lamy *(plan couleur A2,* ***44****) : 5, rue de l'Hôtel-de-Ville. ☎ 05-55-18-91-26. Lun 14h30-19h ; mar-sam 9h-12h, 14h-19h (horaires magasin). Visite du laboratoire jeu à 15h en été ; entrée 3 €.* Des vitrines pleines à craquer de chocolats, histoire d'arracher n'importe quelle personne raisonnable à ses bonnes résolutions. Chocolats praliné noisette, pâte d'amandes, orange, macarons... et une fontaine de chocolat qui déverse inlassablement son or noir dans des moules. Amusant d'ailleurs de voir les artisans œuvrer derrière les grandes baies vitrées.

La maison Denoix *(plan couleur A3) : 9, bd du Maréchal-Lyautey. ☎ 05-55-74-34-27. • denoix.fr • ♿ Mar-sam 9h-12h, 14h30-19h ; juil-août et déc, ouv lun.* Liqueurs aux noix de la région et aromatisées, vin de noix. Que de beaux flacons à rapporter ! On y trouve également la célèbre moutarde de Brive à la violette, réhabilitée par la maison. Voir aussi plus bas la rubrique « À voir ».

À voir

La vieille ville : aujourd'hui, un boulevard de ceinture la délimite, reprenant le tracé d'anciennes murailles. Partiellement piétonne et plutôt bien rénovée, la vieille ville, dont les rues étroites convergent en direction de la collégiale, respire une certaine aisance, et les portes des hôtels particuliers sont bien closes. On y remarquera, à droite de la collégiale, quelques maisons des XVe et XVIe s autour de la place Latreille, une tour octogonale peuplée de gargouilles, dite tour Saint-Martin, et, dans la rue voisine des Échevins, une tour Renaissance du même nom. Promenade agréable, que l'on pourra poursuivre jusqu'à l'hôtel de ville, installé dans l'ancien collège des Doctrinaires du XVIIe s. Et n'ayez pas peur de vous perdre ; ce vieux centre mesure 400 m de diamètre.

La collégiale Saint-Martin *(plan couleur A-B2) :* son clocher, néo-quelque chose, du XIXe s, est l'épicentre de la vieille ville. Il ne reste que quelques traces (transept, coupole centrale...) de la construction romane, qui fut édifiée à l'emplacement où saint Martin aurait été lapidé. Une petite crypte, au milieu de la nef, permet de voir les vestiges de la toute première église du VIe s, construite peu après l'événement. Largement modifiée au fil des siècles et aujourd'hui un peu trop proprette, cette collégiale n'est pas inoubliable. À noter quand même, les chapiteaux du chœur représentant le style roman auvergnat avec des motifs décoratifs d'entrelacs et de feuilles d'acanthe, des griffons et des aigles affrontés. Certains illustrent des scènes de la Bible, comme Samson terrassant le lion ou David et l'ange exterminateur. Belle cuve baptismale monolithique du XIIe s en grès et intéressant candélabre du XIVe s.

La chapelle Saint-Libéral *(plan couleur A2) :* érigée en hommage à Libéral, évêque d'Embrun né à Brive, cette chapelle du XVe s vaut le coup d'œil pour son portail de style roman limousin et pour son ensemble de verrières dues au maître verrier Gesta de Toulouse. Propriété de la Ville de Brive (depuis 1976), elle accueille désormais de nombreuses expositions temporaires tout au long de l'année.

Le musée Labenche d'Art et d'Histoire *(plan couleur B2)* **:** *26 bis, bd Jules-Ferry. ☎ 05-55-18-17-70 ou 05-55-92-39-39. ♿ (à 90 %). Collections permanentes tlj sf mar 10h-18h30 ; nov-mars 13h30-18h. Entrée : 5 € ; réduc ; gratuit moins de 16 ans et pour ts le dernier dim du mois. Expos temporaires gratuites (3 fois/an) 10h-12h, 13h30-18h30 (18h nov-mars). Visio-audioguide (3 parcours à thème). Ateliers culturels pour les jeunes : 2,20 €.*

ON A RETROUVÉ LA TÊTE DE LÉNINE !

Une des curiosités du musée Labenche se cache dans la salle des vestiges issus des fouilles de l'église Saint-Cernin. Observez le pèlerin dans sa vitrine. Sa tête, difficilement reconnaissable sous la perruque, n'est autre que celle du Lénine qui appartenait autrefois au musée Grévin !

Installé dans un magnifique hôtel particulier bâti au XVIe s dans un style pur Renaissance, c'est le musée de la Ville. Prenez le temps d'admirer la cour d'honneur, avec ses personnages en buste, placés de façon originale dans des fenêtres imaginaires qui redoublent le décor à l'antique. Dans 17 salles sont exposées plusieurs collections évoquant l'histoire de la Corrèze.

Au sous-sol

Dans une large cave voûtée, on commence par la section géologie-paléontologie, avec des ossements des *phosphates du Quercy* et quelques belles plantes fossilisées.

Au rez-de-chaussée

Voir le piano de Claude Debussy, une belle tapisserie d'Aubusson et quelques pièces de mobilier Art nouveau.

Au 1er étage

– En arrivant dans la *1re salle,* vous découvrez quelques peintures et de fort belles tapisseries anglaises (uniques en France), de la manufacture royale de Mortlake, datant du XVIIe s. Noter les couleurs encore éclatantes.
– *2e salle :* jolies gravures (les *Réjouissances des mois de l'année*) et un intéressant *Paysans dans une taverne* de Van Ostade. Mais surtout, on y admire la célèbre tenture *Les Chasses,* dont une immense tapisserie, *Fête de nuit,* aux merveilleux coloris tout en nuances et tissée, là aussi, dans la plus importante manufacture royale anglaise Mortlake (où collaborèrent Rubens et Van Dick).
– *3e salle :* consacrée à la numismatique, monnaies gauloises, sceaux, assignats de la Révolution, billets de confiance, etc. Ravissante *Descente de Croix* en marqueterie, vitrine de miniatures.
– *4e salle :* vivante muséographie sur la préhistoire et la période gallo-romaine. Évolution de l'outillage, gravure sur os et pierre, outils du bronze, délicates figures en terre cuite et petits objets, poterie sigillée, bols peints dits de Roanne, urne funéraire en verre, statuettes en terre cuite fabriquées à Brive.
– *Salle du Moyen Âge :* poteries du XIIe au XIVe s, vestiges lapidaires, stèles funéraires, chapiteaux primitifs, pathétique pietà tronquée et superbe Vierge en impératrice d'Orient (XIIIe s), la plus ancienne bombarde conservée.
– *Salle des fouilles de Saint-Sernin :* dans cette ancienne église détruite à la Révolution fut découverte (au fond d'un puits reconstitué ici) l'une des rares colombes eucharistiques conservées en Europe. Contenant autrefois des hosties, elle était enfouie, avec d'autres objets présentés ici, mais moins bien conservés qu'elle. La sépulture d'un pèlerin, décédé à l'âge de 40 ou 50 ans, et retrouvé avec tous les attributs prouvant qu'il avait fait deux pèlerinages, est assez émouvante, et sa reconstitution avec l'aide du musée Grévin ne manque pas d'intérêt (voir encadré plus haut).
– *Salle d'histoire de Brive et des hommes illustres :* armes, livres enluminés (incunable de 1493, antiphonaire de saint Martin), nombreuses gravures.

Splendide chef-reliquaire de sainte Essence. Souvenirs de Jean-Georges Cabanis, médecin et fils d'un avocat de Brive. Bien sûr, riche section consacrée au maréchal Brune (son épée remise par Massena, lorsqu'il prit ses fonctions de commandant en chef de l'armée d'Italie), mais aussi au juriste Treillard et à l'entomologiste Latreille. Émouvant foulard reproduisant les radicaux de la révolution de 1848 (Ledru-Rollin, Raspail, Arago, David d'Angers...). Meubles de la période Empire, souvenirs d'Henri de Jouvenel (costume d'ambassadeur). Également des râpes à tabac, fers à hosties, à côté des armes de la ville de Brive (lesquelles témoignent de sa vocation agricole et de l'attachement des consuls au roi de France).
– *Peinture du XIX*e *s, les orientalistes : À la fenêtre* de Léon Galand, lumineux tableau sur l'ennui féminin, *Le Caire,* un petit Ziem plein d'atmosphère, *Femme à la tour* d'André Lhote...

Au 2e étage
– *Société, vie familiale, traditions :* coiffes et habits paysans, objets domestiques, meubles, jarres, vaisselle, l'alimentation, l'éclairage... Instruments de musique et accordéons. Vitrine consacrée à l'enfance (vêtements, jouets), bénitiers de maison, etc. Également un texte consacré aux missions de la femme, écrit en 1882.
– *Salles d'activités urbaines, agricoles et artisanales :* accordéons fabriqués en Corrèze (qui mériteraient un musée bien à eux !) et machines insolites, comme la presse à fabriquer les cahiers d'école ou celle des batteurs d'or. Puis machines de rétameur ou de rémouleur de village, ruches en terre ou en paille, vêtements de deuil féminins, instruments agraires, presses à cidre, métiers à tisser, peignes à carder, outils de tous les corps de métiers (bûcheron, sabotier et galochier, forgeron, etc.).
– *Salle d'histoire naturelle :* intéressante section ornithologique avec une grosse partie consacrée aux rapaces.

Au 3e étage
– *Artisanat corrézien :* outils de l'ardoisier, brossier, vannier, chaumier, bourrelier-sellier, cordonnier et tant d'autres.
En conclusion, un musée complet et très bien aménagé, labellisé « Musée de France », où les objets sont fort bien mis en valeur.

Le musée Edmond-Michelet *(hors plan couleur par A3) : 4, rue Champanatier. ☎ 05-55-74-06-08. • centremichelet.org • ♿ (slt au rdc). Tlj sf dim et j. fériés (ouv 15 août) ; mai-sept, lun-ven 11h-18h, sam 13h-18h ; oct-avr, lun-sam 13h-18h. GRATUIT. Audioguidage en français et en anglais.*
Edmond Michelet fut député de Corrèze et ministre de la Justice, puis de la Culture du général de Gaulle, dont il devança l'appel en publiant, en juin 1940, un tract appelant à la lutte en citant Péguy : « Celui qui ne se rend pas a raison contre celui qui se rend. » Cette résistance de la première heure lui valut un séjour à Dachau de septembre 1943 à mai 1945. Il en rapporta un livre, *Rue de la Liberté,* et la volonté de témoigner. Sa demeure est aujourd'hui consacrée à la recherche (archives réservées aux chercheurs, bibliothèque) et à l'exposition sur ces sombres années. Beaucoup de documents, de photos, d'affiches (409 affiches de propagande) et d'objets liés à la Résistance, aux camps et à la libération de Brive. Au 2e étage, quelques peintures d'Anna Garcin-Mayade, professeur de dessin communiste, déportée à la suite de la délation d'une élève. Certains regards glacent le sang.
Pour en revenir à Edmond Michelet et terminer sur une note optimiste, il eut sept enfants, dont Claude, paysan et écrivain, qui connut le succès en écrivant *Des grives aux loups,* adapté à la télévision.

Le marché de Brive et son phare *(plan couleur B1) : pl. du 14-Juillet. Mar, jeu et sam.* Célèbre parce que chanté, non sans une certaine acidité, par Georges Brassens, le marché de Brive, surtout celui du samedi, regorge d'excellents produits. Commencez donc par y acheter des tourtous, des galettes de blé noir qu'on farcit de cabécou ou de rillettes. Hmm... Outre le marché, la halle moderne,

baptisée Georges-Brassens – ce qui prouve que le Briviste n'est pas rancunier –, accueille les Foires grasses et la Foire du livre.
Vous noterez la présence un peu étrange sur cette place du phare-château d'eau qui abrite l'office de tourisme. L'endroit aurait été un marais autrefois... d'où la construction de cet édifice dont le maître d'œuvre se nommait... M. Corrèze, et dont l'architecte fut M. Limousin. La visite de la tour est possible et offre un très beau panorama sur toutes les collines environnantes.

La maison Denoix *(plan couleur A3) : 9, bd du Maréchal-Lyautey. ☎ 05-55-74-34-27. • denoix.fr • ♿ Mar-sam 9h-12h, 14h30-19h ; juil-août et déc, ouv lun. Visite gratuite libre pour les individuels ou sur rdv pour les groupes (10 pers min). Dégustation gratuite.*
Distillerie fondée en 1839 où, non sans humour, M. Denoix produit de l'eau de noix. Quatre générations plus tard, les Denoix sont toujours là et fabriquent tout un tas d'excellentes et originales liqueurs, aux noix vertes de la région bien sûr, mais aussi à la coriandre, au fenouil ou au chocolat.
Depuis la fondation, on n'a pas changé grand-chose à la distillerie, comme vous pourrez le constater en venant visiter ce superbe bâtiment du XIXe s. L'alambic en cuivre est toujours chauffé au charbon et l'on peut humer « l'esprit parfumé » (le distillat) qui s'échappe des cuves. C'est une vraie distillerie car, ici, on n'utilise pas d'arômes autres que ceux des ingrédients utilisés. Voir aussi la belle série de bouteilles dont les étiquettes sont signées Jean Lurçat. Labellisée « Entreprise du patrimoine vivant », la maison Denoix a aussi réhabilité la moutarde violette de Brive, qui doit son goût et sa couleur au moût du raisin.

Fêtes et manifestations

Bien sûr, on pense d'abord au ***marché de Brive*** (se reporter à l'intro et à la rubrique « À voir », plus haut), sous la halle Georges-Brassens, mais cette même halle accueille également d'autres festivités :
– ***Foires grasses :*** *4 sam dans l'année, d'avt Noël à début mars.* Autant dire que, pendant cette saison, les canards ont le foie gras et la grosse tête. Essayez de venir pour la première de janvier (surnommée la « Foire des rois »), pendant laquelle tous les produits achetés sont mis en conserve gratuitement.
– ***Festival du moyen-métrage de Brive-la-Gaillarde :*** *avr.* Films, documentaires, ciné-concerts, débats... Voilà un festival qui permet toujours de découvrir de nouveaux talents.
– ***Les Spectacles et Cafés de l'été :*** *juin-sept.* Plus de 200 dates d'animations organisées dans les cafés de Brive et des environs, spectacles gratuits en plein air, brunchs tous les samedis avenue de Paris.
– ***Festival de la Vézère :*** *de mi-juil à mi-août. Rens au ☎ 05-55-23-25-09. • festival-vezere.com •* Concerts de musique classique et d'opéra.
– ***Brive Festival :*** *dernières sem de juil, pdt 10 j., pl. du 14-Juillet. • brivefestival.com •* Le plus gros festival musical de la région avec des têtes d'affiches nationales et internationales (Zaz, Vanessa Paradis, Catherine Ringer en 2014 !). Animations gratuites durant 14 jours. Tournois sportifs, ateliers créatifs, espaces détente, concerts, cinéma en plein air vous sont proposés de 14h à 23h.
– ***Festival de l'élevage et du veau de lait :*** *fin août-début sept.* Races locales, produits du terroir, avec en général la participation d'un grand chef.
– ***Foire du livre :*** *1er ou 2e w-e de nov.* Moins nourriture terrestre et héritière de l'école de Brive, de très bonne réputation.
– Enfin, la fête à Brive, c'est toutes les semaines ou presque. Si vous passez pendant la saison, allez donc voir jouer le CAB. Il s'agit de ***rugby,*** et vous pourrez vous renseigner auprès de n'importe qui. L'office de tourisme propose même des forfaits avion + voiture + hôtel + billet pour le match ! Plus d'infos sur *• cabrive-rugby.com •* Et, que vous alliez voir un match ou pas, sachez qu'une boutique consacrée au rugby a ouvert place Charles-de-Gaulle (la place de la collégiale Saint-Martin).

DANS LES ENVIRONS DE BRIVE-LA-GAILLARDE

Les jardins de Colette : *19240* ***Varetz.*** *☎ 05-55-86-75-35. • lesjardinsdecolette.com • À 8 km de Brive (au nord-ouest, par la D 901). Avr et oct, ouv mer-ven 10h-12h30, 14h-17h30, w-e 14h-17h30 (et le mat pour Pâques et Halloween) ; mai-juin et sept, 10h-12h30, 14h-18h30, fermé lun slt ; juil-août, tlj 10h-19h. Fermé nov-mars. Entrée : 6 € ; réduc. Visites guidées possibles sans supplément de prix ; rens à l'accueil. Visite libre avec doc de visite ou audioguide. Remise de 20 % en boutique sur présentation de ce guide.*

Eh oui ! c'est bien là, dans ce sublime château de conte de fées qui domine la route et se cache derrière ses grands arbres. Là que Colette épousa Henry de Jouvenel, journaliste et homme politique, et que la Vagabonde devint châtelaine avec le titre de baronne. Ce qui lui allait comme une plume dans le derrière, disait-elle ! C'est à ***Castel Novel*** que Colette se réfugia souvent pendant les heures sombres de la Première Guerre mondiale, et c'est ici que grandit sa fille. Colette avait reçu de sa mère une passion pour la nature, les chats, les animaux en général. Cette nature toujours très présente dans ses ouvrages. L'hommage qu'on lui rend ici a donc pris la forme de tous les lieux où elle vécut, entourée de jardins, parcs, bois et forêts...

QUAND COLETTE VOUS ENVOYAIT SUR LES ROSES

Colette découvrit le château de Castel Novel en 1912, lors de son mariage avec Henri de Jouvenel, rédacteur en chef du Matin. L'héroïne Bel Gazou, qui apparaîtra dans plusieurs de ses romans, ne tarde pas à naître et y passera son enfance : « Bel Gazou, fruit de la terre limousine ! » Colette retrouve en Corrèze la simplicité des choses, si loin des mondanités parisiennes.

Un parc floral de 5 ha et un labyrinthe végétal interactif vous entraînent dans un voyage attachant et poétique au pays de Colette. Un pays imaginaire et bien réel à la fois, du jardin de son enfance, à Saint-Sauveur-en-Puisaye (dans l'Yonne, au nord de la Bourgogne) au jardin du Palais-Royal à Paris, où elle mourut (elle fut la première femme à bénéficier des honneurs de funérailles nationales). En passant par la Bretagne et Rozven, qu'elle découvrit grâce à son amie Missy, les bois de Franche-Comté, où elle tentait d'oublier Willy, la Corrèze bien sûr, dont le baron de Jouvenel était sénateur, et la Provence, avec Maurice Goudeket, son ultime mari (et son meilleur ami).

Compter au moins 1h30 de visite pour ces remarquables reconstitutions de tranches de nature qui inspirèrent si admirablement l'œuvre de Colette. Il faut se laisser envahir par la poésie de ces lieux, passer d'un coup de baguette magique d'un village de Puisaye aux bois de Franche-Comté, des rochers qui firent tant rêver Colette en Bretagne aux essences parfumées de la *Treille Muscate,* sa propriété de Provence, admirer l'*oseraie corrézienne* et la *vue sur le château de Castel Novel.* Infinité de senteurs, plaisirs des couleurs éclatantes, poésie des buissons et fleurs sauvages, littérature et passion de la nature, une association inoubliable !

Pour les plus jeunes, un labyrinthe ludique et poétique permet de découvrir Colette (jeu de piste).

Dans le village, on ne ratera pas le petit *pont* du XVIe s, dont les arches de grès rouge enjambent la Vézère, ni l'*église* qui renferme une châsse limousine d'émail du XIIIe s (à gauche du chœur).

Château de Castel Novel : *19240* ***Varetz.*** *☎ 05-55-85-00-01. • info@castelnovel.com • castelnovel.com • En basse saison, restauration tlj sf lun, sam midi et dim soir ; juil-août, le soir slt et ven midi, sam midi et dim midi. Doubles dès 140 € dans un bâtiment annexe et jusqu'à 590 € dans le château même. ½ pens 77 €/pers. Formules 30-39 € le midi, puis menus*

LE PAYS DE BRIVE

63-108 €. Apéritif maison offert sur présentation de ce guide. Transformé en hôtel depuis un demi-siècle, ce château, bâti au XVe s mais dont l'histoire remonte au Moyen Âge, est un peu un rêve. Rien ne manque, et on vous passe la fastidieuse énumération du confort et de l'équipement du magnifique parc. Cadre intérieur de luxe et de charme. Pour tenter de partir dans les rêves de Colette, la suite n° 11 porte son nom (très chère évidemment, mais le rêve a un prix !). Si vous n'y dormez pas, profitez d'une cuisine hors pair, l'une des plus raffinées du département. Produits de saison ultra-frais. Desserts superbes. En été, fort agréable terrasse face au parc. Un point indispensable : l'accueil charmant et infiniment professionnel.

➢ ***Le parc Wizz'titi :*** *à* ***Ussac.*** *06-78-19-53-45. • wizztiti.fr • Ouv avr-sept. Avr-juin et sept, ouv mer ap-m sur résa et w-e 14h-18h30. Juil-août, tlj 10h-19h30. Sur résa et selon météo, hors saison. Entrée : 9-20 € selon âge.* Aux portes de Brive, au cœur du site naturel des Saulières, un parc qui porte bien son nom. Cinq parcours sportifs et ludiques, une tyrolienne de 100 m, et deux originalités : un sentier « pieds nus » pour faire le plein de sensations tactiles et un sentier suspendu à 8 m du sol.

➢ ***Le parc aventure Nature Évasion :*** *La Guerli, 19500* ***Jugeals-Nazareth.*** *06-16-99-07-95. • parc.nature.evasion@orange.fr • parc-nature-evasion.fr • Ouv tlj 10h-20h en juil-août. À 12 km au sud de Brive.* Un parc aventure dédié aux familles : parcours dans les arbres (accrobranche), Lazer Game en plein air, Paintball loisir et Rolling Bulle.

LE CAUSSE CORRÉZIEN

Carte Corrèze, B4

Le Causse est une petite région calcaire au sud et à l'ouest de Brive, assez différente du reste de la Corrèze, déjà tournée vers le Quercy. Tous les clichés du paysage limousin disparaissent et la lumière devient carrément méridionale. Paradoxe : c'est dans cette région plutôt sèche, plantée de chênes malingres, que se trouve le plus grand plan d'eau (artificiel) du département. On y verra aussi, comme dans les autres causses, de nombreuses grottes et cavernes, ainsi qu'un gouffre très impressionnant. La région est parcourue de nombreux sentiers de randonnée (voir carte IGN ou le guide vendu à l'office de tourisme de Brive et à Lissac-sur-Couze). Peu d'hôtels dans le coin, mais un camping et plusieurs bonnes chambres d'hôtes.

Adresse utile

Office de tourisme, antenne de Lissac : *moulin de Lissac. ☎ 05-55-24-08-80. Ouv avr-fin sept et vac de la Toussaint.*

Où dormir ? Où manger ?

Camping

Camping La Prairie : *au lac du Causse, 19600* ***Lissac-sur-Couze.*** *☎ 05-55-85-37-97. • camping.laprairie@orange.fr • À 14 km au sud-ouest de Brive. Ouv tte l'année. Tarif : 15-25 € selon saison. 100 empl.* Le principal intérêt de ce camping rénové est l'immédiate proximité du lac avec ses 2 plages surveillées et la base nautique à côté. Jolie vue. Également des chalets. Piscine.

De prix moyens à chic

Chambres d'hôtes Aux Sabots du Causse : *chez Marie-France et Éloi Lalle, 19600* ***Belveyre.*** *☎ 05-55-85-84-47. • asdc19600@gmail.com •*

Fléché avt Nespouls depuis la N 20. Ouv avr-sept. Résa indispensable. Double 55 €. Table d'hôtes sur résa 25 €. Apéritif, café, digestif ou petit déj/nuit par pers offert sur présentation de ce guide, plus des tarifs promotionnels dès 6 nuits. Dans une ancienne ferme en pierres apparentes entièrement restaurée, 5 chambres coquettes, dont une avec terrasse, toutes avec sanitaires. Ici, plein de petites attentions vous attendent, comme le minibar dans les chambres. Au repas, produits régionaux, *tourtou* et canard. Sur réservation, on ne le répétera jamais assez. Accueil charmant et très bon rapport qualité-prix-convivialité.

Chambres d'hôtes Lescure Haute : *chez Guy et Sylvette Bon, 19600* ***Larche.*** *☎ 05-55-85-44-77. 06-85-75-70-99. • lescurehaute@wanadoo.fr • lescurehaute.fr • À Larche, village aux portes du Périgord et du Quercy, prendre la direction de Sarlat. À 3,5 km, tourner sur la droite et suivre les flèches. Double 68 €. Dîner 25 €.* Situées sur une colline ensoleillée, les chambres d'hôtes (4 épis) de *Lescure Haute* vous offrent une vue exceptionnelle sur le bassin de Brive. Vous apprécierez le charme et le confort des 3 suites (dont une avec 2 chambres communicantes) décorées avec raffinement. Pour rendre votre séjour agréable, chaque chambre est équipée de lecteur DVD, TV, minibar. Piscine. Table d'hôtes sur réservation avec les produits de la ferme : apéritifs maison, volailles, fruits du verger (noix, prunes...).

Moulin Vieux de Laroche : *chez Danielle et Michel Andrieux, 19600* ***Saint-Cernin-de-Larche.*** *☎ 05-55-85-40-92. • lemoulinvieuxdelaroche@gmail.com • lemoulinvieuxdelaroche.fr • À 11 km à l'ouest de Brive. En sortant de Saint-Cernin, en direction du plan d'eau, tourner vers le hameau de Laroche. Fermé de mi-nov au 1er avr. Doubles 70-90 €. Table d'hôtes 26 € tt compris (enfant 10 €), sur résa.* Dans ce ravissant hameau se trouvaient plusieurs moulins, aujourd'hui restaurés pour la plupart. Le couple qui vous accueille s'est courageusement attaqué à 3 d'entre eux. Les chambres, classées 4 épis, ont été très joliment décorées par Danielle, et le salon, où trône une immense cheminée, est lui aussi aménagé avec goût. L'ensemble a énormément de charme et de cachet. Nos chambres préférées : celles (dont une en duplex) dans le moulin à côté de la maison principale. Stupéfiante décoration, d'un goût exquis. Notamment le jardin recréé sous le sol de verre, et tant d'autres choses...

Restaurant L'Art des Mets : *2, route de Périgueux, 24120* ***La Feuillade.*** *☎ 05-55-85-46-59. En quittant Larche, le long de la Vézère, prendre la D 6089 en direction de Terrasson. Fermé mer dim soir (hors saison) et lun. Congés : 1 sem en fév et 1 sem mi-août. Menu déj 19 €, sinon 28 €, carte env 32 €. Apéritif maison offert sur présentation de ce guide.* Aux confins du Périgord noir, dans une ancienne grange restaurée, une table traditionnelle, un poil créative, inspirée du parcours du chef Éric Brackman dans d'autres restaurants de la région : tartines de pieds de cochon entièrement désossés façon rossini, côte de veau fermier label Limousin cuite au jus, etc. Très bon rapport qualité-prix pour le menu du midi. Terrasse ombragée.

De chic à plus chic

Chambres d'hôtes Le Manoir du Chapelier : *Le Chapelier, 19600* ***Noailles.*** *☎ 05-55-17-06-59. • info@manoir-du-chapelier.fr • manoir-du-chapelier.fr • À 8,5 km au sud de Brive par la D 920 ; au centre de Noailles, prendre à droite direction Le Chapelier, la maison est un peu plus loin sur la droite. Doubles 95-110 € selon taille et saison. Café offert sur présentation de ce guide.* Un solide manoir de pierre du XVIe s joliment réhabilité. Le propriétaire travaille dans la rénovation de monuments historiques, ça aide... Si la salle à manger, plutôt design, ose le mélange des genres, les suites (il fallait bien ça dans un manoir...) sont plus intemporelles mais d'un goût exquis. Grand jardin, belle piscine et spa. Accueil distingué juste ce qu'il faut.

Chambre d'hôtes La Bella Vista : *Le Peuch, 19600* ***Lissac-sur-Couze.***

LE PAYS DE BRIVE

06-82-00-85-53. • c.meyjo@orange.fr • labellavista.fr • À 10 km au sud-est de Brive par la D 59, très bien fléché depuis l'entrée du village. Doubles 105-120 € selon saison. Tout est dit dans le nom de l'endroit, non ? La terrasse de cette unique chambre – résolument contemporaine, comme l'ensemble de cette maison dominant le lac du Causse – offre une vue pour laquelle on empilerait volontiers les qualificatifs. Et on préfère vous laisser la surprise de celle qui se dévoile depuis la superbe piscine à débordement... Accueil charmant.

Chambre d'hôtes Le Manoir de Laumeuil : *chez Angela et Dion Stocks, 147, rue de Laumeuil, 19600* ***Saint-Pantaléon-de-Larche.*** *☎ 05-55-87-95-83. • contact@lemanoirfr.com • lemanoirfr.com • Doubles 150-190 €.* Angela et Dion vous accueillent dans leur magnifique demeure historique située sur les bords de la Vézère, au cœur un parc arboré de 3 ha. Vous pourrez vous promener dans un arboretum de 150 ans, vous délasser dans un jardin anglais, découvrir les joies du farniente au bord un bassin d'ornement. Une grande piscine d'eau salée également à disposition. Un parcours de pêche privé est réservé aux hôtes du manoir.

À voir. À faire

Les grottes : en quittant Brive par la D 920, vous pourrez expérimenter la friabilité du calcaire en allant voir les ***grottes de Saint-Antoine,*** juste à la sortie de la ville, qui permettent d'en avoir une belle vue. C'est ici que saint Antoine de Padoue se logeait lorsqu'il passait à Brive. Des moines accueillent encore les pèlerins et les candidats à des retraites spirituelles. Possibilités d'hébergement *(☎ 05-55-24-10-60).* Les secondes, appelées ***grottes de Lamouroux,*** sont désormais interdites d'accès.

Noailles *(19600) :* *à 9 km au sud de Brive.* Le château du XIVe s ne se visite pas mais appartient à l'une des grandes familles françaises dont l'histoire remonte aux croisades, auxquelles le village voisin de Jugeals-Nazareth doit aussi son nom. En revanche, vous pourrez jeter un œil à l'*église Sainte-Catherine* *(ouv ts les ap-m sf dim en juil-août).* qui, malgré ses différentes restaurations, a conservé son chœur roman et possède quelques chapiteaux sculptés assez intéressants, dont celui représentant le prophète Ézéchiel se coupant la barbe ; un vitrail (chapelle Saint-Eutrope), dit « de l'Annonciation », est attribué à Filipo Lippi. On peut voir aussi une belle représentation du martyre de sainte Catherine sur une châsse émaillée du XIIe s. L'église abrite l'ossuaire de la famille de Noailles et le cœur du fameux vicomte de Noailles (1756-1804).

ET NOAILLES ENTRA DANS L'HISTOIRE...

Issu d'une vieille famille de la noblesse corrézienne, Louis Marc Antoine de Noailles, vicomte de Noailles, se distingua par son habileté au combat et par son esprit d'ouverture à l'égard du peuple. Après s'être engagé dans la guerre de l'Indépendance américaine aux côtés de La Fayette (son beau-frère), il fut l'un des catalyseurs de l'abolition des privilèges lors de la nuit du 4 août 1789, qu'il s'appliqua d'emblée.

Le gouffre de la Fage : *☎ 05-55-85-80-35. • gouffre-de-la-fage.com • À 2 km de Noailles. 1er avr-30 juin, tlj sf mer 14h-18h ; 1er juil-31 août, tlj 9h30-13h, 14h-19h ; 1er sept-10 oct, tlj sf mer 14h-18h ; pdt les vac de Toussaint, visite guidée à 15h mar et jeu. Fermé en hiver. Entrée : 8 € ; réduc ; tarif réduit sur présentation de ce guide. Visite guidée en été (50 mn), libre hors saison.*

LE PAYS DE BRIVE

Découvert en 1891 lors de la construction de la ligne Brive-Cahors, ce gouffre est exploité sur le plan touristique depuis 1961. Un grand parc boisé permet pique-nique et parking, tandis qu'un petit bar agréable accueille ceux qui n'ont pas prévu de panier.
Variée et spectaculaire, la visite de ce gouffre ravira les amateurs. On y pénètre par un escalier qui descend dans l'aven au travers d'une luxuriante végétation. Les 600 m de galeries se divisent en trois parties très différentes. D'abord (à gauche), un couloir étroit bordé de drapés de pierre ocre, qui résonnent comme s'ils étaient creux. Le gouffre est remarquable pour les colonies de chauves-souris qui nichent ici. On dénombre plus d'une dizaine d'espèces (33 sont recensées en France) sur les quelque 14 000 individus qui s'y retrouvent de novembre à mars. De l'autre côté de l'entrée (à droite), c'est une féerie de cristaux, « la forêt d'aiguilles », puis un porche antique où stalagmites et stalactites se sont rejointes. En poursuivant, on parvient à un gisement paléontologique, un piège naturel où mammouths et lions, mais aussi cerfs, loups, rennes... vinrent mourir il y a des centaines de siècles.
Deux stations ludiques d'apprentis spéléologues pour les 6-12 ans, et un film sur la vie des chauves-souris permettent d'appréhender à tout âge ces mammifères volants, si utiles et si intrigants.

Le lac du Causse : *à env 10 km au sud de Brive. GRATUIT.* Rendez-vous des Brivistes en mal de mer, ce plan d'eau-base nautique de 90 ha propose tout un tas d'activités aquatiques : baignade, planche, voile, ski nautique, pédalo et même balades accompagnés en gyropode autour du lac (sur résa). Beaucoup de monde en juillet-août.

■ ***Le Vieux-Moulin,*** entre Lissac et Chasteaux, abrite l'***office de tourisme antenne de Lissac*** (voir plus haut). C'est aussi la ***Maison de l'eau et de la pêche*** *(ouv Pâques-fin sept ; 06-31-22-91-60).* Stages, cartes de pêche. Documentation sur place, avec des livres pour enfants et, pour les amateurs de rando, un guide *Pays côté chemin* très bien fait. Et surtout un bien bon accueil.

➢ ***Jolie balade*** entre hameaux pittoresques et routes vertes et bucoliques : ***Lissac, Le Soulier, Roziers*** (commune de Chasteaux), ***Fournet*** (commune de Saint-Cernin avec sa vue surprenante sur la vallée...). Sur la D 154, accroché à sa colline, adorable village de ***Chasteaux*** et son vieux cimetière comme suspendu dans le vide. Malgré la petitesse du village, le monument aux morts affiche... 55 noms tombés à la guerre de 1914-1918 !

À ***Saint-Cernin-de-Larche,*** belle église au clocher carré et massif (clé chez la boulangère). À l'intérieur, chœur roman primitif aux petits chapiteaux sculptés. Dans l'ensemble, beau jeu de croisées d'ogives. Mais le plus curieux, ce sont les colonnes encadrant le chœur, complètement tirées en arrière par le haut. Quoique, question curiosité, Didier Mouton se pose là, lui aussi. Il produit du ***vin de pays*** naturel, sur les coteaux autour du lac. Du bon ! Ses appellations : Sous le Dolmen, Sous la Falaise, Les Essarts... Visite de la cave à ***Laroche*** *(sur rdv, ☎ 05-55-85-83-69).* À ***Laroche*** encore, ne pas manquer la ***Brasserie du Causse*** de Woody Prangère *(06-07-88-66-88 ou 06-30-58-83-73).* Quatre types de bières artisanales auxquelles s'ajoutent des bières de spécialités produites en séries limitées au fil des mois et des saisons : Le Loup Blanc du Causse, Le Brun Pourfendeur, La Caselle du Diable, L'Ondine d'Oray... On adore. Pour en savoir plus, consultez le site • *brasserieducausse.com* •

Chartrier-Ferrière est un haut lieu de la gastronomie locale, entre son marché festif de producteurs de pays les mercredis à partir de 17h en juillet-août, sa truffière expérimentale (marché primé de la truffe en février), ses producteurs de fromage (chèvre, brebis), sans oublier ses oies grasses et ses champignons...

TURENNE (19500) 742 hab. *Carte Corrèze, B4*

Tout le monde connaît Turenne. Pas forcément le village, « l'un des plus beaux de France », dont l'éperon domine la région, mais l'homme, Henri de La Tour d'Auvergne, vicomte de Turenne. Héros militaire du XVIIe s, un moment tenté par la Fronde, il se rallia à Louis XIV et mourut en soldat en 1675.
Avant que ce bouillant maréchal de France ne le rendît célèbre, Turenne existait de longue date. La vicomté était l'une des quatre (avec Limoges, Comborn et Ventadour) qui se partageaient le département au Moyen Âge. État dans l'État, devenu très puissant à l'issue des croisades, ce fut l'un des plus grands fiefs de la France au XIVe s, frappant monnaie, levant impôts et jouissant d'une autonomie complète vis-à-vis du pouvoir royal. Les sujets des grandes familles qui possédèrent Turenne étaient alors « heureux comme des Vicomtins ». « Ventadour vente, Pompadour pompe, Turenne règne », disait-on encore. Et Turenne régna jusqu'en 1738, année où, ruiné, le salarié (si, si !) de la vicomté qu'il était demanda une augmentation en quelque sorte. Las d'attendre la monnaie sonnante et trébuchante qui se faisait attendre, il vendit titres et terres à Louis XV. Boum ! Les impôts furent instantanément multipliés par 10. C'en était fini du bonheur des Vicomtins.

Adresse et info utiles

Brive agglomération : *pl. du Belvédère. ☎ 05-55-24-08-80. • brive-tourisme.com • Juil-août, lun-sam 9h-19h ; dim 11h-17h ; avr-juin lun-sam 9h-12h30, 13h30-18h30 ; oct-nov tlj sf dim 9h-12h, 14h-18h. Visites guidées et visites costumées interactives en juil-août en sem. Turenne la nuit aux flambeaux en été. Compter 5 € pour chacune de ces manifestations.* Pas mal de sentiers de balades, sinon, bien entretenus, renseignez-vous. Location de VTT.

Où dormir ? Où manger ?

De prix moyens à chic

La Maison des Chanoines : *☎ 05-55-85-93-43. • maisondeschanoines@wanadoo.fr • maison-des-chanoines.com • Dans le bourg, au début de la venelle qui monte vers l'église et le château. Fermé de mi-oct à Pâques. Resto ouv ts les soirs. Résa indispensable, autant au resto qu'à l'hôtel. Chambres 70-100 €. Appart 140 €. Menu-carte 38-54 €. Parking gratuit.* Une adresse sur laquelle semble flotter l'ombre des Templiers. 6 chambres stylées et confortables mais vite prises d'assaut. L'une d'elles peut loger une famille de 4 personnes. On y mange dans une superbe salle voûtée qui donne le sentiment d'être vraiment privilégié, d'autant qu'il n'y a que 6 tables ! Aux beaux jours, on peut s'installer sur l'agréable terrasse ombragée par une tonnelle. Ça paraît un peu cher, bien sûr, mais c'est une cuisine composée uniquement de produits frais et de qualité comme l'émincé de veau de lait sous la mère et l'escalope de foie gras mariné au vinaigre de truffes et son pain aux noix maison. Nombreux desserts aux noix, d'ailleurs.

Chambres d'hôtes Le Clos

Marnis : *chez M. et Mme Sourzat, sur la place du village. ☎ 05-55-22-05-28. • keny.sourzat@wanadoo.fr • closmarnis.online.fr • Congés : de mi-nov à mi-déc. Double 66 € (dégressif à partir de 2 nuits). Table d'hôtes 25 € (apéro, vin et café compris).* Une étonnante maison du XVIIIe s, habitée par des Pénitents Blancs jusqu'à la Révolution. 2 chambres : l'une est voûtée avec un intérieur récupéré dans l'ancien château de 1733, comme les pierres de l'escalier. L'autre a un lit à baldaquin, du parquet versaillais posé sous Louis XIV, un miroir au mur qui n'a jamais bougé depuis 1711 ! Un vrai livre d'histoire... Pour rester dans l'ambiance, le petit déj se prend sous les voûtes de l'ancienne cuisine. 5 autres chambres, plus au goût du jour et de plain-pied, ont trouvé place dans une ancienne grange. Grand jardin. Bon accueil et excellents gâteaux maison. Les propriétaires tiennent aussi l'échoppe à Douchou, une boutique de produits régionaux ouverte l'été sur la place du village.

À voir. À faire

Le vieux bourg : visible de loin sur son éperon avec ses deux tours qui dominent les toits de lauzes et d'ardoises. On vous conseille de suivre l'itinéraire proposé (fléché) qui vous permet de passer devant les plus belles demeures. La rue qui monte vers le château est bordée d'imposantes maisons en pierre des XVIe et XVIIe s. En prenant à gauche on accède au côté haut du village : belle vue sur le château de la Peyrouse (XVIIe s). Le quartier des officiers (XIIIe-XIVe s) mène au pied du château. Après l'avoir visité, on passe devant la chapelle des Capucins (XVIIe s), puis on redescend par la route en lacet qui suit une partie des fortifications du XVe s jusqu'à la collégiale, transformée en salle d'exposition sur l'histoire de la ville. La rue se termine au château.

Le château : *☎ 05-55-85-90-66. • chateaudeturenne.com • Nov-mars, slt dim 14h-17h ; avr-juin et sept-oct, tlj 10h-12h, 14h-18h ; juil-août, tlj 10h-19h. Visites guidées sur rdv. Entrée : 4,80 € ; réduc ; gratuit jusqu'à 10 ans.* Les veinards qui vivent dans l'ancien château des vicomtes de Turenne ont eu la bonne idée d'en autoriser la visite. Outre les remparts, il ne reste que deux tours encore debout. D'abord l'ancien donjon du XIIIe s, dont l'élévation a été réduite. On ne voit que la salle des gardes au rez-de-chaussée, sa belle voûte en berceau brisée, son mobilier et son imposante cheminée. Ensuite, la tour César, ronde et bâtie au XIIIe s. Du haut, on a une belle vue sur la région. Entre ces deux tours, d'agréables jardins à la française ont été aménagés le long de l'ancienne poudrière. Une petite plaque explique l'origine de chaque plante, toutes rapportées par des botanistes navigateurs ; d'où le nom de « jardin des Navigateurs ».

Petite restauration fraîche et soignée dans les jardins du château en saison.

La collégiale : *un peu en marge du bourg.* De la fin du XVIe s. Impressionnant clocher-porche de 30 m de haut. À l'intérieur, l'alternance de pierres beiges et jaunes dessine de curieuses figures géométriques sur la voûte de la nef. Chœur particulièrement large et profond. Beau retable doré et sculpté, avec colonnes torses en chêne ciselé de pampres. Datant de 1678, exemple typique du style de la Contre-Réforme.

TRAVAILLER AU NOIR

Au Moyen Âge, il était interdit de travailler à la lumière d'une bougie une fois la nuit tombée. Toutes les maisons étant en bois, les municipalités cherchaient ainsi à limiter les risques d'incendie. On disait donc de ceux qui allaient à l'encontre de cette interdiction – notamment durant l'hiver, où les journées sont courtes – qu'ils travaillaient au noir (sans bougie).

➢ ***Visites guidées costumées et interactives de Turenne :*** *juil-août (voir « Adresse et info utiles » pour les dates précises). Résa obligatoire : ☎ 05-55-24-08-80.* Devenir chevalier le temps d'une visite, les enfants adorent. Vous revivrez de façon authentique tout le passé de cet ancien « paradis fiscal » ! Une autre visite est proposée, non costumée celle-là, qui permet découvrir la vie au Moyen Âge. Nocturne costumée aux flambeaux pour prolonger le plaisir.

Randonnée pédestre

➢ ***Turenne et la vallée de la Tourmente :*** *7 km, 2h30, en boucle, sans les arrêts. Départ au parking situé à l'entrée du village de Turenne. Balisage : jaune (pour la boucle), blanc et rouge des GR 46 et 480, et panneaux. Réf. :* Les Plus Belles Balades autour de Brive, *éd. du Pélican. Carte IGN au 1/25 000 nº 2135 O.* Itinéraire traversant la Tourmente, longeant la voie ferrée et la vallée de la Tourmente, avec comme toile de fond la silhouette du château de Turenne.

COLLONGES-LA-ROUGE

(19500) 470 hab. *Carte Corrèze, B4*

André Maurois lui-même s'est extasié sur Collonges, qui fut quasi abandonnée au XIXe s au profit de Meyssac, son voisin, et renaquit de ses ruines grâce au tourisme. C'est d'ailleurs ici qu'est née, en 1982, l'idée d'une association regroupant les plus beaux villages de France.
C'est peut-être le plus beau village du département, un remarquable ensemble de bâtiments de grès rouge, coiffés de lauzes bleues et séparés par d'étroites ruelles, d'une homogénéité quasi parfaite. Mais Collonges, c'est bien sûr le spot touristique du coin, le Saint-Paul-de-Vence corrézien. S'attendre à trouver beaucoup de touristes en été.

Adresse et info utiles

ℹ ***Office de tourisme :*** *derrière la mairie. ☎ 05-55-25-47-57. • ot-collonges.fr • Juil-août et moyenne saison, tlj 10h-12h30 (13h juil-août), 14h30-18h (14h-19h juil-août) ; le reste de l'année, lun-sam, 9h-12h. Fermé de mi-nov à mars.* Excellent matériel touristique et bon accueil. Organise des visites guidées de la ville régulièrement en saison. À signaler : une visite du village également en langue des signes.

🅿 Parkings payants en saison à l'entrée et à la sortie du village.

Où dormir ? Où manger ?

Attention, Collonges fait voir rouge à beaucoup, regardez vite nos bonnes adresses à Meyssac et dans les environs, où vous profiterez du calme et d'une qualité de service certaine, tout en étant à quelques minutes (voire plus en plein été) de la cité.

Prix moyens

⌂ |●| ***Le Relais Saint Jacques :*** *le bourg. ☎ 05-55-25-41-02. • contact@hotel-stjacques.com • hotel-stjacques.com • Ouv mars à mi-nov. Restaurant fermé mer. Doubles 60-95 €. Formule* *déj 21 € (sf dim et j. fériés) ; menus 25-35 €. Menu végétalien sans gluten 35 €.* Dans une bâtisse ancienne joliment rénovée, un petit établissement discret de 10 chambres simples mais vastes, lumineuses et impeccables. Le restaurant est composé d'élégantes salles à manger avec parquet, cheminée, tables nappées, lumignons et meubles anciens. Cuisine de bonne réputation et de qualité qui met l'accent sur les produits du cru tout en lorgnant du côté du Périgord voisin : terrine de campagne aux châtaignes, pièce de bœuf limousin à la moutarde violette de Turenne... confit de canard, foie gras, ou gigolette de poulet au Bergerac. Intéressante sélection de vins au verre à prix abordables. Agréable terrasse aux beaux jours. Bon accueil. Une bien bonne surprise, en somme.

Auberge de Benges : *en bas de la ville, face au castel de Benges. ☎ 05-55-85-76-68. • isabellepages@aliceadsl.fr • Ouv Pâques-Toussaint. En saison, tlj ; en basse saison, tlj sf lun soir, jeu et dim soir. Menus 19-39 € et carte. Café maison offert sur présentation de ce guide.* L'une des terrasses intérieures les plus agréables du village, loin de la rumeur touristique. Sinon, agréable petite salle. Cuisine franche, fraîche et servie généreusement. Quelques spécialités très régionales : enchaud de porc maison, confit de canard, pavé aux noix.

Le Cantou : *dans la rue principale. ☎ 05-55-84-25-15. • info@lecantou.fr • Ouv juil-août, midi et soir ; hors saison, slt le midi. Congés : janv. Formule 16 €, menus 25-29 € et carte. Digestif local offert sur présentation de ce guide.* Brasserie et boutique qui ont su conserver une âme. Pour manger sans façons de bonnes salades et des petits plats : enchaud, tête de veau, omelette aux cèpes ou girolles, flognarde aux poires, etc. Propre, correct et bien servi.

La Ferme de Berle : *lieu-dit* **Berle.** *☎ 05-55-25-48-06. • fermedeberle@gmail.com • Au sud de Collonges, en direction de Chauffour-sur-Vell. Tlj en hte saison. Ouv slt jeu soir, ven soir, sam soir et dim soir hors saison. Menus 21,50 € (25 € j. fériés) et carte. Digestif maison offert sur présentation de ce guide.* On mange dans une salle vitrée donnant sur la ferme des Salvant. Laurence, très enthousiaste, cuisine au four à bois et vous concoctera selon les menus du velouté d'orties ou de potimarron, du pastis périgourdin, du veau de lait de la ferme, ou encore un canard aux figues. Légumes du jardin et fruits du verger... Le pain lui aussi est maison. Si vous arrivez à décoller de votre chaise, ne manquez pas la photo de Laurence, intronisée membre de l'ordre de Rocamadour aux côtés de Patrick de Carolis ; ça lui fera plaisir.

Chic

Maison d'hôtes Jeanne : *juste à gauche du castel de Vassignac. ☎ 05-55-25-42-31. • info@jeannemaisondhotes.com • jeannemaisondhotes.com • Double 100 €. Parking privé très pratique en pleine saison.* Pour ceux qui rêvent de dormir dans l'une de ces étonnantes maisons rouges qui font la réputation du village. Elle est un peu en retrait du cirque touristique et puis, bien sûr, hors saison on s'y sentira encore mieux... Les 5 chambres, situées dans une tour du XVe s, sont absolument superbes : poutres, pierres apparentes, mobilier ancien. On a un petit faible pour la chambre « Cheminée » qui, comme son nom l'indique... Joli jardin de curé. Très bon accueil de Brigitte et Pascal.

À voir

Un conseil : si vous arrivez avant 10h, vous pourrez vous balader tranquillement, même en été.

La « ville aux 25 tours » s'est développée à partir du VIIIe s – c'était une étape sur la route de Saint-Jacques-de-Compostelle – mais prospéra au XVIe s, quand les notables de la vicomté de Turenne y établirent leur résidence. La plupart des bâtiments datent de cette époque. Tout au long de cette promenade et dans les

petites rues, vous apprécierez la qualité de la restauration de la ville : les fils électriques ont été enterrés et aucune antenne télé !
Précisons enfin que si Collonges est rouge, c'est tout simplement parce que le grès qu'on trouve dans le coin l'est aussi. Et reconnaissons que quand le soleil se couche sur le bourg, Collonges est sublimement flamboyante.

Le tour de Collonges commence par la ***maison de la Sirène,*** qui abrite un petit ***musée des Arts et Traditions populaires.*** *07-85-07-66-03. Ouv juil-août slt, tlj 10h30-12h30, 14h-17h30. En hiver sur demande. Entrée : 2 €.* De chaque côté de la porte, une sirène et un Ulysse enchaîné au mât de son navire. C'est la sirène qui a donné son nom à cette maison qui fut la propriété d'Henry de Jouvenel, un des maris de Colette, qui possédait aussi le château de Curemonte et *Castel Novel* de Varetz. Celle-ci date du XVIe s. C'est le siège de l'association *Les Amis de Collonges* depuis 1978, une excellente source d'infos pour ceux qui veulent en savoir plus sur le village. Au sous-sol, petite section d'archéologie locale, et à l'étage, reconstitution d'un intérieur collongeois avec son *cantou* et de vieux objets, une salle consacrée à l'économie agricole (XVIIIe-XIXe s) et un petit film sur l'histoire du village. Jeter aussi un œil à la charpente.

On passe ensuite devant plusieurs beaux hôtels particuliers, puis on arrive, en franchissant la porte Plate (plate car ses tours ont disparu), au ***castel de Benges*** (XVIe-XVIIe s), large bâtisse défensive avec sa tour en poivrière. En faisant demi-tour, on revient devant la halle et l'église, que jouxte la chapelle des Pénitents, restaurée en 1931, et en continuant, au ***castel de Vassignac*** (ou Vassinhac) du XVe-début XVIe s. C'est le deuxième château de Collonges et c'était la demeure des gouverneurs de Collonges ; suivez la route qui fait le tour de la ville et en offre de jolis points de vue pour voir le troisième : le ***castel de Maussac.*** C'est notre préféré, il possède un côté minichâteau de conte de fées. Du XVIe s, tout mignon, avec sa poésie de toits de toutes les pentes, sa délicate tourelle et son élégant portail surmonté d'une ravissante coquille Saint-Jacques.

La halle : elle abrita jusqu'en 1897 le marché des huiles et du vin. Noter que les piliers sont carrés côté église et ronds de l'autre côté. Superbe charpente de châtaignier. On y trouve un four banal où les gens, jusqu'à la Révolution, étaient tenus de cuire leur pain contre une redevance au seigneur. Le four est réactivé le 1er dimanche d'août, lors du marché d'hier et d'aujourd'hui.

L'église Saint-Pierre : bâtie aux XIe et XIIe s, l'église fut grandement modifiée au cours des siècles suivants et fortifiée au XVIe s, lors des guerres de Religion. Outre son imposant clocher roman limousin qui passe du carré à l'octogone par une succession d'étages, on ne manquera pas d'être surpris (si, si) par le portail polylobé d'inspiration quasi mauresque et surtout par le tympan, sculpté dans du calcaire blanc de Turenne. Et un peu de blanc dans tout ce rouge, ça surprend. Cette fine représentation de l'Ascension du Christ dominant sa mère et 11 apôtres a été sculptée au XIIe s, puis cachée pendant les guerres de Religion avant d'être remise en place en 1923 seulement.

Le Moutardier du Pape : *à 50 m de l'église. ☎ 05-55-25-41-00. • lemoutardierdupape.com • Avr-sept, tlj 10h-18h (jusqu'à 20h pdt vac scol). Oct-mars, ouv w-e et tlj vac scol. Entrée : 4,50 € (visite 1h + dégustation).* Pour les petits et les grands, une façon vivante et ludique de découvrir tout ce qui a trait à la moutarde. Documents, outils, publicités, affiches, pots anciens, et bien sûr une boutique avec un choix étonnant de quelque 20 parfums de moutardes (noix, curry, truffe et on en passe), des conseils et des recettes futées. L'entreprise, rattachée désormais à la maison Fallot en Bourgogne, a délocalisé sa fabrication, mais les procédés et les recettes restent inchangés. Certains restos de Collonges servent la moutarde à table ou dans leurs recettes !

Manifestations

– **Festival de théâtre local :** *de mi-juil à mi-août. Infos : ☎ 05-55-25-41-19. Résa : 06-47-60-36-53. • theatrales-collonges.org • Représentations en principe mar soir à 21h30, pl. du Lavoir.* Plutôt sympa. Riche programmation, des grands classiques à des œuvres plus intimes et à découvrir.

– **Aïcontis :** *ts les 2 ans (années impaires), 1er w-e d'oct. Ttes les infos à l'office de tourisme.* C'est le Festival du fantastique et de l'imaginaire, qui tourne dans 13 villages du Midi corrézien. Il s'agit de faire connaître et revivre toutes les légendes, faits historiques, croyances du pays de Collonges. Cette valorisation du patrimoine légendaire local se fait ainsi à travers la fête et des animations de rue colorées, du théâtre, le cinéma, la littérature, les gourmandises locales... La population participe largement à l'animation et aux festivités dans une atmosphère superbe et conviviale.

DANS LES ENVIRONS DE COLLONGES-LA-ROUGE

MEYSSAC *(19500)*

Rival et voisin de Collonges, Meyssac est bâti (assez partiellement) du même grès rouge. Certes plus modeste et moins frimeur, il vivota dans l'ombre de Collonges jusqu'au XIXe s, où le village devint chef-lieu de canton et attira vers lui l'économie locale. Collonges faillit ne jamais s'en remettre, jusqu'à ce qu'elle devienne le haut lieu touristique dont on a parlé plus haut. À Meyssac, on pourra cependant s'offrir une petite balade sympa pour découvrir de pittoresques demeures anciennes, ainsi que la belle halle en pierre du XVIIIe s. Église du XIIe s, remaniée en gothique à la fin du XVe. Clocher-porche fortifié dont la cloche la plus ancienne date de 1585.

Adresse et info utiles

ℹ ***Office de tourisme du pays de Collonges-la-Rouge :*** *pl. de la Halle. ☎ 05-55-25-32-25. • ot-collonges.fr • Juil-août, lun-sam 9h-12h30, 14h30-18h et dim mat ; le reste de l'année, lun-sam 9h-12h.* Accueil pro et bon matériel touristique. Propose, entre autres, une petite brochure *Circuit du patrimoine* avec itinéraire de découverte de la ville.

– Début décembre, très populaire ***marché de Noël.***

Où dormir ? Où manger à Meyssac et dans les environs ?

🏠 |●| ***Le Relais du Quercy :*** *av. du Quercy. ☎ 05-55-25-40-31. • relaisduquercy@orange.fr • relaisduquercy.fr • Résa conseillée pour les chambres les moins chères. Doubles 60-75 € selon confort et saison. ½ pens 55-66 €. Plat du jour 8,50 € ; menus 13-37 € ; carte env 26 €. Parking gratuit. 💻 📶 Café offert sur présentation de ce guide.* On peut dormir et manger très honorablement dans cette belle maison bourgeoise de la rue principale, avec sa terrasse donnant sur la piscine. Les chambres sont toutes différentes, décorées de façon parfois insolite (avec des souvenirs de voyages) et bien équipées, avec un côté club de vacances pour la plus chère mais non la moins agréable, du côté de la belle piscine. Accueil adorable de la patronne, et service tonique. Bonne cuisine régionale, servie dans une salle remise au goût du jour, et carte riche en saveurs avec des plats qui rappellent qu'on est sur la route de la Noix (« menu de la noix », côte de veau sauce aux noix, etc.).

Chambres d'hôtes Labrousse Cottage : *chez M. Deramat Alain, lieu-dit La Brousse, par Marcillac-la-Croze. 19500* ***Marcillac-la-Croze.*** *☎ 05-55-25-39-63. • joelle.alain@labroussecottage.com • labroussecottage.com • Ouv mai-fin sept. Compter 75 € pour 2 pers, petit déj compris. Loc d'un beau gîte pour 6-8 pers 850-1 350 €/sem selon saison (draps et linge de toilette fournis).* Joëlle et Alain ont quitté après 30 ans leur resto de la rue de l'Ouest, à Paris, pour créer cette charmante maison d'hôtes aux portes du Sud... -Ouest. Belle demeure de pierre aux tuiles patinées, entourée d'un jardin luxuriant. 3 chambres donnant sur une terrasse, chacune possédant sa personnalité. Cadre frais et pimpant. Piscine dans un environnement bucolique extra.

Chambres d'hôtes du Manoir de La Brunie : *La Brunie, 19500* ***Saint-Bazile-de-Meyssac.*** *☎ 05-55-84-23-07. 📱 06-67-74-87-67. • appierre@wanadoo.fr • manoirlabrunie.com • À 6,5 km à l'est de Meyssac par la D 38 direction Saint-Julien-Maumont, puis à gauche sur la D 10. Doubles 105-120 €. Remise de 10 % sur le prix de la chambre dès 4 nuits.* Les propriétaires, qui ont habité plusieurs pays africains pendant plus de 40 ans, ont finalement posé leurs valises dans ce manoir du XVIIIe s. 3 chambres d'hôtes (dont 2 suites), arrangées avec goût. Une demeure qui a appartenu à un conventionnel proche de Robespierre et dont ils connaissent aujourd'hui tous les secrets. Par la fenêtre, vous apercevrez le grand jardin qui n'attend que vous, alors allez-y ! Accueil très aimable et petit déj copieux !

Chambres d'hôtes Les Eyrials : *19500* ***Saillac.*** *☎ 05-55-25-40-76. 📱 06-75-39-32-74 ou 06-03-73-55-67. • leseyrials@gmail.com • leseyrials.com • Doubles 75-115 € selon confort et saison. Table d'hôtes (sf dim) 27 € tt compris. Remise de 5 % sur le prix de la chambre sur présentation de ce guide.* François et Isabelle, couple franco-belge tonique, ont autant le sens du confort que celui de l'accueil, le tout à la bonne franquette. Leur maison conviviale est le rendez-vous de nombreux motards, qui ont la possibilité de faire sécher leurs vêtements et casques. Garages sécurisés avec un coin « dépannage urgent ». Piscine chauffée. Séjour à la carte, en fait, avec possibilité de balades sportives ou gourmandes, au fil du temps ou au fil de l'eau, selon l'humeur du temps, celle des hôtes restant au beau fixe.

LES VILLAGES DU MIDI CORRÉZIEN

Prenez le temps de visiter les villages alentour : **Saillac,** dont l'église fortifiée du XIIe s arbore un remarquable tympan polychrome représentant l'*Adoration des Mages* ; **Lagleygeolle,** proposant un point de vue exceptionnel sur les monts d'Auvergne ; **Ligneyrac,** surnommé le « Rocamadour corrézien », et sa croix couverte ; **Lostanges** et son magnifique retable polychrome « aux 21 anges ». Belle *fête des Vieux Métiers* en juillet (années impaires).

– Ensuite, question itinéraire, il y a une continuité quasi naturelle avec *Curemonte, Beaulieu,* et même *Argentat.* Vous retrouverez ces villes et villages plus loin, au chapitre « La vallée de la Dordogne ».

LA VALLÉE DE LA VÉZÈRE, DE BRIVE À UZERCHE

À l'est et à l'ouest de la Vézère, au nord-ouest de Brive s'étend, de plateaux en collines, de puys (des buttes) en vallons, un pays que ses habitants aimeraient garder pour eux. Même à Uzerche, spot incontournable de la vallée, les

locaux ne restent pas persuadés du bien-fondé de partager leurs trésors plus ou moins cachés avec trop de monde. Plein de villages chargés d'histoire, de châteaux en ruine et d'autres transformés en résidences, à découvrir loin de l'autoroute, en prenant le temps. C'est aussi le pays des ardoisiers, et on tente même depuis quelque temps d'y replanter de la vigne, histoire de produire du vin de schiste comme en Anjou... Quant au pays de Pompadour, c'est déjà un autre monde, une autre histoire, qu'on vous contera au fil des pages, tout en s'écartant du fil de l'eau pour mieux revenir à la Vézère, en fin de parcours.

À la sortie de Brive, ne pas manquer de visiter à *Varetz* les *jardins de Colette* (voir plus haut « Dans les environs de Brive-la-Gaillarde »). Dans le village, admirer le petit *pont* du XVIe s, dont les arches de grès rouge enjambent la Vézère.

DONZENAC

(19270) 2 310 hab. *Carte Corrèze, B3*

Bâti à flanc de coteau, ce qui lui confère un intérêt stratégique, ce site est occupé depuis l'époque gallo-romaine et fut âprement disputé pendant la guerre de Cent Ans. Louis XI le visita, Catherine de Médicis le posséda, avant qu'il ne passe à la famille de Rohan jusqu'à la Révolution. Au XVIIIe s, l'intendant Tourny fit construire une route qui traversait le village. Devenue D 920, elle fit de Donzenac un passage obligé, même si aujourd'hui une autoroute la double par l'ouest. On visitera l'*église Saint-Martin,* presque entièrement rebâtie au XIXe s mais qui conserve son clocher-tour du XIVe s. À l'intérieur, 3 statues en calcaire des XIVe et XVe s et un trésor comprenant une boîte en émail de limoges du XIIIe s. Une brève balade dans les vieilles rues et sous les porches anciens vous conduira à la *chapelle des Pénitents,* dont le chœur abrite un retable baroque bleu et or. Un peu plus loin, vous flânerez jusqu'à la maison du XIIIe s, l'une des plus vieilles du Limousin récemment restaurée en salle d'expo.

Adresse utile

ℹ ***Point accueil office de tourisme Brive Agglomération :*** *2, rue des Pénitents. ☎ 05-55-24-08-80. • brive-tourisme.com • Ouv juin-sept du lun au sam 10h-12h, 14h-17h (12h30 et 18h, plus dim matin en juil-août).*

Où dormir ? Où manger à Donzenac et dans les environs ?

Voir aussi nos bonnes adresses à Sainte-Féréole, dans les environs de Brive.

De prix moyens à chic

Chambres d'hôtes chez Nadine Buge : *ferme de La Borde, 19410* ***Saint-Bonnet-l'Enfantier.*** *☎ 05-55-73-72-44. • nadinebuge7@gmail.com • fermedelaborde.fr • À 10 km au nord de Donzenac, par la D 920 puis la D 156 ; c'est la 1re maison en arrivant dans le village. Fermé sept-oct. Double 60 €. Repas 20 €. Déc-mars, w-e « foie gras ». Réduc de 10 % à partir de la 2e nuit sur présentation de ce guide.* Dans une grande maison en

OU DORMIR ET MANGER

L'Auberge de Saint-Viance

Cet hôtel-restaurant a longtemps été connu pour y accueillir Charles Aznavour, qui y avait sa chambre attitrée. Totalement redécoré par Olivier Bernard et Laurent Degas depuis sa reprise en juin 2021, l'établissement classé 3 étoiles offre 6 confortables chambres d'un bon rapport qualité-prix, avec jacuzzi. Chambres à partir de 82 € et petit déjeuner 12 €.
23-25, rue du Pontel, 19240 Saint-Viance. Tél. 05 55 85 15 53. aubergesaintviance.eatbu.com

L'Auberge du Cheval Blanc

Ici les produits de saison et du terroir sont cuisinés avec générosité, dans le droit fil de la tradition. Au menu, tête de veau, filet de canette ou quasi de veau limousin. Formule du midi 22 €, 30 € le dimanche. Du mardi au dimanche midi ainsi que le vendredi et samedi soir.
15, avenue Jean-Carriven, 19240 Allassac. Tél. 05 55 86 31 41. www.aubergeduchevalblanc.site.fr

À GOÛTER

Les tourtous

Le marché d'Allassac donne de la vie au centre-bourg le vendredi matin : goûtez-y les tourtous, ces galettes de sarrasin typiquement corréziennes servies tièdes généralement tartinées de rillettes de canard.

Le boudin noir aux châtaignes

De la Maison Giraud, face à

D'OURS

n Bexka, au **Pays ba**
l'agriculture 2023. E
les terres où berger e

pierre et en brique des années 1930, 5 chambres – climatisées ! – avec sanitaires. Au 1er étage, une cuisine à disposition, et, au 2d, une salle de jeux et de lecture. Une adresse simple et authentique, tenue par deux femmes, une mère et sa fille, qui aiment ce qu'elles font, et ça se sent. La première cuisine, fort bien, laissant Nadine, aussi dynamique que sympathique, accueillir son monde. Les repas sont servis dans le jardin aux beaux jours.

L'Auberge sur Vézère : *19240* ***Saint-Viance.*** *☎ 05-55-84-28-23. • aubergesurvezere@wanadoo.fr • aubergesurvezere.com • À env 8 km de Donzenac par la D 25, puis 2e sortie au rond-point et suivre la D 133. Double 86 €. ½ pens 147 €/pers. Menu 22 € (le midi en sem), puis carte 25-45 €.* Dans un gros corps de bâtiment rénové, une dizaine de chambres refaites dans un style contemporain et de bon confort. Les nouveaux propriétaires ont privilégié la zen attitude, côté hôtel comme côté resto. Le chef, d'origine lilloise, travaille les produits de la Corrèze à sa façon. Vous serez surpris.

Le Périgord : *9, av. de Paris. ☎ 05-55-85-72-34. Fermé mer, dim soir et lun soir (ouv tlj en été). Congés : vac scol de la Toussaint et de fév (zone B). Résa conseillée. Formule déj en sem 17 €. Menus 22-40 € ; carte env 40 €.* C'est d'abord une grande salle chaleureuse, dominée par le traditionnel *cantou,* où l'on adore se retrouver en famille ou entre copains. Très belle cuisine aux élans créatifs, élaborée à partir des bons produits locaux. Recettes classiques mais rajeunies, subtilement revisitées. La saison des champignons, en particulier, se révèle une période bénie, Johnny Thouvenin sachant merveilleusement les cuisiner. Enfin, madame, en salle, assure un accueil souriant et attentionné. Belle carte des vins.

Où acheter de bons produits dans les environs ?

Ferme de La Borde : ***19410 Saint-Bonnet-l'Enfantier.*** *☎ 05-55-73-72-44.* Nadine et sa mère vendent les produits de leur confection, et c'est que du bon ! Pas mal de choix de produits dérivés de l'oie, mais aussi châtaignes, confitures, etc. (voir « Où dormir ? Où manger à Donzenac et dans les environs ? Chambres d'hôtes chez Nadine Buge »).

DANS LES ENVIRONS DE DONZENAC

Les pans de Travassac : *à* ***Travassac.*** *☎ 05-55-85-66-33. • lespansdetravassac.com • À env 3 km à l'est de Donzenac par le D 920, puis D 133. Mai-juin et sept-oct, dim et j. fériés, visites guidées ttes les 30 mn 14h30-17h30 ; juil-août, ttes les 30 mn 10h30-11h30, 14h30-17h30. Entrée : 8 € ; réduc. Compter 1h30 de visite, dont 1h guidée.*

Sachez que l'ardoise locale est réputée pour sa qualité et sa très grande résistance aux intempéries (on la dit même inaltérable !). C'est pour cette raison que 50 % de la production atterrit, si l'on ose dire, sur les toits des Monuments historiques, comme celui de la basilique du Mont-Saint-Michel. 80 % de la roche est perdue au fil du processus de transformation, ce qui fait qu'avec 1 t de roche brute on obtient... 4 m² d'ardoise.

Les ardoisiers travaillent sur le site (le seul où le travail soit artisanal de bout en bout). Dans ces anciennes ardoisières, longues silhouettes de pierres élancées dans le ciel, vieilles de 300 ans, découvrez le métier d'ardoisier, ses techniques et son environnement : puits de la Girale (140 m de profondeur), belvédères, plates-formes, filons (des Quatre-Maîtres, de la Jean-Guinotte...), perces, chantier (encore en activité), atelier-musée, « église » (un passage, en fait) souterraine, galeries, passerelle suspendue, escalier vertigineux de 120 marches et, bien sûr... multiples sentiers. Balade impressionnante et riche en sensations (mais en toute sécurité). On y découvre aussi les différences entre ardoise et lauze, l'intérêt de la diversité des formes...

Buvette avec terrasse panoramique. Ne demandez pas la carte, juste l'ardoise !

***Allassac** (19240) :* *à 6 km au nord-ouest de Donzenac.* Allasac a connu la fortune grâce à la production d'ardoises, qui couvrent encore les vieilles maisons. L'intérieur baroque de l'*église* fortifiée *de la Décollation-de-Saint-Jean-Baptiste* contraste avec l'aspect massif de ses murs extérieurs en schiste noir, rehaussé par le mortier rose et le portail sud de style limousin. Non loin de cette église s'élance la *tour César,* seul vestige de l'ancienne forteresse. Bâtie au XIIIe s, elle semble pesante malgré ses 30 m de hauteur. Entièrement restaurée, elle est ouverte à la visite sur demande certains jours en saison (voir avec le point accueil plus bas).

Point accueil office de tourisme Brive et son pays : *dans la tour César. ☎ 05-55-24-08-80. Mêmes horaires que l'OT de Donzenac (voir plus haut « Adresse utile »).* Visite de la tour César. Location de VTT en saison.

La forge d'armes : *La Bombarde, route de la Grande-Fontaine, 19450* ***Allassac.*** *06-10-64-00-99. Tlj tte l'année sur rdv. Entrée : 7 €.* Pascal Lavaud est le dernier taillandier de France en activité, et il expose au 1er étage du manoir des Tours une collection impressionnante de 600 pièces d'armes romaines et du Moyen Âge. Armures, épées, masses d'armes et même un scorpion, grande machine de guerre romaine, qu'il a reconstruite à l'identique (ils sont fous, ces Corréziens !). Ce passionné arrive à conquérir le plus pacifique des visiteurs en lui faisant découvrir ce métier qu'est la forge d'armes et armures de guerre, pour hommes, femmes et enfants, personne n'étant oublié. Si vous n'avez aucune idée du temps nécessaire pour faire une cotte de mailles, si vous ignorez quelle est l'arme préférée des femmes rousses ou si vous rêvez de posséder – pour vous protéger – la délicieuse Morgenstern (« étoile du matin » en v.f.), en réalité une massue en bois agrémentée de piquants en fer, vous vous forgerez une opinion sur place !

Le Saillant : hameau à portée de flèche d'Allassac. Du vieux pont gothique du XIIIe s qui enjambe gracieusement la Vézère avec ses six arches ogivales, on a une belle vue sur le *château* privé du Saillant, où Mirabeau a séjourné. Visite des jardins autorisée en juin. Une divine surprise : les six vitraux signés Chagall dans l'ancienne chapelle castrale.

Autre curiosité, la visite de la cave coopérative des Coteaux du Saillant-Vézère, qui vous permettra de découvrir ces vins de pays de la Corrèze, dont un blanc tendre assez étonnant. *Pour plus de rens : ☎ 05-55-25-24-60. • coteauxdusaillant.com •*

D'ici à Comborn et aux ruines de son château, on peut suivre les *gorges du Saillant,* car le paisible cours de la Vézère traverse ici quelques rapides que verront les rameurs, les marcheurs et les voyageurs en train, étant donné que la voie ferrée passe par là (voir le passage sur la vallée de la Vézère).

L'YSSANDONNAIS

Cette microrégion doit son nom au puy d'Yssandon, où les Gaulois avaient déjà édifié une place forte. L'Yssandonnais commence à la sortie de Donzenac et entraîne ses visiteurs, de puy en vallon, jusqu'au pied d'un des « Plus Beaux Villages de France ». Perché sur un plateau de l'une des buttes calcaires de l'Yssandonnais, le dos à la Dordogne et le visage vers la Corrèze, Saint-Robert est riche en patrimoine bâti.

SAINT-ROBERT (19310)

Saint-Robert, dont le charme médiéval n'échappera à personne, est, avec ses 350 habitants, l'un des cinq « Plus Beaux Villages de France » que compte la Corrèze (sur les six que compte tout le Limousin !). De son promontoire, Saint-Robert voit tout, et vous, vous verrez l'*église,* son transept du XIIe s, son clocher octogonal du XIVe s, ses chapiteaux sculptés et son christ du XIIIe s. Anecdote télévisuelle : c'est ici que fut tournée l'adaptation du roman *Des grives aux loups.* Un peu en contrebas du village, vous pouvez toujours aller faire un vœu auprès de la fontaine miraculeuse, dont l'eau aurait des vertus de guérison. En juillet-août, concerts de musique classique à Saint-Robert et à Objat dans le cadre de l'Été musical.

Adresse utile

Office de tourisme : *vieille rue derrière l'église. ☎ 05-55-24-08-80. Mai-sept, lun-sam 10h-12h, 14h30-18h et dim 15h-18h.* Documentation disponible.

Où dormir ? Où manger à Saint-Robert et dans les environs ?

Le Saint-Robert : *route d'Ayen. ☎ 05-55-25-58-09. • lestrobert@orange.fr • le-saint-robert.com • Fermé oct-mars. Resto fermé ts les midis et dim. Doubles 58-70 € ; petit déj 8 €. ½ pens 65 €/pers en saison. Menu 22,50 € et carte (resto ouv le soir slt). Réduc de 10 % la 1re nuit sf 14 juil-20 août sur présentation de ce guide.* Voilà bien une adresse de charme qui ravira les amoureux autant que les familles. À la frontière du Limousin et du Périgord, cette très belle demeure, construite à flanc de colline par un riche banquier au XIXe s, jouit d'une vue imprenable sur la vallée. On peut profiter de cette vue depuis la terrasse où il fait bon prendre le petit déj ou son repas, mais aussi de la superbe piscine avec jacuzzi et sauna. Les chambres, confortables et sobrement meublées, ont gardé un certain cachet. La maison sent le bois patiné et les vacances heureuses. Si possible, choisissez une chambre qui donne sur la campagne ; on a bien aimé la nº 2, très claire avec ses 2 fenêtres qui illuminent le vieux plancher sombre et son incroyable baignoire.

La Table d'Aline : *rue Jacques-Ranoux. ☎ 05-55-84-11-07. • restaurant@latabledaline.fr • latabledaline.fr • Dans le village. Tlj sf mar (et jeu soir hors saison). Double 55 €. Formule déj en sem 18 €. Menu 27 €. Café offert sur présentation de ce guide.* Belle cuisine au goût du jour qui privilégie les produits du marché et de saison. Une carte qui dépoussière joliment le terroir, à découvrir sur une terrasse de carte postale ou sous le plafond à la française d'une salle simplement plaisante. 4 chambres d'hôtes dans le même esprit. Accueil charmant.

Chambres d'hôtes Pré Laminon : *Laurégie, 19310* **Segonzac.** *☎ 05-55-84-17-39. • prelaminon@wanadoo.fr • prelaminon.com • À 5 km au nord-est de Saint-Robert par la D 51, traverser Segonzac en direction de Juilliac puis prendre à gauche, à hauteur du garage, direction Laurégie. Ouv avr-fin oct. Double 60 €. Familiale 92 €. Table d'hôtes 20 €.* Dans un minuscule hameau et une superbe grange à colombages sous un toit à 4 pentes, typique de ce joli coin de campagne qui hésite entre Corrèze et Dordogne. Chambres chaleureusement bardées de bois comme celles d'un chalet de montagne. Délicieuse cuisine familiale, très terroir (légumes et fruits viennent du jardin). Belle piscine.

AYEN *(19310)*

Juste à côté de Saint-Robert, cet autre village perché, marqué par la vicomté de Limoges et la famille de Noailles, est le point culminant de l'Yssandonnais. La pierre blanche des maisons de cet éperon rocheux tranche avec le grès rouge de la région. On vient y voir les restes de remparts et, surtout, sur les murs extérieurs de l'église, les enfeus classés du XIIe s, qui faisaient partie de l'ancien édifice roman. Précisons que les enfeus sont des niches funéraires creusées dans les murs des églises. Très beau point de vue. On peut aussi prévoir une balade à l'arboretum de la Tuillière.

Où dormir ? Où manger ?

La Boissière : *rue de la Boissière. ☎ 05-55-25-15-69. • laboissiere@wanadoo.fr • laboissiere.com • À 4 km de Saint-Robert par la D 5 puis la D 39. Hors saison, resto tlj sf mar, mer et jeu en saison, tlj sf mar. Congés : 1 sem à la Toussaint et 1 mois vac d'hiver. Doubles 64-71 € selon confort. En été, formule piscine le midi : plat du jour + dessert 13 € ; le soir, repas 16,50 € à la table d'hôtes, sinon menu 39,50 € au resto.* Voici une belle demeure de maître du XVIIe s dans un joli village, qui abrite une structure assez atypique. Notre hôte étant un sympathique artiste céramiste, il organise de nombreux stages et soirées : poterie, aquarelle, photo, théâtre, concerts, mime, danse... Résultat, il règne ici une atmosphère bohème qui inspire le farniente et la créativité. Et pour cela, rien de mieux que le jardin ou la piscine d'eau salée, près de laquelle on peut déjeuner l'été. En hiver, salle rustique avec feu dans la cheminée. En été, vous apprécierez la terrasse panoramique à l'ombre d'un tilleul centenaire.

À voir à Ayen et dans les environs

Ayen-Bas *(19310)* **:** juste en dessous d'Ayen, c'est un sublime hameau de grès rouge, avec ses deux ou trois fermes, son château, ses fenêtres à ogives. Un court détour que vous ne regretterez pas...

Le **puy d'Yssandon** domine la région, à laquelle il a donné son nom. Deux tables d'orientation permettent d'en embrasser les coteaux et les vallées. Il ne reste qu'un pan de mur de l'ancien château fort et juste quelques traces (invisibles pour le néophyte) de l'oppidum qu'élevèrent nos ancêtres les Gaulois.

OBJAT *(19130)*

Objat, gros bourg agricole, est célèbre pour son marché du dimanche matin (centre-ville entièrement piéton) qui fournit aux visiteurs l'occasion de flâner à la recherche du temps passé, parmi les couleurs et les senteurs d'autrefois. La commercialisation du veau de lait sous la mère a acquis ici ses lettres de noblesse et Objat est devenu « Site remarquable du goût » pour cette production. Une confrérie du veau de lait a également vu le jour et représente le veau de lait dans le pays tout entier. Petite ville où il fait bon vivre, Objat est fière de son église du XVe s chapeautée d'une très curieuse toiture, unique dans la région. Consultez le site de l'office de tourisme de Brive *(• brive-tourisme.com •)* si vous cherchez un hébergement, mais pour manger, nous vous donnons une belle adresse à ne pas manquer.

Adresses et infos utiles

Office de tourisme : *pl. Charles-de-Gaulle. ☎ 05-55-24-08-80. • tourismeobjat.com • Juil-août, lun-sam 9h30-12h, 14h-18h30 et dim 10h-12h. Juin et sept, lun-sam 10h-12h, 14h-18h et dim 10h-12h. Oct-mai, lun-ven et sam mat, mêmes horaires (en mai ouv dim mat).* Pratique et documenté.

■ **Centre aquarécréatif :** *ouv juil-août 10h-19h. ☎ 05-55-25-82-94.* Agréable bassin de nage avec équipements ludiques : toboggan, nage contre-courant, fontaine, banquette anatomique avec bain bouillonnant.

Où manger ?

Restaurant La Tête de l'Art : *53, av. Jean-Lascaux. ☎ 05-55-25-50-42. • latetedelart@wanadoo.fr • Fermé mar (hors saison) et mer. Congés : vac de fév et fin juin. Menu du jour 14 €, puis menus 18-40 € ; carte env 28 €. Café offert sur présentation de ce guide.* Voilà une escale qu'on ne regrette pas ! Une salle moderne et simplement décorée. Des plats inventifs juste ce qu'il faut, fins, copieux et soignés jusque dans la présentation. Le chef n'abuse pas des sauces pour ne pas altérer le goût des produits. Goûter au petit bocal de ris de veau au vin de noix ou à la canette aux agrumes-purée d'aubergine et chou, vous nous en donnerez des nouvelles... Très bons conseils pour les vins et service très pro. Excellent rapport qualité-prix, vous l'avez compris.

À faire

➢ ***Petit itinéraire entre Objat et Juillac :*** à ***Saint-Bonnet-la-Rivière,*** on trouve de jolies maisons roses, mais surtout une étonnante église romane en rotonde. Toute de grès rouge vêtue, elle aurait été bâtie sur le modèle du Saint-Sépulcre de Jérusalem, rien que ça. ***Chabrignac*** est un petit village pittoresque qui offre, entre autres charmes, une église avec clocher-mur et un ravissant petit château ; on dirait un décor de Walt Disney. Vous voilà arrivé à ***Juillac,*** passez voir le *manoir des Miracles,* jolie propriété rose et imposante, datant du XVIe s.

ARNAC-POMPADOUR

(19230) 1 334 hab. *Carte Corrèze, A2*

Ce nom curieux vient de la juxtaposition du nom d'une commune et de celui de sa terre : respectivement Arnac et Pompadour. Car si Pompadour est célèbre pour sa marquise, son château, ses haras, ses courses de chevaux et son centre commerçant un peu chic, Arnac possède l'une des plus belles prieurales romanes du département et la chapelle Saint-Blaise, récemment restaurée ; une fresque monumentale du plasticien André Brasilier orne désormais ses murs.

UNE MARQUISE QUI N'ÉTAIT PAS À CHEVAL SUR LES PRINCIPES...

En 1745, Louis XV achète les terres et le titre du marquisat de Pompadour, tombé en déshérence à la mort de Mlle de Saint-Cyr, morte sans héritier et dernière de la lignée des Pompadour. Il en fait cadeau à sa favorite, Jeanne Antoinette

Le Normant d'Étioles, née Jeanne Poisson, qui prend aussitôt le titre de marquise de Pompadour. C'est sous ce nom que l'histoire a retenu cette femme intrigante et brillante, amie des encyclopédistes, qui réconcilia Voltaire et le roi. Entre 1750 et 1760, c'est aussi elle qui créa un haras à Pompadour, pour plaire au roi. Sans y passer de longues semaines (il s'agit de ne pas s'éloigner de la Cour trop longtemps), on est aujourd'hui pratiquement certain qu'elle y aura au moins séjourné... une fois. Elle voulait élever des étalons de race orientale ou arabe. Ce fut un échec et la marquise revendit son domaine à la famille Choiseul, qui le revendit au roi. Ce dernier paya donc deux fois Pompadour (les scandales financiers ne datent pas d'hier) et retint l'idée du haras.

ET UN SIRE POUR LES HARAS DU ROI !

Tandis qu'à 43 ans mourait la marquise, l'histoire du haras, royal, privé, national ou impérial selon les régimes, se poursuivit bon an, mal an, jusqu'en 1872 où il fut définitivement classé haras national. La plupart des bâtiments datent du XVIIIe s, à l'exception des bâtiments napoléoniens et l'invention (vers 1850) de la race anglo-arabe, dont Pompadour est le berceau. Aujourd'hui, le haras est un pôle sportif. Y a été créé également, pour l'ensemble du territoire national, le SIRE (Système d'identification répertoriant les équidés, l'état civil des dadas) en 1976. Enfin, depuis 1999, Pompadour accueille une partie de la direction nationale des Haras nationaux, obligeant certains fonctionnaires à faire les allers-retours entre ici et la capitale, décentralisation oblige !

Adresses et infos utiles

Office de tourisme : *à l'entrée du château. ☎ 05-55-98-55-47. • pompadour.net • Juin-fin sept, tlj ; le reste de l'année, se renseigner. Fermé à Noël et le Jour de l'an.* On pourra obtenir des informations sur les balades dans la région, les courses de chevaux et les concours hippiques. En revanche, les billets pour la visite du haras, du château et de la jumenterie nationale de Chignac sont vendus au château *(association* ***Les Trois Tours*** *: ☎ 05-55-98-51-10).* À lire dans la rubrique « À voir ».

Gare SNCF : *proche du centre. ☎ 36-35 (0,34 €/mn). • sncf.com •* Sur la (petite) ligne Brive-Limoges par Saint-Yrieix-la-Perche.

Taxis : *☎ 05-55-98-70-78 ou 40-45.*

– **Marché :** *2e et 4e mer du mois.*

Où dormir ? Où manger à Pompadour et dans les environs ?

Auberge de La Mandrie : ***La Mandrie,*** *route de Périgueux. ☎ 05-55-73-37-14. • contact@la-mandrie.com • la-mandrie.com • À 5 km du bourg en allant vers Ségur et Périgueux. Tlj sf w-e hors saison. Fermé en déc-janv. Double 56 €. ½ pens 55 €/pers. Menus 13,50-30 €, carte env 35 €. Café offert sur présentation de ce guide.* Autour d'une ancienne école de campagne rénovée, petits chalets disséminés dans un parc, avec piscine chauffée et espace de jeux pour les enfants. Les chambres, toutes de plain-pied, possèdent une petite terrasse. À table, une cuisine régionale solide. On se régale toujours autant avec le roulé de tête de veau, la salade de la ferme (aux pieds de porc et escargots), la tatin de boudin aux pommes et le craquant au chocolat ! À déguster en salle (vitrée sur 3 côtés) ou sur l'immense terrasse qui la prolonge. Bref, une affaire de famille, bien tenue. Très bon accueil, et ce depuis une bonne trentaine d'années.

Auberge de Concèze : *19350* ***Concèze.*** *☎ 05-55-25-55-84.*

• auberge-conceze@wanadoo.fr • À 6 km au sud de Pompadour ; au cœur du village. Tlj le midi, et les ven soir, w-e et j. fériés. Menu ouvrier 12 € le midi lun-ven, formules 18-23 € ven soir et w-e. Sur la place, face à la halle sous laquelle se prépare mi-juillet une tarte géante qui est le clou, si l'on peut dire, de la fête de la Framboise, un vrai bon bistrot de pays, coloré, chaleureux. Charles et Sylvie ont le sens de l'accueil, et ne laissent personne repartir sur sa faim. On se régale ici aussi bien avec une délicieuse caille aux girolles qu'avec les ris de veau aux cèpes.

Chambres d'hôtes Ferme de la Roche : *chez Mme Sourioux, 19210* ***Saint-Julien-le-Vendômois.*** *☎ 05-55-98-72-87. • michel.sourioux@wanadoo.fr • Saint-Julien-le-Vendômois est à la limite de la Haute-Vienne, à env 10 km au nord-ouest de Pompadour par la D 126 ; la Roche est à 4 km du bourg en direction de Pompadour. Ouv avr-oct. Double 50 €. 2 studios pour 2 pers 290 €/sem. Repas sur demande 22 €. CB refusées. Parking gratuit. Apéritif offert sur présentation de ce guide.* Au grand calme, ce bel ensemble de fermes des XIIe et XVe s a appartenu à la famille d'Henri IV. Aujourd'hui, on loge dans une dépendance (faut pas rêver !), dans des chambres correctement équipées, décorées de façon un peu trop moderne à notre goût. Dans la salle en pierre, on mange les excellents produits du domaine – canards et agneaux – ou encore la mique corrézienne ou le civet de chevreuil. Et vos enfants s'amuseront bien pendant vos agapes. Sinon, ne craquez pas, des ateliers gestion du stress sont prévus !

Le Tilleul do Sully : *19210* ***Montgibaud.*** *☎ 05-55-98-01-96. À 15 km au nord de Pompadour par la D 901 puis la D 39 ; au cœur du village. Tlj sf dim soir et lun (et mar soir hors saison). Fermé 3 sem fin déc-début janv et dernière sem de juin pour travaux annuels (petites rénovations). Formule déj en sem 16 € et menus 22-46 € ; carte.* Petit resto genre auberge de campagne (rustique donc) face à un bon vieux tilleul qui servait, paraît-il, de phare pour les pèlerins de Saint-Jacques. Belle cuisine, dans la tradition, produits d'une évidente fraîcheur et additions plutôt douces. Une adresse très appréciée par les gourmets de la région, depuis plus de 10 ans.

Où voir et acheter du porc cul noir ?

La Maison du Foie gras, Le Hech : *2, av. du Midi. ☎ 05-55-73-30-22. Tlj sf lun, 6h30-19h15 sans interruption. Fermé fév.* Chez les Le Hech, ça ne rigole pas, on est charcutier de père en fils ! Jacques, le père, et Pascal, Meilleur Ouvrier de France, rejoints depuis peu par Jordan (3e génération), Meilleur Apprenti de France. Beau choix de viandes, charcuteries et produits traiteur réalisés dans le respect du label Qualichef qui garantit une fabrication maison. On ne repartira pas sans sa tourte pompadour, un pâté de pommes de terre avec foie gras, confit et cèpes... qui contribue largement à la bonne réputation de la maison.

Charcuterie J.-P. Donzeau : *22, av. du Midi. ☎ 05-55-73-90-54. Tlj sf dim et lun ap-m.* Le portrait de Charlou Raynal (figure locale de la gastronomie) est en bonne place dans cette boucherie-charcuterie, véritable temple du cochon, en particulier du fameux cul noir limousin. Confit de porc aux pommes du Limousin, rillettes aux pommes du Limousin, boudin aux châtaignes... Vous trouverez aussi votre bonheur en conserves maison. Bon appétit !

– Si vous voulez voir sur pied les pâtés dont vous allez vous régaler (!), allez « visiter » cet ***élevage de porcs cul noir*** en bord de route, vous verrez ainsi qu'ils n'ont pas seulement les fesses noires... C'est encore plus sympathique quand il y a des petits. Pour vous y rendre, quittez Pompadour, dépassez Ségur en direction de Saint-Yrieix ; 1,5 km plus loin, au lieu-dit Les Viers, quand vous verrez de grands sapins à votre gauche, c'est que les cochons sont à votre droite ! Si vous avez des questions, les fermiers sont un peu plus loin à gauche. En tout cas, ne donnez rien à manger aux porcs et ne cherchez pas à entrer, ça paraît idiot dit comme ça, mais bon...

À voir

BOUTE-EN-TRAIN

À l'origine, ce n'est pas un rigolo ! Il s'agit d'un cheval qu'on place auprès des femelles afin de repérer si elles sont en chaleur ou non. À ces périodes-là, leur attitude change (elles urinent fréquemment). Ensuite, on le remplace par l'étalon qui les fécondera.

Les écuries des étalons du haras national : *dans Pompadour. ☎ 05-55-98-51-10. • les3tours-pompadour.com • ♿ Visites guidées slt, tte l'année. Ouv nov-mars, fermé dim sf vac scol. Horaires variables selon saison ; le mieux est de vérifier auprès de l'association* Les Trois Tours de Pompadour, *à l'entrée du château. Juil-août, spectacles nocturnes. Entrée : 5 € ; réduc.* L'excellente visite vous conduira entre les box de ce beau bâtiment du XIXe s où de magnifiques étalons prennent un peu de repos. Les écuries abritent des chevaux de trait et de sang tel l'anglo-arabe, dont Pompadour est le berceau. La visite se poursuit par la sellerie, la forge et le laboratoire d'insémination. Car rappelons que le rôle de ce haras national, comme des 19 autres que compte la France, est la reproduction. Créés par Colbert en 1665, les haras devaient assurer des chevaux de remplacement aux cavaliers dont les montures avaient été tuées dans un combat.

Le château : *promenade historique sur les terrasses et le château (visites guidées slt). ☎ 05-55-98-51-10. ♿ Ouv tte l'année sf dim, lun et j. fériés ; horaires de visite variables. Entrée : 7 € ; réduc.* Ce château, dont l'origine remonte à 1026 mais qui fut reconstruit au XVe s suite à sa destruction en 1200, se visite partiellement. Le visiteur se contentera de passer l'ancien pont-levis, de payer son écot, puis de se laisser guider dans le parc, au pied des imposantes tours rondes, avant de faire un tour dans les écuries de la célèbre marquise. Des jardins du château, on a une belle vue sur l'hippodrome, construit en 1836. La visite peut se poursuivre avec l'intérieur du château, lieu d'expositions temporaires dans trois pièces meublées.

La chapelle Saint-Blaise : *visite guidée de 30 mn tte l'année (sf dim, 10 pers min) et projection à l'auditorium (40 mn), sur rdv auprès de l'office de tourisme.* Église paroissiale du pays de Pompadour, la chapelle Saint-Blaise abrite une œuvre monumentale de près de 300 m², réalisée par l'artiste André Brasilier. Ce peintre saumurois, qui a fait don de sa peinture à la commune et à l'Église, a permis de sauver l'édifice de la destruction.

L'église d'Arnac : *à Arnac donc, à 2 km au nord de Pompadour.* Imposante et austère église du XIIe s, un peu transition entre le roman (le chœur) et le gothique (la nef). On remarquera, au-dessus du portail, trois niches accueillant autant de statues du XIIIe s. Au milieu, la Vierge, à droite saint Pardoux et à gauche saint Martial, les deux apôtres du Limousin. L'intérieur, outre ses chapiteaux historiés, frappe par sa nef unique, qu'un changement de voûte a rendue bancale. Les murs semblent partir vers l'extérieur et donnent un sentiment de vertige.

Manifestations

– Si vous passez à Pompadour un dimanche d'été (souvent jusqu'au mois de septembre) vers 14h30, et surtout si vous n'en avez jamais vu, tâchez d'assister à une ***course de chevaux.*** Infos à l'office de tourisme.
– ***Journée nationale de l'âne :*** *14 juil.*
– ***Concours de dressage international :*** *juil ; se renseigner à l'office de tourisme pour les dates précises.*
– ***Grande fête hippique :*** *w-e du 15 août.* Avec une messe sur l'hippodrome, présentation des étalons et des attelages du haras national, concours d'obstacles,

courses de plat, parade des étalons et une nocturne pour boucler la boucle. *Pass'Equestre* permettant, à tarif réduit, l'accès aux sites de compétitions. Programme détaillé à l'office de tourisme.
– ***Grande Semaine de Pompadour :*** *sept.* Finale des jeunes chevaux du concours complet d'équitation, Journées nationales de l'anglo-arabe et Salon du livre et du cheval.
– Plein d'autres ***manifestations hippiques*** de mars à octobre : demander le programme à l'office de tourisme.

DANS LES ENVIRONS D'ARNAC-POMPADOUR

La Jumenterie de la Rivière : *19230* ***Beyssac.*** *À 1 km de Pompadour. Avr-juin, ouv l'ap-m, en visites guidées slt ; se renseigner pour les horaires au ☎ 05-55-98-51-10. Entrée : 6 € ; réduc.* Les 88 ha de la jumenterie accueillent les futures et les jeunes mamans. C'est ici que les juments viennent se faire monter, puis mettent bas et élèvent leurs poulains. Au printemps, il peut y avoir jusqu'à 150 bêtes dans les immenses prés qui entourent la « maternité », où les juments, surveillées par une caméra, sont l'objet de tous les soins. Il faut dire qu'elles portent 11 mois, et qu'un poulain pèse de 25 à 45 kg à la naissance. Avant l'heureux événement, il y a bien sûr une monte naturelle ou une insémination artificielle. La visite se termine par l'écurie des étalons de sport, stationnés là pour la saison. La jumenterie est installée à l'emplacement d'un château du XVe s, dont il reste quelques ruines, et une chapelle, lieu d'exposition.

Le moulin de la Résistance et de la Mémoire au pont Lasveyras : *19230* ***Beyssenac.*** *À 11 km de Pompadour.* L'ancien moulin de la papeterie est un lieu de balade agréable, entre rivière et sentiers dans la forêt. C'est aussi un mémorial de la Résistance. Le 16 février 1944, une division allemande a surpris des jeunes maquisards réfugiés près du moulin et 34 furent fusillés sur place. On accède aussi à ce site par la route en prenant la direction de Payzac. Accès libre. Sentier botanique.

Vers le nord-ouest, on ira voir ***Ségur-le-Château*** *(19230),* encore l'un des « Plus Beaux Villages de France », bâti sur une boucle de l'Auvézère. Dans le village, aujourd'hui tranquille mais qui fut le berceau des comtes de Limoges, le théâtre d'âpres batailles pendant la guerre de Cent ans et un bourg important au XVIe s, on ne visite rien. Mais on peut se balader dans les rues étroites bordées de maisons à colombages et tourelles, au bord de la rivière (un sentier botanique de 3 km a été aménagé et est indiqué) ou au pied des ruines du château féodal, qui ne se visite plus. Deux sentiers (de 7 et 14 km) balisés vous sont également proposés ; dépliants à l'office de tourisme. Ne ratez pas, non loin de l'office de tourisme, la maison Renaissance, dite Henri IV, en l'honneur du roi qui, jeune, y aurait passé une nuit.

Bureau d'informations touristiques : *en ville, pl. du Champ-de-Foire. ☎ 05-55-73-39-92. • segur.offi@wanadoo.fr • tourisme-saint-yrieix.com • 15 juin-15 sept, lun-dim (sf dim matin) 10h-13h, 14h-18h.* Organise des visites guidées, dont une aux flambeaux.

3 petites adresses sans prétention pour boire un verre ou grignoter au bord de la rivière. Le coin est agréable pour un moment de détente si l'on ne compte pas s'exciter les papilles.

À 6 km au nord de Pompadour, voir aussi le village de ***Lubersac*** *(19210),* à la limite de la Haute-Vienne. Les amateurs d'édifices romans y apprécieront l'*église Saint-Étienne,* édifiée entre les XIe et XIIe s, où l'on a découvert de remarquables peintures murales, dont un *Saint Léonard* du XIIIe s. Le portail de style roman limousin est orné de festons mozarabes et les chapiteaux sont remarquables, d'autant qu'ils sont relativement rares en Corrèze.

Et tant que vous y êtes, jetez donc un œil aux lourdes arcades surmontées de fenêtres Renaissance de l'étonnante *maison des Archiprêtres* du XVe s. Ces derniers l'ont quittée depuis la Révolution et l'office de tourisme y est installé, ainsi que le ***centre d'art sacré*** : ☎ *05-55-73-97-31 (office de tourisme). Ouv tte l'année, horaires variables ; juil-août, tlj sf jeu et dim. Entrée : 3 € ; réduc.* On y trouve rassemblés orfèvrerie, peintures, sculptures et ornements liturgiques, comme cette bannière de procession ouvragée (original, ces visages en papier et ces vêtements en tissu) ou un antiphonaire ; une touchante Vierge inscrite aux Monuments historiques, en calcaire anciennement polychrome du XVe s ; une châsse du XIIIe s classée, en cuivre et émaux champlevés ; miniatures sur vélin, souvent réalisées par des sœurs, décorées d'étonnantes paperoles.

La chartreuse du Glandier : *à 9 km au sud-est de Pompadour. Pour les horaires, s'adresser à l'office de tourisme de Lubersac (☎ 05-55-73-97-31).*
C'est une « ancienne » chartreuse, fondée au XIIIe s mais restaurée au XIXe s avant d'être transformée en centre de santé, et aujourd'hui en établissement d'accueil pour personnes handicapées. Jeter un œil à l'architecture (mais il n'y a qu'une seule cellule de moine aménagée pour la visite), à la maquette de l'édifice, aux deux cloîtres où les moines ont fait vœu de silence et au ruisseau qui confère au lieu un charme très bucolique.
Mais c'est surtout le fait divers qui a ébranlé toute la Corrèze au milieu du XIXe s qui nous intéresse ici : l'affaire Lafarge. Les faits : Charles Lafarge, qui vit au Glandier, épouse la jolie Marie Capelle en 1839. Leurs rapports, dans cette « maison délabrée et envahie de rats », ne tardent pas à se détériorer. Le mari est un rustaud couvert de dettes qui vit sous l'influence de sa mère. C'est d'ailleurs elle qui accusera Marie de l'avoir empoisonné à la mort-aux-rats. La jeune veuve, aidée par un avocat qui tombera peut-être amoureux d'elle, maître Lachaud, se défend bec et ongles. Rien n'y fera. Elle sera condamnée au bagne et y passera 10 ans, en ayant toujours crié son innocence. Elle écrira ses mémoires et mourra de la tuberculose en 1852. Lachaud, devenu célèbre avocat parisien, n'abandonnera jamais sa cliente et, après sa mort, ira régulièrement fleurir sa tombe.

Où faire de l'équitation dans les environs ?

Pompadour étant la patrie du cheval, c'est bien la moindre des choses de vous indiquer des adresses où l'on peut monter.

■ ***Écuries du Mas :*** *6, Le Mas, 19230* ***Saint-Sornin-Lavolps.*** *☎ 05-55-73-32-62. • stephane.chauprade@wanadoo.fr • lesecuriesdumas.fr • Situé entre Pompadour et Objat. Ouv tte l'année.* Centre équestre et poney-club doté de bons équipements. Cours, balades et stages.

■ ***Relais Al Garamaze :*** *ferme équestre, Garamaze, 19210* ***Saint-Martin-Sepert.*** *☎ 05-55-73-59-05. • relais-al-garamaze@ozone.net • À quelques km au nord-est de Pompadour. Ouv tte l'année.* Balades et randonnées avec un moniteur diplômé. Gîtes sur place.

UZERCHE

(19140) 3 062 hab. *Carte Corrèze, B2*

La Vézère forme une boucle délimitant une butte. « Tiens ! si on en faisait une place forte ? », pensèrent nos ancêtres les Gaulois. C'est ainsi qu'Uzerche devint très tôt un bastion, qui résista probablement à Jules César lui-même, bien que rien ne l'atteste formellement. Ce dont on est sûr, c'est que les Sarrasins, boutés loin de Poitiers par Charles Martel, assiégèrent la ville.

Les Uzerchois du VIIIe s eurent recours à une vieille ruse de guerre. À bout de ressources, ils lâchèrent deux veaux gavés de grain. Les Sarrasins, ignorant qu'il s'agissait là de leurs dernières bêtes, crurent ne jamais venir à bout d'Uzerche et levèrent le siège. La ville en subit bien d'autres mais ne fut jamais prise. D'où sa devise, *Non Polluta* (« jamais souillée »), et ses armoiries : deux taureaux, trois fleurs de lys et la couronne d'or.
De son prestigieux passé – Urbain II y prêcha la croisade en 1095 –, Uzerche a conservé son côté place forte et quelques belles et riches demeures. Simone de Beauvoir y passa des vacances qui ont inspiré des pages de *Mémoires d'une jeune fille rangée.* Longtemps le trafic de la N 20 a troublé la ville, même si les commerçants ne s'en plaignaient pas. Maintenant qu'une autoroute la contourne, Uzerche a retrouvé sa tranquillité et fait même partie des « Cent Plus Beaux Détours de France ». « Qui a maison à Uzerche a château en Limousin. » Le célèbre dicton en dit long sur cette ville dont les vieilles maisons aux portes bien closes se serrent autour de l'abbatiale.

UN ÉCOQUARTIER SUR LE PAPIER !

La ville compte nombre de lieux remarquables d'où la vue plonge sur la vallée de la Vézère près de laquelle se sont installés durant des siècles tanneries, moulins à grains, à tan et à papier. L'une de ces papeteries, fermée en 2006, est appelée à devenir un des lieux culturels phares du Limousin. Ici naît tout un écoquartier s'appuyant sur la réhabilitation d'une partie de l'ancienne Papeterie uzerchoise et sa transformation en espace mémoire dédié à la fabrication du papier. Un projet ambitieux soutenu par la fondation Total et confié au cabinet Wilmotte. La première tranche de travaux concerne la création d'une passerelle sur la Vézère, véritable trait d'union entre la ville ancienne et ce nouveau quartier. Tout un symbole.

Adresses et infos utiles

Office de tourisme : *pl. de la Libération.* ☎ *05-55-73-15-71.* • *ot.uzerche@wanadoo.fr* • *pays-uzerche.fr* • *Dans la vieille ville. Tlj en juil-août 10h-12h30, 14h-18h (17h30 dim) ; mai, juin et sept, fermé dim ; le reste de l'année, 10h-12h, 14h-17h30 ; fermé w-e.* Visite guidée de la vieille ville le mardi à 10h30 en saison *(payant).*

Gare SNCF : *dans la ville basse.* ☎ *36-35 (0,34 €/mn).* • *sncf.com* • Sur la ligne Paris-Toulouse, quelques trains/j. s'arrêtent à Uzerche. Liaisons en autocar SNCF avec Tulle et Limoges. Pour Brive et Treignac, compagnie *CFTA* : ☎ *05-55-86-07-07.*

Où dormir ? Où manger ?

Camping

Camping de la Minoterie : *à La Minoterie.* ☎ *05-55-73-12-75 ou 17-00 (mairie).* *06-85-02-81-42.* • *camping@uzerche.fr* • *uzerche.fr* • *Au sud de la ville, direction Tulle, puis à gauche Espartignac-Chamboulive (D 142). Ouv mai-sept. Tarif : 10,40 € en hte saison. Hébergements locatifs 138-321 €/sem. CB refusées.* Pas mal de monde en été, mais le site en vaut la peine. Possibilité de camper au bord de la Vézère au sein de la base de loisirs. Également 9 chalets. La base de loisirs propose un hébergement de 50 places, ombragées et engazonnées. Pour les amoureux du canoë-kayak, c'est le coin idéal, avec de belles descentes en perspective ! Lire la rubrique « À voir. À faire ».

De bon marché à prix moyens

Hôtel-restaurant Teyssier : *rue du Pont-Turgot.* ☎ *05-55-73-10-05.*

• reservation@hotel-teyssier.com • hotel-teyssier.com • Congés : 2 sem fin déc-début janv. Chambres 54-78 €. ½ pens 55-59 €/pers. Menus 22-30 € et carte. Cette maison plutôt bourgeoise est posée au pied de la ville, au bord de la Vézère. Pas d'inquiétude pour votre sommeil, les chambres ont pour la plupart été joliment refaites et sont toutes bien insonorisées.

Chez Denise : *8, rue Porte-Barachaude. ☎ 05-55-73-22-12. Dans une ruelle de la vieille ville ; accès par la pl. Marie-Collein. Tlj le midi et dim soir. Congés : 5 sem à partir de Noël. Menus 11-23 € et carte. CB refusées. Apéritif maison offert avec le menu régional, sur présentation de ce guide.* Denise tient son bistrot depuis près de 40 ans. Ça ne paie pas de mine apparemment, mais la vue que l'on a de l'étroit balcon qui domine la Vézère est de toute beauté. Et puis on y mange fort bien dès le 1er menu. Cuisine familiale avec plusieurs formules proposant assiette limousine (foie gras, magret, gésiers, noix, châtaignes et salade), confit, viande du jour, etc. Ou alors une simple et délicieuse omelette aux cèpes à la carte, avec son saladier. Super aussi à l'heure de l'apéro, car face au soleil couchant. Accueil franc et sympathique.

Le Charmant : *pl. Alexis-Boyer. ☎ 05-55-98-17-80. Au pied de la vieille ville. Tlj en saison sf lun soir. Hors saison : ouv le midi, fermé ts les soirs sf ven et sam. Formule 11 € ; menus dès 25 €.* Un nom qui fait craquer, forcément, pour une restauration qui ne se prend pas au sérieux. Bonne cuisine traditionnelle qui ne s'endort pas sur son terroir : Saint-Jacques au piment doux, filet de bœuf limousin servi avec un velouté de panais à la truffe. Plus simple mais tout aussi coloré le midi, avec la petite formule.

Chic à plus chic

Hôtel Joyet de Maubec – restaurant « La Treille Muscate » : *place des Vignerons. ☎ 05-55-97-20-60. • hoteljdm@gmail.com • hotel-joyet-maubec.com • Doubles 85-160 € selon confort et saison ; suites 160-230 €. Menus déj à partir de 18 €, 27-36 € le soir.* Tout frais, tout neuf, cet hôtel de charme vient d'ouvrir au sein d'un superbe ensemble classé des XVIe et XVIIe s. 8 chambres seulement, aux teintes acidulées et très modernes, parfaitement équipées et gérées dans un réel souci de respect de l'environnement. Excellent confort 3 étoiles (bientôt 4 ?) avec en plus sauna, salles de massage et de gym, et un espace détente en terrasse dominant la Vézère. De quoi s'oxygéner et décompresser ! Au resto, un chef bien expérimenté propose une cuisine fraîche et de saison dans un décor contemporain très réussi. Belle terrasse aux beaux jours.

Chambres d'hôtes Les Colombages : *chez M. et Mme Cazal, 21, rue Pierre-Chalaud. ☎ 05-55-98-46-18. 📱 06-75-06-45-30. • lescolombages19@orange.fr • lescolombages.fr • Doubles 70-80 €. Compter 100 € pour 3 pers.* Une maison classée datant de la fin du Moyen Âge que ses propriétaires ont ouvert au public pour y recevoir des hôtes dans 2 chambres très confortables au décor zen mais pas triste. Même les jours gris, on se sent bien entre ces vieux murs. D'autant plus que les propriétaires ont le sens de l'accueil, et vous proposent, outre leurs conseils très personnalisés, un petit déjeuner d'anthologie. Et surtout, ne commettez pas d'impair, la personne à la belle voix grave qui répond au téléphone est bien madame Cazal, une hôtesse tonique comme on les aime.

Où dormir ? Où manger dans les environs ?

Chambres d'hôtes Volants et Fourchettes : *Viallevaleix, 19410 Vigeois. ☎ 05-55-73-29-40. • jean-paul.brunerie@wanadoo.fr • volantsetfourchettes.fr • À 12 km au sud-ouest d'Uzerche par la D 920 puis la D 3. Double 75 €, petit déj compris. ½ pens 67,50 €/pers. Table d'hôtes 30 €. CB refusées. Apéritif maison offert sur présentation de ce guide.* Plonger dans la belle piscine d'eau salée en surplomb de la vallée de la Vézère, voilà ce qu'on a envie de faire en arrivant dans cette petite maison de hameau. 2 jolies chambres mansardées à l'étage. Devant le four à pain toujours en fonctionnement, un coin salon-dîner. En contrebas de la maison, le garage abrite quelques beaux spécimens de voitures anciennes, mais aussi de quoi siroter un verre. Jean-Paul propose des virées à bord de ces belles d'un autre temps. Vélos à dispo. Accueil très aimable.

Ferme du Grand Brugeron : *19410* ***Vigeois.*** *☎ 05-55-73-68-95. • contact@fermedugrandbrugeron.fr • Suivre le même itinéraire que pour* Volants et Fourchettes. *De mi-juin à mi-sept, tlj. Hors saison, ouv ven soir-dim midi. Doubles 59-83 €. Menu 25 €.* Si vous êtes dans le coin, allez faire un tour à la ferme aux coin-coin, ces producteurs de canard gras vous feront découvrir et déguster leurs produits. 3 chambres d'hôtes pour qui veut profiter du pays.

À voir. À faire

Une balade sur le site lui-même, un promontoire délimité par la Vézère, d'où émergent les nombreuses tourelles des maisons bourgeoises et le clocher limousin de l'église. Le meilleur point de vue se trouve de l'autre côté du pont Turgot.

➢ Après la vision d'ensemble, on commencera la ***balade dans la ville.*** Partons du sud, par la rue Gabriel-Furnestin qui, outre ses vieilles maisons, est aussi l'adresse de la *porte Bécharie,* la dernière des neuf qui gardaient la ville. On peut y voir les armoiries de la ville. Avant cette porte, l'*escalier du Lavoir* descend vers la Vézère et on peut ensuite suivre un chemin de halage jusqu'à l'autre bout de la ville. Mais reprenons notre promenade. Face à la porte Bécharie, une ruelle conduit à la *chapelle Notre-Dame-de-Bécharie.* On passe ensuite devant la *tour du Prince-Noir,* avant d'arriver à l'esplanade de la Lunade, devant l'*église Saint-Pierre,* d'où l'on domine les faubourgs et les environs.

L'église Saint-Pierre : *en haut de la ville.* Ancienne abbatiale bénédictine édifiée entre les XIe et XIIe s, elle fut fortifiée pendant la guerre de Cent Ans et restaurée régulièrement. La nef et ses étroits collatéraux ne sont que faiblement éclairés par de minces fenêtres, ce qui accentue l'élégante austérité du bâtiment. Les amateurs d'art roman apprécieront la simplicité du déambulatoire qui dessert les absidioles voûtées en cul-de-four. En repartant, un coup d'œil sur le clocher qui passe du plan carré au plan octogonal (typiquement limousin), et surtout sur la crypte, à laquelle on accède par le chevet. Bâtie au XIe s au-dessous du chœur et du déambulatoire, cette crypte semi-enterrée est exceptionnelle dans la région. En y entrant (à gauche), un interrupteur permet de l'éclairer et d'admirer la simplicité des piliers qui la supportent.

L'hôtel du Sénéchal *(centre de documentation sur l'archéologie du paysage) : 14, rue de la Justice.* Visitez d'abord l'hôtel du Sénéchal, un hôtel particulier du XVIIe s, avec sa cour intérieure et son galetage particulier, ainsi que son escalier avec ses marches monolithes de granit et de gneiss.
– ***Le centre de documentation sur l'archéologie du paysage :*** *à* ***La Papeterie.*** *☎ 05-55-73-26-07. • archeologie-paysage.org • Ouv lun-ven 9h-12h, 14h-17h (accueil). Expo sur l'archéologie du paysage, tlj 10h30-12h30, 15h-19h en juil-août. GRATUIT.* Exposition sur la lecture du paysage en Limousin, de l'Antiquité à nos jours. Au travers de panneaux didactiques, schémas, maquettes, photos et mobilier en vitrine.

La base de loisirs de la Minoterie : *au sud de la ville. ☎ 05-55-73-02-84. • vezerepassion.com • Direction Tulle, puis à gauche Espartignac-Chamboulive (D 142).* Idéal pour les amoureux du canoë-kayak et les amateurs de raft sur la Vézère (12 km de raft, randos ou séjours, etc.). Présence obligatoire d'un guide pour la descente des gorges. Également du tir à l'arc, de l'escalade et du VTT. En revanche, pensez à vous y prendre en avance pour l'été car, curieusement, il n'y a pas que vous qui aimez ça...

DANS LES ENVIRONS D'UZERCHE

Les environs d'Uzerche, c'est bien sûr la ***vallée de la Vézère,*** où plein de promenades sont possibles et chaleureusement recommandées. Vers le nord, la rivière vient de Treignac (voir plus loin pour la suite de la balade) ; vers le sud, elle passe à ***Vigeois*** *(19410).* Dans ce village, on trouve une église du XIIe s, maintes fois remaniée mais qui a conservé sa voûte en cul-de-four et des chapiteaux historiés qu'explique fort bien une brochure à la disposition des visiteurs. En descendant vers la gare SNCF, dans la ville basse, on passe sur un vieux pont, également du XIIe s. En continuant le long de la rivière, on retourne dans la région de l'Yssandonnais et, vers l'ouest d'Uzerche, à Arnac-Pompadour (voir plus haut).

La cascade de Bialet : *à la sortie d'Uzerche, prendre la direction Saint-Ybard, tourner à gauche après le pont de chemin de fer ; suivre la route pdt 3 km ; c'est assez mal indiqué.* Absolument ravissant, ce site est idéal, avec ses cascades abondantes et sa fraîcheur ombragée, pour un pique-nique bucolique, une sieste champêtre et une petite promenade alentour (peut-être un peu difficile avec de jeunes enfants).

Un musée en pleine nature : itinéraire au départ d'Uzerche et le long des neuf communes du canton. Un parcours atypique, où une dizaine d'artistes exposent en plein air une soixantaine de sculptures. Ces chemins de la culture laissent à chacun une libre approche de ces œuvres réalisées par des artistes de nationalités différentes (plan disponible à l'office de tourisme).

Le parc Les Z'Animoos : ***Espartignac.*** *Accès A 20, sortie no 45.* ☎ *05-55-97-15-12. Rens sur • parc-animalier-correze.com • Tlj 10h-20h juil-août. Ouv sinon 13h30-18h, vac scol, w-e et j. fériés. Entrée : 4,80 € ; réduc.* Deux hectares abritant toutes sortes d'animaux des plus domestiques aux plus exotiques. Jeux et aires de pique-nique.

Randonnée pédestre

➢ ***Les bords de la Vézère et le puy Chamard :*** *15 km, 4h30, en boucle, sans les arrêts. Départ de l'aire d'accueil de la petite gare d'Uzerche. Balisage : bleu. Réf. :* Les Plus Belles Balades autour de Brive, *éd. du Pélican. Carte IGN au 1/25 000, no 2133 O.* Le sentier vous conduit par l'ancienne voie ferrée, le long de la rive droite de la Vézère. L'itinéraire se poursuit sous le château du puy Grolier jusqu'aux Carderies, puis, plus loin, un chemin permet d'atteindre le sommet du puy Chamard (434 m). Les bruyères succèdent aux châtaigniers et aux chênes. Attention de ne pas écraser les champignons en saison, ils sont nombreux ! Plus tard, une petite route vous ramène jusqu'à Uzerche par la porte Bécharie. Une photo sur les toits d'ardoises de la « perle du Limousin » s'impose. Vous atteignez enfin les bords de la Vézère.

➢ Les communes de Condat-sur-Ganaveix, Espartignac, Lamongerie, Meilhards, Saint-Ybard, Salon-la-Tour et Uzerche proposent plusieurs circuits allant de la balade familiale au parcours pour randonneurs aguerris. Le document avec l'intégralité des circuits est disponible à l'office de tourisme *(2,50 €)* et sur le site internet *• pays-uzerche.fr •*

Manifestations

- ***Jours de Fêtes :*** *13 et 14 juil.* Animations dans la ville, feu d'artifice et embrasement du centre ancien.
- ***Les mardis d'Uzerche :*** *ts les mar soir en juil-août.* Spectacles gratuits.
- ***Marché de producteurs de pays :*** *ts les ven soir en juil-août.* Avec animations musicales.
- ***Festival de musique :*** *fin août.* Festival de musique classique.

LES MONÉDIÈRES ET LE PLATEAU DE MILLEVACHES

Bienvenue en haute Corrèze, la dure, la vraie. On sent encore bien le Massif central, ses hivers interminables, sa rugosité et son austérité.
Point d'orgue touristique de la région, le plateau de Millevaches l'est aussi d'un point de vue climatique. Y camper en janvier pourrait vous valoir les honneurs du *Livre des records* si vous y survivez. En été en revanche, cette région sauvage mais habitée de longue date, pleine de légendes et de mystères, charmera les amoureux de la nature. Et toute l'année, vous trouverez toujours ici l'accueil chaleureux que savent prodiguer les habitants des pays rudes.
À l'ouest du plateau de Millevaches, le massif des Monédières est plus montagneux par son climat (hivers rudes et longs) que par son altitude, qui culmine à 919 m, au puy de la Monédière, moins connu et accessible que le Suc-au-May.

LES MONÉDIÈRES

Carte Corrèze, C2

Le massif s'étend de la vallée de la Vézère (au nord) à celle de la Corrèze (au sud) et alterne collines et dépressions avec élégance. Chateaubriand le surnommait « les montagnes du jour ». La forêt qui couvrait le massif fut deux fois détruite par l'homme pour des raisons guerrières. Jules César, lors de la guerre des Gaules, embrasa les bois pour déloger les druides résistants qui y avaient trouvé refuge. Ce crime de lèse-forêt fut répété au XVIe s par Louis de Pompadour qui, crétin fidèle au catholicisme, voulait chasser les huguenots. Il y parvint, mais se ruina en détruisant cette terre des Monédières, ses villages et ses châteaux qui lui appartenaient. Bien fait ! Ainsi, fougères, myrtilles et bruyères prospèrent sur les landes pentues, tandis que, là où c'est possible, on replante les forêts de résineux.
De nombreux prés sont encore consacrés à l'élevage, mais le tourisme se développe fort logiquement dans cette partie méridionale de la « montagne limousine », particulièrement agréable quand l'automne peint les landes de rouge et d'or.

Adresses utiles

■ ***Maison des Monédières :*** *19390* ***Chaumeil.*** *☎ 05-55-21-21-24. Ouv de mi-juin à mi-sept, mar-dim 10h-12h, 13h30-18h.* À la sortie du bourg, dans une ferme aménagée, cet espace est entièrement consacré au massif : artisanat, expositions, produits régionaux et tout un tas d'informations sur les balades. On peut s'y procurer une documentation touristique très complète.

ℹ ***Office de tourisme :*** *pl. de la République, dans le village de* ***Treignac.*** *☎ 05-55-98-15-04. • vezere monedieres-tourisme.com • Juil-août, tlj 9h30-12h30, 14h30-19h ; oct-mars, lun-sam (fermé jeu mat et dim) ; avr-juin et sept, lun-ven et l'ap-m sam, dim et j. fériés.*

ℹ ***Autre office de tourisme :*** *pl. de la Mairie, à* ***Corrèze.*** *☎ 05-55-21-32-82. Juin-sept, lun-ven, ainsi que sam et dim mat en juil-août.*

Où dormir ? Où manger ?

Campings

⛺ ***Camping de la Plage :*** *route d'Eymoutiers (D 940), lac des Bariousses, 19260* ***Treignac.*** *☎ 05-55-98-08-54. • camping.laplage@flowercampings.com • camping-correze.com • ♿ Prendre l'A 20 puis sortie nº 39, à 4 km du village. Ouv 1er avr-30 sept. Tarif : 18,50 € en hte saison. Mobile homes 205-696 €/sem selon saison et capacité.* Un beau camping, parfaitement équipé et ombragé, en surplomb du lac et de la plage (si, si !). On accède à celle-ci par un tunnel souterrain. Propose des activités aquatiques (voile, canotage, pêche, baignade...). Sympa !

⛺ ***Au Bois de Calais :*** *rue René-Cassin, 19800* ***Corrèze.*** *☎ 05-55-26-26-27. 📱 06-14-63-64-25. • contact@auboisdecalais.com • auboisdecalais.com • ♿ Ouv 1er avr-fin oct. Compter 14-19,50 € pour 2 pers selon saison. Loc de chalets et mobile homes 205-785 €.* À l'écart du village, dans un joli coin, encore nature, au-dessus de la Corrèze. Vastes emplacements, bien ombragés. Piscine. Et démarche écolo récompensée par plusieurs labels.

Bon marché

🏠 🍽 ***Auberge de la Vézère :*** *pont de Vernéjoux, 19450* ***Chamboulive.*** *☎ 05-55-73-06-94. • aubergedelavezere.fr • aci-multimedia.net/gastronomie • Sur la D 26, quelques km avt Chamboulive. Résa conseillée. Double 40 € (les nos 1, 2 et 3 avec vue sur jardin et rivière). ½ pens 50 €/pers. Menus 12 € (le midi en sem), puis 19-26 €. Parking.* 📶 Charmante petite auberge de campagne au bord de la rivière, où les pêcheurs du pays viennent taquiner le poisson. Il n'y a, à l'étage, que 7 chambres, mansardées et coquettes comme tout, toutes équipées de douche et w-c. Au rez-de-chaussée, les convives se répartissent dans 2 pièces : un bar sombre et intime autour du *cantou* et une salle à manger baignée de lumière, en surplomb de la rivière. Dans les assiettes, pas mal de canard (en civet, en confit, en foie gras), mais aussi de la viande limousine ou de la truite. Accueil très souriant. Après le repas, vous pourrez sereinement envisager une balade sur les bords de l'adorable Vézère.

Prix moyens

🏠 🍽 ***Auberge du Rochefort :*** *19470* ***Le Lonzac.*** *☎ 05-55-97-93-42. • auberge-du-rochefort@wanadoo.fr • auberge-du-rochefort.fr • ♿ Resto fermé lun soir en saison. Hors saison, fermé ts les soirs ven, sam et j. fériés. Congés : oct. Doubles 45-60 €. ½ pens possible (compter env 63 €/pers). Menus 12 € (le midi en sem), sinon 22 € et carte. Apéritif maison offert sur présentation de ce guide.* Une belle auberge de village entièrement rénovée par un ancien employé de l'Imprimerie nationale, comme quoi ça mène à tout, l'imprimerie ! Belles chambres à la décoration assez raffinée, ce qui change un peu de certaines rénovations modernes... Toutes avec des couleurs gaies, des couettes épaisses et un mobilier étudié. Au resto, la cuisine est très classique, ce qui n'est pas forcément pour nous déplaire. Ne pas manquer la tête de veau, le millefeuille d'épinards et la lasagne de pied de veau aux écrevisses.

🏠 🍽 ***Hôtel de France :*** *5, pl. du Marché, 19370* ***Chamberet.*** *☎ 05-55-98-30-14. ♿ (resto). Fermé ven soir et soir j. fériés. Congés : 20 déc-fin janv. Doubles 48-58 €. Menus 13 € le midi en sem, puis 26-30 €. Kir offert sur présentation de ce guide.* L'adresse qu'on s'attend à trouver derrière cette rassurante façade de pierre dressée au centre du bourg. Ancien relais de poste, évidemment, dans la même famille depuis pas loin d'un siècle. Le restaurant, rustico-cossu, s'habille de fresques évoquant châteaux et villages corréziens pour de bons plats dans le registre « tradition et terroir ». Et les chambres sont tout simplement confortables.

🍽 ***La Flambée :*** *38, av. Paul-Plazanet, 19260* ***Treignac.*** *☎ 05-55-98-13-08.*

• restaurant.laflambee.treignac@orange.fr • En haut du village, à côté d'Intermarché, sur la D 16. Tlj sf mer soir et jeu soir ; service jusqu'à 20h30. Congés : 1 sem en juin et 2 sem en sept. Formule déj en sem 12,40 €, menus 18-23,70 € et carte 30 €. Une toute petite adresse assez discrète. Cependant, c'est sans doute la meilleure cuisine du bourg. Et pas chère en plus, même à la carte ! Une adresse d'habitués au décor assez rustique, un accueil à l'avenant mais pas bégueule. Aux menus, des classiques bien exécutés comme la tête de veau à la ravigote ou une recette de Sologne, l'andouillette au cul de Breuil. Poisson ET viande au 2e menu ! Le tout est frais et du jour. Beaux desserts également. Bref, un rapport qualité-prix comme on aimerait en voir plus souvent.

Chic

Le Parc des Quatre Saisons : *16, av. de la Gare, 19800* ***Corrèze.*** *☎ 05-55-21-44-59. • annick.peter@wanadoo.fr • leparc.info • Dans le bourg, face au Crédit agricole. Ouv tte l'année, sur résa. Doubles 65-105 € selon saison, et une grande chambre pour 4 pers 95 € (135 € si 2 enfants de moins de 12 ans), petit déj compris. Repas 30 €, possible lun, mer et ven soir.* Au cœur du village de Corrèze, une maison de maître du XXe s ceinte d'un très joli parc. La petite famille belge vous propose 5 chambres aux couleurs gaies qui ont tout de même gardé le charme de l'ancien (beau parquet notamment). Lorsque vous arriverez, vous pourrez profiter de la piscine, ainsi que d'un sauna et d'un bain chaud (payants). Une belle adresse.

Chambres d'hôtes chez Marielle et François Teyssier : *9, pl. des Pénitents, 19260* ***Treignac.*** *☎ 05-55-98-10-69. • teyssier.marielle@wanadoo.fr • hotesgrandchamp.com • Fermé janv-mars. Double 80 €. Apéritif offert sur présentation de ce guide.* Belle maison familiale en pierre de taille datant du XVIIe s, entièrement rénovée. 3 chambres personnalisées, spacieuses et joliment décorées, avec salle de bains attenante. Excellente literie, draps brodés, meubles anciens, beaucoup de souvenirs de voyages... Marielle a sillonné le monde avant de poser ses valises dans ce petit village médiéval. Elle possède un vrai sens de l'accueil et saura vous chouchouter, notamment avec de copieux et délicieux petits déj. Salon TV et jardin en terrasse à disposition des hôtes. Un vrai havre de paix.

Chambres d'hôtes de Maury : *chez Odile Gillet-Roger, Maury, 19260* ***Affieux.*** *☎ 05-55-98-04-01. 06-84-56-54-26. • hotesmaury@gmail.com • hotesmaury.fr • Au sud de Treignac, à 2,5 km après Affieux, direction Peyrissac. Double 73 €.* Vous serez très cordialement accueilli par Odile, lyonnaise d'origine, et son époux, pur Corrézien, dans ce petit manoir du XVIIIe s avec sa belle pelouse et ses transats, un endroit idéal aux beaux jours pour goûter à une sérénité bien méritée. 2 suites familiales de très bon goût, pour 3 ou 4 personnes, raffinées et confortables, avec salle de bains (et entrée indépendante). Petite cuisine à dispo. Odile est également artiste peintre et organise des après-midi de peinture (suivis d'un goûter).

Chambres d'hôtes L'Arbre à Fruits : *Orliac-de-Virolle, 19450* ***Chamboulive.*** *☎ 05-55-21-40-73. • arbreafruits@free.fr • arbreafruits.free.fr • À Chamboulive, prendre la D 142, direction Saint-Augustin ; à 2 km, traverser Le Coudert et, à la sortie, prendre à droite vers Orliac-de-Virolle sur 3 km. Fermé nov-avr. Doubles 80-90 €. Parking à l'intérieur. Apéritif maison offert sur présentation de ce guide.* Amateurs de chambres d'hôtes raffinées, bienvenue ! Les deux garçons qui font vivre l'endroit ont beaucoup de goût. Voici une jolie maison en pierre restaurée, avec un grand jardin en pente et une terrasse avec piscine couverte. Belle pièce commune tapissée de sisal, métissant mobilier ancien et moderne. Les 5 chambres utilisent le même concept et les mêmes matériaux, sisal, bois, pierre et mobilier design jusque dans les salles de bains. Côté repas, belle cuisine régionale, avec une petite touche méditerranéenne ou québécoise (magret de canard au sirop d'érable) selon l'humeur du jour, en souvenir bien sûr des origines de chacun. Accueil courtois.

Le Cantou : *le bourg, 19260* ***Affieux.*** *☎ 05-55-98-13-67. ● lecantou@hotmail.fr ● À 4 km au sud-ouest de Treignac (bien indiqué). Fermé mer et dim soir. Menus 13 € (midi en sem)-15 €. Carte env 45 €.* L'adresse un peu chic du pays. Une grande salle de style rustique, chaleureuse l'hiver, et une plus banale (et plus lumineuse l'été). Terrasse pour les beaux jours. Une cuisine de pro, bien maîtrisée, restant cependant dans un classicisme régional bon teint. Assaut de mignardises et d'amabilité... Tout est frais et fait maison, mais du coup, le service est parfois long.

Plus chic... et insolite

Les Cabanes du Domaine de Salagnac : *hameau de Miers, 19800* ***Meyrignac-l'Église.*** *06-24-47-46-78 ou 06-64-61-29-16. ● contact@cabanesdesalagnac.com ● cabanesdesalagnac.com ● Bien fléché depuis Corrèze. Tarif cabane (4 pers + possibilité de lit bébé supplémentaire) 200 €, petit déj compris, la 1re nuit ; 180 € la 2e, 160 €, la 3e. Sem : 1 000 €.* Sur une très belle propriété, 6 cabanes de luxe de 40 m² avec terrasse, dominant un vallon boisé sublime et de larges baies vitrées pour une immersion totale avec la nature environnante. Un design épuré qui tranche avec ce qu'on a coutume de voir dans les parages. Un calme absolu rompu par le seul bruissement du vent dans les arbres et le courant de la rivière en contrebas. Bon confort standardisé dans chacune mais avec quelques éléments de déco chinés que l'on peut s'offrir. Enfin, à noter l'accueil dévoué de Sébastien et Christelle, les gardiens du domaine. Christelle se charge sur demande de vos paniers-repas, résas d'activités (canoë, accrobranche, randos, balades à cheval, soins aux Cottages de bien-être voisins)... Le lieu idéal et sans (mauvaises) ondes pour de vraies vacances détox. Un coup de cœur.

À voir. À faire

Du nord au sud

La Maison de l'arbre : *1, route de Schillingsfürst, 19370* ***Chamberet.*** *☎ 05-55-97-92-14. Programme sur ● chamberet.net ● Ouv de juin à fin août. En juin, tlj sf mar et jeu, 14h-18h. Juil-août tlj 10h-12h, 14h-18h. Entrée : 3,50 € ; réducs.* Un espace aussi pédagogique qu'interactif, qui vaut vraiment le détour tant pour les petits que pour les grands. On apprend à reconnaître les arbres grâce à leur tronc, leurs feuilles ou leurs fruits, le cri de certains oiseaux, à comprendre le cycle jour/nuit de la vie d'un arbre, l'utilisation faite des différentes essences. Également une ruche (vitrée), dont l'étonnante organisation est décryptée, les poissons de rivière présentés dans des aquariums... En mezzanine, un espace dédié aux oiseaux. L'ensemble s'articule autour d'un grand châtaignier. Présentation vidéo, jeux de reconnaissance des fleurs, des arbres et des empreintes d'animaux. Également un arboretum de 11 ha *(GRATUIT tte l'année)* et un jardin des senteurs et des saveurs, parcours libre permettant de toucher et de goûter.

Treignac (19260) : *voir plus haut pour les adresses utiles.* Un bien joli village qui connut des heures de gloire. D'abord autour de l'an 1000 où le château de Treignac dominait la région, puis, au XVe s, quand les protestants s'y installèrent. Il y avait alors trois temples, mais le regrettable Louis de Pompadour mit la ville à sac en brûlant les forêts environnantes. Treignac renaquit de ses cendres et comptait près de 2 000 habitants à la veille de la Révolution.

Aujourd'hui encore, c'est un village vivant qui a conservé quelques traces de son glorieux passé, même si le château fut démoli au XVIIIe s. On y verra un pont du

XIIe s enjamber la Vézère, une halle de la même époque, une église au toit d'ardoises et une tour du XVe s, une chapelle des Pénitents du XVIIe s et de nombreuses maisons marquées par une coquille Saint-Jacques pour rappeler que Treignac est une étape du pèlerinage de Compostelle.
– L'une des maisons du XVIe s abrite un ***musée des Arts et Traditions populaires de la haute et la moyenne Vézère*** : *rue du Docteur-Fleyssac. ☎ 05-87-05-00-71 (en été) ; sinon, à l'office de tourisme : ☎ 05-55-98-15-04. • tourisme-treignac.fr • Juil-août, tlj sf mar 14h30-18h30 ; le reste de l'année, slt sur rdv pour les groupes auprès de l'office de tourisme. Entrée : 2,50 € ; réduc.* Ancienne résidence de Marc Sangnier, le fondateur des auberges de jeunesse. Là sont rassemblés différents objets ayant trait à la vie en haute Vézère : mobilier régional ancien, outils agricoles et forestiers, objets domestiques divers.
– Plus que pour son musée, Treignac est surtout connu pour son ***pâtissier.*** La ***maison Borzeix-Besse*** *(av. Léon-Vacher ; à deux pas de l'office de tourisme)* fabrique depuis 1909 d'inoubliables gâteaux et chocolats. Ne ratez pas le *Chomynois,* le *Charles-Lachaud,* le *Suc-au-May,* la *Polka...* Bernard Besse a ouvert un ***Comptoir du Chocolat*** *(☎ 05-55-98-18-98),* au-dessus de la boulangerie-pâtisserie, consacré à l'histoire du chocolat, sa fabrication, sa dégustation, etc. Pour les fous du chocolat.
– Pour éliminer ces excès, plusieurs petites ***balades*** autour de la ville, sur laquelle on peut avoir de beaux points de vue. Les amateurs d'émaux limousins médiévaux pousseront jusqu'à ***Chamberet*** (10 km au nord-ouest), pour voir les châsses du trésor de l'église.
– Enfin, si vous êtes à Treignac au mois d'août, ne manquez pas le sympathique ***festival de jazz Kind of Belou*** *(infos à l'office de tourisme ☎ 05-55-98-15-04).*

★ ***L'église de Lestards :*** si vous êtes dans les parages, ne manquez pas cette adorable église du XVe s, une des rares (la seule ?) en France à posséder un toit de chaume. Joli clocher-mur-pignon avec contreforts, et vestiges de pierres tombales à l'arrière dans un bel environnement bucolique. Point de départ aussi de randos en boucle dans les bois.

★ ***Le Suc-au-May :*** à 908 m d'altitude, ce sommet est l'un des plus hauts des Monédières, et en tout cas l'un des plus accessibles. On peut y monter en voiture (même si l'on vous propose plus loin une balade à pied) et essayer de repérer, sur une table d'orientation fatiguée, ce que sont les 360° du panorama.

★ ***À Chaumeil*** *(19390),* un vrai village de montagne, on verra notamment une belle pietà du XVIe s dans l'église. Dans le village également, la maison natale de Jean Ségurel, le troubadour des Monédières disparu en 1978. Une plaque honore la mémoire de ce chanteur-accordéoniste. Et la ***maison de pays des Monédières*** abrite une petite ***expo*** sur l'artiste avec photos, disques d'or, etc. *(mai-oct, tlj 10h-12h, 14h-18h ; jusqu'à 19h juil-août ; rens sur • maison-de-pays-des-monedieres.fr •).*
– Pas loin, c'est ***Freysselines,*** joli hameau qui donne son nom à un cirque sur lequel on a une belle vue.

★★ ***Le musée du Président-Jacques-Chirac :*** *19800 Sarran. ☎ 05-55-21-77-77. • museepresidentjchirac.fr • ♿ Ouv mar-dim 10h-12h30, 13h30-18h. Fermé déc-fév. Entrée : 4,50 € ; réduc ; gratuit jusqu'à 11 ans.*
C'est le fameux musée du Président, implanté en Corrèze profonde ! On aurait pu s'attendre à un musée à la gloire de l'ex-locataire de l'Élysée ou à un étalage plus ou moins de bon goût du train de vie d'un président de la République. Finalement, il n'en est rien, on a même trouvé qu'il était plutôt amusant et intelligent de vider les caves de l'Élysée pour en faire profiter le bon peuple, même si l'entrée est payante...
Le fonds de la collection se compose d'environ 5 000 objets. On commence par une salle introductive rappelant, de façon ludique, par le biais de bornes

interactives, les notions essentielles liées à la fonction de président, en France et dans le monde. Des cartes claires et colorées viennent replacer dans leur contexte géographique et historique chacun des voyages effectués par Jacques Chirac. On se rend compte qu'en politique, et plus encore en relations internationales, rien n'est jamais innocent. Une muséographie efficace, évolutive, permet d'exposer les cadeaux officiels qu'a reçus l'ancien président depuis le début de son premier mandat.
Mais ce musée ne serait pas aussi intéressant sans la visite de la réserve, qu'il ne faut manquer sous aucun prétexte. Le musée met à disposition du visiteur 600 m² de réserve visitable en accès libre. Vous découvrirez, comme dans une caverne d'Ali Baba, les dizaines d'objets entreposés dans les vitrines : *Stetson* offert par Clinton, cités miniatures en or des pays du Golfe, petite Jérusalem en argent offerte par Shimon Peres, ou encore le fanion dédicacé par nos champions du monde de foot. Cocorico !
Un auditorium et une bibliothèque ouverte au public complètent les équipements culturels du musée. Également une à deux expositions temporaires chaque année sur un thème différent.

En descendant des Monédières, après Sarran, où les Chirac possèdent le château de Bity qu'on aperçoit de la route mais devant lequel il est interdit de s'arrêter, passez à ***Corrèze** (19800).* C'est un gros bourg qui a conservé de ses anciennes fortifications la porte Margot, par laquelle on entre dans la vieille ville, et où se serrent des maisons couvertes d'ardoises bleues. Si vous êtes par là en octobre, assistez donc à la fête des Champignons.

Randonnée pédestre

➢ ***Les bruyères du cirque de Freysselines et le Suc-au-May :*** *12 km, 4h de marche, en boucle, sans les arrêts. Départ du parking du Suc-au-May. Balisage : jaune. Dénivelée assez raide. Réf. :* PR du plateau de Millevaches, *éd. Chamina. Carte IGN au 1/25 000. Les randonneurs paresseux descendront directement à Chauzeix en suivant le balisage blanc et rouge du GR 46 et reviendront par le balisage jaune du PR (8 km en tt, et c'est assez pentu).* Depuis la table d'orientation à 300 m du point de départ, le panorama s'étend sur le massif des Monédières et le proche puy de Chauzeix (893 m). Balade bien agréable en longeant le sentier sur les flancs du puy de Chauzeix, à l'ouest du cirque de Freysselines (site protégé), pour rejoindre les premières maisons de Chauzeix. Il mène ensuite à l'étang de Ganezande, qui récolte une bonne partie des eaux des Monédières, et offre plus tard de très belles vues sur le fond du cirque de Freysselines et ses fermes anciennes.

ÉGLETONS

(19300) 4 087 hab. *Carte Corrèze, C2*

Ville d'origine gallo-romaine qui possède quelques beaux bâtiments de pierre, Égletons se développa en profitant du voisinage de la forteresse de Ventadour. Au Moyen Âge, Égletons, ville fortifiée, devient la capitale de la châtellenie de Ventadour. De son passé médiéval, Égletons a gardé ses remparts et son clocher-porche ; par ailleurs, la ville a récemment reçu le label « Patrimoine du XXᵉ siècle » décerné à l'ensemble urbain d'Égletons. Aujourd'hui, Égletons est une ville qui se charge, au travers de sept établissements, de la formation au métier du bâtiment et des travaux publics. Une ambiance excellemment décrite dans le beau film d'Émilie Deleuze, *Peau neuve,* présenté à Cannes en 1999.

Adresse utile

Office de tourisme intercommunal : *rue Joseph-Vialaneix. ☎ 05-55-93-04-34. • oti-paysegletons@orange.fr • Juil-août, lun-sam 9h-12h, 14h-18h et dim 10h-12h ; sept-juin, fermé dim. 3 antennes à* ***Lapleau, Marcillac-la-Croisille*** *(ouv juil-août) et* ***Moustier-Ventadour*** *(ouv de mi-juin à mi-sept).* Office compétent et accueillant qui vous donnera tous les renseignements sur la ville et la région. Vente de produits du terroir. Expositions temporaires d'artistes et d'artisans d'art tout au long de l'année.

Où manger ?

De bon marché à prix moyens

Le Relais Gourmand : *30, rue Joseph-Vialaneix. ☎ 05-55-93-01-04. Fermé dim, lun soir, ven soir et j. fériés, hors saison ; fermé slt lun soir et ven soir en saison. Menu 15 € ; carte env 25 €.* Très populaire chez les employés et les gens du quartier, depuis 20 ans. Salle toute fraîche dans les tons roses et vert clair. Cuisine régionale assez élaborée : foie gras poêlé et ses pommes confites, noix de Saint-Jacques et lentilles du Puy, escalope de sandre au jus de crustacés, etc. Quelques chambres à louer, simples et bien tenues.

Le Sucré-Salé : *rue Bernard-de-Ventadour. ☎ 05-55-93-17-57. Tlj le midi (le soir sur résa). Plat du jour 7,80 €. Menus 12,80-25 € et carte. Café offert aux porteurs de ce guide.* Savoureuse petite cuisine servie avec le sourire dans une salle au cadre contemporain. Plats classiques mais pas mal amenés, salades pour les plus pressés. Petite terrasse pour profiter des beaux jours. Une affaire qui tourne depuis près de 20 ans.

À voir

L'église Saint-Antoine-l'Ermite (l'Égyptien) : elle possède encore un beau donjon médiéval à mâchicoulis du XIIIe s. L'édifice faisait partie intégrante du système défensif de la ville. À l'intérieur, vitraux contemporains qui jouent avec les couleurs, du jaune orangé au gris-bleu, créés par l'atelier Blanchet et Lesage.

Le centre de découverte du Moyen Âge : *2, av. d'Orluc. ☎ 05-55-93-29-66. Ouv de mi-fév à mi-nov, tlj sf mar 10h-13h, 14h-19h en été ; jeu-dim le reste du temps (hors vac scol, fermé parfois dim). Entrée : 3 € ; réduc.* Expositions temporaires et permanentes sur la vie quotidienne au Moyen Âge sur Égletons et ses environs. Le tout dans une bâtisse du XVIe s.

DANS LES ENVIRONS D'ÉGLETONS

Vous passerez par ***Rosiers-d'Égletons.*** Ce village donna à l'Église deux papes : Clément VI qui fit agrandir le palais papal d'Avignon, et Grégoire XI, dernier pape limousin qui ramena la papauté à Rome.

Un peu en retrait de la D 1089 est fléché ***Montaignac-Saint-Hippolyte.*** Faites un détour par les *cascades du Doustre,* vous pourrez alors découvrir un ensemble de rochers aux formes arrondies, surmontés d'une croix, en équilibre précaire au-dessus des eaux tumultueuses. Après Égletons, prenez à droite vers Moustier-Ventadour.

Sur un promontoire, il ne reste que les vestiges, aujourd'hui cristallisés, du ***château médiéval de Ventadour,*** l'une des grandes vicomtés qui régnaient sur le Limousin *(site ouv à la visite juil-août, tlj 10h-12h, 14h-18h ; la 2de quinzaine de juin et la 1re quinzaine de sept ; entrée : 3 € ; réduc). Visites guidées à 11h, 15h*

et 17h (4 € ; réduc). Chez les Ventadour, on « poétait » de génération en génération, mais jamais plus haut que son luth, et Bernard, qui naquit en 1125, n'était qu'un simple fils de domestique. Il devint l'un des plus grands troubadours de son temps, chantant l'amour courtois jusque chez la vicomtesse, ce qui lui valut d'être chassé par le vicomte. Qu'importe, sous le nom de Bernard de Ventadour, il suivit la cour d'Aliénor d'Aquitaine jusqu'en Angleterre, puis revint avec elle à Poitiers et se retira finalement dans un monastère. Ce grand poète (et grand amoureux) laissa de nombreuses chansons.
On a une belle vue d'ensemble sur le château quelques kilomètres plus loin, sur la D 991.

MEYMAC

(19250) 3 050 hab. *Carte Corrèze, C2*

Même si Égletons cherche à s'intégrer dans le plateau de Millevaches, on peut considérer que Meymac en est la véritable porte. Petite ville charmante, Meymac vit essentiellement du travail du bois (on y forme même des techniciens), mais s'ouvre légitimement au tourisme. Pour preuve, ses deux musées et son église, les nombreuses activités alentour et la quantité d'animations estivales.

MIC-MAC À MEYMAC

Avant ces nouveaux développements, la ville, qui est depuis toujours un bourg commerçant où les bergers venaient vendre leur production, connut au XIXe s une fortune inattendue. De nombreux Corréziens, que la dureté de la vie poussa à s'expatrier, atterrirent à Bordeaux. Certains d'entre eux, et beaucoup de Meymacois, se lancèrent dans le commerce du vin et accédèrent à la prospérité. On parlait alors de Meymac-près-Bordeaux, tant le nom de Meymac était, notamment en Belgique et aux Pays-Bas, lié à celui des crus prestigieux que vendaient ses natifs.
En 1900, ils étaient 300 à commercer, et la légende raconte avec gouaille que certains acheteurs, en visite à Meymac, cherchèrent les vignes bordelaises sur le plateau. L'ambiguïté fut levée par un retentissant procès qui interdit d'accoler les noms de deux villes distantes de « près » de 300 km. N'empêche que la tradition perdure et que Meymac compte encore plusieurs négociants en vins et alcools. Mais aujourd'hui, ce coquet village de montagne mise plus sur les forêts et les sources du plateau que sur le pinard pour séduire le visiteur avec une déconcertante facilité.

Adresses utiles

i *Office de tourisme de Meymac et du plateau de Millevaches :* *pl. de l'Hôtel-de-Ville. ☎ 05-55-95-18-43. • tourismemeymac.fr • Juil-août, tlj sf dim ap-m 10h-12h30, 14h-18h30. Sinon, lun-ven. En cas de fermeture, téléphoner à la mairie : ☎ 05-55-46-19-90.* Accueil, infos sur Meymac et la région. Plein de documents très intéressants sur les balades dans le coin, les meublés et gîtes ruraux, etc. L'office de tourisme organise en été des visites de la tourbière du Longeyroux, des visites de la ville, ainsi que des randos pédestres accompagnées.

Gare SNCF : *av. de la Grange. ☎ 36-35 (0,34 €/mn). • sncf.com •* Sur les lignes Lyon-Bordeaux et Ussel-Limoges.

Où dormir ? Où manger ? Où prendre le thé en se cultivant un peu ?

🏠 |●| ***Moulin des Farges :*** *à la sortie de Meymac.* ☎ *05-55-46-06-48.* • *moulindesfarges.com* • *Doubles adorables 85-105 €. Familiale 130 €. Table d'hôtes 35 €.* Coup de cœur pour ce moulin aux tons granit, planté et bien implanté au milieu des pins, car ses deux propriétaires londoniens, Georgina et Andy Fern, ont su très vite se faire accepter par le pays lui-même. 5 chambres très agréables, *so clean, so cosy, so British.* Sans oublier la piscine, impeccable, et un étang pour canoter avec ou sans canotier, on se croirait pour un peu dans la série *Inspecteur Barnaby.* Très belle et bonne table d'hôtes.

🏠 |●| ***Chez Françoise :*** *24, rue Fontaine-du-Rat.* ☎ *05-55-95-10-63. Fermé dim soir et lun. Congés : fin déc-janv. Doubles 60-70 €. Le midi, plat du jour 14 €, menus 29-35 € et carte.* L'institution du bourg, depuis plus de 35 ans, tenue par M. et Mme Bleu. D'abord, c'est un lieu, une belle tour du XVIe s où sont aménagées 4 chambres bien tenues, à la déco désuète, avec de grandes salles de bains (avec peignoir, sèche-cheveux) et de grands lits dans un décor de pierre et de bois. Côté fourneaux, ce n'est pas spécialement donné et il faudra vous armer de patience pour goûter la cuisine bigrement traditionnelle : farcedure, mounassou, tourtous... Pour finir, ne pas manquer la tarte aux myrtilles. Quant à la boutique attenante, elle propose 250 appellations de vins et des produits locaux.

|●| 🍷 ***Salon de thé Vivre d'Art :*** *3, pl. de l'Église.* ☎ *05-55-95-18-89.* • *rousset.l@wanadoo.fr* • *Tlj sf lun midi (ainsi que dim parfois en basse saison) 9h-12h, 14h-19h.* Face à l'église et au musée, voici un charmant salon de thé (pierre, poutres, parquet...) pour amoureux de la lecture. On peut y prendre un thé, un café moulu sur place, un jus de fruits bio ou une pâtisserie maison (en saison) tout en feuilletant un bouquin, en contemplant une expo ou en ne pensant à rien, ce qui fait aussi du bien, finalement, on vous le concède. Pas mal de littérature internationale et contemporaine. Rencontres culturelles régulières (spectacle pour enfants, rencontre avec un auteur...).

À voir

👍👍 ***La ville :*** on peut distinguer deux parties. Il y a la ville basse, autour du monastère, et la ville haute, 200 m de Grand-Rue plus loin, vers la mairie et la tour-horloge. Le monastère étant aujourd'hui un musée, on y reviendra, comme sur l'étonnante église Saint-André-Saint-Léger. À côté de l'église, une halle du XIVe s (reconstruite au XIXe s) rappelle que Meymac est une ville commerçante. On monte par la Grand-Rue, dominée par la tour-horloge, seul vestige de l'ancien château de Ventadour, et bordée de nombreuses maisons aux porches sculptés aux XVe et XVIe s. La rue se termine à la jolie fontaine devant l'hôtel de ville. Pendant la Terreur (1794), la sinistre machine de Guillotin trônait sur la place. Sur la douzaine d'exécutions que connut la Corrèze, cinq frappèrent des Meymacois, condamnés à la suite du saccage de l'église.

👍👍 ***L'église Saint-André-et-Saint-Léger :*** à côté de l'ex-monastère Saint-André, dont l'origine remonte au XIe s, l'église en faisait bien sûr partie. Le clocher-porche date du siècle suivant (bien que les peintures violettes des portes soient plus tardives), et nef et chœur encore du suivant. Cet ouvrage sombre et élégant, où l'on sent poindre le gothique, possède la particularité d'être tordu. Le chœur n'est pas dans l'axe de la nef et les absidioles sont tournées de façon à se trouver dans l'axe du lever du soleil le jour de la fête de Léger, dont l'église possède les reliques. Sur le pilier gauche, la Vierge noire du XIIe s revendique, par le port de sabots, entre autres, son origine auvergnate.

Le musée de la Fondation Marius-Vazeilles : *dans un bâtiment conventuel qui jouxte l'église. ☎ 05-55-95-19-15. • mariusvazeilles.fr • Juil-août, tlj sf lun 10h-12h, 14h30-18h30 ; le reste de l'année, fermé le mat, plus les lun et jeu. Fermé nov-avr. Entrée : 4 € ; réduc ; gratuit moins de 12 ans ; tarif réduit accordé (pour adultes) sur présentation de ce guide.*
Né en 1881, Marius fut un écolo avant l'heure. Ce qui n'empêcha pas ce forestier et archéologue de se faire élire sur une liste communiste, pour mieux défendre ces paysans de haute Corrèze qu'il avait appris à connaître en leur expliquant l'importance d'une « forêt paysanne » sur le plateau de Millevaches et en y cherchant des traces du passé. Le plateau lui doit beaucoup de sa beauté actuelle. Il s'éteignit en 1973, à l'âge de 92 ans. Sa famille s'occupe toujours de la fondation Marius-Vazeilles, où sont conservées ses découvertes archéologiques et ses collections ethnologiques. Vous découvrirez, sur trois niveaux, l'histoire de l'évolution de l'homme et du paysage sur le plateau de Millevaches à travers des collections diverses et variées. Au rez-de-chaussée, sarcophages médiévaux et coffres funéraires gallo-romains, et au 1er étage d'autres vestiges archéologiques, essentiellement trouvés dans la région. Au 2e étage, sous une impressionnante charpente de châtaignier, souvenirs, outils, ustensiles, jouets, instruments de musique, meubles et vêtements de la fin du XIXe et du début du XXe s. Reconstitution de l'intérieur d'une ferme.

Le centre d'art contemporain : *dans une autre partie de l'ancienne abbaye. ☎ 05-55-95-23-30. Sept-juin, tlj sf lun 14h-18h et le mat sur rdv ; juil-août, tlj sf lun 10h-13h, 14h-19h. Fermé pdt les périodes de montage, plus Noël et Jour de l'an. Entrée : 4 € ; gratuit moins de 12 ans. Un lot de cartes postales offertes sur présentation de ce guide.* Excellente idée d'avoir ouvert les très belles salles de l'abbaye à un centre d'art contemporain. Trois cycles d'expositions temporaires par an. Au printemps, une exposition thématique, pendant l'été, une exposition collective ou monographique et pendant l'automne, une exposition consacrée au travail des jeunes diplômés des écoles de Clermont-Ferrand, Limoges et Bourges.

Manifestation

- **Journées artisanales et Concours de la brebis limousine :** *3 j. autour du 15 août.* Particulièrement animé, avec une foire artisanale.

DANS LES ENVIRONS DE MEYMAC

Le monastère du Jassoneix : *à 3 km de Meymac. ☎ 05-55-95-21-11. Accès par l'ancienne route de Bugeat, la pittoresque route des Hêtres.* Les sœurs de cette petite communauté cistercienne produisent d'excellentes confitures de fruits rouges, de myrtilles notamment, diverses gelées de plantes, etc. Elles accueillent également dans leur monastère, un peu trop restauré mais au grand calme, des visiteurs désirant faire une retraite. Rappelons ici qu'une retraite est une quête spirituelle et personnelle, et qu'il ne s'agit pas de vacances classiques. À vous donc de respecter les règles de vie de ce lieu.

Le lac de Sèchemailles : *à 2 gros km au sud-ouest du bourg par la D 76.* Beau plan d'eau aménagé pour la baignade, et diverses activités aquatiques au sein de la base de loisirs *(☎ 05-55-95-24-06).*

LE PLATEAU DE MILLEVACHES

Carte Corrèze, C1

Le plateau de Millevaches est une énorme masse de granit peu accidentée, assez désolée, très froide et modestement peuplée, même si son occupation

est fort ancienne (voir plus loin les ruines de Cars). D'un autre côté, les importantes précipitations qui l'arrosent (1 500 mm annuels en moyenne) font du plateau un réservoir d'eau où nombre de rivières (la Corrèze, la Vienne, la Creuse, la Vézère, la Diège...) prennent leur source. Selon qu'elles naissent au versant nord ou au versant sud, elles iront se jeter vers la Loire ou vers la Dordogne.

MILLEVACHES, ÇA COULE DE SOURCE...

Un peu d'étymologie. Malgré les troupeaux qui y paissent, Millevaches ne vient pas de « 1 000 vaches ». On envisage deux origines : une latine, moles vacua, *littéralement « masse ou pierre vide » (donc un désert), et une autre dérivée d'une langue celtique,* mil batz, *« mille sources » ; une étymologie qui prend tout son sens quand on sait que ce territoire est effectivement le château d'eau de la région.*

Le plateau, dont la majeure partie se trouve en Corrèze, non sans déborder vers la Creuse voisine, s'inclut dans la montagne limousine et en possède les deux points culminants (du département d'ailleurs), le mont Bessou et le puy Pendu, tous deux à 977 m. Les paysages, monotones malgré leur variété, ont une beauté sauvage qui peut rappeler le Grand Nord. Les bruyères alternent avec les landes et les forêts de conifères, replantés depuis une centaine d'années, entre autres par Marius Vazeilles (voir « Meymac »). Mais c'est l'eau qui donne au plateau sa particularité : rivières, étangs et tourbières. Celle du Longeyroux est l'une des principales curiosités du plateau.
Outre l'exploitation du bois, le plateau, après avoir subi un fort dépeuplement, revit un peu aujourd'hui grâce au tourisme. L'été bien sûr, avec les randonneurs et les amoureux d'une nature forte et oubliée du progrès, et peut-être aussi l'hiver, quand la température s'y prête, avec l'ouverture de quelques pistes de ski de fond à Bonnefond, Saint-Setiers ou au pied du mont Bessou.

Où dormir ? Où manger sur le plateau ?

Campings

⛺ ***Camping municipal :*** *route de Chamboux, 19290* ***Peyrelevade.*** *☎ 05-55-94-71-56. • camping.peyrelevade@gmail.com • Au nord du plateau. Ouv mai-sept (loc tte l'année). Tarif : 8,60 €. Loc de gîtes et de chalets (350-455 €/sem selon capacité et saison). CB refusées.* Au bord de l'eau, un agréable petit camping de 50 emplacements. De plus, pas cher.

⛺ ***Camping municipal des Trois Ponts :*** *16, rue des Trois-Ponts, 19170* ***Bugeat.*** *☎ 05-55-95-50-03. 📱 06-71-09-08-09. • les3ponts@wanadoo.fr • campinglestroisponts.e-monsite.com • À 1 petit km de Bugeat, sur la D 97 vers Tarnac. Ouv 1er mai-15 oct. Compter 6,20-8,30 € selon saison. Hébergements locatifs 243-387 €/sem. CB refusées.* Sur la rive d'une rivière poissonneuse et plantée de pins, grand camping avec sanitaires corrects malgré l'affluence estivale. Fait aussi village-vacances.

De bon marché à prix moyens

🍽 ***Bar-restaurant des Touristes :*** *27, rue de la République, 19170* ***Bugeat.*** *☎ 05-55-95-50-20. ♿ Fermé dim et lun soir sf juil-août. Congés : 2 sem déc-janv. Menus 13 € (en sem)-22 € et carte.* Le bon petit resto de village traditionnel et son bar animé par les locaux et les cyclotouristes. Carte de brasserie : salades, bruschettas, confit de poule, magret de canard... et menus bien complets.

🍽 ***Auberge du Mont-Chauvet :*** *rue Principale, 19170* ***Saint-Merd-les-Oussines.*** *☎ 05-55-95-56-14. • vanhoutte.didier@neuf.fr • Ouv midi et soir (sur résa) sf mer soir. Menu ouvrier 13 €.*

Menus 15-25 €. Le petit caboulot de village perdu comme on les aime. Bar à l'entrée. Accueil sympa et volubile de la patronne. Petite salle aux couleurs fraîches et terrasse pour une cuisine simple de famille, servie généreusement. Les randonneurs du GR 440 adorent particulièrement.

Hôtel des Voyageurs : *18, av. de la Mairie, 19170* ***Tarnac.*** *☎ 05-55-95-53-12. • hoteltarnac@orange.fr • hotel-correze.com • Au nord-ouest du plateau. Resto fermé dim soir et lun. Congés : déc-fév. Doubles 56-60 € selon saison. Mar-ven, formule 15,50 € et menu env 19,50 € ; autres menu Liberté 29,90 € et carte.* Grosse maison en pierre, au cœur du village, près de l'église et des 2 chênes commémoratifs plantés par Sully. Dans ce cadre agréable et reposant, une très bonne table, reprise depuis quelques années déjà par un chef amoureux des produits et soucieux des cuissons justes. Une cuisine de tradition revue pour des voyageurs du monde actuel qui se régaleront aussi bien avec le duo de foie gras et ris de veau poêlé qu'avec le filet de bœuf à la crème de foie gras. Service à la fois discret et chaleureux.

À voir. À faire

En fait, il n'y a pas grand-chose à voir. Peu de monuments, quelques églises et des villages parfois durement touchés par l'exode rural. Millevaches, par exemple, qui donne son nom au plateau, ne compte plus que quelque 80 habitants. En revanche, on prendra un grand plaisir à découvrir ces paysages étranges, à s'y promener longuement en rêvant et à essayer d'apercevoir une loutre. Plus pragmatique, on pourra aussi pêcher d'excellentes truites ou chasser les cèpes et les myrtilles à l'automne. Nous vous proposons un circuit en boucle depuis Meymac.

Circuit au départ de Meymac

➢ La D 36 monte au nord, vers Millevaches et Felletin (en Creuse). Elle passe au pied du ***mont Bessou,*** qu'on peut atteindre en prenant à gauche avant Lontrade. L'un des deux points culminants du plateau est surmonté par un relais de TV, et on a aménagé un parc et un plan d'eau. D'ici, on jouit d'un panorama sur les monts d'Auvergne et l'on peut rejoindre le ***puy Pendu,*** à la même altitude de 977 m. Ce dernier domine la tourbière du Longeyroux. La tourbe, excellent combustible, est le produit de végétaux en décomposition à l'abri de l'air, dans un marécage par exemple. Vieille de 7 000 à 8 000 ans, la tourbière du Longeyroux, espace protégé, permet à certaines espèces de prospérer dans son environnement particulier (voir plus loin « Randonnées pédestres »). La route redescend vers la D 36 en longeant la tourbière. On traverse le village de ***Millevaches*** *(19290),* ravagé par un incendie au XIXe s, puis on continue la route jusqu'aux sources de la Vienne, avant le mont d'Audouze, réservé aux militaires.

➢ Avant Peyrelavade, un petit crochet pour ***Saint-Setiers*** *(19290)* et sa vénérable église du XIIIe s. Porche ogival à quadruple voussure, avec, sur sa gauche, une belle croix de chemin. Voûte en berceau, ouvertures étroites, chapiteaux à mi-hauteur usés jusqu'à la corde. Voir le buste-reliquaire de la paroisse, orné de rubans multicolores.
Le village propose également un remarquable ***parc arboretum et sylvatum.*** *☎ 05-55-95-61-75. • parc-arboretum.com • Juil-août, tlj 10h-12h, 14h30-18h ; mai-juin et sept-oct, ven, sam et lun. Entrée : 6 € ; moins de 11 ans 3 €. Juil-août, balade commentée en forêt jeu 9h30-12h30 (adulte 8 € ; enfant 4 €).* Découvrez quelque 130 essences dans des paysages très variés. Expo forestière dans une ancienne serre aménagée.

➢ Ensuite, direction ***Peyrelevade*** *(19290).* Le bourg et ses maisons en pierre aux toits d'ardoises peuvent constituer une étape. Là, il faudra savoir si on file vers

le nord et la Creuse ou si l'on prend vers l'ouest. En direction de Saint-Merd-les-Oussines, à la sortie du village à gauche, inhabituelle croix de chemin reposant sur un bélier.
Possibilité de visiter le ***parc éolien*** de Peyrelevade-Gentioux, premier site éolien du Limousin *(☎ 05-55-94-77-51 ; • energiespourdemain.net • ; ♿).* Contes, randonnées, explications... tout pour appréhender cette énergie nouvelle et ces drôles de machines de 100 m de haut, leur fonctionnement, l'impact sur l'environnement, etc. En été, animations gratuites (ponctuelles) pour les individuels.

➢ Au nord, on passe par ***Le Rat.*** Un kilomètre après le village, parking à gauche, puis un chemin de 800 m environ mène à la chapelle Saint-Roch du XVIIe s, sur une colline. Devant elle, des pierres bizarres, genre auges creusées dans la pierre, auraient été utilisées pour des cultes celtes. À 20 m devant, un étrange amoncellement de grosses roches avec une croix dessus. L'endroit semble comme chargé de mystère. On se croirait presque sur une de ces collines « inspirées » bretonnes (rappel : beaucoup de saints irlandais débarquèrent en terre d'Armor dans des auges de pierre). Beau panorama, solitude sublime...
Ensuite, on entre dans le Millevaches creusois, avec *Gentioux,* son célèbre monument aux morts qui maudit la guerre, la *chapelle de Pallier,* qu'on doit aux Templiers, les vestiges du *pont romain de Senoueix,* le *domaine de Banizette,* puis *Felletin,* berceau de la tapisserie. Pour la visite de ces sites, voir « La Creuse ».

➢ Par l'ouest, on va jusqu'à ***Tarnac*** *(19170),* charmant village, célèbre pour ses deux chênes. L'un, presque tricentenaire, s'appelle Sully, et l'autre, planté pour fêter la naissance de la IIe République (12 mars 1848), Liberté. L'*église* de Tarnac présente les particularités d'avoir deux nefs parallèles, une romane et une gothique, un pavement d'une magnifique simplicité, et deux bas-reliefs du XIe s de chaque côté du porche (à gauche, saint Gilles en tenue d'évêque, et à droite, saint Georges à cheval). À l'intérieur, abside en cul-de-four où se niche un beau retable polychrome, avec à nouveau saint Gilles et saint Georges et un trompe-l'œil à droite. Derrière l'église, à une trentaine de mètres, jolie *fontaine Saint-Georges* et son vieux lavoir.

➢ On redescend vers le sud et on passe par ***Toy-Viam*** *(19170),* minuscule village dont l'église présente un portail très ancien et ciselé joliment de scènes bibliques. Arrivée à ***Bugeat*** *(19170),* deuxième capitale du plateau après Meymac et lieu de villégiature apprécié, notamment grâce à ses forêts et à la proximité du plan d'eau artificiel de Viam. Également un chouette *Café de la Place* à l'ancienne (en face de l'église), avec une jolie terrasse pour les beaux jours.

➢ Après Pérols-sur-Vézère, prendre à gauche la D 78 vers ***Saint-Merd-les-Oussines*** *(19170).* Avant ce village, qui possède l'une des dernières maisons à toit de chaume du département (derrière l'église fortifiée), la tombe d'un chevalier du XVe s au cimetière et, à proximité, le magnifique étang des Oussines, on s'arrête vers les ***ruines de Cars.*** En pleine nature, ces ruines gallo-romaines sont la preuve la plus tangible – il en existe d'autres ailleurs – de l'ancienneté du peuplement du plateau. Le temple et le mausolée sont écroulés, mais on voit encore l'escalier et le podium du premier. À quelques centaines de mètres de là, on devine parmi des vestiges le plan d'une villa bourgeoise du IIe ou IIIe s de notre ère *(voir plus bas « Randonnées pédestres » ; rens à l'OT de Meymac ☎ 05-55-95-18-43 ; possibilité de se procurer un plan du site et une documentation gratuite à l'office de tourisme de Meymac, qui organise une visite au départ de l'office de tourisme en juil-août, mar à 10h).*
De Saint-Merd-les-Oussines, on peut regagner Meymac par l'ancienne route D 109, qui longe la tourbière et passe devant le monastère du Jassoneix (voir plus haut « Dans les environs de Meymac »).

Randonnées pédestres

Autant dire que le plateau se prête aux marcheurs. Voilà deux balades, l'une détaillée, l'autre sommairement décrite, qui vous permettront de découvrir, à pied, cette attachante région.

➢ ***La tourbière du Longeyroux :*** *15 km, 5h de marche dans son intégralité, en boucle depuis Chavanac ; sinon, 6 km et 2h de marche en boucle depuis Celle par le sentier pédagogique, avec panneaux. Les jours de fortes pluies, évitez la tourbière. Prenez des bottes, même par temps sec. Balisage vert. Réf. :* PR du plateau de Millevaches, *éd. Chamina. Carte IGN au 1/25 000, nº 2232 E.* À savoir, la randonnée la plus longue, depuis Chavanac, vaut vraiment la peine en été. La tourbière se couvre du violet de la bruyère callune. Un magnifique paysage en Technicolor qui ne vous empêche pas de remarquer les sphaignes d'eau, les herbes du carex et du nard, le coton gracile de la linaigrette et la gentiane bleue des marais. Les plantes carnivores se distinguent, ainsi le drosera poilu et la grassette gluante. Les champignons sont nombreux à l'automne. Plus faciles à approcher que la martre et la loutre, vous verrez sûrement le petit cul blanc du chevreuil qui s'enfuit et le vol de la buse variable ou du héron cendré.

➢ ***Les ruines de Cars :*** *8 km, 2h30 de marche. Balisage jaune. Réf. :* PR du plateau de Millevaches, *éd. Chamina.* Sur le plateau de Millevaches, depuis Pérols-sur-Vézère, elles font l'objet d'une randonnée pédestre en boucle.

USSEL (19200) 10 753 hab. *Carte Corrèze, D1-2*

Ville sombre qui n'en finit pas de s'étirer le long de l'ancienne nationale, un peu encaissée et parfois embouteillée, Ussel ne brille pas, malgré l'essor économique qu'elle a connu ces dernières années. Son canton a fourni à la France un député, devenu cinquième président de la Ve République. C'est ici que Jacques Chirac a appris à aller au « cul des vaches », à serrer des quantités déraisonnables de mains, et surtout à peaufiner son image d'homme attaché à une terre. Et c'est ici aussi qu'un certain François Hollande a fait ses premières armes, sous le regard moqueur des commentateurs de l'époque...
Et justement en haute Corrèze, on l'aime, la terre, malgré tout le mal qu'elle peut donner, on l'aime pour tout le bien qu'elle offre. Alors, une petite pause à Ussel, avant de partir à la conquête du plateau, le temps d'une bonne bouffe, car on y mange fort bien. Et du coup, vous prendrez le temps de quitter la départementale pour visiter le vieux village, un peu en retrait des assauts du progrès automobile. Enfin, si vous êtes dans le coin le 1er samedi d'août, ne manquez pas la Journée nationale de la tête de veau !

Adresses utiles

Office de tourisme : *pl. Voltaire. ☎ 05-55-72-11-50. • ot-ussel.fr • Pas loin du collège, à deux pas de la poste. Juil-août, lun-dim midi ; 8h30-12h30, 14h-18h30 (17h sam) ; hors saison, lun-ven 8h-12h, 14h-17h30 et sam mat.* On y édite et y distribue un petit guide de la région et un plan de ville bien pratique avec pointage des édifices remarquables.

Gare SNCF : *au nord du centre-ville. ☎ 36-35 (0,34 €/mn). • sncf.com •* Sur la ligne Brive-Clermont.

Où dormir ? Où manger à Ussel et dans les environs ?

Prix moyens

Le Grand Hôtel : *9, av. Pierre-Sémard. ☎ 05-55-72-25-98. • grandhotelussel@sfr.fr • hotel-ussel.com • Juste en face de la gare. Doubles 53-63 € avec douche ou bains. Menus du jour 19 € ou 25 €, servis midi et soir.* Voilà un hôtel qui dut connaître son heure de gloire, et continue de remplir aujourd'hui honnêtement sa fonction de 2-étoiles. Les chambres du 2e, en particulier, pas bien grandes mais entièrement rénovées, sont d'un rapport qualité-prix imbattable. Celles du 1er, moins modernes certes, restent d'une propreté exemplaire. Côté table, on savoure dans un cadre rustique chic une délicieuse cuisine de terroir qui privilégie les produits de pays frais. Excellentes viandes notamment. Service aimable et discret.

Chambres d'hôtes La Grange du Bos : *chez Mme Malpelas, route de Ponty,* ***La Grange-du-Bos.*** *☎ 05-55-72-15-68. • ot.ussel.fr • À la sortie sud (vers Tulle), prendre la D 157 pdt 1 petit km, jusqu'au plan d'eau du Ponty, puis encore 600 m et vous y êtes. Fermé 1er déc-1er mars. Double 50 €. Repas sur résa 16 €.* À 650 m d'altitude, près du plan d'eau et des forêts, jolie maison de pierre datant de 1863, recouverte de glycine. La patronne, qui élève vaches et volailles, accueille ses hôtes dans 3 chambres avec sanitaires communs, plus que rustiques, on vous prévient. À table, vous aurez droit à la volaille, au rôti de porc, au veau aux girolles en saison (tous produits par la ferme), à la potée auvergnate ou à la tarte aux myrtilles. Calme et tranquillité assurés. Ambiance rurale et familiale, avec télé allumée. Les baigneurs se jetteront dans le plan d'eau du Ponty, juste à côté. Baignade surveillée et accès gratuit.

Chambres d'hôtes Le Domaine de l'Araucaria : *chez Cathy et Christian Laly, 19200* ***Aix.*** *☎ 05-55-72-19-51. 📱 06-41-94-15-50. • c.laly@free.fr • domainedelarocaria.fr • À 10 km au nord-est d'Ussel par la D 1089, direction Clermont-Ferrand ; 3 km après Ussel, tourner à gauche vers Aix (D 49), traverser Aix direction Courteix (D 91), prendre le chemin à gauche 400 m plus loin. Par l'A 89 : sortie no 24, puis D 1089 vers Ussel et tourner à gauche 100 m plus loin direction Aix. Fermé janv-mars. 1 chambre et 2 suites avec sanitaires privatifs 50 € pour 2 pers et 70 € pour 4, petit déj compris. Table d'hôtes sur résa 20 €. Apéritif offert sur présentation de ce guide, plus remise de 50 % sur la 4e nuit, la 6e gratuite.* Située à la frontière de la Corrèze, de la Creuse et du Puy-de-Dôme, voici une agréable demeure familiale du début du XXe s, en pleine nature et donnant sur un parc de 3 ha bordé d'un ruisseau et d'un étang... Sinon, à proximité, baignade, tennis et équitation. Et puis la maison offre des chambres de caractère, un salon cosy où il fait bon lire au coin du feu et une cuisine conviviale.

Bar-restaurant La Crémaillère : *19200* ***La Serre-de-Mestes.*** *☎ 05-55-72-34-74. À 6 km au sud d'Ussel. Ouv le midi slt, tlj sf sam. Congés : 28 juin-15 juil. Menus 13 € (le midi en sem), puis 15-25 €, et carte.* On entre par le bar et, ce qui frappe d'emblée, c'est le sourire du patron. La salle du resto est croquignolette, nappes à carreaux rouges et lambris de rigueur. Un peu le genre d'endroit comme on n'en fait plus et qu'il faut préserver et faire connaître. Donc, on s'y emploie ! Les menus sont simples, copieux et font largement appel au terroir. On vous recommande le foie gras de canard, les excellentes viandes, limousines bien sûr, et les délicieuses tartes maison en dessert. Bref, une adresse qui ne paie pas de mine, mais où l'on en a largement pour son argent. Service attentionné.

Un peu plus chic

L'Auberge de l'Empereur : *19200* ***La Goudounèche.*** *☎ 05-55-46-04-30. • nathalie.fedee@free.fr •*

aubergedelempereur.com • ♿ *À 4 km du centre d'Ussel. Sortie direction Tulle ; à 800 m env, au rond-point, suivre la pancarte « Plaine Saint-Pierre/ Clozange/La Goudounèche », puis tt droit sur 3 km jusqu'à un nouveau rond-point (resto bien indiqué). De l'autoroute, sortie « Ussel Ouest », puis suivre direction « Zone de l'Empereur/ Parc d'activités ». Fermé dim soir et lun. Double 54 €. Menus 26-42 € ; carte env 45 €.* 📶 *Café offert sur présentation de ce guide.* Voilà l'une de nos plus attachantes découvertes, une adresse presque secrète, perdue dans un charmant hameau. Salle à manger de charme aménagée dans une immense grange du XVIIIe s. Pierres sèches et voûte en forme de carène de navire. Design des tables original, vieux piano, beaux objets, cadre vraiment raffiné pour une cuisine inventive, tout en subtilités de saveurs et parfums... Aux beaux jours, terrasse ombragée. Pour dormir, 4 chambres au rez-de-chaussée, côté rue du village (mais trafic inexistant), avec accès indépendant.

À voir

🏵🏵🏵 ***L'église et la vieille ville :*** le vieil Ussel, serré autour de l'église, contraste avec la ville tout en longueur au bord de la route. Ce vieux centre a gardé tout son charme avec de nombreuses maisons des XVe, XVIe et XVIIe s.

L'origine de l'***église Saint-Martin*** remonte au XIe s, mais le chœur et le chevet du bâtiment actuel datent du XIIe s. À l'intérieur, nef gothique à trois travées et chœur décoré de lambris du XVIIIe s. Chapelle de gauche, bel autel baroque en bois sculpté polychrome et orné de la scène du Christ et du partage du pain. Noter, sur le mur du bas-côté gauche, cette bande noire à 4 m de hauteur : c'est une litre funéraire du XVIIe s (qui marquait le décès d'un puissant du coin). Bénitier en granit du XVIe s.

Derrière l'église partent de petites ruelles qui toutes possèdent de belles maisons anciennes que vous n'aurez aucune difficulté à identifier. En particulier, à droite du porche, *rue Esparvier,* une belle demeure à tourelles. Puis, au *6, rue de l'Église,* découvrez un imposant escalier à balustres en granit. À l'angle de la place Joffre et de la rue du 4-Septembre, superbe *maison avec tour hexagonale.* La boutique du rez-de-chaussée présente toujours ses grandes baies en ogive. Noter surtout la porte en bois datant du XVe s et ouvrant la tour... tout usée, vermoulue, avec ses heurtoirs et le judas à grillage d'origine. Bel escalier à vis.

Vous déboucherez ensuite sur la large place de la République, d'où l'on peut rejoindre la *rue de Ventadour* et l'hôtel du même nom. Les seigneurs de Ventadour, sans doute fatigués par les courants d'air de leur château fort (voir « Dans les environs d'Égletons », plus haut), firent d'Ussel la capitale de leur duché. Ils y édifièrent cette magnifique demeure Renaissance au XVIe s. Tourelle octogonale aux trois belles fenêtres sculptées. *Rue des Troubadours* et *place Saint-Jean,* plusieurs demeures à tours également. Au *2, rue du Sénéchal,* porte dont le linteau arbore une élégante coquille Saint-Jacques. Noter que certaines portes présentent des blasons penchés, d'autres des blasons martelés (probablement à la Révolution). *Rue du Cardinal-Mercier,* boutique en anse de panier avec entablement de pierre. Au *n° 4,* boulangerie avec vitrine en ogive et escalier à vis. Votre balade se prolongera vers les faubourgs de l'ancienne ville (à une cinquantaine de mètres), où se trouvent les musées.

🏵 ***Le musée du Pays d'Ussel :*** *hôtel Bonnot-de-Bay, 12, rue Michelet.* ☎ *05-55-72-54-69 (hors saison) ou 40-73 (en saison). À la limite de l'ancienne ville. Fin mai-fin sept, tlj 14h-18h ; hors saison, sur rdv pour les groupes. GRATUIT. Expos temporaires à la salle Michelet, au-dessus.* Dommage que ce très bel hôtel particulier du XVIIIe s n'ouvre ses portes qu'en été. Plusieurs salles plutôt bien aménagées évoquent la vie d'autrefois sous l'angle de l'artisanat et des traditions : reconstitutions d'ateliers (forge, sabotier, tisserand...), de boutiques (modiste, café où la

Salers est reine...) et collections d'objets usuels, parmi lesquels nous retiendrons les bouillottes. Ne ratez pas, dans la cour du musée (celle de derrière), la locomobile qui fit tourner une scierie jusqu'en 1962. La visite de l'hôtel Bonnot-de-Bay est complétée par celle de la chapelle des Pénitents, rue Pasteur, qui abrite une collection d'art religieux et des expositions temporaires. Au 18, rue Michelet, salles d'imprimerie typographique et lithographique, avec démonstration par un artiste lithographe. La maison Moncourier-Beauregard (rue de la Montagne, à deux pas) est un témoin de l'habitat usselois sous l'Ancien Régime.

La chapelle des Pénitents : *2, rue Pasteur. ☎ 05-55-72-54-69 (hors saison) ou 98-77 (en saison). Ouv aux mêmes conditions que le musée, donc, en gros, fermé hors juil-août. GRATUIT.* Cette chapelle était l'église du cimetière. Complément sacré du précédent musée dédié à la vie profane, les moments forts de la vie religieuse se déclinent ici par thèmes : pèlerinage, naissance, mariage, décès, avec le surprenant corbillard du siècle dernier attelé à un cheval naturalisé. Quelques statues d'églises assez rigolotes et un magnifique retable du XVIIIe s, en bois peint et doré, terminent la visite.

DANS LES ENVIRONS D'USSEL

Saint-Angel *(19200) : à 9 km vers Tulle par la D 1089.* Vous ne pourrez pas rater l'église fortifiée qui écrase le bourg. Cette église massive est le seul vestige de l'ancien prieuré de Saint-Michel-des-Anges, but des pèlerins de la chapelle dont on parle plus haut. Porche ogival à six profondes voussures. En entrant dans le lieu saint, on est frappé par l'élévation et la légèreté de la nef, insoupçonnables en voyant l'austère extérieur de l'église, semblable à une forteresse trapue. Est-ce un miracle ? Trois nefs et de robustes piliers à voûtes gothiques. À droite s'ouvre la salle capitulaire, avec son pilier central supportant une large voûte en palmier. À gauche du chœur, une jolie sainte Anne apprenant à lire à la Vierge.

LA VALLÉE DE LA DORDOGNE

DORDOGNE ET GABARES

Longue de près de 500 km, la Dordogne prend sa source dans le Massif central, au puy de Sancy, et elle conflue avec la Garonne au bec d'Ambès, près de Bordeaux, pour former l'estuaire de la Gironde. Les gabariers transportaient le bois qui servait à fabriquer les tonneaux (merrains) et à faire des piquets de vigne (carassonnes). Leurs bateaux, les gabares, des barques à fond plat en planches, étaient démontés à l'arrivée, et ils les remontaient vers leurs forêts à pied. Les gabares furent utilisées jusqu'au début du XXe s avant d'être progressivement remplacées par le chemin de fer.

Les gabares qui firent la prospérité de la région aux XVe et XVIe s ne flottent plus désormais que pour les touristes et permettent d'avoir une autre vision de la Dordogne. À Argentat, comme à Beaulieu, vous pourrez revivre cette épopée sur un courpet, une gabare de 14 m. En outre, même si ses paisibles méandres ont parfois été modifiés pour faire place à d'imposants barrages, la Dordogne reste l'une des plus belles rivières françaises et permet de découvrir de fort jolis sites. Elle traverse du nord au sud tout l'est du département de la Corrèze, en marquant par endroits la frontière. C'est aussi en Corrèze que l'on trouve la plupart des ouvrages hydroélectriques, avant que la rivière n'entre en Périgord.

LES GRANDS BARRAGES

Du temps des gabares, la vallée de la haute Dordogne était ponctuée de dangereux rapides dont les gabariers avaient appris à déjouer les pièges. Lors de l'avènement du progrès industriel, les gabares ont laissé la place aux moyens de transport plus modernes, et on s'est alors demandé comment utiliser le puissant débit de la Dordogne. Comme le monde nouveau avait un pathologique besoin d'énergie et que la houille blanche avait le vent dans le dos, de puissants barrages ont été édifiés pour produire de l'électricité.
Des années 1930 aux années 1950, un dantesque programme a été mis en œuvre. Résultat : cinq barrages sur la Dordogne et une vingtaine d'aménagements sur ses affluents pour une production annuelle de 3 milliards de kilowattheures. De Bort-les-Orgues (le plus grand avec 120 m de hauteur) à Argentat (le plus petit), en passant par Marèges, L'Aigle et Le Chastang, les cinq barrages de la Dordogne ont considérablement modifié le paysage, engloutissant des hameaux et des rapides. Paradoxalement, en marge des paysages naturels enchanteurs qui bordent le cours de la rivière, ces sites impressionnants sont appréciés par de nombreux visiteurs et font partie intégrante du potentiel touristique de la Dordogne corrézienne.

BIOSPHÈRE, VOUS AVEZ DIT BIOSPHÈRE ?

La vallée de la Dordogne vient d'être classée par l'Unesco « Réserve mondiale de la biosphère ». Quezaco ? Déjà, une distinction très sélect détenue à ce jour par 11 sites en France, dans le cadre du MAB (programme « Man and Biosphère »), une convention internationale qui définit, selon des critères bien précis, des zones d'écosystèmes et leur utilisation durable. En somme, comment concilier empreinte et développement de l'activité humaine dans le respect des ressources naturelles. Une distinction qui va sans doute permettre à la vallée de mieux valoriser son territoire, la nature comme la culture locale.
Le tracé corrézien correspond à la haute vallée, de Bort-les-Orgues à Beaulieu-sur-Dordogne, avec des paysages et des gorges spectaculaires.

BORT-LES-ORGUES (19110) 3 088 hab. *Carte Corrèze, D2*

Étonnante vallée de la Dordogne, qui concilie l'inconciliable, nous fait passer d'un monde à l'autre, des frontières de l'Auvergne aux portes du Sud-Ouest. À la limite du Cantal, Bort est déjà arverne et s'autoproclame même « au cœur du Massif central ». Traversée par la Dordogne, la ville a longtemps vécu de l'industrie du cuir, grande consommatrice d'eau courante. Avec la crise des tanneries, Bort souffre, même si son immense barrage et quelques autres industries lui apportent une bouffée d'oxygène. D'un point de vue touristique, la ville ne présente pas un intérêt délirant, même si son église possède quelque charme et qu'on y trouve une belle halle aux blés. En revanche, outre le barrage, ses proches environs offrent aux visiteurs des sites étonnants, à commencer par ses orgues : point d'église cette fois, mais des drapés de pierre volcanique qui dominent la cité à flanc de falaise et complètent son nom. Et puis il y a l'excellente pâtisserie *Besseyre* dans le bas de la rue piétonne...

Adresse utile

Office de tourisme : *pl. Marmontel.* ☎ *05-55-96-02-49. • contact@bort-artense.com • bort-artense.com • En saison, lun-sam 9h30-12h30,*

14h-19h et dim et j. fériés 9h30-12h30 ; hors saison, lun-sam 9h30-12h, 14h-18h sf sam du 15 oct au 31 mars. Pavillon touristique devant un joli pont sur la Dordogne.

Où dormir ? Où manger ?

Central Hôtel : *65, av. de la Gare. ☎ 05-55-96-81-05. • jokotel@wanadoo.fr • centralhotelbort.com • Ouv 12h-14h30, 19h-21h30. Resto fermé dim soir hors saison. Doubles 55-85 € selon confort. ½ pens 58 €. Menus 13,70-38 €.* Un hôtel posé au bord d'une jolie rivière au double visage : calme la plupart du temps, qui peut devenir un torrent en furie lorsque le barrage ouvre ses vannes en grand. Chambres pour la plupart rénovées, moyennement insonorisées mais très correctement équipées. Les nos 31 et 32 ont un balcon donnant sur la rivière. Lorsque le temps s'y prête, vous pourrez manger sur une grande terrasse, bien agréable dès l'heure de l'apéro. Cuisine de région, comme il se doit.

Chambres d'hôtes chez M. et Mme Brandely : *570, route d'Ussel, à la sortie de Bort. ☎ 05-55-96-84-55. • chambresbortoises.free.fr • Double 48 €, petit déj compris. Table d'hôtes 15 € (apéro et vin compris).* Venant de Bort, à droite, légèrement en contrebas, une ancienne ferme superbement aménagée, offrant 4 chambres plaisantes, avec salle de bains. Accueil particulièrement gentil, les hôtes faisant montre d'une attention naturellement chaleureuse. Excellente table d'hôtes à base de petits plats composés de produits frais. On allait oublier le copieux petit déj et ses confitures maison (fruits du jardin). En prime, devant la maison, l'un des plus beaux panoramas sur la vallée.

Où dormir ? Où manger près des orgues ?

Camping Les Aubazines : *route d'Ussel. ☎ 05-55-96-08-38. 06-81-01-93-53. • lesaubaz@aol.com • les-aubazines.com • Par l'A 89, sortie « Ussel Ouest » ; à 3 km de Bort-les-Orgues. Ouv tte l'année. Tarif : 10-15,50 € selon saison. Chalets 4-6 pers 200-560 €/sem.* Magnifiquement situé au-dessus du lac de Bort. Beaux et larges emplacements, la plupart ombragés, sur 5 ha de prairies veloutées s'étageant sur les pentes, avec super panorama, vous vous en doutez. Sanitaires impeccables. Petite épicerie, tennis, plage surveillée, aquaparc avec toboggan, jeux pour enfants, etc. Piscine.

Hôtel-restaurant Le Puy Blanc : *le bourg, 19200* ***Margerides.*** *☎ 05-55-96-64-22. • laure.santiago.2@orange.fr • lepuyblanc.com • D 979. Resto ouv lun-ven le midi (et le soir en juil-août). Double 45 €. Menus 13-24 €.* Une petite adresse de campagne colorée et accueillante, avec menu ouvrier le midi en semaine. Des chambres toutes simples, pour une pause très nature. Mais les fermetures aléatoires font que vous avez tout intérêt à téléphoner pour éviter de vous casser le nez.

Chambres d'hôtes chez Odette et Roger Vennat : *Le Puy-de-Bort, 19110* ***Sarroux.*** *☎ 05-55-96-05-10. • carine.vennat@laposte.net • Aller jusqu'aux orgues (D 127) et continuer après le croisement, direction Sarroux (bien indiqué après). Double 50 €. Repas (sur résa) 17 € avec le vin.* Dans ce petit bout du monde, on est d'abord accueilli par les chiens de la ferme avant de se retrouver nez à nez avec la famille Vennat, sympathiques éleveurs de salers et charolaises. Roger et Odette offrent des chambres à la déco banale mais propres, avec douche et w-c, pouvant accueillir de 2 à 4 personnes. À la table d'hôtes, pâté de campagne, truffade, viande de la ferme ou civet de lapin aux pruneaux, tarte, le tout avec le plus possible de produits maison, cela va de soi. Les enfants, Christophe et Carine, ont également monté leurs propres chambres d'hôtes sur la ferme. Chambres très agréables avec cuisine équipée commune car, au contraire des parents, ils n'assurent pas le repas du soir. Possibilité d'acheter du lait et des œufs à la ferme. Bon accueil familial.

À voir

Les orgues : pour approcher ces coulées de lave figée qui pendent de la montagne comme des rideaux d'une fenêtre, il faut prendre la D 127 pendant 3 km (en évitant les fréquents brouillards matinaux). Après Chantery, un escalier monte vers les orgues, fléchées « Grotte des orgues ». Ces curieuses formations de phonolite, une roche volcanique qui résonne quand on la frappe, ressemblent aux tuyaux d'un orgue (d'où son nom). À cet endroit, les varappeurs viennent grimper sur les nombreuses parois aménagées et ont affublé les parois de noms relevant d'une sémantique pitoyable.
Les orgues formant une barrière de plus de 2 km sur une hauteur de 80 à 100 m (parfois moins), on a d'autres occasions de les approcher. Par exemple, en poursuivant la route sur 2 km, puis en tournant à droite, on arrive sur le plateau qui domine les orgues, la ville et la Dordogne, avec les monts d'Auvergne pour toile de fond. Un sentier part à droite, le long d'un plateau peuplé de bêtes à cornes et en surplomb des orgues. Il conduit à un autre point de vue (dit « de la Tête de l'Homme ») pour admirer les méandres de la rivière (compter 30 mn aller-retour) avec ses tables d'orientation.

Le barrage et l'usine de Bort : *av. de la Gare ; à l'entrée nord de la ville, entre la D 979 et la D 922. ☎ 05-55-46-15-33. • visitebarragebort@edf.fr • Ouv tte l'année : janv-mars et oct-déc (hors vas scol), sam slt 10h-12h, 14h-17h30 ; mêmes horaires mar-sam pdt les vac d'hiver, Toussaint et Noël. Avr-sept, ouv mar-sam 10h-12h30, 14h-18h30 (tlj en juil-août). Visite libre. GRATUIT.*
Mis en service en 1952. Même s'il n'est pas le plus puissant (c'est Le Chastang, près d'Argentat), c'est le plus grand (120 m), le plus gros (80 m d'épaisseur à la base et 390 m de couronnement) et le plus fort (477 millions de mètres cubes retenus) des barrages sur la Dordogne. C'est même la quatrième retenue d'eau de France qui produit l'équivalent de la consommation électrique d'une ville comme Limoges. Mais ce n'est tout de même qu'un barrage, c'est-à-dire un monstre de béton. Sa construction a créé la presqu'île où se trouve le château de Val (voir plus loin « Dans les environs de Bort-les-Orgues ») qui dominait autrefois la vallée et devait être englouti lors de sa mise en fonction, et a permis l'ouverture de bases nautiques sur le plan d'eau.
Les amateurs apprécieront l'ouvrage et pourront accéder à l'***espace EDF*** pour découvrir le fonctionnement d'un barrage, et réfléchir sur les énergies d'aujourd'hui et de demain. Bornes interactives, panneaux d'information, maquettes, photos retraçant l'épopée de la construction (1942-1953), pour une approche attractive et ludique d'un sujet qui passionne de plus en plus de visiteurs.

Le musée de la Tannerie et du Cuir : *965, av. de la Gare. ☎ 05-55-96-85-59. ♿ Tlj juin-sept, 10h-12h, 14h-19h. Entrée : 4 € ; réducs, notamment sur présentation de ce guide ; gratuit moins de 12 ans.* Un musée créé par d'anciens ouvriers de la tannerie, qui a fermé ses portes en 1991. Il présente, dans une galerie de 1 000 m², une vingtaine de machines (foulon, écharneuse, essoreuse-dérideuse, lisseuse, palisson...) utilisées pour la transformation des peaux. Fleur, croûte, nubuck ; le rôle de la chaux ou du tanin, autant de termes qui n'auront plus de secrets pour vous. Intéressante visite guidée, très pédagogique ; également une vidéo et des photos anciennes qui vous expliquent tout le travail du tanneur, de la peau brute jusqu'au cuir fini.

Si la visite vous a donné envie de faire des achats de cuir, vous trouverez un magasin d'usine *Le Tanneur & Cie* juste en face, une marque fabriquée (en partie) à Bort, bien connue depuis que le président Hollande a offert à Michelle Obama le sac emblématique de la maison, lors de sa tournée américaine.

Dans l'usine voisine se trouvent les chaînes de production de la marque Vuitton, intouchable ! *Ouv tte l'année mar-sam, et même lun fin juil-fin août.* *Pour en savoir plus, consultez le site • tanneur.com • Excellent accueil et 10 % de réduc sur présentation du ticket d'entrée du musée.*

DANS LES ENVIRONS DE BORT-LES-ORGUES

Le site de Saint-Nazaire : *de Bort, D 979 pdt 7 km, puis prendre à droite la D 127 vers Saint-Julien-près-Bort. Laisser sa voiture au parking et marcher pdt env 20 mn.* On arrive alors au site, un promontoire sur la Dordogne et son affluent, la Diège. C'est l'un des plus beaux points de vue sur la vallée, bien exploité touristiquement. Un peu plus loin sur la rivière se trouve le ***barrage de Marèges,*** historiquement le premier, géographiquement le deuxième, et le troisième en taille des ouvrages sur la Dordogne. Accès par une petite route qui part de la D 20 en direction de Neuvic, de l'autre côté de la rivière.

Le château de Val : *15270* ***Lanobre.*** *☎ 04-71-40-30-20 ou 05-55-96-02-49 (office de tourisme de Bort). • chateau-de-val.com • À 6 km au nord de Bort. Val est cantalien mais dépend du tourisme bortois. 15 juin-15 sept, tlj 10h-12h30, 14h-18h30 (18h le reste de l'année). Fermé mar hors saison et fermeture totale 15 oct-31 mars, mais ouv l'ap-m pdt les vac de la Toussaint, de Noël et de fév. Entrée : 4,40 € au lieu de 5 € et 2,80 € au lieu de 3 € pour les enfants, sur présentation de ce guide. Visite guidée en été, incluse dans le tarif, sinon audioguidage. Animations musicales mer, à 21h, en juil-août.*
Construite par les d'Estaing, cette jolie forteresse du XVe s, couronnée de six tours, a vu sa physionomie changer avec la création du barrage et s'est retrouvée sur une presqu'île. Cela ne nuit pas à son charme, au contraire, et on peut se baigner juste à son pied ou même faire un tour en vedette panoramique *(☎ 04-71-40-34-14).*
La visite du château nous fait passer par plusieurs pièces élégamment meublées, où l'on remarquera les dessins géométriques des parquets et le symbolisme des cheminées. Le 1er étage comprend trois salles meublées. Le 2e étage accueille des expositions d'artistes contemporains, tandis que le 3e, le chemin de ronde, donne à voir quelques outils anciens. L'une des ouvertures de ce chemin de ronde fut escaladée par Jean Marais lors du tournage du film *Le Capitan,* et l'une des tours est coiffée d'une charpente exceptionnelle.
Dans la chapelle de la cour, quelques panneaux explicatifs éclairent le visiteur sur la construction du barrage et la vallée avant la mise en eau de l'ouvrage. Vidéo sur la construction du château au 1er étage de la chapelle.
– Pour se défouler un peu après la visite du château, on peut faire un parcours dans les arbres juste en face. Resto sur place et plage aménagée avec baignade surveillée en juillet-août. Location d'embarcations à pédales, canoës, structures gonflables, trampolines, bateaux à moteur avec et sans permis *(**Aqua Loisirs,** 06-65-79-21-64).*

NEUVIC

(19160) 1 850 hab. *Carte Corrèze, D2*

À flanc de colline, cette petite ville assez riante possède un vieux centre et un intéressant musée de la Résistance, mais ce n'est pas cela qui la rend attirante pour le visiteur. Si Neuvic draine une foule d'estivants, c'est parce que la ville offre l'un des plus grands plans d'eau du département et que la base de loisirs attenante propose tout un tas d'activités sportives et/ou aquatiques. En outre, Neuvic est l'un des rares plans d'eau de France à avoir obtenu le difficile « Pavillon bleu », gage de pureté des eaux.

Adresse utile

Office de tourisme intercommunal des gorges de la haute Dordogne : *rue de la Tour-des-Cinq-Pierres. ☎ 05-55-95-88-78. • ot.neuvicdussel@wanadoo.fr • haute-dordogne.com • Lun-ven 10h-12h, 14h-16h.*

Où dormir ? Où manger ?

Campings

Il existe plusieurs campings au bord du lac, qu'apprécieront les amateurs de baignade et de monde. Ces campings offrent à peu près les mêmes prestations et se trouvent à une paire de kilomètres du centre. Sinon, pour les activités : baignade donc, mais aussi canotage, pêche, et le dernier à l'eau fait la vaisselle !

Camping municipal du Lac : *route de la plage. ☎ 05-55-95-85-48. 06-40-70-97-19. • camping.municipal523@orange.fr • campingdulac-neuvic-correze.com • Ouv de mi-mars à mi-nov. Tarif : 11,20-12 € selon saison. Loc de mobile homes et chalets (dont 2 pour pers handicapées ; 200-470 €/sem).* Entièrement rénové, ce camping se révèle agréable et fonctionnel. Accueil particulièrement pro, direction serviable.

Flower Camping Le Port de Neuvic – Centre Henri-Queuille : *lieu-dit* ***Antiges.*** *☎ 05-55-95-81-18. 06-78-68-34-79. • campingportdeneuvic@gmail.com • camping-port-de-neuvic.com • À env 3 km au nord de Neuvic par la route d'Antiges (D 20). Ouv 15 avr-15 oct. Tarif : 18,50 € en hte saison. 85 empl. Réduc de 10 % sur présentation de ce guide.* Un peu plus petit que le camping municipal. Belle prairie en partie plantée d'arbres et plage de sable. Une douzaine de nouveaux chalets dont un équipé pour accueillir les personnes handicapées *(200-590 €/sem).*

Bon marché

CPIE de la Corrèze *(Centre permanent d'initiatives pour l'environnement)* **:** *rue de l'Église. ☎ 05-55-95-93-79. • cpiecorreze@aol.com • cpie-correze.com.fr • Ouv tte l'année. Résa obligatoire. Nuitée 24,50 €/pers.* Au centre de Neuvic, une grande demeure disposant de chambres doubles ou individuelles. Confort simple, mais propreté impeccable ; sanitaires en commun. Un autre site en pleine campagne, le *Vent Haut,* accueille surtout les groupes, mais aussi les randonneurs et les amoureux de la nature.

La Guinguette : *en bord de lac. ☎ 05-55-95-94-16. Juil-août, tlj jusqu'à 22h ; hors saison, tlj sf mar soir et mer. Fermé oct-mars. Carte env 20 €.* Cadre intérieur plaisant et terrasse les pieds dans l'eau. Accueil sympa pour des petits plats corrects et à prix abordables, genre tartiflette, travers de porc, truffade... Bonnes glaces, pour vous rafraîchir.

Chic

Hôtel du Lac : *la plage. ☎ 05-55-95-81-43. • hoteldulac.neuvic@orange.fr • hotel-du-lac.neuvic.com • Fermé dim soir hors saison, lun et mar midi. Resto fermé janv-mars. Doubles 82-115 € selon saison. Formule 19 € (plat-dessert), menu 28 € et carte 30 €. Café offert sur présentation de ce guide.* 15 chambres d'excellent confort et récemment rénovées, avec balcon et vue sur le lac. Élégante salle à manger tout en longueur. Bar-salon fort plaisant et très british avec de profonds canapés. Sur la carte, une intéressante terrine maison au magret de canard et noisettes, la classique tête de veau, un bon civet de cerf en saison...

Où manger dans les environs ?

Le Soursacois : *le Bourg, 19550* ***Soursac.*** *☎ 87-49-65-16. • lesoursacois@gmail.com • lesoursacois.fr • Congés : de mi-jan au 14 fév. Ouv tlj sf dim soir* *et lun. Double 48 €. Petit déj 7 €. ½ pension 71 €, pension complète 81 €. Formule unique le midi : 13 € (vin compris). Menus 20,50-29 €.* Un jeune couple a récemment repris la table... pour le meilleur. Il s'occupe du salé, elle s'occupe du sucré. Plats et desserts divins, mêlant tradition et modernité. Truite poêlée, foie gras, pavé de bœuf du Limousin, autant de spécialités revisitées par le chef. Ils sont, en plus, aux petits soins. Réservation préférable.

À voir

La vieille ville : plutôt mignonne avec ses rues étroites, même s'il ne reste pas grand-chose de la cité fortifiée. On y verra une ancienne porte et l'église du XIIe s, revue au XVe s, avec portail à voussure roman, vaste nef et clocher-porche.

Le musée départemental de la Résistance Henri-Queuille : *21, rue du Commerce. ☎ 05-55-46-30-60. • musee-henriqueuille@cg19.fr • musee-henriqueuille.com • ♿ GRATUIT.*
La maison d'Henri Queuille, figure marquante de la vie politique française, accueille un musée de la Résistance. Avant d'y prendre part en refusant de voter Pétain et de rejoindre de Gaulle à Londres en 1943, Henri Queuille, médecin de profession, fut élu maire de Neuvic en 1912. Son mandat sera renouvelé sans interruption (sauf pendant la guerre) jusqu'en 1965. Cette longévité à la tête de sa commune ne l'empêcha pas de connaître un destin national. Pilier du parti radical, il est député, sénateur, ministre à plus de 30 reprises, avant et après la Seconde Guerre mondiale, malgré la baisse de popularité de son parti. Après un passage à la présidence du Conseil de 1948 à 1949, il se retira des affaires du pays en 1958, avec l'avènement de la Ve République, et ne s'occupa plus que de sa ville jusqu'à sa mort, en 1970.
Les trois étages de sa maison éclairent aujourd'hui le visiteur sur la vie et les actions politiques d'Henri Queuille d'une part, sur la Résistance d'autre part, en particulier dans la région, où le maquis fut, rappelons-le, très actif. Vie des pionniers de la Résistance organisés en camp de maquis, réseaux, parachutages, embuscades, batailles (Ussel et Égletons), harcèlement des unités répressives allemandes... Le musée présente des expositions temporaires et dispose d'une salle de projection et d'une bibliothèque.

L'arboretum de Neuvic d'Ussel : *pl. de la Mairie. ☎ 05-55-95-81-31. Tlj en juil-août 14h30-19h45 (dernière entrée à 18h30) et pour les Rendez-vous aux jardins et Journées du patrimoine. Entrée : 5 € ; réduc. Visite libre ou guidée.* Sur 6 ha, découvrez de belles essences d'arbres : érables, tulipiers de Virginie, chênes des marais, pédonculés d'Amérique, cèdres, ginkgo biloba, hêtres pourpres et tant d'autres...

Manifestations

– ***Fête des Coqs de pêche :*** *1er mai.* Ce jour-là, c'est la fête du Travail pour tout le monde, sauf pour les coqs de pêche, dont c'est la fête tout court. Explication à l'attention des non-pêcheurs : le coq de pêche est un oiseau dont le plumage fournit les « mouches », ces appâts naturels que les poissons prennent pour des insectes et qui sont utilisés pour la pêche du même nom. Neuvic est le théâtre d'un pittoresque concours de ces volatiles colorés.
– ***Festival Millesources et Dordogne :*** *15 juil-15 août.* Concerts de musique classique.

DANS LES ENVIRONS DE NEUVIC

Neuvic-Plage : le lac artificiel de la Triouzoune et sa base de loisirs, spot touristique un peu surpeuplé en été mais fort agréable. Signalons aussi les ruines du château de Ventadour (à une vingtaine de kilomètres à l'ouest par la sinueuse D 991), dont on lira la description plus haut, rubrique « Dans les environs d'Égletons ».

Un peu plus loin, en continuant vers l'ouest, on pourra faire un crochet vers le ***barrage de l'Aigle,*** troisième des ouvrages sur la Dordogne (franchi par la D 16 ; 90 m de haut) et le ***viaduc des Rochers-Noirs,*** légèrement au sud de ***Lapleau,*** un impressionnant vieux pont suspendu sur les gorges de la Luzège. Attention, ce dernier est interdit à la circulation. Le syndicat mixte « Le Transcorrézien », à Lapleau, propose de découvrir les secrets de sa construction et du fonctionnement des machines à vapeur avec le fameux Tacot *(☎ 05-55-27-68-48 ; ● transcorrezien.com ●).*

Palisse : *sur la D 47, vers Combressol.* Charmant village, en vérité, offrant une église romane toute trapue. Portail à triple profonde voussure et joli décor « en crochets ». Rare clocher-peigne détaché de l'église.

Saint-Hilaire-Luc : au sommet d'un mamelon rocheux s'élève une église à l'ombre d'un tilleul vieux de plus de 400 ans. Un arbre qui recèle dans son tronc un jeu de quilles en bois. Avant de partir en guerre, des hommes ont rangé ce jeu dans la fente du tilleul ; la plupart des hommes sont morts au combat, et, au fil des ans, le tronc s'est refermé sur le jeu de quilles ! Et ce n'est pas une légende. D'inspiration romane, l'église date du XVe s et renferme une émouvante statue de bois de la Vierge à l'Enfant et des coffres funéraires gallo-romains. Une ancienne mesure à grains fait office de bénitier. Le village, lui, conserve au centre un puits, ainsi qu'un beau four à pain. Pour les petites faims, l'*Auberge de la Marguerite* avec son adorable jardin vous tend les bras. Trois balades thématiques au départ du village.

Chambres d'hôtes de la Croux : *chez Georgette Madelaigue, au lieu-dit Verviolle, 19160* ***Lamazière-Basse.*** *☎ 05-55-95-98-63. À 7 km de Saint-Hilaire-Luc. Ouv mai-oct. Compter 28 € la chambre, avec sanitaires communs à 2 chambres. Une boisson fraîche ou chaude offerte à l'arrivée sur présentation de ce guide.* La maison est simple et les prix d'avant guerre. Alors certes les chambres vraiment nickel sont vieillottes, mais l'accueil adorable de Georgette et la région riche en promenades magnifiques en font un lieu de séjour idéal pour les budgets serrés. Les amateurs de pêche y trouveront aussi leur bonheur. Seul inconvénient, Georgette ne sert aucun repas.

La Châtaigneraie : *au croisement de la D 62 et de la D 991, 19160* ***Lamazière-Basse.*** *☎ 05-55-95-02-75. Ouv slt le midi lun-ven ; en principe sur résa (pour groupes) sam et le soir (suivant l'humeur...). Menu complet 12 €.* Bienvenue chez Mme Mallet, un bar-resto tout simple, labellisé « Bistrot de pays ». Sympa pour avaler un simple plat du jour ou un menu complet dans une jolie salle tout en bois, avec cheminée. Cuisine familiale. On peut aussi s'y arrêter pour boire un gorgeon.

Auberge de la marguerite : *le bourg, 19160* ***Saint-Hilaire-Luc.*** *☎ 47-84-27-55-50. Congés : janv, vac de Noël, 1 sem fin juin et fin sept. Ouv tlj sf mer (plus mar et dim soir hors saison). Menus 19-34 €. Carte 35 €. Parking gratuit.* Typiquement corrézienne, cette jolie auberge de campagne nourrit bien son monde. Côté déco, nombreux bibelots venant de la *Grange de Toine* juste à côté. Accueil très sympathique, l'hiver au coin de la cheminée, l'été sur la terrasse à l'ancienne. La cuisine traditionnelle (bœuf limousin, escargots...) s'offre ici une nouvelle jeunesse par sa simplicité et sa forme.

La Grange de Toine : *à* ***Saint-Hilaire-Luc.*** *☎ 05-55-95-98-84 ou 81-33. 06-84-78-17-77. Juil-août, tlj ; hors saison, sam-lun 15h-19h.* Un personnage, ce Toine ! Cet ancien élève de l'école Boulle revenu dans sa région natale parle avec emphase des objets qu'il destine à une seconde vie : tables, coffres, assiettes, bibelots... Il est par ailleurs très calé sur la vie de Colette et bien impliqué dans la vie du village.

Manifestation dans les environs

– ***Festival de la Luzège :*** *pdt 2 sem début août. 📱 06-19-22-74-05. ● festivallaluzege.e-monsite.com* ● Un beau festival de théâtre, de cinéma en plein air et de spectacle vivant, qui a lieu en milieu rural sur les territoires de Montadour et des gorges de la Haute-Dordogne, notamment à ***Saint-Pantaléon-de-Lapleau,*** au roc du Gour-Noir, devant les belles ruines du prieuré du XIIe s, ainsi que dans quelques communes des environs. À ne pas manquer si vous passez par là.

LA ROCHE-CANILLAC

(19320) 164 hab. *Carte Corrèze, C3*

Le village de La Roche-Canillac ne se trouve pas sur la Dordogne mais dans une région accidentée et charmante. Nous sommes dans le bocage corrézien, où les forêts sont épaisses, les routes escarpées et les lacs nombreux. Le village lui-même se scinde en deux parties : La Roche-Haute, hameau classique, et La Roche-Basse, en contrebas, dont l'origine remonte au Moyen Âge. On le rattache volontiers à la vallée de la Dordogne, car il n'est pas bien loin de son cours majestueux.

Adresse utile

ℹ ***Point I :*** *mairie de La Roche-Canillac. ☎ 05-55-29-12-46. Ouv tte l'année, lun, mer et ven 8h-12h, 13h30-17h ; mar et jeu 13h30-17h.*

Où dormir ? Où manger dans les environs ?

De prix moyens à chic

🏠 ***La Clauzure :*** *le bourg. ☎ 05-55-29-00-66. ● laclauzure@gmail.com ● Ouv tte l'année. Compter 75-130 € (2-4 pers) dans la maison principale, 350 € le pavillon pour 3 j. (430-700 €/sem suivant saison). Petit déj optionnel 10 €.* Belle demeure de famille au centre du village. Dans la maison principale, 3 chambres dont 2 grandes suites avec vue sur le parc pour 2 d'entre elles et l'une avec terrasse. Joliment décorées et parfaitement équipées. Également un pavillon indépendant avec jardin privatif : vaste cuisine aménagée, salon, 2 chambres à l'étage et un micro coin bureau dans la tour. Extra pour les séjours prolongés. Enfin, pour les réunions de famille, la grange avec sa grande salle à manger communautaire et 3 chambres avec sanitaires partagés. Un hébergement à choix multiple, donc. On peut aussi louer l'ensemble du domaine, soit 32 couchages en tout !

🏠 🍽 ***Chambres d'hôtes L'Orée des Bois :*** *La Valette, 19320* ***Saint-Pardoux-la-Croisille.*** *☎ 05-55-27-63-32. ● jyvesmarie@orange.fr ● Doubles 95-105 €. Table d'hôtes sur résa 20-30 €. 📶 Apéritif maison offert sur présentation de ce guide.* 2 chambres bien au calme, dans un confortable petit bout du monde, aménagées dans une ancienne grange, d'où l'on n'a qu'un demi-pas à faire pour plonger dans la piscine... L'ensemble, une maison de poupée, est vraiment charmant. Quant à la table d'hôtes, elle n'est pas le moindre atout de *L'Orée.* Marie, fille de restauratrice, fait elle-même ses délicieuses charcuteries et, dans le four à pain construit par Jean-Yves, elle fait cuire pain, tartes... à moins qu'elle n'opte pour la cuisson d'une poule farcie dans la cheminée. Petit déj de compét, ça va sans dire. On sent beaucoup d'attention et d'amour du travail bien fait à *L'Orée des Bois*.

Au Rendez-vous des Pêcheurs : *pont du Chambon, 19320* ***Saint-Merd-de-Lapleau.*** *☎ 05-55-27-88-39. • contact@rest-fabry.com • rest-fabry.com • Saint-Merd n'est pas loin de La Roche à vol d'oiseau mais à 27 km par la route ; l'hôtel, lui, se trouve encore à 8 km de virages au sud de Saint-Merd par la D 13, une route de toute beauté qui descend vers la rivière et arrive sur ce site exceptionnel. Resto fermé dim soir et lun, mar midi hors saison. Congés : de mi-nov à mi-fév. Double 50 €. ½ pens 51 €/pers en chambre double. Formules 19-44 €. Carte env 35 €. Café offert sur présentation de ce guide.* Une grosse bâtisse sur le bord de la Dordogne, un paradis pour les pêcheurs et tous ceux qui aiment voir l'eau depuis leur chambre. Beaucoup de poissons à la carte et aux menus (truite, omble, sandre). Des 8 chambres, toutes confortables et plutôt croquignolettes, 5 offrent la vue sur la rivière. Cela dit, l'accueil familial et le cadre magnifique ont naturellement tendance à retenir le promeneur, ne serait-ce que pour boire un verre dans le jardin. À propos de promenade, on peut ici faire un tour en gabare.

À voir

La Roche-Basse : l'ancien village de La Roche-Canillac est en contrebas du nouveau. On y arrive en descendant une rue pentue derrière l'église. Il fut le terrain de violents combats pendant la guerre de Cent ans et tomba aux mains des Anglais. Bâti sur la gorge du Doustre, ce petit village aux rues étroites est dominé par la tour Canillac. On en a une belle vue d'ensemble en poursuivant la route pendant quelques kilomètres vers Saint-Martin-la-Méanne.

DANS LES ENVIRONS DE LA ROCHE-CANILLAC

Le château de Sédières : *à 3 km à l'est de* ***Clergoux.*** *☎ 05-55-27-76-40. • sedieres.fr • (rdc slt). Juin-sept, tlj 10h-18h. Entrée : 4 € ; réduc ; gratuit moins de 11 ans.* Cet élégant bâtiment Renaissance du XVe s, dans un écrin de verdure et d'étangs considéré par Viollet-le-Duc comme un parfait exemple de cette architecture, fut en 1944 le quartier général des FFI de Corrèze. Propriété du Département, il accueille maintenant des expositions temporaires et des spectacles (cirque, opéra). Signalons notamment un excellent festival de musiques actuelles en été. Un restaurant ouvre même ses portes (seulement en juillet-août). Et si on veut prendre l'air, des activités en nature sont organisées. Après un tour extérieur où l'on pourra admirer les défenses du château qui contrastent avec les fenêtres sculptées, on visitera quelques pièces. Notons la salle des gardes, d'où part un escalier monumental, et plusieurs salles de réception avec de belles cheminées. Nouveauté, un parcours patrimonial audioguidé a été mis en place.

➢ On pourra également envisager une agréable ***balade*** vers les étangs et les bois alentour. La randonnée en boucle au nord-ouest du château part de ce dernier. Suivre les balisages jaunes ; 9 km et 3h de marche environ. Réf. : *PR Dans la haute vallée de la Dordogne,* éd. Chamina.

Impossible de citer toutes les balades possibles dans la région, ni tous les étangs dans lesquels on peut se baigner. Attention, ça peut être dangereux. Le plus célèbre et le plus balisé de cette zone se trouve à ***Marcillac-la-Croisille.*** Il s'agit d'une retenue de la Doustre, due au barrage de la Valette. On y a aménagé une base de loisirs du même nom.

ARGENTAT

(19400) 3 125 hab. *Carte Corrèze, C4*

L'ancienne capitale des gabariers connut grâce à eux une grande prospérité aux XVIe et XVIIe s. De cette période datent la plupart des maisons à tourelles des quais et du centre, qui font le charme de la ville. Car si Argentat ne possède aucun monument inoubliable à offrir aux touristes, il demeure un gros bourg animé et fort agréable, où la Dordogne coule paisiblement. C'est en outre une excellente base de départ pour une descente en canoë sur la Dordogne et pour un certain nombre d'excursions alentour, notamment vers la Xaintrie, à l'est et au sud d'Argentat, une région vallonnée dont le clou est la forteresse des tours de Merle. *Xaintrie* est une déformation de sainte Trie, sainte limousine aussitôt canonisée, aussitôt oubliée.

Adresse utile

Office de tourisme : *pl. Da-Maïa. ☎ 05-55-28-16-05. • tourisme-argentat.com • Juil-août, lun-sam 10h-13h, 14h-19h, dim 10h-13h ; mars-juin et sept-oct, lun-sam 9h-12h30, 14h-17h.* Toutes les infos. Organise aussi des visites de villes, ainsi que des sorties nature pour les enfants. Visites avec audioguide *(2 €)* possibles. Renseigne sur toutes les activités nature dans le secteur.

Où dormir ? Où manger ?

Campings

Forte concentration de campings tout confort le long de la Dordogne ; la plupart avec piscine, jeux, restos... Le mieux est de s'adresser à l'office de tourisme pour en obtenir la liste.

Camping municipal du Longour : *Le Longour. ☎ 05-55-28-13-84 (en saison) ou à la mairie (☎ 05-55-28-10-91). Sur l'A 20, sortie n° 45 puis N 120 jusqu'à Argentat. De l'A 89, sortie n° 21, puis N 120 jusqu'à Argentat. Ouv juin-sept. Tarif : 14,40 € en hte saison.* Si vous êtes à la recherche d'un camping simple et familial, vous êtes à la bonne adresse. Ne cherchez ni mobile homes, ni chalets, ici c'est du camping traditionnel, sous la toile de tente, en caravane, ou en camping-car. Les prestations sont de qualité et le camping jouit d'un emplacement de luxe : à 500 m du centre-ville et au bord de la Dordogne. Les plus : il se trouve au cœur d'un complexe sportif avec tennis et piscine (entrées gratuites pour les campeurs) et au départ de la descente en canoë. On peut rejoindre les quais à pied en longeant les berges de la rivière grâce à un chemin de 1 km environ.

De bon marché à prix moyens

Hôtel-restaurant Fouillade : *11, pl. Gambetta. ☎ 05-55-28-10-17. • hotel.fouillade.argentat@wanadoo.fr • fouillade.com • (resto). Resto fermé lun et dim soir (sf juil-août). Congés : 3 sem fin déc-début janv. Doubles 60-65 €. Formule 16 € (sf dim) et menus 12-40 €.* Voilà une maison séculaire qui est entrée, avec le nouveau millénaire, dans son 2e siècle d'existence. La cuisine va donc séduire encore quelques générations de gourmands qui vont venir découvrir le confit de canard aux châtaignes ou les ris de veau à la limousine. Belle salle à manger avec sa grande cheminée. Côté hôtellerie, les chambres ont été entièrement rénovées et offrent tout le confort.

Hôtel Le Sablier du Temps : *13, av. Joseph-Vachal. ☎ 05-55-28-94-90.*

• lesablierdutemps@wanadoo.fr • sablier-du-temps.com • Resto fermé ven oct-Pâques. Congés : janv. Doubles 55-64 €. ½ pens 54-56-75 €/pers. Menu du jour (le midi en sem) 16 €, puis menus 25-49 €, et carte. Apéritif offert sur présentation de ce guide. Central, dans un coin calme. Hôtel de style contemporain offrant des chambres classiques et fonctionnelles. Copieux petit déj. Bar, piscine. Au resto, classique cuisine de terroir à déguster dans la salle rustique rénovée, sous la véranda ou en terrasse.

L'Auberge des Gabariers : *15, quai Lestourgie. ☎ 05-55-28-05-87. • pascal-jacquinot@orange.fr • Tlj sf mar soir et mer hors juil-août. Congés : nov-mars. Résa fortement conseillée. Menus 13-36 € et carte.* L'une des terrasses les plus recherchées de la ville et super animée aux beaux jours. Ça tombe bien parce qu'on y sert, ce n'est pas un hasard, une belle cuisine régionale (et fort généreusement). Poissons à l'honneur, Dordogne oblige. Grand choix à la carte : friture de petits poissons et jus de citron, fricassée de ris de veau aux girolles ou cèpes, cassoulet cuisiné aux gros haricots soissons.

Chic

Chambres d'hôtes Les Meyrandiers : *13, rue du Bac. ☎ 09-52-30-39-73. 06-62-00-96-88. • lesmeyrandiers@gmail.com • lesmeyrandiers.com • Tte l'année. Doubles 100-110 €. Apéritif offert sur présentation de ce guide.* Dans une des plus belles demeures d'Argentat, en face des quais. Raffinement, élégance, calme, sérénité... Les propriétaires, Esméralda et Philippe Boursillon, sont tombés les premiers sous le charme de cette demeure (qui est en réalité la réunion de 2 maisons). 3 chambres d'hôtes de charme, 3 univers. C'est le seul hébergement à Argentat qui offre une vue magnifique sur les quais. Pour qui veut s'offrir la totale, soins relaxants et panier pique-nique dégustation (sur résa).

Le Saint-Jacques : *39, av. Foch. ☎ 05-55-28-89-87. Au centre. Tlj sf lun. Le midi en sem, formule 15 € et menu 20 € (en sem, midi et soir) ; autres menus 35-65 €.* Entièrement rénové, le resto gastro de la ville est une bonne étape pour les pèlerins gourmands. Petite salle colorée, belle terrasse abritée du vent et des regards côté cour. Ici l'ambiance reste à la décontraction et le service est d'une vraie gentillesse. Et l'on vient d'abord ici pour manger. Et bien ! Dans son registre – classique –, le chef-patron Patrick Ceaux travaille avec une belle précision des produits soigneusement choisis. Et, de par sa formation, il adore les desserts. Formule du déjeuner d'un évident rapport qualité-prix.

Où dormir ? Où manger ? Où boire un verre dans les environs d'Argentat et dans la Xaintrie ?

Campings

Le Château du Gibanel : *19400 Saint-Martial-Entraygues. ☎ 05-55-28-10-11. • contact@camping-gibanel.com • camping-gibanel.com • À 4,5 km du bourg (c'est très bien fléché). Ouv juin-août. Forfait 2 pers (voiture et tente) env 26,50 € en hte saison. Loc de mobile homes 520-940 €. 2 apparts dans une dépendance 610 € en hte saison.* Dans un coin encore sauvage de la vallée de la Dordogne, entouré par la forêt et face à une petite retenue d'eau, un château, un vrai, bien conservé pour son âge (ses origines remontent au XIIIe s). Élégant jardin. Emplacements en terrasses qui descendent doucement vers la rivière. Vue extra. Grande piscine. Location de canoës, pédalos et kayaks. Épicerie et resto.

Camping Au Soleil d'Oc : *19400 Monceaux-sur-Dordogne. ☎ 05-55-28-84-84. • info@dordogne-soleil.com • campingsoleildoc.com • D'Argentat, prendre la D 12 sur 4 km et traverser la rivière par le pont à gauche. Ouv de mi-avr à fin oct. Prix* *tente en basse saison 12,90 €. Prix tente en hte saison 24,80 €. Prix hébergement locatif en basse saison 195 €. Prix hébergement locatif en hte saison 784 €. 140 empl.* Un camping superbement situé au bord de l'eau (accès par un pont, calme assuré). Le patron, amoureux des arbres, a transformé son camping en une espèce de parc forestier fait de nombreuses essences différentes, de barrières végétales, de haies vives... Il plante sans arrêt, donnant plus d'intimité aux vastes emplacements et un réel charme bucolique à l'ensemble. Réception et chaleureux accueil dans une belle maison rurale. Tout le confort, sanitaires impeccables. Resto, bar, épicerie, agréable piscine. Nombreuses activités sportives : basket, foot, volley, tir à l'arc, terrains de boules, location de vélos et canoës. Aire de jeux pour les enfants, animation pour tous, demi-pension possible, etc. Location de mobile homes, tentes, bungalows toilés, cottages et chalets *(195-784 €/sem).* Piscine.

Camping La Belle Étoile : *19430* ***Lestrade.*** *☎ 05-55-28-50-08. • campingbelle-etoile@orange.fr • À 15 km au sud d'Argentat. Ouv juin-fin sept. Compter 14,60 €. Loc de chalets et gîtes pour 6 pers (195-640 €/sem). CB refusées. 35 empl.* Un charmant petit camping à côté de la *Mise au tombeau* de Reygade (lire plus loin « Dans la Xaintrie »). Infos sur les balades. Piscine.

De bon marché à prix moyens

Chez Maryse : *pont de Laygues, 19400* ***Monceaux-sur-Dordogne.*** *☎ 05-55-28-13-33. Tlj, tte l'année. Casse-croûte sur demande.* S'il y a bien un lieu incontournable, c'est ce bistrot de pays au look « vintage » en face du pont de Monceaux, à 5 km d'Argentat. Véritable lieu de vie et de rendez-vous des pêcheurs, la terrasse est toujours animée. Maryse vous reçoit dans une ambiance simple et chaleureuse. Son bistrot fait à la fois bar, tabac, épicerie, dépôt de pain... Bref, un vrai multiservice de campagne comme on les aime. Vente de carte de pêche. Concerts et animations tout au long de l'année.

La Vieille Auberge : *le bourg, 19220* ***Saint-Geniez-ô-Merle.*** *☎ 05-55-28-20-60. • marie-france.jurbert@wanadoo.fr • À env 12 km à l'est d'Argentat. Repas slt le midi (le soir sur commande). Fermé lun soir mar soir, mer soir et dim soir en saison, mar également en basse saison. Congés : janv. Résa conseillée. Menus 14 € (le midi), puis 21-27 € et carte. Parking gratuit. Café offert sur présentation de ce guide.* Non loin des fameuses tours de Merle, une petite auberge couplée à une ferme équestre. Cadre rustique et élégant d'une salle parquetée où ronfle un gros poêle. Le patron est aussi à l'aise sur une selle que devant un fourneau. Cuisine régionale de bon niveau. On vous recommande le millefeuille de chou farci, le sandre à la crème de ciboulette ou les excellents magrets de canard au confit de sauvignon. Grande terrasse ombragée dans un beau jardin avec piscine.

Auberge de Saint-Julien-aux-Bois : *19220* ***Saint-Julien-aux-Bois.*** *☎ 05-55-28-41-94. • auberge_st_julien@hotmail.com • auberge-saint-julien.com • À 14 km d'Argentat par la D 980. Fermé dim soir et mer midi (plus mer soir hors saison). Congés : vac de noël. Doubles 58-66 € selon confort. ½ pens 58-62 €/pers. Formule déj 18 € ; menus 23-38 € ; carte env 28 €. Apéritif maison offert sur présentation de ce guide.* Adresse discrète dans une rue discrète... Mais depuis près de 20 ans, madame le chef régale ses habitués de spécialités plus ou moins limousines, souvent revisitées avec une touche personnelle. Beaucoup de céréales, d'herbes, de légumes oubliés, de fruits sauvages, comme les pommes ou poires, une majorité de produits bio. Quelques plats végétariens. En outre, l'adorable chef (d'origine allemande, comme son époux, au cas où vous auriez un petit doute sur l'accent) vous livrera généreusement ses recettes. Un excellent rapport qualité-prix ; pareil pour l'accueil. Parfait pour un déjeuner avant ou après la visite des tours de Merle. Fait également hôtel avec des chambres impeccables, dont une avec terrasse (la n° 7). Déco assez simple.

Au Relais du Teulet : *Le Teulet, 19430* ***Goulles.*** *☎ 05-55-28-71-09. • aurelaisduteulet@gmail.com • Fermé dim soir et lun soir, sf en été. Formules déj 9-11 €. Menus 25-29 €.* Sur la D 1120, pile à la limite du Cantal. Cette bonne grosse maison dans la même famille depuis des générations vient d'être reprise et rajeunie par Perrine la fille, à l'accueil, et son compagnon, Émilien, en cuisine. Belle et grande salle de style rustique rénové avec expos de tableaux (en vente). Cuisine fine traditionnelle et locale. Et une excellente formule au déjeuner. Quelques chambres pour dépanner et piscine chauffée.

Chic (et insolite)

La Ferme des Histoires Mélangées : *Marlinges, 19430* ***Sexcles.*** *À 14 km au sud-est d'Argentat. ☎ 05-55-28-73-97. 06-23-25-15-18. • lafermedeshistoiresmelangees.com • Compter 98-115 €/nuitée pour 2 pers.* Imaginez au départ un domaine bio d'une centaine d'hectares où l'on trouvait brebis, ânes, poules, canards. Une première cabane perchée dans un magnifique chêne séculaire, puis une seconde. Pas d'eau courante ni d'électricité, on renoue avec la nature et on vit à son rythme. Une autre au bord d'un étang, toujours sur le même principe. Chacune est indépendante et sans vis-à-vis. Le petit déjeuner et la douche se prennent à la ferme en compagnie des propriétaires, Fabienne et Vincent (enfin, on se comprend, chacun dans son coin). Un vrai retour aux sources, et en enfance. Les plus : petite kitchenette pour se faire la cuisine et glacière à disposition. Possibilité de pêcher dans l'étang familial. Les amoureux peuvent rester dans leur arbre, les amoureux de la nature pourront participer à la vie de la ferme : nourrir les animaux, aller chercher les œufs... Bref, une adresse pleine de poésie.

Hêtre sous le charme : *19400* ***Saint-Martial-Entraygues*** *(7 km au nord d'Argentat). ☎ 05-55-91-42-57. 06-31-42-44-39. • cabanesarbres@gmail.com • hetresouslecharme.com • Fermé de mi-nov à mi-mars. Compter 135 € pour 2 pers. Tarifs dégressifs les nuits suivantes.* Des cabanes en hauteur plus que dans les arbres, nichées au-dessus de la Dordogne, offrant un confort aussi surprenant que le magnifique panorama sur la rivière. Chacune a sa décoration propre. Les familles choisiront les cabanes « Des Chesnais », reliées entre elles par une petite terrasse, les amoureux de la nature vraiment amoureux prendront « Cyprès de toi » (baignoire en bois, terrasse privée). Douche extérieure pour la cabane des amoureux, avec un stock de bougies pour une ambiance romantique. Évitez les tongs, quand même : selon la cabane dans laquelle vous irez, vous aurez quelques centaines de mètres à faire à pied (eh oui, ça se mérite !). Camille et Julie, les deux charmantes et jeunes propriétaires, vous porteront vos bagages ainsi que le petit déjeuner le matin au pied de la cabane.

Restaurant des Jardins Sothys : *le bourg, 19220* ***Auriac.*** *☎ 05-55-91-96-89. ♿ Accès par la D 65 et la D 75. Tlj sf lun soir (plus lun midi en basse saison). Fermé lun, ainsi que dim soir et mar en basse saison. Congés : de janv à mi-mars et de mi-nov à fin déc. Formule déj 16 € ; menus 24-34 € et carte 32 €.* Dans une salle moderne et chaleureuse à la fois, une grande flambée dans la cheminée s'il fait un peu frais et, dans l'assiette, une intéressante cuisine où interviennent de beaux produits et de réjouissants élans de créativité. Carte des vins alignant plus de 50 crus de haute qualité. Bien sûr, terrasse aux beaux jours pour mélanger effluves des mets et senteurs des jardins...

À voir. À faire en ville et dans les environs

La ville : avec ses vieilles maisons à tourelles et balcons de bois le long de la Dordogne. Faites un tour de cette petite ville commerçante et agréable. Pour une vision d'ensemble, passez par les pavés et le cadran solaire du quai

Lestourgie. Sur les quais, plusieurs terrasses particulièrement agréables pour manger un bout ou boire un verre.

La Maison du patrimoine : *av. Gilbert-Dillange. ☎ 05-55-28-06-16. Juin-sept, mer-dim 10h-12h, 15h-18h (juil-août de mar ap-m à dim) ; le reste de l'année, sur résa (infos à la mairie : ☎ 05-55-28-10-91). GRATUIT.* Présente un panorama de l'histoire locale au travers de vitrines archéologiques (objets retrouvés sur un oppidum gaulois du IIe s av. J.-C.), des panneaux thématiques et un documentaire vidéo de 30 mn sur la batellerie et la construction des gabares. En juillet-août, animation les mardi et vendredi soir à 18h autour d'un courpet – traditionnel bateau de Haute-Dordogne – reconstitué par un charpentier de marine en 1998, amarré à deux pas de la Maison du patrimoine. Démonstration de navigation assurée par des bénévoles. Renseignements à la Maison du patrimoine ou à l'office de tourisme.

La sente aux Cochons : *Le Puy-Brézou, 19380* ***Neuville.*** *☎ 05-55-28-16-05 (office de tourisme). En arrivant d'Argentat, traverser le bourg de Neuville. Une fois sorti, continuer sur 1 km et prendre la 1re à gauche. Accès libre et gratuit tte l'année.* Niché entre Ménoire, Neuville et Saint-Hilaire Taurieux, ce petit sentier de 2 km est une ode au cochon « dans tous ses états ». Il s'adresse clairement au jeune public, qui pourra découvrir le long du parcours des œuvres insolites. Si vous voulez manger comme des cochons sans que personne n'y trouve à redire, aire de pique-nique offrant un magnifique point de vue sur les villages environnants. À noter : la fête du Cochon à Neuville qui a lieu chaque année le dernier samedi de mars.

Des vaches pas comme les autres : *19430* ***La Chapelle-Saint-Géraud.*** *☎ 05-55-28-30-22. • vachespascommelesautres.com • À env 12 km au nord d'Argentat. Tlj juin-sept 10h-19h. Entrée : adulte 6,50 € ; réduc enfant.* Au détour d'une route de campagne, des vaches multicolores posent fièrement dans un pré. C'est une exposition en plein air d'un genre tonique que propose Jacques Moulène aux amateurs de « land art ». Vous rencontrerez entre autres la vache « Spiderman », une vache « tigre », une autre « zèbre »... Grandeur nature, elles sont l'œuvre de dessinateurs de bandes dessinées, de peintres et d'artistes locaux, le troupeau s'enrichissant chaque année de nouveaux spécimens.

La ferme pédagogique de La Bitarelle : *GAEC Mompéchin, La Bitarelle, 19430* ***Camps-Saint-Mathurin-Léobazel.*** *☎ 05-55-28-50-38. • ferme-bitarelle.eu • Ouv de Pâques à la Toussaint sur résa. Entrée : 3,50 €, réduc enfant.* Partir à la découverte de la faune et de la flore, avec un bâton conteur, c'est insolite. On vous laisse découvrir l'engin. La ferme de La Bitarelle propose un joli parcours de 2 km accessible à tous. Boutique de produits issus de la ferme (viandes bovines bio en frais ou cuisinées, terrines...), et possibilité de balades accompagnées d'ânes sur réservation. Également 2 gîtes.

La Dordogne en gabare et autres activités : *avec* ***Aventure Dordogne Nature.*** Voir « Dans les environs de La Roche-Canillac », plus haut, pour plus de détails.

LA VALLÉE DE LA DORDOGNE

Où faire de l'équitation ?

■ ***Ferme équestre de l'Étang de Malesse :*** *à Malesse, 19220* ***Saint-Privat.*** *☎ 05-55-28-21-01. 📱 06-71-40-63-45. • malesse-equitation.com • emmanuel.lascaze@wanadoo.com • À env 3 km de Saint-Privat.* Dans un beau cadre naturel. Tous niveaux (initiation, perfectionnement). Balades accompagnées, randonnées sur plusieurs jours, balades en calèche. Pour dormir, un camping à la ferme près d'un étang de 11 ha. Pour manger, un charmant moulin du XIIe s où l'on vous mitonnera une bonne petite cuisine de terroir (réservation recommandée).

■ ***Ferme équestre de Mialaret :***

à Mialaret, 19430 ***Camps-Saint-Mathurin-Léobazel.*** *☎ 05-55-28-00-59. • fermemialaret.com • À env 15 km au sud-est d'Argentat direction Mercœur.* Dans une ambiance chaleureuse, Olivier, Guy et Sylvie vous accueillent dans leur ferme équestre pour des cours ou des balades dans les paysages environnants. Pour les petits, les parents pourront les balader à dos de poney. Départ de très jolies randonnées sur 1 ou plusieurs jours.

Manifestations

– ***Fête du Cochon à Neuville :*** *dernier sam de mars.* Marché artisanal, atelier de confection de boudins...
– ***Marchés de producteurs :*** *juil-août, ts les jeu à partir de 17h. À* ***Monceaux-sur-Dordogne,*** *tt près d'Argentat.* Très sympa.
– ***Argentat en fête, tous sur le pont :*** *début juil.* Plusieurs animations sur la journée, dont une descente de radeaux personnalisés sur la Dordogne. Le midi, pique-nique géant sur le pont. Bonne ambiance garantie !
– ***Les Pieds dans l'Eau :*** *fin juil.* Festival de musique.
– ***Foire à la brocante :*** *dernier dim de juil.* Brocante, artisanat et ferraille seront exposés toute la journée.
– ***Foire des potiers :*** *1er w-e d'août.*
– ***14e rue :*** *14 août.*
– De nombreuses manifestations tout au long de l'année ; demander le programme à l'office de tourisme.

DANS LA XAINTRIE

➢ Le ***circuit*** qu'on propose fait le tour de cette jolie région. Quitter Argentat et suivre la Dordogne par la rive gauche et la D 129. On passe devant le ***barrage d'Argentat,*** le cinquième et le dernier, le plus petit des aménagements de la rivière. On longe encore la Dordogne pendant une dizaine de kilomètres, le temps de voir la curieuse mais intéressante ***église de Glény*** (curieuse car il n'en reste qu'un bout, du coup surdimensionnée), jusqu'au ***barrage du Chastang.*** Celui-ci mesure 85 m (on précise, si tous ces barrages ne vous ont pas encore donné envie de vous barrer !) et on le voit bien depuis un belvédère sur la route qui monte en lacet vers les collines (attention, ne traversez pas la Dordogne). S'en éloigner, donc, pour faire une promenade en gabare aux beaux jours sur la D 29 vers Saint-Martin-la-Méanne...
On rejoint ensuite la D 980, non sans passer au-dessus d'un autre barrage sur la Glane et au pied du majestueux site de ***Servières-le-Château,*** ancienne place forte des Turenne et des Noailles, transformée en maison de repos. On suit la D 980 jusqu'à ***Saint-Privat*** qui, à part son église du XVe s, n'a pas grand-chose à offrir, et que l'on quitte par le sud et la D 13, vers les tours de Merle (voir plus loin). Ensuite, la D 13 rejoint la D 1120 qui remonte vers Argentat. On peut prolonger la promenade en continuant à l'est de cette nationale, vers le *rocher du Peintre,* non loin de ***Camps,*** qui domine la vallée de la Cère et regarde les monts d'Auvergne, puis regagner Argentat par ***Mercœur*** et ***La Chapelle-Saint-Géraud,*** respectivement pourvus d'églises des XVe et XIIe s. Du dernier village, en allant directement à Beaulieu-sur-Dordogne, on passe par la chapelle de Reygade (magnifique *Mise au tombeau* ; voir plus loin).

Les fermes médiévales de la Xaintrie : *Le Puy-d'Arrel, 19220* ***Saint-Julien-aux-Bois.*** *☎ 05-55-28-31-30. 06-87-49-34-53. (sur une partie du site). À env 20 km à l'est d'Argentat. Juil-août, tlj 10h-19h ; Pâques-30 juin et 1er-30 sept, tlj sf sam 14h-18h. Oct-Toussaint, ouv sur résa. Visites guidées sur résa. Entrée : 5,50 €.* L'une des plus séduisantes attractions de la région : la

LA VALLÉE DE LA DORDOGNE

reconstitution méticuleuse d'un village de la fin du XVe s, créée par un passionné de la période médiévale et de la vie rurale, après 15 ans de recherches ethnographiques. Réussite totale : demeures paysannes bâties fidèlement avec un soin particulier, intérieurs évoquant superbement la vie quotidienne d'autrefois. Les animaux domestiques s'insèrent parfaitement dans cet environnement et apportent de la vie et de la couleur. Chemins et murets mènent aux jardins, aux vergers d'antan. On y découvre notamment un véritable conservatoire des plantes médicinales. Vous apprendrez beaucoup sur le rude mode de vie des paysans, leurs relations avec le seigneur... À ne pas rater !

|●| Pour se restaurer, ne pas manquer la remarquable table de l'*Auberge de Saint-Julien-aux-Bois* (voir plus haut la rubrique « Où dormir ? Où manger ? Où boire un verre dans les environs d'Argentat et dans la Xaintrie ? »).

Les tours de Merle : *à* ***Saint-Geniez-ö-Merle,*** *à l'est d'Argentat. ☎ 05-55-28-27-67 ou 22-31. • st-geniez-o-merle.com • Un accès et plusieurs parkings sur la D 13. Un chemin descend vers une guérite. Juil-août, visite du château, du parc et des jardins tlj 10h-19h ; avr-sept, tlj 14h-18h ; et les dim d'oct et des vac de la Toussaint 14h-18h. Fermé nov-fin mars. Entrée : 5 € (hors saison) ; réduc, notamment sur présentation de ce guide.*

La forteresse de Merle remonte au XIe s. Son nom proviendrait de *merulam,* qui signifie « naturellement fortifié ». Les premiers seigneurs bâtirent leurs châteaux au sommet des puys et prirent comme patronyme le nom du rocher. Du XIIe au XVe s, leur famille continua à construire, sur plusieurs générations, cette forteresse inexpugnable, entourée d'eau, au fond d'un vallon. Chacun faisait ériger sa tour-résidence, qu'on voulait plus impressionnante que celle du frère ou du cousin. La guerre de Cent Ans vit les Anglais prendre la citadelle et, peu après, l'avènement de l'artillerie sonna le glas de ce type de camps retranchés, particulièrement vulnérables dès lors qu'on pouvait les bombarder des hauteurs qui les dominaient. Les tours de Merle connurent une dernière heure de gloire quand les huguenots s'en emparèrent. Le repli des seconds fut l'oubli des premières.

La balade au milieu de ces tours en ruine est assez impressionnante, même si c'est du site, émergeant de la forêt et que l'on voit très bien de la route, que le visiteur garde le souvenir. On grimpe au sommet du donjon roman et on voit une pièce à vivre aménagée dans une autre tour. La légende prétend que quelque part sous ses ruines, une partie du trésor des seigneurs pilleurs serait encore enfouie. Ferme archéologique reconstituée du XIVe s. À 800 m en amont, voir le pont de Merle, entièrement réalisé en ossature de bois. Sont proposées également des activités et des animations pour le jeune public, en période estivale uniquement.

Bassignac-le-Haut : *sur la D 13, au nord d'Argentat.* Quelques vieilles demeures en pierre, une vénérable église, mais surtout un calvaire en calcaire du début du XVIe s (sous auvent), peut-être le plus beau de Corrèze. Un chef-d'œuvre de l'art gothique finissant, une véritable B.D. avec ses faces sculptées de scènes de la vie du Christ (enfance, vie publique, Passion).

Les jardins Sothys : *le bourg, 19220* ***Auriac.*** *☎ 05-55-91-96-89. • lesjardinssothys.com • Accès par la D 65 et la D 75. Ouv mai-sept 10h-19h ; jusqu'au 15 oct 13h30-19h. Fermé lun (sf juil-août). Visites libres et visites guidées sur résa. Entrée : 5 € ; gratuit moins de 7 ans. Carnet de jeux pour les enfants. Également des sorties découverte dans les jardins et aux alentours.*

Grande entreprise qui fabrique des crèmes de beauté et de soin à partir des plantes, Sothys démontre ici, par la création de ce beau jardin thématique, ses liens très forts avec la nature. Sur plus de 3 ha, collections de végétaux, de plantes rares et de fleurs du monde entier. Rare plaisir également de passer du jardin humide au jardin japonais. On découvre aussi le jardin des Constellations où la forme de plusieurs constellations est reconstituée grâce à une topiaire de buis, ifs et troène. Très réussi. Ensuite, sur 4 ha, un parc forestier de 26 ha de landes et de

forêts, ainsi qu'un observatoire panoramique des monts d'Auvergne. On y trouvera aussi un réseau de pistes pour de sympathiques petites randos balisées.
Un merveilleux jardin donc, à arpenter le nez au vent pour s'enivrer de tous les parfums de la terre... Également une boutique où sont proposés livres, jeux et produits.
Pour se restaurer, *Restaurant des Jardins Sothys* *(voir plus haut la rubrique « Où dormir ? Où manger ? Où boire un verre dans les environs d'Argentat et dans la Xaintrie ? »).*

La Mise au tombeau de Reygades : *dans une petite chapelle devant le cimetière du village. Tlj 9h-21h.* Superbe ensemble en pierre polychrome du XVe s, dont on ignore l'exacte origine et la raison de sa présence ici. Le seul indice est la similitude de cette œuvre avec une autre conservée à Carrenac, dans le Lot voisin. Les sept personnages qui entourent le corps du Christ sont d'une facture remarquable. Les expressions de Marie, la maman (au centre), et de Marie Madeleine, la pécheresse convertie par Jésus (à droite), sont poignantes de beauté. La *Mise au tombeau* est protégée par une vitre, dans une toute petite salle. Moyennant quand même 6 € dans la cagnotte, on a droit à une animation son et lumière, avec la voix de Jean Piat. Pas inoubliable, mais l'éclairage permet de bien voir les visages, ce qui n'est pas évident dans le noir. Éventuellement, prenez une lampe de poche ou laissez la porte ouverte !

BEAULIEU-SUR-DORDOGNE

(19120) 1 286 hab. *Carte Corrèze, C4*

Dernière escale corrézienne de la Dordogne, aussi appelée la « Riviera limousine », Beaulieu mérite son nom. Ce fut d'ailleurs l'avis de Rodolphe, archevêque de Bourges, qui décida d'y fonder une abbaye au IXe s. Ainsi fut fait. Il ne reste de cette abbaye que la magnifique église et son célèbre portail, abbaye qui, après une période de prospérité, souffrit des guerres de Religion et fut mise à sac par les huguenots de l'amiral de Coligny. L'église abbatiale devint temple et retrouva sa fonction originelle quelques années plus tard, avec le retour des moines. Mais le temps des grandes abbayes avait vécu et celle-ci périclita, comme beaucoup d'autres.
Aujourd'hui, l'église se contente d'être paroissiale et d'attirer bon nombre d'amateurs d'art roman à Beaulieu. On y découvrira par la même occasion le Bellocois, le vert pays de Beaulieu, dominé par les châteaux de Curemonte, arrosé par les vignerons et leur fameux vin paillé et déjà habité il y a 40 000 ans par ce vieux Neandertal.

Adresse utile

Office de tourisme : *pl. Marbot. ☎ 05-55-91-09-94. • beaulieu-tourisme@orange.fr • beaulieu-tourisme.com • Dans le centre. Ouv tte l'année lun-sam 9h30-12h30, 14h30-18h, et dim mat avr-fin sept. En hte saison, tlj 9h30-13h, 14h30-19h, plus dim mat.* Propose tout un tas de balades, visites, expos. Visite guidée de Beaulieu lun et mar (à 10h30), durée 2h et jeu (à 10h), durée 2h. Tarifs : 3 € et 4,50 € selon durée. Possibilité de prolongation de visite pour la *maison Renaissance.* Résa préférable. Un office dynamique.

Où dormir ? Où manger ?

Camping

Flower Camping des Îles : *bd Saint-Rodolphe-de-Turenne. ☎ 05-55-91-02-65. 06-07-53-07-05. • info@campingdesiles.fr • campingdesiles.fr • Sur la Dordogne ; à 100 m du centre, on y accède par un petit pont.*

Ouv fin avr-fin sept. Compter 12,50-33,90 € selon saison. Loc de bungalows toilés et mobile homes (160-938 €/sem). Apéritif local offert sur présentation de ce guide. Cadre charmant au bord de l'eau, bien ombragé et très calme. Depuis qu'il a annexé le camping municipal, il est devenu non seulement plus grand, mais aussi plus beau et mieux équipé. Tout est nickel, jusqu'aux sanitaires, très bien tenus. Piscine.

Bon marché

Auberge de jeunesse La Riviera Limousine : *pl. du Monturuc.* ☎ *05-55-91-13-82.* • *beaulieu@hifrance.org* • *fuaj.org* • *Ouv début avr-Toussaint. Nuitée 15,50 € ; petit déj en sus 5,50 €. CB refusées.* Quand on la découvre, c'est une image de carte postale qui s'offre à nous. Pour une AJ, c'est carrément du luxe. Grosse maison ancienne et assez charmante, en bord de Dordogne, face à la chapelle des Pénitents. Notez la chouette cheminée dont le feu crépite dès les premiers frimas. Une trentaine de lits, par chambres de 4 et plus, chacune avec salle de bains. Une seule double (réservez !). Ambiance sympathique.

De prix moyens à chic

Auberge Les Charmilles : *20, bd Rodolphe-de-Turenne.* ☎ *05-55-91-29-29.* • *auberge-charmilles@club-internet.fr* • *auberge-charmilles.com* • *(resto slt). Resto fermé dim soir, lun en avr-juin, oct-nov sf en hte saison. Congés : déc-fév. Doubles 76-116 €, petit déj inclus. Formule déj 16 € (vin et café), menus 19-28 €.* Un peu à l'écart du flux touristique qui envahit Beaulieu en été, cette maison en pierre claire dégage un calme et une sérénité hors du commun. Dès l'entrée, la terrasse arborée donne le ton. Les chambres, décorées avec beaucoup de charme et de goût dans un style anglais, ne sont pas en reste. Les plus belles : « Mara des Bois » (avec poutres), « Elsanta » et « Favette ». À table, la fête se poursuit. Seul bémol, parfois un peu d'attente entre les plats en haute saison.

Les Flots Bleus : *pl. du Monturuc.* ☎ *05-55-91-06-21.* • *corinnebernardie.lesflotsbleus@wanadoo.fr* • *hotel-flotsbleus.com* • *Fermé lun midi (plus soir hors saison). Congés : fin nov-début mars. Doubles 71-80 €. Formule déj en sem 16 €. Menus 21-52 €. Café offert sur présentation de ce guide.* Comme son nom le revendique, on est effectivement au bord de l'eau mais, pas de doute, c'est bien la Dordogne, pas la Méditerranée ! 7 chambres rénovées avec un look design assez surprenant, murs blancs et mobilier faussement patinés. Pas désagréable, juste surprenant ce petit côté branché à Beaulieu. Resto rénové lui aussi dans le même esprit et agréable terrasse sur l'eau pour boire un verre. Bon accueil.

Le Beaulieu : *4, pl. du Champ-de-Mars.* ☎ *05-55-91-01-34.* • *hotel.lebeaulieu@orange.fr* • *hotelmanoirdebeaulieu.com* • *Ouv tte l'année. Doubles 70-98 € selon confort ; petit déj 10 €. ½ pens supplément 40 €/pers. Formule déj en sem 15-25 €, menus dès 14 €. Apéritif offert sur présentation de ce guide.* L'adresse reprise par la propriétaire des *Charmilles* a été entièrement rénovée en « hôtel de charme ». Élégantes chambres (et suites...), toutes différentes, à éviter toutefois, côté parking en haute saison. Côté restaurant, on se la joue chic et volontiers gastronomique en compagnie des touristes aisés en goguette, mais sans forcer la note pour autant.

Le Relais de Vellinus : *17, pl. du Champ-de-Mars.* ☎ *05-55-91-11-04.* • *contact@vellinus.com* • *vellinus.com* • *Fermé midi et w-e en basse saison. Congés : déc-janv. Doubles 75-96 € selon saison et confort, petit déj inclus. Menus 15 € (le midi)-35 € ; carte env 28 €.* Voici un établissement bien plaisant et confortable ! Décor contemporain et chaleureux à la fois, murs peints à l'éponge, mobilier élaboré (fauteuils tressés ou en ferronnerie), salon intime... Chambres à thème et de grand confort, avec TV écran plat, TPS, Canal +, etc. Bonne cuisine où l'on dégustera des Saint-Jacques aux cèpes ou aux morilles, un carré d'agneau terre-mer, ou un filet de sandre au beurre de verveine, cuit juste comme il faut. Terrasse ensoleillée.

Où dormir ? Où manger dans les environs ?

Chic

Château de la Grèze : *19120* ***Brivezac.*** *☎ 05-55-91-08-68. • chateaudelagreze@orange.fr • chateaudelagreze.com • Fermé de fin oct à début avr. Résa conseillée. Doubles 99-125 €, petit déj inclus. Prix dégressifs à partir de la 2e nuit. Gîte pour 8 pers aménagé dans l'une des dépendances du château (loc au w-e ou à la sem ; à la nuitée hors saison). Table d'hôtes sur résa (sf mer et w-e en juil-août) 35 €, apéro et vin compris. CB refusées. Une bouteille de vin de pays offerte aux lecteurs de ce guide.* Château datant du XVIIIe s, au charme affable et élégant, entouré d'arbres centenaires et offrant une vue panoramique sur la campagne environnante et la « rivière espérance ». Chambres lumineuses au joli mobilier ancien, voilages et tissus colorés, parquet de châtaignier. Chacune propose un univers différent et invite à la découverte des sites environnants. Question cuisine, uniquement des produits locaux et de saison, dont les délicieuses fraises de Beaulieu ! De nombreuses activités vous sont proposées : équitation, randonnée, VTT, piscine, cours de cuisine et de dessin... La piscine arrive même à se fondre dans l'environnement. Un très bel endroit, où détente et convivialité sont les maîtres mots.

Maison d'hôtes Les Instants Volés : *chez M. et Mme Cheulot, Le Varrat, 19120* ***Tudeils.*** *06-30-07-64-94. • lesinstantsvoles.spa@gmail.com • lesinstantsvoles-spa.fr • À 8 km au nord de Beaulieu par la D 940. Ouv tte l'année. Doubles 90-125 € selon vue. Repas 35 €/pers, vin compris.* Dans un superbe corps de ferme réhabilité du XIXe s, 5 grandes chambres, dont 4 avec vue plein sud sur le vallon. Déco moderne et chaleureuse réalisée dans le respect de l'architecture et de la pierre d'origine. Confort optimal (écran plat, baignoire balnéo) et esprit décoratif semblables dans toutes les chambres. Seules les teintes varient selon les thèmes « Calisson », « Guimauve », « Réglisse », « Nougat » et « Dragée ». Gros coup de cœur pour la première, dotée d'une vaste terrasse d'angle qui englobe la piscine et le vallon ! Belle vue aussi des autres chambres, de l'ancien séchoir à tabac aménagé en terrasse pour les hôtes, et de la terrasse des petits déj. Et puisqu'on en parle, précisons qu'ils sont copieux, frais et maison 100 % réalisés avec soin et amour par les propriétaires décidément aux petits soins. Enfin, un billard et un superbe espace bien-être invitent définitivement à prolonger le séjour.

À voir

La ville : même si l'église Saint-Pierre demeure le point d'orgue de la visite de Beaulieu, on aura tout à gagner à flâner dans les ruelles qui convergent vers le lieu saint. En face, remarquons, parmi d'autres constructions parfois à tourelles, la curieuse façade Renaissance, pleine de médaillons et d'angelots, de la *maison dite « Renaissance »*. On ira ensuite vers la Dordogne, particulièrement magnifique à Beaulieu et dans laquelle se mire la chapelle des Pénitents. De mai à octobre, on peut même faire un tour en gabare, selon le niveau de la rivière au moment où l'on passe. Un circuit de visite est disponible à l'office de tourisme.

L'abbatiale Saint-Pierre : vous la trouverez sans problème, grâce à sa tour carrée qui fut rajoutée au XIVe s, soit 200 ans après le début de la construction. Mais ce n'est pas elle qu'on vient voir. Le clou de cette austère église romane de grès ocre pâle, l'une des plus grandes du département, se trouve sur le portail sud, récemment restauré. Là, des artistes toulousains ont fait accoucher la pierre d'un des chefs-d'œuvre de la sculpture romane, vers 1135. Un tympan et un portail dignes de Moissac, qui est quand même une référence en la matière. Y est représenté « le retour du Christ à la fin des temps », appelé aussi *La Parousie,* scène qui précède le Jugement dernier. Au centre, le Christ, entouré d'anges sonnant la trompette et d'apôtres recueillis, appelle à lui les morts (en dessous), qui soulèvent leurs pierres tombales. Sous les futurs jugés, des monstres voués aux gémonies donnent une effrayante vision du mal. Soutenant l'ensemble, saint Pierre et saint Paul à droite et à gauche, et trois atlantes au centre, sur le trumeau. Sur le mur gauche du portail, la scène de Daniel dans la fosse aux lions, très abîmée ; à droite et en meilleur état, la triple tentation du Christ. On passera sous ce portail pour pénétrer dans l'église de belles proportions, romane pur jus mais étonnamment claire. Nef voûtée en berceau. Chœur sur colonnes avec déambulatoire et chapelles rayonnantes. Dans la chapelle axiale, bel autel en bois doré sculpté. Colonnes torses richement ciselées de pampres et représentation de l'Assomption et des 12 apôtres. Dans le transept droit, beau retable doré dédié à saint Prime et saint Félicien, les saints patrons de la ville. Ne pas rater le *trésor*, avec la merveilleuse Vierge de Beaulieu du XIIe s en feuilles d'argent sur âme de bois, les bras-reliquaires de saint Émilion et sainte Félicité, et celle superbe châsse en émail du Limousin. Enfin, en sortant, allez admirer l'architecture du chevet roman de l'abbatiale, modèle d'équilibre avec ses cinq harmonieuses absidioles.

La chapelle des Pénitents : *ouv au public lors des visites guidées ou des expos.* Cette chapelle du XIIe s a été transformée en petit *musée d'histoire locale,* qui organise des expositions temporaires de juin à septembre. Quelques sarcophages, statues religieuses, archives, dessins et peintures, et rien d'inoubliable, si ce n'est la charpente en bois couvrant la nef qui ressemble à l'arrière d'un galion. L'extérieur offre l'opportunité d'une belle carte postale : le clocher-pignon se reflétant dans la Dordogne.

La maison Renaissance : *devant l'église. ☎ 05-55-91-49-66. • maison-renaissance.com • Ouv mars-nov 10h-18h (20h en juil-août), en déc les w-e et vac scol. Fermé janv-fév. Entrée : 5 € (2,50 € 6-12 ans). Visites guidées par l'office de tourisme : M. Le Hech, ☎ 05-55-28-63-38.* Superbe maison classée Monument historique pour sa jolie façade sculptée de style... Renaissance (elle est en fait du XIXe s, seuls les éléments sculptés sont authentiques) et sa cheminée monumentale du XVe s représentant le jardin d'Éden et le péché originel d'Adam et Ève. Laissée à l'abandon, mise en vente par la mairie, elle vient d'être entièrement restaurée par un couple de passionnés qui présentent une collection de costumes (beaucoup sont des reconstitutions) et scènes d'ambiance à travers les siècles. Au dernier étage, une scène d'intérieur représentant Charles Édouard Martel, découvreur du gouffre de Padirac, et ses compagnons, avec des personnages de cire de grande qualité, réalisés par le musée Grévin à Paris. Pour finir, une boutique qui ravira les bambins et un bar à vins, façon vieille taverne, pour les parents !

Manifestations

- **Marché aux plants, artisanat et produits régionaux :** *dernier dim d'avr.*
- **Fête de la Fraise :** *2e dim de mai.*
- **Marché des producteurs :** *lun en juil-août, devant la chapelle des Pénitents.*
- **Foire à la brocante :** *2e dim d'août, autour de l'abbatiale.*
- **Foire biologique :** *2e dim d'août, pl. du Champ-de-Mars.*
- **Fête votive des Corps saints :** *le 1er w-e de sept.*
- **Randonoix :** *dernier w-e de sept.* Randonnée avec dégustations et animations le long de la route de la Noix.

DANS LES ENVIRONS DE BEAULIEU-SUR-DORDOGNE

La Mise au tombeau de Reygades : se reporter plus haut à la rubrique « Dans la Xaintrie ».

Bassignac-le-Bas : petit village pittoresque sur les hauteurs de Beaulieu ; vue magnifique sur la vallée de la Dordogne et les jolis toits de lauzes.

CUREMONTE (19500)

À une quinzaine de kilomètres à l'ouest. Encore un village classé parmi les « Plus Beaux Villages de France ». « Quel motif amena les seigneurs de Plas et ceux de Saint-Hilaire, environ au XVe s, à construire si proches l'un de l'autre leurs deux châteaux que sépare, dans un étroit enclos au sommet du village, un espace de six ou sept mètres ? Saint-Hilaire commença, Plas le suivit. Celui-ci aima le cylindre, et celui-là le cube. Nous ne savons rien sur eux et avons bien d'autres choses en tête [...] » Si la merveilleuse Colette avait ainsi écrit sur tous les villages de Corrèze, la lecture de ce guide vous eût sans doute été plus plaisante. Colette et sa fille, Mme et Mlle de Jouvenel pour l'état civil, ont passé leurs années de guerre à Curemonte. Colette y a rédigé *Le Journal à rebours,* d'où sont extraites les lignes précédentes. Un troisième petit château est même venu s'ajouter aux deux autres.

À VENDRE !

Il aura fallu beaucoup de ténacité et de courage à l'association des Amis de Curemonte *pour sauver ce village abandonné et au bord de la ruine. Dans les années 1960, Curemonte faisait la une d'un hebdo sous le titre « Village à vendre en Corrèze ».*

Éperons aux trois châteaux donc, Curemonte possède aussi trois églises, toutes romanes, mais deux sont partiellement en ruine et à l'extérieur des murs. L'église Saint-Genest, à 1 km, abrite un petit musée d'art religieux. Trois fontaines aussi ! Une balade dans Curemonte commence par la halle du XIXe s (un petit marché de producteurs s'y tient les mercredis après-midi), passe par la place du Château, l'église, et se poursuit devant les façades des maisons nobles. Par chance, l'église est ouverte toute la journée. On peut y admirer un retable très coloré de la fin du XVIIIe s. Noter que le Christ ne croise pas les pieds. Vénérable statue de la Vierge découverte lors de travaux. Ogives polychromes dont on retrouva la couleur il y a une vingtaine d'années. Voir aussi le trésor avec ses ciboires, ostensoirs et un ravissant coffret en étain pour les saintes huiles.

UNE HÉRITIÈRE DE CARACTÈRE

Colette de Jouvenel, fille unique de Colette, fut vite délaissée par sa mère. Solitaire, cancre et rebelle, sa jeunesse fut bien terne au château voisin de Castel Novel chez son père. Celle que l'on surnommait Bel Gazou devint, cependant, pendant la guerre, une résistante héroïque et acharnée. Sans crier gare ! Elle cacha juifs et résistants au château de Curemonte.

Le site se remarque de loin, mais on en aura encore une meilleure vue depuis les garennes de genévriers et les vignobles des environs, lors d'une randonnée pédestre autour de la colline de Curemonte (4 km, 1h15 de marche ; balisage jaune ; réf. : *PR en Corrèze,* éd. Chamina).

Où dormir ? Où manger ?

Auberge de la Grotte : *au pied du village. ☎ 05-55-25-35-01. Fermé le soir dim et j. fériés. Congés : janv-mars. Service 12h30-14h, 20h-21h. Résa obligatoire. Compter 98 € pour 2 pers, en ½ pens. Menu unique 20 €.* Devant un curieux calvaire dégoulinant, dans une grosse maison en pierre, une salle rustique et raffinée où l'on mange à sa faim et plus. Au menu, une quantité déraisonnable de spécialités périgourdo-corréziennes : magret de canard, confit, génisse limousine, *tourtou* aux rillettes de canard... Que du léger ! À l'étage, 3 chambres d'hôtes rustiques, très propres.

Café-restaurant de la Barbacane : *☎ 05-55-25-43-29. Ouv slt le midi. Fermé sam (sf j. fériés). Congés : 1 sem fin juin et de mi-déc à mi-janv. Menus 12,50 € (le midi en sem)-24 € (dim).* Dans le resto-bar-tabac du village. Agréable petite salle (avec poutres apparentes, joli vaisselier et vue), pour une cuisine simple, familiale et bon marché. Salade corrézienne, rillettes d'oie, omelette aux cèpes, canard...

Où acheter du « Lou Pé Dé Gril » ?

Chez Francine et Maurice Guionie : *dans le haut du bourg. ☎ 05-55-25-45-53.* Ce couple d'agriculteurs produit un insolite apéro à base de fleurs de pissenlit. Et pas seulement ça, également un chutney de pissenlit, des confitures originales et goûteuses, à la carotte, à la pomme de terre-orange (si, si !), au gratte-cul, à la prune, au vin, et même à l'oignon... Des compotes aussi. Produits venant uniquement de la ferme, ça va de soi. Le « pisse-en-lict » est connu depuis la nuit des temps et se révèle la plante la plus répandue sur terre. Louis XIV l'avait élevé au titre de tisane royale et il est connu pour ses vertus thérapeutiques et diurétiques. Vente également à la propriété (à La Combe).

À voir dans les environs

La Chapelle-aux-Saints *(19120) : à 3 km au sud de Curemonte.* Ce petit village a fait son entrée dans l'histoire en 1908, grâce à un individu qui avait vécu 40 000 ans plus tôt. On le découvrit (enfin, son squelette), en 1908, blotti dans une cavité (aujourd'hui la *bouffia* Bonneval) située sur le bord de la route, juste à la sortie du bourg, à laquelle on ne peut accéder, en raison des fouilles archéologiques (visibles du bord de la route seulement).

– Un peu à la sortie de la commune, sur la route de Vayrac, le très beau ***musée de l'Homme de Neandertal*** explique la vie de cet homme et de ses compagnons. Ce musée est très bien conçu et présente de manière très pédagogique toute la période néandertalienne. *☎ 05-55-91-18-00. • neandertal-musee.org • Pâques-30 juin et 1er sept-15 nov, tlj sf jeu 14h30-18h ; 1er juil-31 août, tlj 10h-12h, 14h30-18h (parfois plus tard, renseignez-vous) ; tte l'année sur rdv pour les groupes. Entrée : 4,90 € ; réduc. Une entrée (par famille) à 3,50 € sur présentation de ce guide.* Grande fête de la Préhistoire le 1er week-end d'août et cycle de conférences les lundis en été.

Les caves de Branceilles *(19500) : un peu plus à l'ouest. ☎ 05-55-84-09-01. • milleetunepierres.com • Tlj sf dim et certains j. fériés 10h-12h, 15h-18h. Balisage à l'entrée du parking, pour 3 balades autour du vignoble (3-5 km). Visite des caves gratuite. Tt ça se termine, évidemment, par une dégustation.*

Pour finir ce chapitre sur un coup de rouge, voici le premier producteur de vin du département. Si vous avez déjà passé quelques jours en Corrèze, vous n'aurez pas manqué de goûter le vin « des mille et une pierres » qu'on produit ici (production également de vin paillé). Ce n'est pas un nouveau produit. Les vins de Branceilles ont représenté le vignoble corrézien à l'Exposition universelle de 1878. Dix ans plus tard, le phylloxéra eut raison de ces vignes. Et comme la terre était dure et caillouteuse, que les chênes truffiers, et donc les truffes, y poussaient bien, et que les vins du Midi étaient trop concurrentiels, les vins de Branceilles tombèrent dans l'oubli. Il fallut attendre près d'un siècle pour qu'une équipe de jeunes agriculteurs replantent et exploitent la vigne, forment une coopérative, puis créent leur marque. Une dizaine d'années après cette expérience, les professionnels de la table n'hésitent plus à le servir, et tout le monde s'accorde à dire que le « mille et une pierres » est une réussite. Le rosé, rafraîchissant et souple, accompagne les plats légers ; le rouge générique, aux arômes de fruits rouges, est sec et franc ; quant au rouge vieilli en fût de chêne, il est charpenté, d'une belle robe rouge foncé et exhale un bouquet puissant. Vendues à la propriété à 6,50 €, ces vieilles pierres-là valent bien un détour.

Queyssac-les-Vignes** (19120) **et le vin paillé : *tt près de Beaulieu, à l'ouest. Infos auprès du président du syndicat viticole, M. Jean-Louis Roche : ☎ 05-55-91-05-21. 06-83-45-94-42. • domainedubasqueyssac.com • Ou se procurer le petit dépliant qui donne la liste des producteurs.* Produit dès le Moyen Âge, le « miel des muses » est un vin sucré dont le raisin était mis à sécher sur de la paille, d'où le nom. Tombée sur la paille (ben ouais !), la production est en pleine renaissance depuis que la vigne a été replantée en 1999. Après les vendanges de septembre, le raisin est séché sur des claies couvertes et toujours à l'air libre. Le passerillage permet au raisin de perdre son eau et de se concentrer en sucre et en arômes. Le pressage a lieu en décembre selon le taux de sucre obtenu. Le vin est ensuite élevé en cuve pendant 2 ans. Les cépages de raisin blanc, chardonnay et sauvignon apportent les arômes de miel, tandis que les cépages de rouge, cabernet franc et cabernet-sauvignon dégagent des arômes de fruits rouges. Le blanc se marie bien avec le foie gras, tandis que le rouge se boit en apéritif ou avec le dessert (notamment le chocolat, hmm !). Comme c'est une petite production (une quinzaine de viticulteurs seulement), il faut tout de même compter entre 16 et 20 € la bouteille de 50 cl !

les ROUTARDS sur la FRANCE 2015-2016

(dates de parution sur • *routard.com* •)

Découpage de la FRANCE par le ROUTARD

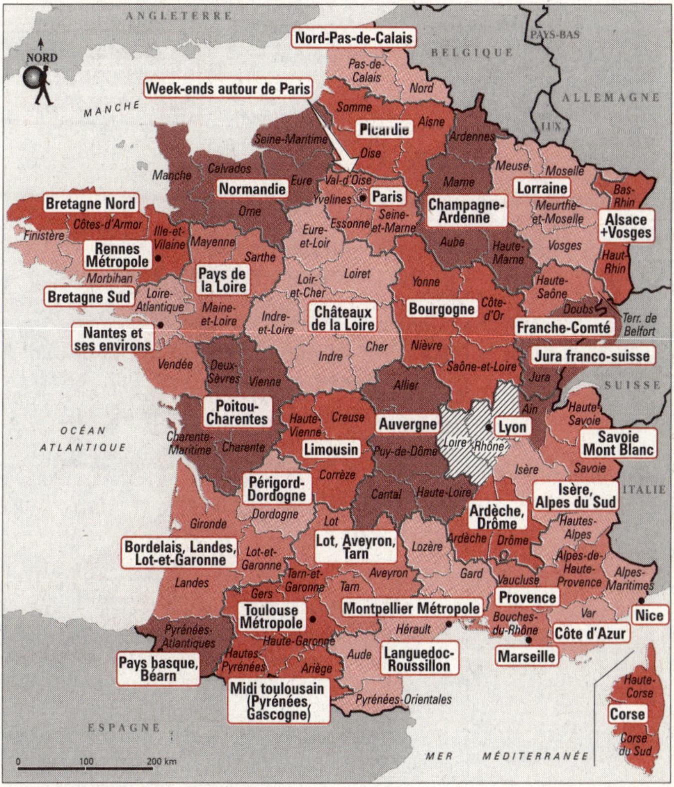

Autres guides nationaux

- La Loire à vélo (février 2015)
- Les grands chefs du Routard
- Nos meilleurs campings en France
- Nos meilleures chambres d'hôtes en France
- Nos meilleurs hôtels et restos en France
- Nos meilleurs sites pour observer les oiseaux en France
- Tourisme responsable

Autres guides sur Paris

- Paris
- Paris à vélo
- Paris balades
- Restos et bistrots de Paris
- Le Routard des amoureux à Paris
- Week-ends autour de Paris

les ROUTARDS sur l'ÉTRANGER 2015-2016

(dates de parution sur • **routard.com** •)

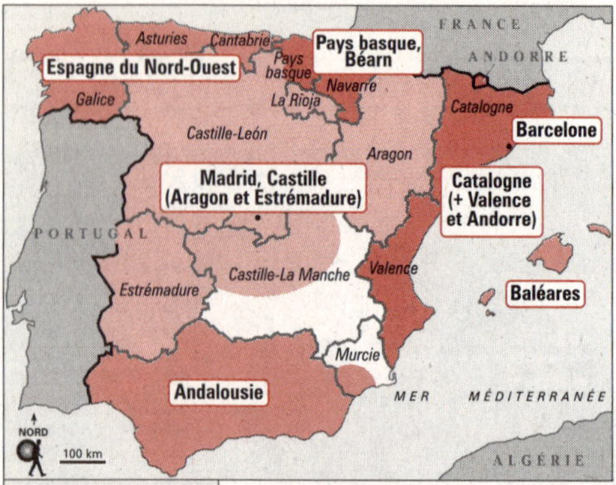

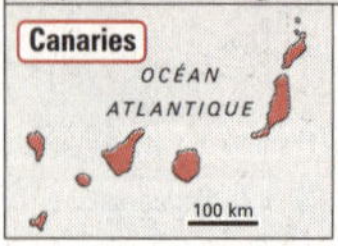

Découpage de l'ESPAGNE par le ROUTARD

Découpage de l'ITALIE par le ROUTARD

Autres pays européens

- Allemagne
- Angleterre, Pays de Galles
- Autriche
- Belgique
- Budapest, Hongrie
- Crète
- Croatie
- Danemark, Suède
- Écosse
- Finlande
- Grèce continentale
- Îles grecques et Athènes
- Irlande
- Islande
- Madère (mai 2015)
- Malte
- Norvège
- Pologne
- Portugal
- République tchèque, Slovaquie
- Roumanie, Bulgarie
- Suisse

Villes européennes

- Amsterdam et ses environs
- Berlin
- Bruxelles
- Copenhague
- Dublin
- Lisbonne
- Londres
- Moscou
- Prague
- Saint-Pétersbourg
- Stockholm
- Vienne

les ROUTARDS sur l'ÉTRANGER 2015-2016

(dates de parution sur • *routard.com* •)

Découpage des ÉTATS-UNIS par le ROUTARD

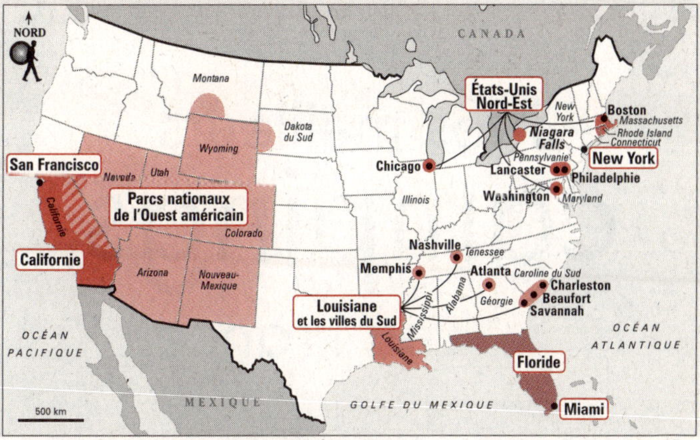

Autres pays d'Amérique

- Argentine
- Brésil
- Canada Ouest
- Chili et île de Pâques
- Équateur et les îles Galápagos
- Guatemala, Yucatán et Chiapas
- Mexique
- Montréal
- Pérou, Bolivie
- Québec, Ontario et Provinces maritimes

Asie

- Bali, Lombok
- Bangkok
- Birmanie (Myanmar)
- Cambodge, Laos
- Chine
- Hong-Kong, Macao, Canton
- Inde du Nord
- Inde du Sud
- Israël et Palestine
- Istanbul
- Jordanie
- Malaisie, Singapour
- Népal
- Shanghai
- Sri Lanka (Ceylan)
- Thaïlande
- Tokyo, Kyoto et environs
- Turquie
- Vietnam

Afrique

- Afrique de l'Ouest
- Afrique du Sud
- Égypte
- Kenya, Tanzanie et Zanzibar
- Maroc
- Marrakech
- Sénégal
- Tunisie

Îles Caraïbes et océan Indien

- Cuba
- Guadeloupe, Saint-Martin, Saint-Barth
- Île Maurice, Rodrigues
- Madagascar
- Martinique
- République dominicaine (Saint-Domingue)
- Réunion

Guides de conversation

- Allemand
- Anglais
- Arabe du Maghreb
- Arabe du Proche-Orient
- Chinois
- Croate
- Espagnol
- Grec
- Italien
- Japonais
- Portugais
- Russe
- G'palémo (conversation par l'image)

Le Routard Express

- Amsterdam (nouveauté)
- Barcelone
- Berlin
- Bruxelles (nouveauté)
- Lisbonne (nouveauté)
- Londres
- Madrid
- New York
- Prague
- Rome
- Venise

Nos 1200 coups de cœur

- France (octobre 2014)
- Monde

PETITS TRUCS ET ASTUCES POUR ÉVITER LES ARNAQUES !

Un routard informé en vaut deux ! Pour éviter les arnaques en tous genres, il est bon de les connaître. Voici un petit vade-mecum destiné à parer aux coûts et aux coups de bambous. À commencer par **l'affichage des prix** : dans les hôtels comme dans les restos, il est **obligatoire** et doit être situé à l'extérieur de l'établissement, de manière visible. Vous ne pouvez donc contester des prix exorbitants que s'ils ne sont pas clairement affichés.

À L'HÔTEL

1 - Arrhes ou acompte ? : au moment de réserver votre chambre par téléphone – par précaution, toujours confirmer par écrit (ou mail) – il n'est pas rare que l'hôtelier vous demande de verser à l'avance une certaine somme, celle-ci faisant office de garantie. Il est d'usage de parler d'arrhes et non d'acompte (en fait, la loi dispose que « sauf stipulation contraire du contrat, les sommes versées d'avance sont des arrhes »). Légalement, aucune règle n'en précise le montant. Toutefois, ne versez que des arrhes raisonnables : 25 à 30 % du prix total, sachant qu'il s'agit d'un engagement définitif sur la réservation de la chambre. Cette somme ne pourra donc pas être remboursée en cas d'annulation de la réservation, sauf cas de force majeure qu'il vous faudra justifier (maladie ou accident) ou en accord avec l'hôtelier si l'annulation est faite dans des délais jugés raisonnables. Si, au contraire, l'annulation est le fait de l'hôtelier, il doit vous rembourser le double des arrhes versées. À l'inverse, l'acompte engage définitivement client et hôtelier.

2 - Subordination de vente : comme les restaurateurs, les hôteliers ont interdiction de pratiquer la subordination de vente. C'est-à-dire qu'ils ne peuvent pas vous obliger à réserver plusieurs nuits d'hôtel si vous n'en souhaitez qu'une. Dans le même ordre d'idées, on ne peut vous obliger à prendre votre petit déjeuner ou vos repas dans l'hôtel ; ce principe, illégal, est néanmoins répandu dans la profession, toléré en pratique, surtout en haute saison... notamment dans les zones touristiques, où la demande est bien plus importante que l'offre ! Bien se renseigner.

« QUI DORT DÎNE ! »

Cet adage, venu du Moyen Âge, signifie que les hôteliers imposaient le couvert aux clients qui prenaient une chambre. Déjà de la vente forcée !

3 - Les réservations en ligne : elles se sont généralisées. Par l'intermédiaire de sites commerciaux ou en direct sur les sites des hôtels, elles sont simples et rapides. Mais voilà, les promesses ne sont pas toujours tenues et l'on constate parfois des dérives, notamment via les centrales de résa telles que promos bidons, descriptifs exagérés, avis d'internautes truqués... Des hôteliers s'estiment étranglés par les commissions abusives. N'hésitez pas à contacter l'hôtel sur son site pour vous faire préciser le type de chambre que l'on vous a réservé (sur rue, sur jardin ?).

4 - Responsabilité en cas de vol : un hôtelier ne peut en aucun cas dégager sa responsabilité pour des objets qui auraient été volés dans la chambre d'un de ses clients, même si ces objets n'ont pas été mis au coffre. En d'autres termes, les éventuels panonceaux dégageant la responsabilité de l'hôtelier n'ont aucun fondement juridique.

5 - En cas d'annulation : si vous avez réservé une chambre (sans avoir rien versé) et que vous avez un empêchement, passez un coup de téléphone pour annuler, c'est la moindre des politesses. Trop peu de gens le font, ce qui rend les hôteliers méfiants.

AU RESTO

1 – Menus : très souvent, les premiers menus (les moins chers) ne sont servis qu'en semaine ou que le midi, et avant certaines heures (12h30 et 20h30 généralement). C'est parfaitement légal, à condition que ce soit clairement indiqué sur le panneau extérieur : à vous d'être vigilant et d'arriver dans les bons créneaux horaires ! Il peut arriver que ce soit écrit en tout petit. Par ailleurs, bien vérifier que le « menu d'appel », le moins cher donc, est toujours présent dans la carte qu'on vous donne une fois installé. Il arrive qu'il disparaisse comme par enchantement. N'hésitez pas à le réclamer si vous êtes entré pour ce menu précis.

2 - Le « fait maison » : cette grande « tendance culinaire » de ces dernières années s'oppose aux plats sous-vide ou congelés achetés par les restaurateurs, réchauffés sur place et « agrémentés » d'une petite touche personnelle pour noyer le poisson (ou la souris d'agneau). Depuis 2013, le label « fait maison » permet de vérifier si les plats sont réellement préparés ou non sur place.

3 - Commande insuffisante : il arrive que certains restos refusent de servir une commande jugée insuffisante. Sachez, toutefois, qu'il est illégal de pousser le client à la consommation. Mais l'on peut également comprendre que commander un seul plat pour 3 personnes peut agacer un tantinet le restaurateur. Tout est une question de juste équilibre.

4 - Eau : une banale carafe d'eau du robinet est gratuite – à condition qu'elle accompagne un repas – sauf si son prix est affiché. On ne peut pas vous la refuser, sauf si elle est jugée impropre à la consommation par décret. La bouteille d'eau minérale quant à elle doit, comme le vin, être ouverte devant vous. L'arnaque dans certains restos « pousse-conso » consiste à proposer d'emblée une eau minérale et de la facturer 7 €, voire plus… À la question du serveur : « …et pour l'eau, Badoit ou Vittel ? » vous êtes en droit de répondre « une carafe ! ».

5 - Vins : les cartes des vins ne sont pas toujours très claires. Exemple : vous commandez un bourgogne à 16 € la bouteille. On vous la facture 32 €. En vérifiant sur la carte, vous découvrez que 16 € correspondent au prix d'une demi-bouteille. Mais c'était écrit en petits caractères illisibles. Attention au prix parfois exorbitant des vins au verre. Abus bien courant, l'année de référence n'est plus disponible : on vous sert un millésime plus récent mais au même tarif ! Vous devez obligatoirement en être informé avant le débouchage de la bouteille.

6 - Couvert enfant : le restaurateur peut tout à fait compter un couvert par enfant, même s'il ne consomme pas, à condition que ce soit spécifié sur la carte. Parfois il est libellé « Enfant ne mangeant pas », tant d'euros ! Cela dit, ce n'est quand même pas courant et ça donne une petite idée de la générosité du restaurateur !

7 - Sous-marin : après le coup de bambou et le coup de fusil, celui du sous-marin. Le procédé consiste à rendre la monnaie en plaçant dans la soucoupe (de bas en haut) : les pièces, l'addition puis les billets. Si l'on est pressé, on récupère les billets en oubliant les pièces cachées sous l'addition. Malin !

N'oublions pas que l'hôtellerie et la restauration sont des métiers de service, qui ne souffrent ni l'approximation, ni les (mauvais) écarts. Nous supprimons de nos guides tous les établissements qui abusent. Mais la réciproque est aussi valable : tout est question de respect mutuel.

Bonne route !

INDEX GÉNÉRAL

A

B

C

Chateau Bonneval (Cussac)

D-E

F-G

H-I-J

L

M

INDEX GÉNÉRAL

N

O-P

Q-R

S

T

U-V

X-Y

OÙ TROUVER LES CARTES ET LES PLANS ?

IMPORTANT : DERNIÈRE MINUTE

Sauf rare exception, le *Routard* bénéficie d'une parution annuelle à date fixe. Entre deux dates, des événements fortuits (formalités, taux de change, catastrophes naturelles, conditions d'accès aux sites, fermetures inopinées, etc.) peuvent intervenir et modifier vos projets de voyage. Pour éviter les déconvenues, nous vous recommandons de consulter la rubrique « Guide » par pays de notre site • ***routard.com*** • et plus particulièrement les dernières ***Actus voyageurs.***

Les **Routards** *parlent aux* **Routards**

Faites-nous part de vos expériences, de vos découvertes, de vos tuyaux.
Indiquez-nous les renseignements périmés. Aidez-nous à remettre l'ouvrage à jour. Faites profiter les autres de vos adresses nouvelles, combines géniales... On adresse un exemplaire gratuit de la prochaine édition à ceux qui nous envoient les lettres les meilleures, pour la qualité et la pertinence des informations. Quelques conseils cependant :

- Envoyez-nous votre courrier le plus tôt possible afin que l'on puisse insérer vos tuyaux sur la prochaine édition.
- N'oubliez pas de préciser l'ouvrage que vous désirez recevoir.
- Vérifiez que vos remarques concernent l'édition en cours et notez les pages du guide concernées par vos observations.
- Quand vous indiquez des hôtels ou des restaurants, pensez à signaler leur adresse précise et, pour les grandes villes, les moyens de transport pour y aller. Si vous le pouvez, joignez la carte de visite de l'hôtel ou du resto décrit.
- N'écrivez si possible que d'un côté de la lettre (et non recto verso).
- Bien sûr, on s'arrache moins les yeux sur les lettres dactylographiées ou correctement écrites !

En tout état de cause, merci pour vos nombreuses lettres.

Les Routards parlent aux Routards :
122, rue du Moulin-des-Prés, 75013 Paris

e-mail : • *guide@routard.com* •
Internet : • *routard.com* •

Routard Assurance *2015*

Née du partenariat entre *AVI International* et le *Routard*, *Routard Assurance* est une assurance voyage complète qui offre toutes les prestations d'assistance indispensables à l'étranger : dépenses médicales, rapatriement médical, caution et défense pénale, responsabilité civile vie privée et bagages. Présent dans le monde entier, le plateau d'assistance d'*AVI International* donne accès à un vaste réseau de médecins et d'hôpitaux. Pas besoin d'avancer les frais d'hospitalisation ou de rapatriement. Numéro d'appel gratuit, disponible 24h/24. *AVI International* dispose par ailleurs d'une filiale aux États-Unis qui permet d'intervenir plus rapidement auprès des hôpitaux locaux. *AVI International* est un courtier reconnu qui gère lui-même ses dossiers et garantit une réponse rapide et simple. C'est aussi la filiale d'un groupe (SPB) présent à l'international. Pour toutes vos questions : ☎ 01-44-63-51-00 ou par mail • *routard@avi-international.com* • Conditions et souscription sur • *avi-international.com* •

Édité par Hachette Livre (43, quai de Grenelle, 75905 Paris Cedex 15, France)
Photocomposé par Jouve (45770 Saran, France)
Imprimé par Jouve 2 (Quai n° 2, 733, rue Saint-Léonard, BP 3, 53101 Mayenne Cedex, France)
Achevé d'imprimer le 26 septembre 2014
Collection n° 15 - Édition n° 01
19/8889/4
I.S.B.N. 978-2-01-245929-8
Dépôt légal : septembre 2014

PAPIER À BASE DE FIBRES CERTIFIÉES

hachette s'engage pour l'environnement en réduisant l'empreinte carbone de ses livres. Celle de cet exemplaire est de :
250 g éq. CO_2
Rendez-vous sur www.hachette-durable.fr